성공한 대통령
김대중과 현대사

김대중 재평가

성공한 대통령 김대중과 현대사

ⓒ장신기, 2021

초판 1쇄 2021년 6월 1일 발행
초판 2쇄 2021년 7월 12일 발행

지은이 장신기
펴낸이 김성실
책임편집 박성훈
표지 오필민
제작 한영문화사

펴낸곳 시대의창   **등록** 제10−1756호(1999. 5. 11)
주소 03985 서울시 마포구 연희로 19−1
전화 02)335−6121   **팩스** 02)325−5607
전자우편 sidaebooks@daum.net
페이스북 www.facebook.com/sidaebooks
트위터 @sidaebooks

ISBN 978−89−5940−763−7 (03300)

성공한 대통령

김대중과 현대사

장신기 지음

김대중
재평가

시대의창

일러두기

1. 인용한 글의 맞춤법과 띄어쓰기가 현재 표기법과 다를 경우 원문 그대로 표기했습니다.

2. 외국의 신문, 잡지 가운데 생소한 매체의 경우 원어명을 병기했습니다.

3. 신문·잡지·도서명 등은 《 》 기호로, 글·영화·연설 등의 제목은 〈 〉 기호로 표기했습니다.

하늘에 계신 부모님께
존경과 사랑을 담아 이 책을 드립니다.

김대중에 대한 재평가는 왜 필요한가?

김대중은 한국 현대사에서 매우 중요한 발자취를 남겼고 그의 영
향력은 과거, 현재에도 컸으며 앞으로도 그럴 것이다. 그리고 김대
중은 국제적으로 대단히 높은 평가를 받는다. 국제사회에서 김대
중은 인류 보편적인 가치를 위해서 목숨을 건 투쟁을 전개한 용기
있는 투사이자, 뛰어난 정치 리더십으로 불가능해 보이는 일을 가
능하도록 만든 위대한 정치가로 평가받는다. 김대중은 20세기 후
반 아시아 지역을 대표하는 정치인 중의 한 명이며 그중에서도 민
주주의, 인권, 시장경제 등 인류 보편적인 가치를 대표한다는 점에
서 서구 사회에서도 존경받는 유일한 정치인이다. 그런데 정작 한
국에서는 그렇지 않다. 김대중은 저평가돼 있고 잘못 알려진 부분
도 여전하고 제대로 알려지지 않은 내용도 많다. 한국에서 김대중

은 생전에도 그랬지만 사후에도 그의 가치와 업적에 비해 차가운 평가를 받고 있다.

김대중에 대한 재평가가 필요하다고 생각하는 사람이 많다. 여기에는 기존의 지지자들 외에도 과거 김대중에 비판적이었던 보수 진영 내의 온건보수, 중도보수적 성향의 인물들이 김대중의 가치에 대해 새롭게 주목하고 있다. 그런데 재평가 필요성에 대한 문제의식만 형성돼 있을 뿐 김대중의 가치와 업적을 종합적·대중적으로 알릴 수 있는 권위 있는 콘텐츠 개발이 제대로 이뤄지지 못했다. 김대중을 종합적으로 깊이 있게 분석한 제대로 된 연구서와 역사서가 없고 온라인 콘텐츠 개발 역시 매우 더딘 상황이다. 그렇다 보니 김대중에 대한 평가는 여전히 뜬구름 잡듯이 구체성이 결여돼 있다. 김대중에 대해 긍정적으로 생각하는 사람들은 김대중의 역사적 가치와 업적에 대해서는 잘 모르며 막연히 '훌륭한 인물'이라는 정도의 인상비평만 하는 경우가 많다. 김대중을 긍정적으로 인식하는 사람들도 이러하기 때문에 김대중 재평가 필요성에 대한 문제의식은 더 크게 확산되지 못한 채 정체돼 있는 실정이다. 결국 김대중에 대한 무지가 김대중에 대한 차가운 평가와 긴밀한 관련이 있다.

필자는 평소에 이와 같은 현실에 대해 문제의식이 있었다. 이를 바탕으로 집필한 이 책은 두 가지 목적이 있다. 첫째, 김대중에 대한 재평가를 위해서 김대중의 가치·업적·의미 등을 종합적이면서도 체계적으로 정리해 독자들에게 전달하고자 한다. 그래서 이 책은 일종의 '김대중 백과사전'과 같은 성격을 띤다. 둘째, 이를 통해서 확인할 수 있는 김대중의 성공한 대통령 리더십·유능한 정치 리더십의 내용과 의미를 밝혀 한국에 '성공한 대통령'과 '유능한 정치가'가 있었다는 사실을 보여주고자 한다. 그래서 한국의 대통령과 정치인에 대한 그동안의 부정적 담론에서 벗어나 성공한 역사와 긍정적인 기여의 의미를 정치적·학문적 화두로 제시하려는 것이다. 물론 이는 김대중이 실제로 성공한 대통령이었고 유능한 정치 리더십을 보여주었기 때문에 가능하다. 그래서 이 책은 기존의 부정 일색이었던 한국 대통령 담론에 대한 전면적 전환을 목적으로 한다. 또한 '정치인은 무능한 존재'라는 한국 사회의 뿌리 깊은 통념에 대한 통렬한 반박의 성격도 갖고 있다.

이 책에서 김대중에 대한 재평가는 세 가지 차원에서 이뤄진다. 첫째, 김대중에 대해 잘못 알려진 내용을 올바르게 알려, 오평誤評에서 정평正評을 하기 위함이다. 둘째, 역사적 의미가 큼에도 불구하고 그동안 제대로 다뤄지지 않았던 김대중의 활동과 업적을 새롭게 알려, 무평가無評價에서 유평가有評價하기 위함이다. 셋째, 지나치게 저평가低評價된 김대중의 가치와 업적을 현재보다 고평가高評價하기 위함이다. 필자는 김대중에 관한 방대한 자료를 치밀하게 정리하고 철저하게 분석해 역사적 팩트에 기반한 내용만을 근거로 삼아 객관적 설명과 해석을 했다. 그런데 현재, 김대중에 대한 오평과 무평가에 의한 저평가 현상이 심하다 보니, 객관적 설명과 해석 자체가 고평가로 보일 수 있다. 그러나 본문을 정독하면 현재의 저평가가 무지와 오해에 기반한 잘못임을 확인할 수 있을 것이다.

필자는 김대중에 대한 재평가를 위해서 김대중의 전 생애를 대상으로 해서 김대중의 실천과 그 의미를 종합적이면서도 체계적으로 정리 분석해, 논문이 아닌 대중적 정치비평서·역사서 형식으로 서술했다. 그동안 나온 김대중을 주제로 한 텍스트를 보면 대통령 재임 시기 국민의 정부 각종 정책을 다룬 연구 논문이 대부분이다. 이것이 각 학문 분과별로 이뤄지다 보니 대통령 재임 시기 김대중의 전체적 활동을 종합적으로 분석 정리한 텍스트가 없었다. 대통령 당선 이전 김대중의 의정 활동, 민주화 투쟁, 야당 활동 시기에 대한 내용도 마찬가지이다. 그래서 이 책은 김대중의 각 시기별 주요 활동 내용을 체계적으로 정리했고, 대통령 당선 이전 정립된 김대중의 정치 노선, 정책 기조가 대통령 재임 시기 국정 운영에 준 영향에 대해서도 입체적으로 분석했다. 이 책은 대통령 재임 이전과 이후를 모두 망라해서 김대중의 정치 활동의 내용·가치·업적 등을 종합적으로 정리하고 분석한 최초의 책이라고 자부한다.

김대중이 한국 현대사에 워낙 넓게, 깊게, 길게 영향을 주었기 때문에 이를 전체적으로 정리하는 일은 매우 어렵다. 필자도 수많은 자료를 검토하면서 힘든 고비를 여러 번 넘겨야 했다. 그럼에도 필자가 이 책을 쓸 수 있었던 데에는 연세대학교 김대중도서관에서 사료연구 업무를 담당했다는 점이 큰 배경이 됐다. 필자는 김대중에 대한 총 41회의 구술동영상 작업 전 과정에 참여했고, 총 2,000여 페이지의 《김대중연보》의 출간 작업과 총 17,500페이지에 이르는 《김대중전집》 30권 완간 작업 등의 실무 책임자로서 이와 관련된 각종 연구 업무를 수행했다. 더불어 2000년대 초반 인터넷 논객으로서 인터넷 웹진 《대자보》, 《서프라이즈》 등에서 활발한 활동을 전개했으며, 특히 2002년 초 민주당 경선을 앞두고 낸《이인 제는 이회창을 이길 수 없다—노무현 필승론》은 노무현을 민주당 후보로 선출해야 하는 이유를 밝힌 책으로 노무현의 광주 경선 승리와 노풍을 예언한 정치비평서로서 크게 주목을 받았다. 이러한 김대중 자료에 대한 전문성과 정치비평가로서의 대중적 감각을 동시에 결합해서 필자는 이 책을 작성했다.

김대중에 대한 재평가는 정치적·학문적으로 매우 필요한 일이다. 필자는 이 책이 김대중에 대한 재인식과 함께 한국에도 국제적으로 존경받는 성공한 대통령, 유능한 정치가가 있었다는 자부심을 갖는 데에 기여할 수 있게 되기를 바란다.

2021년 5월 장신기

목차

1. 국제적으로 높이 평가받지만 국내에서는 저평가되는 김대중

(1) 김대중, 준비되지 않았던 시대의 준비된 정치 지도자

김대중은 한국 현대사에 막대한 영향을 준 인물이다. 한국 현대사 전체를 놓고 볼 때 가장 큰 영향을 준 세 명의 인물을 거론한다면 이승만, 박정희, 김대중이라고 볼 수 있다. 이승만과 박정희는 각각 12년과 18년 동안 독재정치를 하면서 한국의 보수적 근대화 노선을 정초하고 추진해 한국 현대사에 막대한 영향을 주었다.

이에 반해 김대중은 민주화 시대에 5년간 집권했다. 이승만-박정희에 비해서 집권 기간이 현저히 짧다. 그럼에도 김대중은 두 가지 측면에서 한국 현대사에 매우 큰 영향을 주었다. 첫째, 김대중은 이승만-박정희 노선으로 대표되는 보수적 근대화 노선에 대한 대안을 이론화하고 정책적으로 구체화한 인물이었다. 김대중은 대중경제론으로 대표되는 민주적 시장경제 발전 전략과 4대국안전보장론과 3단계통일론 등 동북아 냉전 해체와 한반도 평화통일에 관한 이론과 정책을 제시했다. 둘째, 김대중은 대통령에 당선돼 자신의 구상을 국가 정책으로 추진할 수 있었고, 5년 재임 기간 동안 국정 전반에 걸쳐서 패러다임 전환을 이뤄냈다. 민주주의·인권·국민통합·문화·지식정보화(IT)·복지·남북 관계·동아시아공동체 등 국내외의 다양한 영역에서 김대중의 영향력은 크고 넓고 깊었다.

김대중 대통령 퇴임 즈음에 일본의 저명한 경제평론가인 오마에 겐이치는 "세계에서 단임 5년에 김대중 씨만큼 변화시킨 대통령은 거의 예를 찾아보기 힘들다. 김대중 씨처럼 한국 경제에 공헌한 대통령은 없기 때문에 한국민은 떠나가는 김대중 씨를 마음으로부터 감사해야 한다"고 말했다. 세계적 경제 전문 통신인 《블룸버그》는 2003년 1월 15일 "김 대통령은 경제·정치·외교 분야에서 이룬 업적으로 반세기 역사상 가장 훌륭한 대통령으로 남을 것"이라고 평가했고, 2002년 말에도 "77세의 김대중 씨는 한 세대에 한 번 나올까 말까 한 지도자의 업적을 이뤘다"며 매우 높게 평가했다.[1] 그리고 2009년 9월 23일 미국의 《뉴스위크》는 자신의 조국의 변혁을 이룬 '트랜스포머'로서 세계의 위대한 지도자 11명을 지목했는데 여기에 김대중은 남아공의 넬슨 만델라, 폴란드의 레흐 바웬사, 중국의 덩샤오핑 등과 함께 선정됐다.[2]

특히 김대중은 이승만-박정희보다 훨씬 더 어려운 여건에서 위와 같은 업적을 냈다는 사실을 중요하게 고려해야 한다. 무엇보다 김대중은 이승만-박정희에 비해서 집권 기간이 현저히 짧았다. 이승만과 박정희는 민주헌정을 파괴하면서 장기 집권을 하는 등 한국 헌정사에 결정적인 오점을 남겼기 때문에 집권 기간 중에 긍정적인 업적이 있음에도 그 의미는 크게 퇴색될 수밖에 없다. 이에 비해 김대중은 1987년 민주적 개헌 이후 정착된 5년 단임제 대통령으로서 위와 같은 업적을 낸 것이다. 이뿐만이 아니다. 집권 기간 동안 철권통치를 한 앞의 두 대통령과 달리 김대중은 민주적 절차에 근거했고 사상 최초의 정권 교체로 인해 정치사회적 기반이 약하다는 근본적인 약점을 안고 있었다. 이와 같은 불리한 여건에서도 위와 같은 큰 업적을 남긴 것은 대단한 일이었다.

(2) 김대중, 국제적으로는 고평가 국내적으로는 저평가

이와 같은 김대중에 대한 평가를 보면 국제적인 고평가와 국내적인 저평가로 요약할 수 있다. 2003년 2월 21일에 《매일경제》 국제부 오화석 차장이 쓴 〈외국언론이 평가한 DJ〉라는 기사를 보면 퇴임 즈음 국내에서 부정적 평가가 높은 현실과 달리 해외에서의 높은 평가에 대한 내용이 나와 있다.[3]

실제 해외에서의 김대중에 대한 평가는 국내 사람들이 알고 있고 생각할 수 있는 수준 이상이다. 미국의 클린턴 대통령은 "김대중 대통령은 지혜와 용기를 갖춘 지도자로서 한국을 위해 헌신했고 전 세계 평화와 자유를 사랑하는 사람들에게 감동과 자극을 주었습니다. … 김 대통령은 상호 의존성을 가진 현대 세계에 대해서 보기 드물게 깊은 이해를 갖춘 분이었으며 한국의 운명이 국제 사회와 맞물려 있음을 잘 알고 있었습니다. … 세계 지도자들은 파트너십의 힘을 믿었던 김 대통령의 신념을 명심해야 할 것입니다"[4]라고 평가했다. 클린턴 행정부 국무부 장관을 역임한 저명한 국제정치학자인 올브라이트는 김대중을 '바츨라프 하벨이나 넬슨 만델라에 필적할 만한 인물'로 평가했다.[5] 주한 미국 대사를 지낸 도널드 그레그는 "50여 년간 아시아와 관련된 일을 해오면서 내가 만난 가장 위대한 아시아인 3명이 바로 김대중 전 대통령과 중국의 덩샤오핑, 싱가포르의 리콴유였다. 김 전 대통령은 한국에 강력한 민주주의를 가져왔다. 시간이 갈수록 그의 업적에 대한 평가와 명성은 더욱 높아질 것으로 확신한다"라고 평가했다. 특히 세 지도자 가운데 김대중을 유일하게 권력 밖에서 권력을 쟁취한 지도자로 평가했다.[6]

그리고 미국 정계에 대한 이해가 밝은 김동석 미주한인유권자연대 대표는 2020년 미국 대선에서 바이든이 대통령에 당선된 이후에 진행한 인터뷰에서 "워싱턴 정치권에서 김대중 전 대통령에 대한 존경심이 여전히 강하다는 점이다. 워싱턴에서 김대중 전 대통령은 만델라와 같은 평가를 받는다. 클린턴, 오바마 전 대통령과 바이든 당선자가 모두 김 전 대통령을 인권과 민주화의 상징으로 존경한다. 한국이 워싱턴에서 '김대중센터'를 만들어 외교자산으로 활용하면서 한국의 목소리를 확산시키는 방안을 고려할 만하다"[7]라고 말했다. 그리고 중국의 최고지도자였던 장쩌민은 평소 김대중에 대한 존경의 뜻으로 김대중을 형님이라는 뜻의 '따거 大兄'[8]라고 표현했다. 중국의 장쩌민 주석 주룽지 총리 등은 중국의 고위 인사들 앞에서 김대중 대통령을 형님이라고 표현했는데 중국의 최고지도자들이 한국 대통령을 이렇게 부르는 것은 상상도 하기 힘들 정도의 최고 수준의 존경심의 표현이었다.[9] 그리고 독일의 바이츠제커 전 대통령은 김대중에 대해서 "그는 나의 가장 가까운 친구요, 인류애를 갖춘 인격자요, 현명한 국가지도자이다"[10]라고 평가했다. 일본 정계의 거물이었던 우쓰노미야 도쿠마는 김대중에 대해서 "그만한 식견과 용기를 가진 사람은 일본에서는 좀처럼 찾아보기 힘들다"[11]고 평가했다.

김대중에 대한 해외 저명한 지식인들의 평가도 매우 높다. 일본의 저명한 역사학자인 와다 하루키 교수는 "김대중 전 대통령은 동북아시아의 진정한 평화를 가져온 위인이었다"[12]라고 했으며 미국의 저명한 한국 현대사 연구자인 브루스 커밍스 교수는 "불굴의 민주주의자이자 독재 정권의 반대자, 한국의 정치경제를 구하고 개혁한 사람, 남북한 화해를 향한 길을 연 지도자 그리고 마키아벨리에게 교훈을 가르칠 수 있는 정치가"[13]라고 평가했다. 그리고 세계적인 사회학자인 독일의 울리히 벡 교수는 2008년 4월 김대중과 대담을 한 이후에 "분명한 분석, 설득력 있는 주장에 놀랐다. 많은 정치가들을 만나보았으나 이렇게 명확한 비전을 가진 분은 만나지 못했다", "완전히 설득당했다", "유럽에도 당신과 같은 비전을 가진 정치가가 있었으면 한다"고 격찬했다[14]. 정치사상 분야 세계적인 석학인 영국의 존 던 교수는 2005년 출간한 자신의 저서 《민주주의의 수수께끼*Setting the People Free: The Story of Democracy*》 앞부분에 쓴 〈감사의 말〉에서 자신과 지적 교류를 한 지식인들을 거론했는데 여기에 김대중을 포함시켰고 "내가 이야기를 길게 나눌 수 있는 특권을 가졌던 의심할 여지없이 위대한 정치 지도자이며 그의 나라가 이제야 겨우 깨닫기 시작한 것보다 훨씬 더 많은 것을 그에게 빚지고 있는 김대중 박사는 그만이 지닌 뛰어난 용기로 내게 희망과 용기를 주었다"라고 썼다.[15] 여기에 정치인 특히 외국의 정치 지도자를 거명한 것 자체가 대단히 이례적이며 존 던이 거명한 학자 중에서 '오리엔탈리즘'으로 유명한 에드워드 사이드와 함께 비중 있게 다뤘다는 점에서도 특별한 의미가 있다. 이처럼 세계적인 석학들은 김대중을 대단히 높게 평가했다.

해외 언론의 평가도 마찬가지이다. 미국의 《뉴욕타임스》는 "서방에서 '아시아의 넬슨 만델라'로 불렸던 김 전 대통령은 남북 간에 전례 없는 데탕트를 일궈낸 인물"[16]이라고 했다. 프랑스 일간 《르몽드》는 "김대중 전 대통령은 한국의 민주주의를 위해 납치, 투옥, 사형선고를 받으면서 투쟁했던 위대한 인물"이라고 평가하면서 김대중을 넬슨 만델라 전 남아프리카공화국 대통령에 비유하면서 "2000년 최초의 남북정상회담을 성사시킨 김 전 대통령은 남북간 화해를 이끌어낸 공로로 노벨평화상을 받은 인물로 후세에 남을 것"[17]이라고 평가했다. 독일 일간 《프랑크푸르터알게마이네차이퉁》은 "김 전 대통령은 한국의 민주주의를 위해 싸운 성공적인 투사이자 동아시아 민주화의 상징적 인물"[18]이라고 평가했다.

김대중은 보수 인사들로부터도 높은 평가를 받았다. 평소 김대중과 가깝게 지냈던 미국의 보수주의를 이끄는 헤리티지재단의 에드윈 퓰너는 "김대중은 진정 역사적인 인물이었다. 오늘 한국은 타이탄(거인)을 잃었고, 나는 절친했던 벗을 잃었다"라고 했고 보수 성향의 미국 정치학자 마이클 그린은 "김대중은 주변 4강과 모두 친하면서 대북 관계를 개선하는, 한국에 꼭 필요하나 실현하긴 힘든 난제를 풀어낸 전무후무한 지도자"라고 높게 평가했다.[19] 일본의 나카소네 야스히로 전 총리는 "김 전 대통령은 파란만장한 한국 현대 정치사의 한복판에서 조국의 민주화를 위해서 헌신해왔고, 4번이나 대통령선거에 나섰을 만큼 불굴의 정신력을 지닌 정치 지도자였다", "특히 남북통일에 대한 염원을 바탕으로 대통령에 당선된 이후에는 역사에 길이 남을 남북정상회담을 성사시켰고, 이를 계기로 노벨평화상을 받는 등 아시아를 대표하는 지도자로서 손색이 없을 만큼 훌륭한 업적을 남겼을 뿐 아니라 한일 양국의 외교 관계 개선에도 큰 기여를 했다"[20]고 평가했다.

여기에 소개한 것처럼 김대중에 대한 세계적인 정치인, 학자, 언론의 평가는 매우 놀라울 정도로 높다. 이는 김대중이 인류 보편적인 가치인 민주주의, 인권, 평화를 위해서 목숨을 건 투쟁을 했고 대통령이 돼 이를 발전시켜서 한국과 한반도 그리고 동아시아 지역의 공동 번영과 발전에 큰 공헌을 했기 때문이었다. 특히 이 지역의 특성상 매우 어려운 여건에 있었음에도 불구하고 김대중은 문제를 해결하고 진취적인 미래를 개척하는 데에 있어서 결정적인 역할을 했기 때문에 해외에서 높이 평가하는 것이다. 김대중은 한국의 정치 지도자 중에서 국제적으로 인정받고 평가받는 유일한 인물이다.

그런데 국내에서 김대중에 대한 평가는 해외에서의 평가와 많이 다르다. 단적인 예로 전직 대통령에 대한 여론조사를 보면 김대중은 노무현-박정희 두 전직 대통령에 이어서 순위로 볼 때 3위이며 대체로 15퍼센트의 지지율을 얻는 등 순위와 절대치 자체가 대체로 고정적[21]이다. 그리고 2022년 20대 대통령선거에서 새로운 대통령이 선출된 이후에 현재(2021년 5월 기준) 문재인 대통령까지 조사 대상에 포함될 경우 김대중에 대한 지지율은 10퍼센트 아래로 내려갈 가능성도 있다. 이와 같은 상황은 국제적인 평가와 너무 차이가 난다. 김대중에 대한 국내에서의 차가운 평가는 아주 오래전부터 있던 현상으로 김대중은 생전에도 사후에도 제대로 된 평가를 받은 적이 없다. 한국 여성인권운동의 대표적인 인물인 이태영 변호사는 김대중이 대선에서 낙선을 거듭하자 평소에 "김대중 같은 사람을 대통령을 못 시키는 것은 우리 국민의 불행"[22]이라는 말을 자주 했었다. 그리고 노무현 대통령은 이렇게 말했다.

사실 김대중 대통령은 세계에 자랑할 만한 지도자였다. 우리 역사에 그런 지도자는 없었다. 정말 오랜 기간 동안 독재와 싸웠다. 암살 위기도 겪었다. 구속당하고 연금당하고, 그것도 모자라 사형선고까지 받았다. 그래도 끝까지 굴복하지 않고 민주주의 노선을 견지했다. 국민의 힘으로 독재 정권을 무너뜨리고 나면 그런 사람은 보통 투표를 할 필요도 없는 수준의 지도자가 된다. 건국의 아버지와 같은 대우를 받는 것이다. 넬슨 만델라, 바츨라프 하벨, 레흐 바웬사 대통령이 모두 그랬다. 그것이 정상이다. 그런데 우리는 그렇게 하지 못했다. 6·10 항쟁 이후 민주 세력이 분열됐고, 냉전 시대 독재 정권이 그가 마치 공산주의자인 것처럼 이미지에 덧칠을 해 놓았기 때문이다. 많은 국민들이 김대중 대통령을 민주주의 지도자가 아니라 친북 인사 또는 용공 분자인 것처럼 잘못 보았다. 게다가 호남인에 대한 근거 없는 편견과 지역감정까지 작용했다. 그래서 대통령이 되기는 했지만 국민의 지도자로 정당한 대접을 받지 못했던 것이다. 이런 것들이 없었다면 김대중 대통령은 해외에서 그런 것처럼 나라 안에서도 국보급 지도자 대접을 받았을 것이다. … 김대중 대통령은 그냥 민주 투사가 아니고 뛰어난 사상가였다. 해박한 지식을 가지고 있었다. 끊임없이 새로운 지식을 받아들였다. 그리고 그 지식을 전략적으로 요령 있게 활용하는 지혜까지 지닌 특별한 지도자였다. 국민들이 그것을 잘 알아보지 못한 것이 안타깝다.[23]

이처럼 노무현은 김대중이 저평가되는 현실을 안타깝게 생각하고 있었다. 그리고 김대중 대통령 재임 기간 중 의전비서관과 외교안보수석으로서 3년 8개월 동안 김대중의 외교 활동을 가까이에서 뒷받침했던 김하중은 이렇게 말했다.

내가 대통령을 모시면서 만나 본 세계의 모든 지도자들은 김 대통령을 존경했다. 그들은 인간으로서는 상상도 할 수 없는 역경을 뚫고 살아온 김 대통령의 불굴의 의지와 높은 도덕적 가치를 존경했다. 이 책을 쓰면서 그들이 말한 것을 다 쓰기가 어려울 정도였다. … 우리가 정치인이든, 외교관이든, 기업이든, 학자든, 어느 나라에서 가서든 자신의 업무 상대로부터 그런 존경을 받는다는 것이 얼마나 어려운 것인지 독자들은 잘 알 것이다. 하물며 국가원수나, 최고지도자들로부터 그런 대접을 받는다는 것은 너무도 놀라운 일이었다. 그것은 누구도 감당하기 쉽지 않은 그러한 역경을 뚫고 살아온 지도자에게만 보여줄 수 있는 존경이었던 것이다.[24]

김하중은 외교관으로서 김대중과 민주화 투쟁 및 정치 활동을 함께 한 동지적 관계가 아니었다. 엘리트 공무원이었던 김하중은 김대중을 알기 전에는 그 당시 주류 엘리트 사회의 일반적 통념대로 자신도 김대중에 대해서 부정적인 생각을 갖고 있었다고 토로했을 정도였다.[25] 군사독재 정권에 의해서 오랜 기간 지독하게 왜곡되다 보니 김대중의 진면목을 제대로 인식하기란 그만큼 어려웠던 것이다. 국제사회에서 김대중에 대한 고평가와 한국에서의 저평가 현상에 대해서 소설가 현기영은 "아, 성경 속의 선지자들이 생각난다. 제 고향에서 인정받지 못한 선지자들처럼, 살아생전의 DJ 역시 그랬다. 자국인 한국보다 외국에서 더 그의 업적이 칭송받고 있음은 한국 사회가 비정상적인 사회임을 입증하는 것"[26]이라고 말했으며 김민웅 교수는 "김대중의 철학과 사상의 깊이에 비해 그는 과소평가되어 있다. 아쉽기 그지없다"[27]라고 했다. 이렇듯 김대중에 대한 저평가는 대통령 당선 이전-재임 중-현재(2021년 5월 기준)까지 이어지는 뿌리 깊은 현상이라고 할 수 있다.

(3) 김대중이 국내에서 저평가되는 10가지 이유

그러면 김대중은 왜 국내에서 저평가될까? 필자는 이와 관련해서 10가지 이유가 있다고 생각한다.

①한국 사회의 반정치적 문화와 관련 있다. 한국 사회에서 '정치적'이라는 표현은 '순수함'과는 배치되는 개념으로 통용되면서 대체로 부정적인 뉘앙스를 준다. 그런데 김대중은 뛰어난 정치인이라는 평가를 받는 반면 '순수한' 인물이라는 평가를 받는 경우는 드물다. 김대중은 다섯 번의 죽을 고비, 6년여의 감옥 생활, 두 차례 3년여의 해외 망명 생활, 동교동 자택에 머물 때에는 가택 연금·도청·감시 등 인간으로서 감당하기 힘든 고난을 이겨낸 인물이다. 만약 김대중이 정치인 대신 운동가의 길로 투신했다면 김대중은 자신의 지지자들이 부르는 '선생님'이라는 호칭을 대다수 국민으로부터 들었을 것이며, 아마 백범 김구 선생과 같은 인물로 추앙받았을 것이다. 그런데 김대중은 '정치는 흙탕물 속에 피는 연꽃'과 같다는 신념으로 철저히 정치인의 길을 걸었으며 권력을 쟁취하기 위해 흙탕물에 뒹구는 것을 마다하지 않았다. 앞서 언급했듯 브루스 커밍스 교수는 김대중에 대해서 "불굴의 민주주의자이자 독재 정권의 반대자, 한국의 정치경제를 구하고 개혁한 사람, 남북한 화해를 향한 길을 연 지도자 그리고 마키아벨리에게 교훈을 가르칠 수 있는 정치가"[28]라고 평가했다. 여기서 '마키아벨리에게 교훈을 가르칠 수 있는 정치가'라는 표현은 바로 이 같은 내용을 지적한 것이다. 김대중은 뛰어난 정치적 업적을 남겼지만 이러한 면모는 반정치적 '순수함'을 매력적으로 평가하는 대중적 정서와는

괴리가 있었다. 성공의 역설이라고 할 수 있는 현상이다.

②김대중의 이름은 많이 알려졌지만 정작 김대중의 구체적인 업적은 상세하게 알려지지 않았다는 점과 관련이 있다. 김대중을 긍정적으로 평가하는 사람들도 김대중의 구체적인 업적과 주요 활동 내용에 대해 잘 모르는 경우가 대부분이다. 김대중을 막연히 '훌륭한 인물'이라고 평가할 뿐 그 구체적인 내용을 뒷받침해서 설명하는 경우는 드물다. 그렇다 보니 김대중에 대한 긍정적인 내용은 대중적으로 잘 알려지지 않았다. 이 책을 쓰게 된 이유도 이러한 현상을 극복하기 위함에 있다.

③국내 정치적 요인과 관련돼 있다. 김대중의 측근 정치인들이 김대중 이후 민주당을 중심으로 한 민주화 세력의 중심이 되지 못하면서 김대중의 영향력이 위축됐다. 김대중은 다양한 민주화 세력을 정치적으로 인도하고 이들을 하나의 정당으로 통합하는 대저수지 같은 역할을 했다.

당시 김대중은 다섯 그룹을 이끌었다고 볼 수 있다. 소위 '가신 그룹'으로 불리는 비서 출신 정치인 그룹, 과거 군사독재 정권 시절 야당 정치인 그룹, 재야 운동가 출신 정치인 그룹, 민주화 이후 영입한 전문가 그룹, 김영삼의 3당 합당에 반대했던 영남 출신 민주화운동가 그룹 등 다섯이다. 이중에서 동교동계라고 하면 비서 출신 정치인을 뜻하기 때문에 엄밀하게 구분하면 첫 번째 그룹만 해당하는데, 두 번째 그룹까지 포괄해서 범동교동계라고 표현하기도 한다.

그런데 노무현 집권 초기인 2003년, 민주당 분당 사태를 겪으면서 김대중과 함께 정치했던 인물들 상당수가 정치적으로 밀려났다. 또한 2016년 문재인-안철수 사이의 분열 과정에서 2003년 민주당 분당 당시 갈등을 빚었던 구동교동계 인사 상당수가 안철수 진영에 합류해 갈등을 빚은 일도 영향을 주었다. 그리고 DJP연합에 의해서 구성돼 DJP연합이 최종적으로 파기된 2001년까지 총리를 비롯한 상당수 각료를 자민련 출신이 차지한 까닭에 김대중과 함께 정치 활동을 한 후배 정치인들의 김대중 정부 참여 폭이 적었다. 이와 비교해, 정몽준과의 연합이 파기돼 민주 진영 독자적으로 집권에 성공한 노무현 정권에서는 민주화 인사들의 정부 참여가 대폭 늘어났다. 그래서 이들은 김대중 정권보다 노무현 정권에 대한 일체감을 느끼는 경우가 더 많았다.

④정치사회 담론 형성에 있어 중요한 역할을 하는 범진보 성향의 지식인들이 기본적으로 김대중에 대해 거리감을 갖고 있다는 점도 관련 있다. 이들은 김대중의 투쟁 경력을 높이 평가하고 김대중을 유능하다고 평가한다. 하지만 기본적으로 김대중을 극복의 대상인 구정치인으로 인식한다. 이들은 김대중 및 그 직계 정치인들과 문화도 다르고 세대 차이도 있는 터라 정서적인 동질감이 없다 보니 냉정하게 평가하는 경향이 있다. 그리고 이들은 소위 운동권 정서가 있어서 대체로 도덕주의적인 선악 이분법에 근거한 정치관을 보인다. 이는 '서생적 문제의식과 상인적 현실감각'을 동시에 강조하는 김대중의 정치관과는 다르다. 이들이 김대중을 높이 평가해도 동질감을 느끼지 않는 이유가 여기에 있다.

⑤김대중의 상대는 이명박-박근혜 정권이 아니었다는 점도 관

련 있다. 이명박 정권에 대한 저항의 동력은 노무현 대통령의 비극적 서거 이후에 형성됐고, 이것이 박근혜 정권에 대한 촛불항쟁의 기본 동력이 됐다. 촛불항쟁 이후에 노무현의 친구였던 문재인이 대통령이 됐기 때문에 2009년 이후 이명박-박근혜 정권에 대한 투쟁에 있어 중요한 동력을 제공한 인물은 노무현이다. 이 당시 정치적으로 새롭게 각성한 세력이 상당히 존재한다. 이들에게 있어서 김대중은 잘 모를뿐더러 정서적 일체감을 형성한 적이 없는 인물이다.

⑥ 인터넷과 SNS 등에 김대중 관련 콘텐츠가 별로 없다는 점도 관련 있다. 김대중은 IT 강국을 개척한 선구자이지만 정작 김대중 본인은 그 수혜를 받지 못했다. 인터넷과 SNS에서의 온라인 콘텐츠를 중시하는 젊은 세대에게 김대중은 올드하고 엄숙한 느낌의 존재이다. 이들은 김대중을 훌륭한 인물로 평가해도 감성적으로 자신들의 코드와 잘 맞지 않는 대상으로 인식한다. 이 문제를 해결하기 위해서는 다양한 온라인 콘텐츠가 나와야 하는데 현실은 그러지 못했다.

⑦ 김대중은 국가적 비전을 실현하기 위해서 때로는 핵심 지지층의 의사나 이익에 반하는 정책 추진을 피하지 않았다. 이 탓에 김대중 퇴임과 동시에 핵심 지지층의 열광적 지지가 이완됐다. 이는 김대중에 대한 저평가를 초래한 중요 원인 중 하나가 됐다. 김대중은 대통령에 당선되기 전부터 이와 같은 점을 의식하고 있었다.《월간조선》1997년 12월호에 게재된 인터뷰 기사[29]를 보면 "만일 총재께서 당선되었을 때 호남에서는 그동안 억눌려 있고 불만

스러웠던 요구와 불만이 분출될 텐데 어떻게 무마하고 수용할 것입니까"라는 질문에 대해서 김대중은 "이번에 호남 지역 텔레비전 토론에서 분명히 말했습니다. 그동안 여러분들이 많은 차별을 받았고 손실을 봤지만 그렇다고 내가 당선되면 그것을 회복할 수 있을 것이라고 생각하지 않는다, 이제 새로운 시대를 열어가야 하기 때문에 여러분들은 나를 당선시킨 것으로 오히려 손해 본다고 생각을 해줘야 과거 정치가 되풀이되지 않을 것이라고 얘기했어요. 그러나 다만 이 한 가지는 보답하겠다고 약속하겠다, 여러분들이 71년 이래 20여 년 동안 불초한 나를 버리지 않고 도와주었는데 대통령 돼서 정말 훌륭한 대통령 하겠다, 그래서 여러분들이 참으면서 도와준 것에 대해 자랑스러운 마음을 갖도록 하겠다, 그것 하나는 약속하겠다고 했어요. 그것을 다 이해하는 것 같았습니다"라고 말했다. 김대중은 대통령이 돼서 이와 같은 기조를 그대로 유지해서, 국가부도 위기 극복 등 큰 업적을 남겼지만 이 과정에서 핵심 지지층의 열광적 지지를 약화시키는 결과를 초래했다.

⑧ IMF위기를 성공적으로 극복했지만 상당수 국민은 IMF 이후 삶의 질이 악화됐다고 생각하는 점도 관련 있다. 국제사회는 IMF 위기 극복을 대단히 높이 평가한다. 김대중이 IMF위기를 극복할 때 미국 클린턴 행정부의 재무부 장관이었던 루빈을 여러 번 만났던 주미대사관 공보공사를 지낸 윤석중은 "자신이 루빈을 세 번 만났으며 그때마다 김 전 대통령의 안부를 묻고 자신이 가장 존경하는 지도자가 김대중이라고 말할 정도로 김 전 대통령에 대한 존경심과 신뢰가 깊다"[30]고 했다. 이와 같은 해외에서의 평가와 다르게

정작 한국에서는 그만한 평가를 받지 못한다. 그 이유는 평가의 각도가 다르기 때문이다. 한국 사람들은 IMF구제금융 이전과 이후의 상황을 비교하게 되는데, 온실 속의 화초와 같은 여건에서 고성장이 가능했던 IMF 이전 시기와 이후의 상황을 비교해보면 상당수 국민의 삶의 질이 체감적으로 떨어졌다.

⑨ 한국에서는 비극적으로 세상을 떠난 지도자에 대한 대중적 지지 심리가 강하게 형성된다. 김구, 박정희, 노무현 등이 이에 해당한다. 그렇게 볼 때 김대중은 민주화 투쟁 시기에 필설로 다하기 힘들 정도로 온갖 고난을 겪었지만 결국 죽지 않고 살아남아 천수를 누리고 서거했다. 그래서 '서거' 이후 형성되는 역사적 인물에 대한 지지 현상에 있어서 김대중은 후순위에 위치하게 됐다.

⑩ 김대중은 대통령에 당선된 직후 '인기 있는 대통령이 되기보다 능력 있는 대통령이 되겠다'[31]는 입장을 주변에 밝힌 바 있었다. 결과적으로 보면 본인의 예언이 적중한 것으로 볼 수 있는데, 김대중은 치밀한 전략가로서 이념과 감성만을 강조하는 것에 머물지 않고 실질적인 결과 창출을 매우 중요시했다. 이와 같은 김대중의 면모는 인간적이고 감성적인 측면에서의 호소력을 약화시켰다. 김대중 정치철학의 한 측면을 상징하는 '서생적 문제의식과 상인적 현실감각'이라는 표현도 이와 관련돼 있다. 유시민은 2017년 11월 10일 〈알쓸신잡 2〉에서 김대중을 대표하는 표현인 '서생적 문제의식과 상인적 현실감각'이 보수에서는 '서생적 문제의식'과 관련된 것을 비판하고, 진보에서는 '상인적 현실감각'에 대해서 탐탁지 않게 생각하는 경향이 있다는 점을 설명한 바 있다.[32] 유시민의 이 설

명은 본질을 꿰뚫는 정확한 진단이다. 김대중은 정치적 성공을 위해 인간적 매력을 확보할 수 있는 길을 포기했다고 볼 수 있다.

2. 김대중이 성공한 100가지

그러면 김대중은 어떤 업적을 남겼을까? 김대중이 한국, 한반도, 동아시아 지역에 남긴 업적은 무엇일까? 여기서는 이와 관련된 내용을 압축적으로 정리해보려고 한다.

(1) 김대중 개혁, 김대중 혁명, 김대중 업적의 전체적 성격 16가지

- 김대중은 국가 발전의 패러다임 전환을 이뤄낸 정치가이자 대통령이었다. 김대중은 특정 분야에 국한되지 않고 사회 전 영역에서 패러다임 전환을 이뤄냈다.
- 김대중은 산업화, 민주화, 평화통일 등 한국 근대화의 3대 과제 실현에 모두 긍정적 기여를 한 정치가였다. 개발독재의 부정적 유산을 해결하고 민주적 시장경제에 입각한 선진 자본주의 국가로 도약할 수 있는 기반을 구축했으며, 불가능해 보였던 민주화 이행과 공고화를 이뤄냈으며, 굳게 닫혀 있던 냉전 분단의 문을 활짝 열어 평화통일의 큰길을 개척했다.
- 김대중은 IMF위기 극복 과정을 통해서 박정희식 개발독재 체제의 구조적 문제점을 해결했다. 또한 김대중은 21세기 한국 경제의 신성장 동력으로 지식정보화 강국, 문화 강국, 북방 진출 등

의 3대 방향을 제시해 한국 경제의 새로운 도약 기반을 구축했다. 김대중의 각종 개혁은 한국 경제 발전에 있어 중대한 전환점이 됐다.

- 김대중의 개혁은 조용한 혁명이라고 볼 수 있다. 자극적인 선전선동 없이 인내와 설득으로 하나씩하나씩 구조적 변화를 이뤄냈다. 처음에는 답답한 인상을 주어 지지 세력의 큰 비판을 받기도 했지만 결국에는 사회 전 영역에서 패러다임 전환을 이끌어냈다.

- 김대중의 개혁은 빠른 속도로 이뤄졌다. 집권 5년 동안의 변화라고는 믿기 힘들 정도의 빠른 속도로 개혁을 이뤄냈다.

- 김대중은 정치적 헤게모니를 창출하기 위해 특정 세력을 배제하면서 자신의 지지층 결집과 확산을 도모하는 부정적 통합 전략을 사용하지 않았다.

- 김대중은 권위주의 체제의 잘못된 국가 개입을 근절하고 민주주의 체제에서 효과적인 국가 개입의 모범적인 사례를 보여주었다. 김대중은 권위주의 국가에 반대한다고 해서 국가 리더십의 후퇴와 약화를 지향하지 않았다. 김대중은 민주적 개혁을 위해 국가의 적절한 개입이 필요하다고 보았기 때문에 국가의 기능과 역할을 후퇴하거나 약화시키지 않고 개입의 방향과 과정에 있어서 변화를 주어 민주적 개입, 민주적 국가 리더십을 새롭게 창출하고자 했으며 여기에 성공했다.

- 김대중의 개혁 성과는 소프트웨어 측면에서 크게 나타나서 가시적인 효과가 두드러지지 않지만 실질적인 효과는 매우 커서

사회 전반적인 패러다임 전환에 매우 중요한 역할을 했다. 박정희의 성과가 가시적인 효과가 큰 하드웨어 측면에 집중된 것과 비교해 볼 때 매우 흥미로운 지점이다.

- 김대중은 한국이 세계를 앞서 선도할 수 있다는 점을 보여준 정치가였다. 지식정보화 강국 건설이 바로 그것이다. 김대중은 빠른 속도로 지식정보화 강국 건설에 성공해 선진국들의 찬사를 받았고 선진국들이 한국의 성공 사례를 배우려고 했다. 이것은 대한민국 역사상 최초의 일이다. 그 이전까지 있었던 한국의 기적과 성공은 다른 나라들이 이미 이룩한 경로를 따라가는 경우에 속했다. 김대중은 국제사회로부터 수혜만 받아오던 한국이 국제사회에 기여하고 국제사회를 리드할 수 있다는 점을 보여주었다.

- 김대중은 한국의 소프트파워를 강화해서 국제사회에 영향력을 확대한 최초의 대통령이었다. 김대중은 역동적인 민주주의에 기반을 두고 문화와 IT 발전을 이룩했고, 북한·일본·베트남을 향한 화해와 포용의 정치로 동북아시아와 동남아시아에 한국의 소프트파워를 크게 증진시켰다.

- 김대중은 식민 통치·전쟁·군사독재 등 극단적인 시대를 살아왔음에도 민족주의·국가주의·극단주의에 치우치지 않으면서 보편·균형·개방적 세계관과 정치관을 갖췄다는 점에서 대단하다고 할 수 있다.

- 김대중은 정치적 상징, 문화적 상징을 역사적 유산으로 남겼다는 점에서 특별한 의미가 있다. 김대중은 1964년 동교동 자택

대문에 김대중 이희호(金大中 李姬鎬) 문패를 함께 내걸었다. 이것은 김대중의 선진적인 남녀평등 의식을 알려주는 유명한 일화이다. 가부장적인 남성우월주의 전통이 강력했던 1964년에 부인 문패를 함께 부착한 집은 당시 대한민국에서 동교동 김대중-이희호 집이 유일했을 것이다. 이 문패는 그 자체가 매우 강력한 정치적 메시지를 주고 있으며 남녀평등 의식의 중요한 역사적 상징이 된다는 점에서 그 의미가 크다.

• 김대중-이희호 부부는 여성운동의 동지이자 민주화운동의 동지이며 정치적 동지였다. 김대중-이희호 부부는 사람들에게 귀감이 되는 역사상 가장 훌륭한 부부의 반열에 속한다.

• 김대중은 민간인 학살, 테러, 사법적 수단에 의한 법살 등 다양한 유형의 죽을 고비에서 극적으로 살아남았다. 한국 현대사에서 이렇게 여러 번의 죽을 고비에서 죽지 않고 살아남은 경우는 김대중이 유일하다. 이렇게 죽지 않고 살아난 것 자체가 기적과도 같은 일이며 역사에 큰 기여를 한 것이다.

• 김대중은 2000년에 노벨평화상을 수상해 한국인 최초의 노벨상 수상자가 됐다.

• 김대중은 아시아 지역의 민주주의와 인권 신장을 위해서 크게 기여했다. 1990년대 중반 아태평화재단 이사장으로 있을 때부터 미얀마 군부독재의 문제점과 아웅산 수찌 여사 연금 해제 등 미얀마 민주화를 위한 국제적인 지원 활동을 주도했다. 그리고 1999년 동티모르 독립 과정에서 인도네시아군에 의한 대규모 학살 사건이 발생하자 김대중 대통령은 미국 등 국제사회의 개

입을 위한 국제 외교를 전개하여 인도네시아의 학살 중단과 유엔 다국적군 파병이 이뤄지도록 했다. 그래서 동티모르 정치 지도자들과 국민은 김대중을 은인으로 생각한다. 이처럼 김대중은 아시아 민주주의와 인권 신장을 위한 실천을 통해서 국제적인 존경을 받았다.

(2) 정치리더십 19가지

- 김대중은 막스 베버가 정치인에게 필요한 윤리로 강조한 책임윤리와 신념윤리 그리고 정치인에게 필요한 자질로서 강조한 열정, 책임감, 균형 감각을 모두 갖춘 뛰어난 정치인이었다. 막스 베버가 개념화한 이상적인 정치인의 윤리와 자질을 모두 갖췄다는 점에서 그는 현실 정치에서 보기 드문 정치인이었다.

- 김대중은 마키아벨리가 강조한 사자와 같은 용기, 여우와 같은 꾀를 모두 갖춘 정치인이었다. 그리고 김대중은 마키아벨리가 강조한 것과 함께 곰과 같은 인내심도 함께 갖춘 정치인이었다. '인동초'는 김대중의 인내를 상징하는 표현인데, 김대중의 인내는 막연히 참고 기다리는 수동적 개념이 아니라 정치적 기회를 만들어내기 위한 전략을 가다듬는 적극적 준비를 뜻했다. 그래서 김대중은 사자와 같은 용기, 여우와 같은 꾀, 곰과 같은 인내를 모두 갖춘 정치인이었다.

- 김대중은 정치가이면서 전략가이자 사상가로서 평가할 수 있을 정도로 정치 전략과 정치사상 측면에서 큰 발자취를 남겼다.

- 김대중은 대중 연설과 토론 등 언변과 관련된 영역에서 당대 최

고의 능력을 보여준 정치가였다. 그는 준비된 원고도 없이 4시간 정도의 대중 강연을 쉬지 않고 할 수 있을 정도였고, 연설을 녹취한 글을 보면 연설 자체가 정확한 팩트에 기반해 있으며 내용은 논리적으로 구성되어 있다. 또한 풍자와 해학을 통해 청중들의 관심을 끌어들이면서 큰 인기를 얻었다. 또한 국정 전 분야 그리고 역사·철학·신학·사회과학 등 다양한 학문 분야의 전문가들과 수준 높은 토론을 할 수 있었다. 이처럼 그는 한국 정치사에서 가장 뛰어난 대중 연설 능력과 토론 능력을 갖춘 정치인이었다.

- 김대중은 강력한 카리스마를 가진 정치인이었다. 김대중의 카리스마는 두 가지 배경에서 형성됐다. 하나는 다섯 번의 죽을 고비·투옥·연금·망명 등 온갖 고난을 이겨낸 불굴의 투쟁의 역사이며, 다른 하나는 해박한 지식·깊은 혜안·뛰어난 언변(대중 연설, 토론) 등 개인적인 능력이다. 이 두 가지 요인이 결합돼 김대중의 카리스마가 형성됐다.

- 김대중은 정치적으로 대척점에 있던 인물과 세력에 대한 포용과 연대를 통해서 정치사회적 외연 확장을 지속적으로 이뤄냈다.

- 김대중은 인재를 넓게 등용해 적재적소에 최적의 인물을 배치했다. 임동원과 이종찬의 경우에서 보듯 평소 자신과 거리가 있던 인사들을 삼고초려를 통해 영입해 정치적 동지가 되도록 했고 이헌재처럼 이회창 캠프와 관계를 맺은 인사도 IMF위기 극복 과정에 함께할 적임자로 판단해서 중용했다. 그리고 민주화 운동 시기에는 예춘호, 양순직 등에서 보듯 공화당 출신 인사들

과도 함께했다.

- 김대중은 외유내강형 정치인으로서 겉으로 드러난 언행은 부드럽지만 그 내용은 매우 강하다.
- 김대중은 문제 해결형 정치인이었다. 날카롭게 비판하고 용기 있게 문제 제기하고 지혜롭게 문제를 해결해서 실질적인 결과를 창조해내는 정치인이었다.
- 김대중은 집권 능력과 통치 능력 두 가지 모두에서 성공한 정치 지도자였다.
- 김대중은 북한과의 평화적 통일을 지향했다는 점에서 민족주의적 정서를 갖고 있었지만, 배타적 민족주의를 배제하고 열린 민족주의를 지향해 일본과의 화해협력 시대를 여는 등 개방적이고 진취적이며 실용적인 생각을 갖고 있었다.
- 김대중은 반공주의(반북주의)와 반일주의을 국내 정치적으로 이용하지 않은 최초의 정치가이자 대통령이었다. 김대중은 민주화 투쟁 시기, 야당 활동 시기, 대통령 재임 시기 등 전 시기에 걸쳐서 반공주의(반북주의)와 반일주의를 정치적으로 이용하지 않았다.
- 김대중은 뛰어난 전략가였다. 김대중은 국내외의 다양한 국가와 세력을 상대로 민주화, 정권 교체, 평화통일의 길을 개척하기 위해 치밀한 전략을 세워야 했다. 그래서 김대중의 전략은 제갈공명의 지혜와 비교할 만하다.
- 김대중은 반정치 문화에 맞서 투쟁하면서 정치를 복원하고 정치적 사고의 일상화가 가능하도록 한 정치가였다. 한국의 반정

치 문화는 군사독재 정권의 전체주의적 세계관과 사회운동 세력의 도덕주의적 세계관이 낳은 뿌리 깊은 현상이었다. 김대중은 정치를 '흙탕물 속에서 피는 연꽃'으로 비유하면서 정치의 복원, 정치의 정상화, 정치의 일상화를 추구했다.

- 김대중은 정치가 국민보다 앞서 미래 비전을 제시하고 행동에 나서야 한다는 점에서 정치가 국민을 리드해야 한다고 생각하면서도, 그것의 폭과 방향은 국민적 이해와 동의를 얻어가는 과정 속에서 조절해야 한다고 생각했다. 그렇게 해야 개혁이 실제 성공할 수 있다고 본 것이다. 김대중이 '정치는 국민보다 반보 앞서야 한다'고 한 말의 뜻은 이와 같다. 보통 '국민보다 반보 앞서야 한다'는 말이 국민적 동의에만 초점이 맞춰져 있는데, 이는 정확한 해석이 아니며 정치가 국민을 리드해야 한다는 점과 함께 종합적으로 이해해야 한다.

- 김대중은 정치적 담론 제시 능력이 탁월했다. 한강의 기적을 연상시키는 압록강의 기적, 퍼주기 공세를 퍼오기로 맞대응하는 것, 준비된 대통령, 3단계통일론 등 김대중의 정치담론 제시 능력은 뛰어났다.

- 김대중은 사안을 부정적으로 보기보다 긍정적이면서도 미래지향적인 관점에서 해석한다. 대표적인 예가 한일 관계에 대한 해석이다. 김대중은 역사적으로 볼 때 한일 관계가 나빴던 시간은 수십 년이고 그 외 훨씬 더 긴 시간은 우호적인 관계였다고 평가하면서 한일 관계에 대한 일반적 통념에 대한 재인식을 강조했다.

- 김대중은 한국 현대사에서 최초로 팬덤이 형성됐던 대중정치인이었다.
- 김대중은 자신의 기록을 가장 많이 남긴 기록의 인물, 기록적인 인물이었다. 김대중이 직접 쓰고 말한 텍스트 중에서 완결된 형태로 존재하는 것만을 모아서 연세대학교 김대중도서관에서 펴낸《김대중전집Ⅰ》,《김대중전집Ⅱ》총 30권에 수록된 콘텐츠 수는 3,265건이며 총 1만 7,500페이지에 이른다.

(3) 대통령 리더십 9가지

- 김대중은 사회 보편적 이익을 위해서 자신의 지지층의 요구와 이익에 배치되는 정책 추진을 마다하지 않았다. 대표적인 예로 의료보험 통합 과정에서 자신의 지지층인 노조의 반대에도 불구하고 직장의료보험과 지역의료보험을 통합해 보편적 원리에 의한 국민건강보험을 탄생시킨 것이다.
- 김대중은 대통령 재임 중인 70대 중반에도 젊은 사람이 따라가기 힘들 정도로 엄청난 일정을 소화했다. 평소에도 시간을 낭비하지 않고 지독하게 노력하는 정치인으로 유명했다. 여러 번의 죽을 고비를 넘기면서 초인적인 성실성이 체화된 듯하다.
- 김대중 대통령 5년 재임 시기 국정 운영의 흐름을 보면 기승전결의 구성이 완벽하게 짜인 문학 작품을 보는 것처럼 정교하다.
- 김대중은 개혁의 성공을 위해서 의제 설정, 거버넌스 구축 등의 전 과정을 주도하면서 대통령의 의지가 현장에 반영될 수 있도록 했다. 그래서 매우 빠른 속도로 개혁 과제를 완수할 수 있었

고, 다들 회의하던 개혁 과제(예를 들면, 전자정부)도 성공시켰다. 이런 점에서 김대중은 민주적 방식으로 대통령의 영향력을 최대한 활용한 정치가였다.

- 김대중은 대통령 재임 시절 민주적 리더십을 통해서 사회적 갈등 비용을 최소화하면서 제도적 안착을 이뤄냈다(동강댐과 의약 분업 등). 이를 통해서 민주적 리더십의 효율성과 능력을 보여주었다.

- 김대중 대통령은 관료에 휘둘리지 않으면서도 관료의 능력을 효과적으로 이끌어낸 유능한 지도자였다.

- 김대중은 국정 전 분야에 걸쳐 전문 지식이 있었고 쉴 틈도 없이 주요 현안을 챙겼기 때문에 대통령의 정치철학이 국정 운영에 많이 반영됐다.

- 김대중은 당대 유행하는 사조에 휘둘리지 않으면서 자신의 철학과 정책을 구현하는 데에 필요한 부분을 취사선택하는 능력이 있었다. 대표적으로 신자유주의에 대한 태도이다. 김대중은 대통령 재임 시기 한국 경제의 구조개혁과 선진화를 위해서 평소 자신의 경제철학과 접점이 있던 신자유주의적 처방을 수용했다. 그렇다고 해서 신자유주의를 전면적으로 수용한 것은 아니었다. 김대중의 대표 복지 개혁인 의료보험 통합과 국민연금 일원화는 신자유주의 기조와 다른 사회민주주의 성격이 강했으며 스크린쿼터 폐지를 요구하는 미국의 끈질긴 압력을 문화의 다양성 논리를 내세우면서 결국 거부했다.

- 김대중은 최초의 성공한 전직 대통령이었다. 김대중은 퇴임한

이후 국내 그리고 국제적으로 활발한 활동을 전개한 최초의 전
직 대통령이었다.

(4) 사상가로서 역사와 세계에 대한 기여 5가지

- 김대중은 민주적 시장경제 노선을 정책적으로 집대성한 대중경
  제론을 제창해 권위주의적 근대화 노선의 대안으로 민주적 근
  대화 노선을 정립한 사상가였다.
- 김대중은 3단계통일론에서 보듯 평화공존적 통일을 지향한 한
  국의 민주적 민족주의 세력의 정치철학과 정치 노선을 제시한
  사상가였다.
- 김대중은 4대국안전보장론과 동아시아공동체 제안에서 알 수
  있듯이 동북아와 동아시아의 평화공존과 안정, 공동 발전 노선
  을 제시한 사상가였다.
- 김대중은 서구 사회의 오리엔탈리즘적 편견에 맞서면서도 서양
  문명이 이룩한 보편적 가치에 대해서는 적극적으로 수용해 발
  전시키고자 했다. 아시아 정치 지도자로서 서구 사회와 소통이
  가능해 서양의 가치를 아시아에 설득하고 아시아의 가치를 서
  양에 설득할 수 있는 정치적 지도력과 사상적 지평을 갖추었다.
  그리고 김대중은 세계적으로 유명한 '아시아적 가치'에 대한 리
  콴유와의 논쟁에서도 알 수 있듯이, 아시아와 한국의 민주주의
  사상의 보편성을 제시한 사상가였다.
- 김대중은 앨빈 토플러, 울리히 벡, 브루스 커밍스, 와다 하루키,
  로버트 스칼라피노, 존 던 등 세계적인 석학과 지적 교류를 하

며 토론할 정도의 학식과 지혜가 있었다. 한국의 정치인 가운데 이것이 가능한 정치인은 김대중이 유일하다.

(5) 민주화 이행과 민주화 공고화 11가지

- 김대중은 민주화운동 시기 한국이 처한 국내외적 현실을 정확하게 파악한 투쟁 전략을 제시해 민주화 이행을 성공적으로 이끌었다. 김대중은 제도권 야당과 재야 사회운동 세력의 최대다수 연합을 통해 평화적 방식으로 민주화를 이행하고자 했다. 그래서 야당의 어용화와 사회운동 세력의 급진화를 동시에 막고자 했다. 특히 사회운동 세력의 급진화를 막기 위해 '선민주-후통일', '3비非노선 : 비용공, 비폭력, 비반미'을 제시했다.

- 김대중은 다섯 번의 죽을 고비와 망명, 투옥, 연금 등 민주화운동 진영 내에서 가장 극한의 고난을 겪었다. 이를 통해 형성된 강력한 카리스마를 바탕으로 야당과 재야 사회운동 세력 모두에 영향을 줄 수 있는 리더십을 갖췄다. 민주화운동 시기에 이와 같은 역할을 할 수 있는 유일한 인물이 김대중이었다. 김대중을 대체할 수 있는 리더십이 없었기 때문에 만일 김대중이 없었다면 야당과 재야 사회운동 세력 사이의 유기적 연대는 어려웠을 것이다. 야당은 군사독재 정권의 회유와 협박에 넘어갔을 가능성이 높았고 이와 함께 중산층도 상당수 이탈해 한국의 민주화는 군사독재 정권의 의도대로 제한적 형태로 귀결됐을 것이다. 김대중이 죽지 않고 살아남아 카리스마적 리더십을 발휘한 덕분에 야당과 재야 사회운동 세력은 연대할 수 있었고, 이

를 통해 평화적인 방식으로 민주화 이행에 성공할 수 있었다.

- 김대중은 해외 교포 민주화운동이 활성화되는 데에 결정적인 역할을 했다. 김대중은 1차 망명 시기(1972. 10. 18~1973. 8. 8) 선민주-후통일 노선에 입각한 미국과 일본의 교포 민주화운동 세력 조직에 중요한 역할을 했다. 이 노선을 지지한 해외 민주화운동 세력의 정신적 지도자는 김대중이었다.

- 김대중은 재야 사회운동 세력이 정당정치에 안착할 수 있도록 인도했다. 재야 사회운동 세력은 전통적으로 '반정치'적 성향이 있었는데, 김대중은 이들을 지속적으로 영입해 정치 세력화할 수 있도록 했다.

- 김대중은 헌정사상 최초로 정권 교체를 이뤄내 한국의 민주주의 공고화에 결정적인 역할을 했다.

- 김대중은 DJP연합을 통해 한국에서도 연합과 연대의 정치가 가능함을 보여주었다.

- 김대중은 노동운동과 노동자 정치 활동의 자유를 보장한 최초의 대통령이었다.

- 김대중은 한국의 지방자치제가 실시되고 정착되는 데에 결정적인 역할을 했다.

- 김대중은 정책 역량을 강조해 정치인과 정당정치 발전을 선도했다.

- 김대중은 참여민주주의를 강조해 2002년 민주당 대선 경선에서 국민경선제가 도입되도록 해 노무현이 민주당 대통령 후보로 선출되는 데에 배경 역할을 했다.

- 김대중은 정권 재창출에 성공했다.

(6) 21세기 한국 경제의 신성장 동력을 만들어낸 실용주의적 리더십 8가지

- 김대중은 지사형 인물이자 실용주의적 리더십을 갖추었다. 김대중이 1960년대 중반부터 강조한 '서생적 문제의식과 상인적 현실감각'이라는 표현은 이와 같은 면을 보여준다.
- 김대중은 실물경제와 경제 이론, 둘 모두에 출중한 능력을 갖춘 정치 지도자였다.
- 김대중은 대외 개방과 시장경제를 중시하는 실용주의 노선을 내세웠다. 보수 진영은 흔히 민주화운동 세력이 대외 개방과 시장경제에 무지하면서 비판적인 입장을 갖고 있다고 지적했는데, 김대중은 이와 같은 보수 진영의 문제 제기에 대항할 수 있는 인식과 비전 그리고 능력이 있었다.
- 김대중은 지식정보화 강국 건설을 위해 총력을 다해 한국이 세계적인 지식정보화 강국이 되도록 했다.
- 김대중은 문화 정책에 있어서 '지원은 하되 간섭은 하지 않는다'는 기조를 내세우면서 창작의 자유를 보장했다. 한국의 문화 정책에 패러다임적 전환을 이뤄낸 것이다.
- 김대중은 문화 콘텐츠의 경제적 가치에 주목해 문화 산업을 국가적으로 육성하기 시작한 최초의 대통령이다. 김대중 정부 때 제정된 '문화산업기본법'은 '문화헌법'으로 불릴 정도로 문화 산업에 대한 규정, 육성 방안 등이 담겨 있다.
- 김대중은 한류의 형성과 발전에 결정적인 역할을 했다.

성공한 대통령 김대중과 현대사

- 김대중은 한국 경제 발전을 위해서 북방으로의 진출이 필요하다고 보았으며, 대북 관계 개선을 시도한 이유 하나도 이와 관련돼 있다. 김대중은 이를 철의 실크로드라고 표현했다.

(7) 망국의 위기에서 3번 나라를 구하다

- 김대중은 광주민주화운동 문제 해결 과정에서 화해, 포용, 관용의 원칙을 통해 군사독재 정권과 민주화 세력 사이의 극단적 충돌을 막아냈다. 김대중이 광주민주화운동의 피해 당사자였기 때문에 광주 시민과 호남을 설득하고 동의를 얻어내 이와 같은 노선을 관철시킬 수 있었다. 당시 민주화운동 진영 내에서는 광주 학살에 대한 엄청난 분노에 기초해 극단주의 노선이 발호하고 있었다. 만일 당시 김대중이 극단주의 노선을 지지했다면 민주화운동 세력은 극단주의가 다수파가 됐을 것이다. 이 경우 미국과 중산층의 지지를 받지 못하고 제도권 야당이 이탈하면서 민주화운동의 전체적인 역량이 약화됐을 것이다. 군사독재 정권과 민주화운동 세력 사이의 대충돌이 발생해 이 과정에서 광주학살 이상의 대참사가 발생했을 가능성 또한 있었다. 문제는 그런 비극 속에서도 민주화운동 세력이 고립돼 있기 때문에 민주화는 군사독재 정권이 의도한 대로 매우 제한적인 방식으로 귀결됐을 가능성이 높았다. 그렇게 볼 때 당시 김대중이 광주민주화운동 문제 해결에 있어 화해, 포용, 관용의 원칙을 내세운 것은 광주 학살 이상의 더 큰 참사를 막아냄과 동시에 한국의 민주화 이행이 가능하도록 했다는 점에서 한국을 망국의 위기

에서 구한 역사적 결단이었다고 볼 수 있다.

- 김대중은 1994년 1차 북핵 위기 당시 전쟁 발발의 위기감이 최고조에 달했을 때 미국을 방문해 클린턴 행정부에 카터 방북과 일괄타결안을 제안했다. 김대중의 제안대로 카터의 방북이 성사됐고 북한은 미국의 요구를 받아들여서 전쟁 위기가 해소될 수 있었다. 당시 미국은 북한의 핵 개발을 막기 위해 총력을 기울이고 있었는데 까다로운 북한과의 협상의 돌파구를 마련하지 못했고 북한이 '벼랑 끝 전술'로 미국을 압박하자 미국은 군사 조치도 검토하고 있었다. 김대중은 난관이 조성된 맥락을 정확하게 파악하고 그에 맞는 해법을 제시해 전쟁 발발 직전에 나라를 구한 것이다.

- 김대중은 한국전쟁 이후 최고의 국란으로 불리는 IMF위기를 빠른 시일에 성공적으로 극복했다. 특히 김대중은 IMF위기 극복 과정에서 수많은 실업자가 나오는 극한적 상황에서 민주적 리더십으로 포용하고 통합해 사회 갈등을 최소화하면서 문제를 해결하는 뛰어난 정치력을 보여주었다. 김대중의 리더십이 국가부도 위기에 처한 한국을 구한 것이다.

(8) 대통합의 정치 5가지

- 김대중의 화해 통합 대상은 전방위적 성격을 띤다. 한국의 과거사 청산 대상을 보면 국내적으로는 미완의 식민지 청산·한국전쟁 전후 시기 민간인 학살·군사독재 정권 시기 인권 유린 등이 해당되고, 북한과 관련해 보면 남침에 따른 피해가 해당되며,

일본과 관련해 식민 통치에 의한 피해가 해당된다. 김대중은 이모든 것의 과거사 청산을 위한 대원칙으로 화해통합론을 제시했다. 이를 통해서 극단적으로 단절된 대상과 대상 사이의 소통과 협력이 가능하도록 한 것이다.

- 김대중은 제주4·3사건의 명예회복과 진상규명을 주장한 최초의 정치인이었다. 1987년부터 이것을 주장한 김대중은 대통령이 된 이후에는 특별법을 제정해서 이 문제가 해결될 수 있도록 했다.

- 김대중은 정치적 이념에 구애받지 않고 국민적 관점에서 보수-진보에 속하는 기념사업을 균형 있게 지원했다. 백범김구기념관 건립과 박정희대통령기념관 건립을 동시에 지원했고, 민주화운동 기념사업도 지원했다.

- 김대중은 그동안 소외됐던 평범한 일반 국민을 국가보훈 대상자가 되도록 국가보훈 정책의 패러다임적 전환을 이뤄냈다. 참전군인을 국가유공자로 예우했고 광주민주화운동 참여자를 국가유공자로 예우하도록 했다. 국가유공자 예우에 성별에 따른 차별 요소를 없애 양성 평등 원리가 국가보훈 정책에도 구현되도록 했다.

- 김대중은 북한과의 화해, 협력, 포용의 정치를 추진함과 동시에 보수 정권 시절 방치됐던 국군 유해 발굴 사업을 시작해 국가를 위해서 희생한 분들과 그 유가족들의 한을 조금이라도 풀 수 있도록 했다.

(9) 복지국가, 인권국가 개척 5가지

- 김대중은 복지를 국정의 핵심 의제로 격상시킨 최초의 대통령이었다. 김대중 정부 때부터 한국에서 복지가 정치의 중요 이슈가 됐다.

- 김대중은 국민기초생활보장제도를 통한 공적부조제도를 확립하고 의료보험 통합 등 보편적인 사회적 연대 원칙이 적용된 4대 사회보험을 완비하는 등 복지국가의 기본 틀을 완성했다. 이처럼 복지 혁명을 성공시켜 한국이 복지국가로 이행할 수 있도록 했다.

- 김대중은 인권을 국정의 중심 가치, 국가적 가치로 제시한 최초의 대통령이다. 김대중은 인권 대통령으로 기억에 남고 싶다고 말했을 정도로 인권이 국가와 사회의 중심 가치가 되도록 했다. 사상전향제 폐지와 양심수 석방을 단행했으며 최루탄 사용을 금지하고 집회와 시위의 자유를 보장했다. 실질적 사형 폐지국이 되도록 했으며 국가인권위원회를 출범시켰다.

- 김대중은 여성인권 신장과 남녀평등을 민주화의 목표로 제시한 대표적인 민주화운동 지도자이자, 여성 정책을 국가적 과제로 제시한 최초의 대통령이었다. 한국에서는 김대중 정부 때부터 젠더 정치가 본격화됐다.

- 김대중은 야당 총재로 있을 때 가족법 개정을 주도했다. 대통령이 된 이후에는 여성인권 신장을 위한 법·제도 개혁을 주도했다. 그래서 가부장적 남녀 차별의 전통이 강했던 한국이 남녀평등 국가로 나아갈 수 있도록 했다.

(10) 정치적 통찰력, 예언 5가지

- 김대중은 정치적 예언자라고 할 만큼 그의 정치적 예언의 적중률은 높았다. 대표적인 경우를 보면, 1967년 7대 총선에서 3선 개헌 가능성을 예언했으며, 1971년 7대 대선에서는 10월 유신과 같은 독재 체제 가능성을 예언했다. 서거 직전인 2009년에 이명박 정권이 독재로 나아갈 가능성 또한 예언했는데 모두 다 현실화됐다.

- 김대중은 군사독재 정권의 억압이 심했을 때에도 한국 국민은 독재에 맞서 투쟁할 것이기 때문에 결국 민주화가 이뤄질 것이라 했다. 이것은 정치적 신념과 희망이기도 하면서 예언이기도 했는데 결국 현실화됐다.

- 김대중은 1990년대 중반부터 중국이 국력이 강화된 이후 패권주의로 나아가지 않는 것이 중요하다고 지적했다. 중국이 패권주의로 나서게 되면 일본·미국과의 갈등이 촉발되고 격화돼 동북아 지역의 안정이 깨지고 남북한의 평화통일에 매우 불리한 여건이 조성되기 때문이었다. 이와 같은 김대중의 진단은 중국의 국력 강화와 맞물려서 나타난 트럼프 정부 때부터 심화된 미중 갈등을 예언한 것과 같다.

- 김대중은 일본 대중문화 개방 반대 여론이 강할 때 한국 문화의 자생력과 우수성을 강조하면서, 개방이 오히려 한국 문화 발전의 계기가 될 것이라고 했고, 이 예측이 현실화됐다.

- 김대중은 한류가 세계적 현상이 될 것임을 예언했다. 2019년 2020년 영화 〈기생충〉과 BTS를 통해서 이는 현실이 됐다.

(11) 평화통일의 길 5가지

· 김대중은 북한과의 평화공존을 위한 통일 정책을 이론화하고 체계화시킨 최초의 정치인이었다. 김대중의 3단계통일론이 바로 그것이다.

· 김대중은 북한과의 평화공존을 지향하는 세력들을 지속적으로 정치권에 영입해 한국 양대 정당의 하나인 민주당의 정체성 확립에 결정적 역할을 했다.

· 김대중은 대북 포용 정책을 국제적으로 유명한 이솝우화의 내용에서 차용해 '햇볕정책'이라고 표현했다. 이는 대북 포용 정책에 대한 국제적 이해 확산에 크게 기여했다.

· 김대중은 분단 이후 최초의 남북정상회담을 성공시켰다. 남북한 대립의 심각성을 알려주는 대표적인 사례가 분단 이후 50여 년 동안 남북한 최고지도자 사이에 정상회담조차 없었다는 점이다. 김대중은 최초로 남북정상회담을 성사시켜 불행한 역사의 종지부를 찍고 새로운 시대를 개척했다.

· 김대중 대통령은 사전 합의도 없는 불확실한 상황 속에서도 용기와 신념으로 방북해 김정일 위원장과 장시간 동안 회담한 뒤 6·15공동선언을 이끌어냈다. 남북 관계는 6·15공동선언 전과 후로 나눌 정도로 2000년 최초의 남북정상회담과 6·15공동선언은 남북 관계의 패러다임적 전환을 이뤄냈다.

(12) 외교의 달인 9가지

· 김대중은 국제 문제와 외교에 대한 이해가 매우 뛰어났다. 진보

진영에서는 가장 뛰어난 식견과 능력이 있었으며, 보수 진영에서는 김대중에 견줄 만한 인물은 이승만 정도다.

- 김대중은 미국, 유럽, 아시아의 국제 지도자들에게 존경받는 지도자였다. 이 점이 한국의 IMF위기 극복과 소프트파워 증진에 큰 도움이 됐다.
- 김대중은 국제사회가 햇볕정책을 대북 정책의 기조로 삼게 하기 위해 전방위적 외교를 전개해 국제적 동의를 얻어냈으며, 각국의 대북 정책이 햇볕정책이 되도록 했다. 한국의 외교가 세계 여러 나라의 정책 형성에 영향을 준 최초의 사례라고 볼 수 있다.
- 김대중과 클린턴이 함께 집권했던 1998년부터 2000년까지 3년은 역사상 한미 관계가 가장 좋았다. 그리고 미국이 한국의 대북 정책을 존중하고 뒷받침하는 등 우호적인 분위기에서 한국이 주도하는 모습을 보여준 최초의 시기였다.
- 김대중은 김대중-오부치 선언을 통해 한일 관계에 가장 빛나는 황금기를 개척했다. 일본이 한국의 식민지 지배를 공식 문서를 통해서 사죄한 것은 이때가 처음이었다.
- 김대중은 미국 부시 행정부의 강압 정책에 맞서 한일 협력을 통해 대응하는 창조적인 외교력을 보여주었다.
- 김대중은 중국, 러시아와의 관계도 정상화시키고 발전시켜 4대 강국이 모두 한국의 대북 정책을 지지(1998~2000)하도록 하는 외교력을 보여주었다.
- 김대중은 과거사 문제와 관련해 일본뿐만 아니라 베트남과의 관계도 정상화했다. 김대중은 베트남전 참전에 대해 사과하고

호치민 묘소를 참배해 베트남과의 관계를 획기적으로 개선해 동남아시아에 한국의 영향력이 강화되도록 했다.

• 김대중은 동아시아공동체 담론을 제시하고 지역 통합 외교를 실천하여 동아시아 지역 외교에 있어서 매우 중요한 역할을 했다.

1부

민주화 투쟁과
정권 교체

1장
민주화 이행 전략과 국민 민주 혁명[33]

김대중은 한국을 대표하는 민주주의 인권 지도자로서 한국 민주화운동
에 있어 매우 중요한 위치를 차지한다. 김대중은 여러 번의 죽을 고비와
투옥, 연금 등 온갖 고난을 당했으면서도 굴하지 않고 투쟁을 했다는 점
에서 높은 평가를 받는다. 그런데 김대중은 이처럼 실천 영역에서뿐만
아니라 민주화의 논리와 전략 등에 있어서도 탁월한 능력을 보여준 이론
가였다. 김대중은 이론과 실천 양 측면에서 한국 민주화운동에 결정적인
영향을 준 지도자였다. 여기에서는 민주화 이론가로서의 김대중의 인식
과 활동에 대해 살펴보려고 한다.

1. 민주화 이행에 관한 김대중의 기본 인식

가. 한국의 민주주의는 왜 위기에 처했나

김대중은 한국 민주주의가 지속적으로 위기에 처하게 된 원인을 '민주화 주체 세력의 미약'과 '독재를 지지한 미국의 대외 정책'이라는 두 관점에서 설명한다.

해방의 역사적 조건과 민주화 주체 세력의 미약

먼저 김대중은 해방의 역사적 조건과 한국 민주주의의 자주적 토대 약화에 주목했다. 김대중은 1969년 3선개헌 이후부터 위와 관련된 내용을 본격적으로 제기한다. 김대중은 1970년 3월 10일 미국 콜롬비아 대학교 강연에서 민주주의의 자주적 역량 확보의 필요성을 강조했으며 1970년 5월 12일 서울외신기자클럽에서도 비슷한 내용을 강조했다. 서울외신기자클럽에서 김대중은 "박정희 씨가 지금 독재정치를 강행하여 평화적 정권 교체와 야당 존립의 자유를 크게 위협하고 있지만 그렇다고 국내 정치에 대한 어떤 외국의 간섭도 원치 않는다는 사실입니다. 그 이유는 단순히 독립국가의 체면만을 위해서가 아니라 우리의 25년의 체험은 민주주의는 자신의 피와 땀과 눈물에 의하지 않고서는 결코 굳게 뿌리박을 수 없다는 것을 통감했기 때문입니다"[34]라고 말했다.

3선개헌은 역사적으로 증명됐듯 박정희 정권의 독재가 심화되는 신호탄이었다. 김대중도 당시 그와 같은 판단을 했다. 그래서 김대중은 3선개헌 이후 한국의 독재가 지속되고 강화되는 원인을 한국 민주주의의 자주적 토대가 미약하다는 점에서 찾고 있다. 한국의 민주주의가 형식적인 법적·제도적 차원에서는 민주주의의 외피를 걸치고 있지만, 이것을 자주적으로 쟁취해 내적으로 체화하지 못했기 때문에 위기가 나타난다고 판단했다. 이와 같은 현상의 원인을 해방의 역사적 성격에서 찾는다. 김대중은 1차 망명 기간 중인 1973년 7월 18일 일본의 《세카이》지 야스에 편집장과의 대담(1973년 9월호 게재)에서 다음과 같이 언급했다.

> 한국의 민주주의는 우리 스스로의 힘으로 얻어진 것이 아니라는 점에 기본적인 원인이 있습니다. … 기본적으로는 연합국의 승리에 의해 증여된 민주주의와 해방이지, 스스로 충분한 대가를 치르고 쟁취한 것이 아니었습니다.[35]

자주적 민주화를 강조한 김대중은 한국 민주주의의 구조적 제약을 1945년 해방의 성격과 관련해 파악한다. 이는 한국 민주화를 냉전과 분단의 문제와 연관시켜서 인식한다는 점에서 중요한 의미를 가진다. 김대중의 인식은 반공·냉전적 역사관과는 상당히 다르다. 김대중의 자주적 민주화론은 김대중의 탈냉전·탈분단적 인식과 긴밀하게 관련된 것이다. 김대중은 해방 직후 중도적 민족주의 성향의 단체 및 정당에 참여했고, 1960년대부터 남북한의 평화공존에 기반한 통일론을 구상했다. 또한 1971년 3단계통일론을 제시한 것에서 알 수 있듯이 김대중이 '자주적 민주화'를 언급할 당시에 자신의 평화통일론을 이미 정립하고 있었다. 이처럼 김대중은 '자주성'의 관점에서 한국의 민주화의 성격이 분단 극복 및 평화통일 문제와 깊은 관련이 있다고 파악했다.

그리고 김대중은 민주화의 자주성 결여 문제를 민주화 주체 세력이 형성되지 않다는 점과 연관시켜 파악했다. 박정희 정권의 본질을 보았을 때 강력한 저항운동이 전개돼야만 민주화가 가능하다고 판단했다. 그런데 김대중이 보기에 민주화운동 세력은 박정희 정권에 대항해 현상 변경을 이룰 수 있는 정도의 역량을 갖지 못했다. 민주화운동의 리더와 핵심 참여 그룹 등 주도 세력이 제대로 형성되지 않았고, 민주화운동에 대한 대중 참여 역시 약했기 때문이다. 결국 김대중은 군사독재 정권을 상대로 효과적인 투쟁이 이뤄지지 않는다고 판단했다.

이와 관련해 김대중은 1973년 일본에서 발행한 자서전인 《독재와 나의 투쟁》[36]에서 "오늘날 아시아 각국에서 민주주의적인 체제 아래서도 내재적 불행을 겪고 있는 까닭은 강력한 민주적 국민 주체의 형성과 아울러 민주주의를 위해 봉사하는 신념 있는 지도자라는 두 가지 기본 요소가 결여되어 있는 데서 빚어지고 있다고 생각한다"[37]라고 밝혔다. 그리고 김대중은 1976년 3·1민주구국선언 사건으로 구속돼 재판을 받고 있던 1976년 12월 20일 2심 최후진술에서 "아직 잠자고 있는 교회, 심지어는 독재에 협력하고 있는 교회가 하느님의 힘에 의해서 눈을 뜨고 국민의 선두에 서기를 기도합니다. 한국의 모든 신부와 목사가 민주주의의 대열에 참가하고 있었더라면, 사태는 아주 달라져 있을 거예요. 언론인·법조인·재판관·지식인·민주적인 국민이, 월남과 같은 운명을 걱정하며 힘을 다했더라면 지금과는 달라졌을 겁니다. 지금 얼마나 많은 야당 인사가 자진해 권력에 협력하고 있는 것일까. 실로 많은 언론인이 유신 국회의원에 진출해 협력하고 있잖은가. 재판관·종교인·교수의 경우도 그렇다. 그들은 타락해, 국민 앞에 나타나서 궤변을 말하고 있어요"[38]라고 말했다. 그래서 김대중은 민주화운동의 구심점을 형성해 마음속으로는 민주화를 열망하면서도 행동으로 나서지 못하고 있는 국민들의 동참을 이끌어낼 방안을 고민한다.

미국의 대외 정책과 아시아 민주주의 능력에 대한 편견

김대중은 한국 민주주의의 위기를 초래하는 또 다른 원인으로 미국의 대외 정책을 거론했다. 냉전 시기 미국 대외 전략의 기본 목표는 공산주의의 확산을 저지하는 데에 있었고 미국의 동북아 정책, 한반도 정책도 같은 맥락에서 이뤄졌다. 미국은 반공을 내세우는 우익 독재 정권에 대한 군사적·물질적 지원을 아끼지 않았는데, 김대중은 이와 같은 미국의 지원이 한국의 독재 정권 유지에 큰 기여를 한다고 지적했다. 당시에는 미국에 대한 비판이 금기시됐다는 점에서 김대중이 미국의 대한對韓 정책을 비판한 것은 의미가 크다. 1차 망명 시기인 1972년 11월 10일 김대중은 이렇게 말했다.

최근 아시아에서는 군사독재 정권이 속출하고 있습니다. … 저는 무엇보다 2차 세계대전 이후 27년간 아시아를 지배해온 미국의 정책적 실패가 근본적 요인이라고 생각합니다. 미국은 아시아 각국에 대해 어떤 독재 정권, 부패 정권이라 할지라도 반공 노선만 주창한다면 이들과 밀착해 무기 및 자금을 주저 없이 원조해왔습니다. 반공은 자유를 지키기 위한 수단에 불과한데 목적을 잊어버린 채 수단만 존중한 것입니다. 이것 때문에 자유를 열망하고 미국을 민주주의 메카로 동경해왔던 아시아 각국의 민주주의 세력은 절망에 빠졌고, 독재 정권의 탄압에 고통받아야만 했습니다. 이들은 결국 공산주의와 독재 정권의 공격을 좌우 양쪽에서 받는 처지에 빠져 있습니다. 이러한 27년간의 역사는 아시아에 있어 민주 세력의 성장을 절망에 빠지게 했으며, 민주주의 정착을 불가능하게 만들어 버렸습니다.[39]

그리고 이와 관련해서 김대중은 아시아 민주주의에 대한 미국 사회 내의 문화적 편견도 지적한다. 김대중은 미국을 방문해 미국 내의 분위기와 인식을 직접 체험하면서 이 문제의 심각성을 인식한다. 김대중은 1971년 1월 26일부터 2월 5일(미국 시간)까지 신민당 대통령 후보 자격으로 미국을 방문한 적이 있었다. 이때의 일화를 1972년 1월 29일에 다음과 같이 전했다.

내가 작년(71년) 2월에 신민당의 대통령 후보로서 미국을 방문했을 때였다. 하루는 서로 바쁜 틈을 타서 상원 외교위원장인 풀브라이트 의원을 만났다. 마침 사회 중이던 회의를 정회하고 나를 만나준 풀브라이트 의원은 개구일번開口─番한다는 소리가 "한국 같은 군정 체제의 나라에서 당신은 투표에 의한 정권 교체가 가능하다고 생각해서 입후보하느냐"고 약간 조소가 섞인 질문을 해왔다. 나는 그 말에 대해서 수치와 분노를 함께 느끼면서 "당신네 조상들은 독립전쟁을 할 때 꼭 이긴다는 보장을 받고 싸웠느냐, 승패는 다음 문제요 해야 하기 때문에 싸운 것이 아니냐. 우리도 마찬가지다. 자유를 위해서 싸운다는 것은 우리 권리요 의무다. 아무리 시간이 걸리더라도 우리의 자유는 우리들의 피와 땀과 눈물에 의해서만 쟁취할 수 있는 것이지 다른 누구도 대신해서 싸워줄 수는 없는 것이다. 한국에는 4월 혁명의 역사가 가리키듯이 결코 독재적 지배를 영속하도록 용서하지 않는 대중의 힘이 있다. 만일 당신이 앞으로 전개될 선거전을 살핀다면 나의 이 말을 납득할 수 있을 것이다"라고 답변했던 것이다.[40]

그리고 김대중은 유신 시절 1차 망명 시기(1972. 10. 18~1973. 8. 8) 미국과 일본에서 활동하면서 미국을 중심으로 한 서구 사회의 편견을 더욱 뼈저리게 느끼게 된다. 김대중은 1972년 11월 10일 이렇게 말했다.

최근 아메리카를 시작으로 선진국들이 "아시아 후진국에 있어서 민주

주의는 시기상조다. 서양 민주주의를 그대로 아시아 각국에 도입시킨

것은 실수였다"라는 말을 자주 합니다. 저는 이 말처럼, 실제 사실과

상반되는 책임 회피성 발언이 어디 있을까 자주 생각하곤 합니다. 이

들 선진국들이 대체 언제 아시아의 민주 세력을 지원했단 말입니까?

아시아에 있어 공산주의도 반대하고, 우익 독재도 반대하는 진정한 민

주주의를 원하는 세력은 미국 혹은 일본의 무기와 경제원조에 의해 강

화된 독재 정권의 무력과 자본에 의해 어제도 오늘도 탄압받아왔습니

다.[41]

김대중은 아시아와 한국의 민주주의 전통을 강조하면서 한국 민

주주의의 가능성과 능력에 대해 회의적 시각을 보이는 미국, 일본

내의 태도를 강도 높게 비판했다. 그리고 미국 사회의 편견은 자신

들의 잘못을 제대로 이해하지 못하는 책임 회피이자 적반하장식의

무책임한 태도라고 비판했다. 그리고 더 나아가 김대중은 미국 사

회 내에 존재하는 이러한 편견을 '인종차별적인 태도'라고까지 규

정하면서 강력하게 비판했다. 김대중은 1992년 러시아 외무성 외

교대학원에 제출한 정치학 박사학위 논문 개요에서 다음과 같이

주장한다.

한국에 오는 미국 지도자들은 가장 중요한 것으로 군사적인 안보를 제

기하고, 그다음에 민주주의를 제기했다. 논리상으로는 미국의 지도자들은 한국에서와 똑같은 원칙, 즉 '선안보 후민주'의 원칙을 미국 내에서도 고수해야 할 것이다. 그런데 미국이 한국에서만 안보 문제의 우선주의를 고집하고 있는 것을 비추어 볼 때, 미국은 인종차별적인 정책을 채택했다는 결론을 내릴 수 있다.[42]

한국이 민주화되기 전에 그 당시 한국을 포함한 제3세계 국가의 민주주의에 대한 서구 사회의 편견은 뿌리 깊었다. 1952년 이승만 정권의 발췌개헌안 통과를 지켜본 영국 《더타임스》의 한국전쟁 종군기자는 "한국에서 민주주의를 기대하는 것은 쓰레기통에서 장미꽃이 피기를 기대하는 것과 같다"[43]라고 했다. 이는 한국 민주주의에 대한 서구 사회의 부정적 시선을 상징하는 대표적 표현이다. 이와 같은 인식은 광범위하게 퍼져 있어서 1970년대에도 한국의 민주화에 대한 부정적 인식과 편견이 팽배했다.

결국 김대중은 해방 이후 한국의 민주주의는 쟁취한 것이 아니라 미국에 의해서 주어졌기 때문에 자주적 토대가 약했고, 거기에다가 미국의 지원을 받는 독재 정권에 의해서 지속적인 위기에 빠지게 됐다고 판단했다. 이러한 상황에서 김대중은 민주화 중심 세력이 약하고 국민들의 참여가 제대로 이뤄지지 않으면서 민주주의 위기가 지속된다고 생각했다. 이처럼 김대중은 국제적 제약과 국내적 제약이 동시에 작용하기 때문에 한국의 민주주의가 구조적으로 어려운 상황에 있다고 보았다. 이와 같은 배경에서 김대중은 자주적 민주화를 위한 민주화운동의 이행 전략을 세운다.

나. 민주화 이행의 성격과 원칙

김대중의 2단계 민주화론

김대중은 한반도 평화통일에 관한 3단계통일론을 제시한 것으로
유명하다. 이처럼 평화통일 문제 외에도 민주화 문제에 대해서도
단계별 접근을 취했다. 김대중이 이를 특정 단계론으로 명명한 바
는 없지만 그의 이론과 전략을 분석해보면 '2단계 민주화론'이라고
할 수 있다고 판단된다. 여기서 1단계는 국민민주혁명이다. 김대중
은 독재 정권을 상대로 민주화 투쟁을 전개해 직선제 개헌과 각종
민주적 입법을 관철시키는 것을 국민민주혁명이라고 했다. 그다음
2단계는 민주적 선거를 통해 평화적 방법으로 정권을 교체하는 것
이다. 이러한 2단계 과정을 통해 민주화 이행을 완성하겠다는 것이
김대중의 구상이다.

그러면 먼저 1단계인 국민민주혁명에 대해서 구체적으로 살펴보
도록 하자. 김대중은 1975년 1월 1일 《동아일보》 인터뷰에서 당면
한 한국 민주화의 성격을 '국민민주혁명'이라고 개념화했다. 이를
위해 민주화를 위한 최대연합을 구성해야 한다는 점을 강조했다.
특히 김대중은 "민주 회복 과정에서 유념해야 될 점은 과거에 구애
받지 않아야 한다고 생각한다. 극단적으로 말해서 공화당 사람도
진심으로 민주 회복 대열에 서기를 원한다면 손잡아야 될 것이고"
라고 말하면서 당시 집권 공화당 내 이탈 세력까지도 연대의 대상
으로 염두에 두고 있었다.[44] 여기서 '국민민주혁명'이라고 한 것을
보면 이는 민주혁명의 주체를 특정 계급이나 집단에 한정하지 않

고 최대연합을 통한 다수의 국민을 주체로 상정했음을 알 수 있다. 이와 비슷한 인식은 김대중이 7대 대선을 앞둔 1970년에 박정희 정권의 개발독재 체제에 대한 대안 체제를 대중민주체제[45]라고 규정한 것에서도 확인된다. 여기서 '대중'은 대중민주체제의 주체 세력으로 정치적 실천을 담보하는 개념이라고 할 수 있다. 이는 특정 계급과 집단만을 한정하지 않고 독재 체제로부터 정치·경제·사회적으로 소외된 모든 세력을 포괄하는 개념으로 일종의 계급 연합적 성격을 띤다. 이처럼 김대중은 한국 민주화의 자주적 토대를 마련하기 위해 민주화운동의 주체를 특정 계급이나 집단에 한정하지 않고 국민이나 대중과 같은 포괄적 대상으로 설정했다.

김대중이 이렇게 판단한 것은 4·19와 제2공화국의 경험이 크게 작용한 것으로 보인다. 김대중은 제2공화국 장면 정부가 학생 혁명에 의해서 성립됐는데 혁명의 주체가 학생으로 제한되다 보니 군사 쿠데타와 같은 민주화에 반하는 행동을 억제하는 데에 한계가 있었다고 인식했다. 김대중이 1977년 3월 1일 작성한 〈3·1민주구국선언사건 상고이유보충서〉에 이런 내용이 있다.

> 여기서 특히 강조할 것은 우리가 바라는 민주 회복은 전 국민의 이해와 지지와 참여 속에 이루어지는 국민민주혁명이라는 점이다. 3·1운동과 같은 전 국민적 에너지의 집결을 통해서 이룩하자는 것이다. 이것만이 진정한 민주 회복인 것이요, 확고히 뿌리박아서 다시는 흔들리거나 침해당하지 않는 민주 회복인 것이다. 그러므로 외세의 간섭에 의한다든가 군사 쿠데타에 의한다든가 학생들만의 시위 투쟁에 의한다든가 하

는 것은 우리가 바라는 국민민주혁명도 아니요, 평화적 방법도 아닌
것이다.[46]

이처럼 김대중은 국민민주혁명을 통해서 직선제 개헌과 각종 민
주 입법의 도입 등 민주적 조치 마련을 1단계 목표로 두었고, 선거
를 통한 정권 교체를 그다음 2단계 목표로 설정했다. 김대중은 민
주화운동 과정에서 1969년 3선개헌 이전의 제3공화국 헌법으로
환원해서 민주적 선거를 통해 정권 교체를 이뤄야 한다고 주장했
다. 김대중은 1971년 대선에서 이미 3선 조항을 1차 중임제로 환
원할 것을 공약[47]한 바 있으며, 1976년 12월 20일 3·1민주구국선
언사건 2심 최후진술[48]에서도 2차 미국 망명 중이던 1984년 11월
4일 한국 기자단과의 인터뷰[49]에서도 비슷한 입장을 밝혔다. 이는
김대중이 민주화운동의 1단계 과제를 민주적 헌법 쟁취로 파악하
고 2단계를 선거를 통한 평화적 정권 교체로 인식하고 있음을 보여
준다.

민주화 이행의 2대 원칙―평화와 자주

김대중은 민주화 이행에 있어 평화와 자주의 두 가지 원칙을 제시
했다. 그러면 먼저 평화에 대해서 살펴보도록 하자. 이와 관련된
수많은 글 중에서 김대중이 1979년 12월 8일 〈긴급조치 9호 해제
에 즈음해〉라는 성명서에서 나온 내용을 소개하면 다음과 같다.

나는 조속한 민주 정부 수립이라는 신념과 목표에는 확고부동하다. 그

러나 이를 추진하는 방법은 평화적이어야 하며, 대화와 인내와 질서 속에 행해져야 한다고 믿는다. 내가 지지하는 것은 간디의 길이지, 호메이니의 그것이 아니다. 나는 세종대왕이 유교를 국교로 하면서도 불교를 수용했던 아량과 한글 창제의 찬성자도 반대자도 다 같이 그 예하에 거느렸던 그 관대함을 존경한다. 나는 링컨이 남북전쟁을 마무리 지으면서, 남부에 대한 그의 태도에 대해, 북부 특히 자기 당 내에서까지 있었던 반대에도 불구하고 '누구에게도 악의를 품지 않고 모든 사람들에게 자비를 베풀어야 한다'고 주장한 위대한 화해와 관용의 정신을 우리가 본받아야 한다고 믿는다. 이러한 링컨의 정신이 분열됐던 남북의 재단결에 결정적 접착제가 되었던 것이다.[50]

이것은 민주화운동 시기 김대중의 일관된 입장이었다. 김대중은 평화를 민주화운동의 수단과 방법에서뿐만 아니라 그 결과에 이르기까지 운동의 전 과정에서 적용돼야 하는 절대적 원칙으로 내세웠다. 김대중이 이와 같은 생각을 한 이유가 있다. 우선 김대중의 정치사상 형성에 큰 영향을 준 역사적 사건은 바로 해방 이후의 좌우 갈등과 한국전쟁이다. 김대중은 목적 달성을 위해서 잔혹한 폭력이 사용됐던 당시 상황에 대해 깊이 회의했다. 특히 김대중은 한국전쟁 당시 죽을 고비를 넘기면서 전쟁을 막고 민족이 화해하여 평화통일을 하는 것이 중요하다고 인식하면서, 평화를 가장 중요한 원칙으로 설정했다. 이와 같은 입장은 민주화운동에 대한 접근에 있어서도 그대로 이어지게 된다.[51]

그리고 김대중은 민주화 이행을 위한 전략적이고 실용적인 차원에서도 평화적 원칙이 필요하다고 인식했다. 김대중은 한국의 군사독재 정권이 강한 물리력을 갖고 있으며 반공주의를 민주화운동 세력을 탄압하는 데에 악용한다고 보았다. 군사독재 정권은 반체제 운동 세력을 과격한 폭력주의자로 선전했다. 이는 한국전쟁의 역사적 상흔으로부터 비롯된 일반 민중들의 폭력에 대한 공포 심리를 악용하는 짓이었다. 또한 미국이 반공을 이유로 독재 정권을 지지하는 현실을 고려할 때 김대중은 미국의 정책 전환을 유도하기 위해서는 민주화운동 세력이 인류 보편적 가치에 기반한 투쟁을 전개해야 한다고 인식했다. 그래서 민주화 이행의 전 과정에 걸쳐서 '평화'의 원칙을 강조한 것이다. 이처럼 김대중은 국내외 조건을 고려해 한국 민주화를 위한 전략적 차원에서 평화를 민주화운동의 원칙으로 강조했다.

그다음으로 살펴볼 원칙은 '자주'다. 김대중은 한국 민주화는 한국 민중의 희생과 노력을 통해 이뤄질 때 한국 사회에 확고하게 뿌리내릴 수 있다고 판단했다. 이러한 과정을 거치지 않은 민주화는 일시적으로 독재 체제의 후퇴를 가져올 수 있지만 근본적인 해결책이 될 수 없다고 보았다. 김대중은 한국 헌정사에서 큰 전환점이 됐던 4·19혁명과 10·26사태에 대한 평가를 통해 국민의 힘을 통한 자주적 민주화의 당위성을 강조한다. 4·19혁명의 성격을 학생 혁명으로 규정하면서 제2공화국이 붕괴된 이유 가운데 하나로서 혁명의 결과로 등장한 민주당 정권이 혁명 주체 세력인 학생에 기반하지 않았기 때문에 민주당의 정권 기반이 약했다는 점을 지적한다. 따라서 국민이 혁명의 주체가 된 정부가 수립돼야만 자주적 기

초가 확립된다고 인식했다.[52]

그리고 김대중은 1979년 10·26을 초래한 김재규의 암살에 대해 부정적으로 평가했다. 유신 체제의 붕괴가 민주 세력의 힘을 통해 이뤄지지 않았음을 지적하면서 당시 상황은 부마항쟁을 필두로 해 전국적인 항쟁의 가능성이 존재했는데 김재규의 암살이 결과적으로 이를 막는 역할을 했다는 점 때문이다. 이와 같은 방식은 독재 체제에 일시 타격을 줄 수는 있지만 구조적 변화를 이뤄내지 못해 결국 민주화의 진전을 막는다고 본 것이다. 김대중은 1983년 3월 10일 하버드 대학교 강연에서 이렇게 언급한다.

1979년 가을에 시작된 투쟁은 전국적으로 폭발했습니다. 그리고 과거와는 달리 이번 투쟁은 학생들만 주도한 것이 아니었습니다. 그것은 이제 각계각층의 국민이 참여한 참된 국민 투쟁이 되었습니다. 전국에서 일어난 봉기는 한결같이 박정희 퇴진과 유신 체제 철폐를 요구했습니다. 부산과 마산에서 맨 처음 일어난 봉기가 전국을 뒤엎으려 하고 있었습니다. 김재규가 박정희를 죽인 것은 바로 이런 위급한 순간이었습니다. 그리고 국민들의 투쟁은 예기치 않게 중단되었습니다. 박정희의 암살은 불행한 결과를 낳았습니다. 유신 체제는 국민에 의해 폐지된 것이 아니라 박정희의 암살에 뒤이은 엄청난 혼란과 무질서 때문에 일시적인 유예 상태에 놓였습니다. 더군다나 박정희 암살은 권력을 탐하는 소수 군인들이 무능하고 무력하지만 무척 야심만만한 최규하를 간판으로 내세울 수 있게 해주었습니다. 권력 지향적인 일부 장군들은 최규하를 이용해 반민주적인 행동 방침을 계획할 수 있었습니다. 요컨

대 민주화 투쟁은 1979년에 절정에 이르렀지만, 박정희의 암살과 함께 예기치 않은 전환점을 맞이했습니다. 그 결과는 영원히 치유할 수 없는 비극이었습니다.[53]

　김대중은 김재규와 같은 방식을 통해서 민주화를 제대로 이룩할 수 없다고 보았다. 국민민주혁명을 통한 민주화 세력의 자주적 역량을 중요하게 생각했기 때문이다. 이처럼 김대중은 김재규를 옹호하는 일부 재야 세력들과는 입장이 달랐다.

　그리고 한국 민주화를 위한 국제적인 연대 활동에 있어서도 자주의 원칙을 강조했다. 김대중은 한국의 민주화운동에 있어서 국제적인 변수의 중요성을 강조했고 미국, 일본 등 해외 교포 민주화운동 세력과 협력했다. 이러한 활동의 궁극적 목적은 한국의 독재정권을 지지하는 미국과 일본의 대외 정책의 전환에 있었다. 그런데 김대중은 미국과 일본의 역할을 한국 민주화운동에 대한 도덕적 격려 및 여론 조성 등으로 한정하면서 한국 민주화는 한국 국민 스스로가 이뤄야 하는 과제라고 역설했다. 2004년 10월 14일 곽동의 한통련(한민통 일본본부 후신) 상임고문과의 31년 만의 해후에서 '한국의 민주주의는 투쟁에 의해서 쟁취한 역사적 경험에 기초해 있으므로 자주성을 확보'하고 있는데 '일본의 민주주의는 미군정에 의해서 주어진 것이고 다른 나라도 한국처럼 투쟁한 나라는 없다'라는 취지의 언급을 했다.[54] 이만큼 김대중은 민주화에 있어 자주의 원칙을 중요하게 생각했다.

2. 민주화 이행을 위한 3가지 실천 과제

김대중은 위와 같은 기본 인식에 바탕을 두고 민주화 이행을 위한 3가지 실천 과제를 제시했다. 이를 통해서 국민민주혁명을 성공시켜서 정권 교체를 위한 민주화의 길을 열고자 한 것이다.

가. 행동하는 양심과 민주화 주도 세력의 문제

김대중을 상징하는 대표적 표현인 '행동하는 양심'은 김대중이 박정희 정권에 맞서 민주화 투쟁을 전개하던 시기에 국민들에게 용기를 주고 실천을 강조하기 위해 사용했다. 이 표현이 나오게 된 배경은 박정희 정권의 독재가 심화되는 과정과 맞물려 있다. 박정희 정권의 독재정치는 1961년부터 1979년까지 18년간으로 독재의 강도에 따라 시기별로 구분이 가능하다. 1969년 3선개헌 이후부터 독재가 심화됐고 1972년 10월 유신 선포 이후부터 최고조에 이른다. 이러한 독재에 저항하기 위해서는 국민들의 투쟁과 실천이 필요했다. 그런데 김대중이 보기에 당시 한국 국민들은 독재에 맞서 투쟁하려는 용기가 부족했다. 김대중은 1972년 3월 11일 연설에서 이렇게 말했다.

> 민주주의라는 나무는 국민의 피를 먹고 자라는 것입니다. 국민이 희생하지 않고 국민이 용기를 내지 않고는 민주주의는 성취될 수 없어요. 김대중이 하나가 아무리 용기를 내보았던들, 야당 국회의원 몇 사람들이 아무리 결사적으로 싸워보았던들 국민이 감싸주지 않고 국민이 일어나지 않고는 되지 않는 것입니다. 오직 최후의 결정권자는 국민이에요.[55]

김대중은 한국 국민들이 총명하기 때문에 계몽이 필요 없고 필요한 것은 참여 의식과 용기라고 판단했다.[56] 김대중은 국민들에게 용기를 불러일으키기 위해 '행동하는 양심'이라는 말을 사용하기 시작했다. '행동하는 양심'은 '행동하지 않는 양심은 악의 편이다'라는 표현에서 나온 것으로 '인동초'와 함께 민주화운동 시기의 김대중을 상징하는 표현이다. 김대중은 이 표현을 1975년 3월 8일 《동아일보》 탄압에 저항하기 위해, 〈국민 여러분께 호소합니다 『동아를 지킵시다』〉라는 제목의 후원 광고를 《동아일보》에 자신의 명의로 냈을 때 처음 사용했다.

동아가 광고 탄압을 받건 말건 국민이 수수방관만 해주면 그들의 목적
은 100퍼센트 달성되는 것입니다. 왜냐하면 동아는 그들의 소원대로
쓸어질 것이기 때문입니다. 국민 여러분! 그러기 때문에 행동하지 않
는 양심은 결국 악의 편이 되는 것입니다. 방관과 비겁은 자유에 대한
최대의 적입니다. 어린 학생들과 택시 운전사, 그리고 외국인까지 '동
아 지키기'에 나서고 있는 이때 우리는 지금까지 얼마만큼 행동했는지
나 자신을 생각해봐야겠읍니다.[57]

그리고 1975년 4월 3일에 보도된 《동아일보》와의 인터뷰에서 김
대중은 '행동하지 않는 양심은 악의 편이다'라는 말로 실천과 투쟁
을 강조한다.

많은 국민들은 현 체제에 대해 반대하고 있으므로 자신은 민주주의 편
이라고 생각하고 있고 다수 정치인들도 민심이 현 정부로부터 돌았다
고 보는 것으로 그치고 있다. 그러나 71년까지만 해도 국민이 투표로
써 정권 교체를 할 수 있는 제도가 있었지만 지금은 그렇지 않다는 점
에서 '행동하지 않은 양심은 결국 악의 편이다'라는 말을 강조하지 않
을 수 없다. 그것은 국민이 가만히만 있어주면 독재 정권은 영구 집권
으로 이어지기 때문이다. 국민이 독재 체제에 반대한다면 반대에 상응
한 행동의 표시가 있어야 한다. 따라서 이 나라 민주주의의 성패는 독
재와 비정을 적극 비판하고 행동하는 국민이 되느냐, 아니면 방관하는

국민이 되느냐에 달려 있다고 본다.[58]

이렇게 김대중은 1975년에 들어서면서부터 '행동하는 양심'을 강조하기 시작했다. 이 표현에는 당시 민주화운동을 이끌던 그의 고뇌와 전략이 담겼다. 1970년대 그는, 한국 군사독재 정권의 힘이 매우 강력한 데다 그들의 속성상 민중 항쟁과 같은 국민들의 강력한 저항 없이 군사독재 정권 스스로 민주화 조치를 할 가능성은 없다고 판단했다. 그래서 민주화를 이루기 위해서는 다수의 국민이 독재 정권에 맞서 강력한 투쟁을 전개하는 것이 필수적이라고 인식했다. 그런데 그는 당시 한국 민주화운동 진영은 두 가지 점에서 한계가 있다고 보았다. 하나는, 민주화운동 주도 세력이 너무 약하다는 점이었다. 또 하나는 국민들의 수동적 태도였다. 이렇다 보니 민주화운동이 발생해도 박정희 정권이 물리력을 동원해 억압하면 곧 약화돼 정권에 위협을 주는 수준으로 발전하지 못한다고 판단했다.

이 문제를 해결하려면, 민주화운동의 중심 세력들이 '행동하는 양심'이 돼 자기 목숨을 내걸고 투쟁해야 한다고 보았다. 그래서 김대중은 죽음을 각오하고 투쟁의 선두에 서겠다고 강조했다. 민주화운동 중심 세력들이 목숨을 건 투쟁에 나서면 수동적이던 국민들을 각성시킬 수 있다고 믿었기 때문이다. 일련의 과정이 상승작용을 일으켜 국민들 사이에 집합적 열정이 형성되면 대규모 민중 항쟁이 발생할 수 있다고 보았다. '행동하는 양심'이란 표현은 이러한 역사적 배경에서 나온 것이다.

성공한 대통령 김대중과 현대사

나. 군사독재 정권에 맞서 야당과 재야의 연합

김대중과 재야와의 연합을 강조할 수 있었던 배경은?

그다음으로 김대중은 민주화운동 중심 세력의 광범위한 연대를 강조했다. 그래서 야당과 재야의 연합을 통한 민주화운동의 구심점 형성을 강조했다. 김대중은 재야 세력이 태동하기 시작한 1970년대부터 이와 같은 전략을 구체화했다. 김대중은 1974년 11월 27일 민주회복국민선언대회에서 이와 같은 입장을 밝힌 뒤 야당과 재야의 연합 전선을 강조했다.

> 제 판단으로는 오늘 이 회합은 우리나라 민주 회복의 역사에 있어서 하나의 획기적인 전환점을 이룰 것으로 생각이 됩니다. 여러분이 아시다시피 지금까지는 우리가 각계에서 분산돼서 민주 회복을 주장했습니다. 그래서 우리의 힘은 충분하지 못했고 아직도 우리는 가혹한 압제 하에서 고통을 받고 있습니다. 이러한 마당에 오늘 비로소 이 나라의 각계각층의 민주주의를 원하는 국민을 총체적으로 대표하는 선배 친우 여러분께서 이 자리에 모여서 하나의 단일 전선을 단일 조직체를 형성하게 되었다는 것은, 이것은 실로 중대한 전환점이요, 막중한 의의가 있는 것으로 생각이 됩니다. … 나는 앞으로 우리 민주 회복 운동의 기본은 과거에 어떠한 입장이 있었거나 또 과거에 경력을 가졌거나 오늘 이 시간이 진실로 민주주의 회복을 열망하고 실천하고 자기 자신의 몸을 바칠 결의가 되어 있는 사람은 총체적으로 연합하는 국민총연합전선이 되어야 할 것입니다.[59]

그러면 김대중이 이처럼 최대연합 노선을 제시하게 된 이유는 무엇일까?

첫째, 그는 재야 세력과 긴밀한 연관을 맺었기 때문이다. 신민당 대통령 후보가 되면서 야당의 리더로 부각된 김대중은 1970년대 중반 이후 재야와 긴밀한 연관을 맺으면서 재야의 중심인물로 활동한다. 김대중이 재야인사로서 활동하게 된 것은 1973년 8월 일본 도쿄에서 납치당한 뒤 구사일생으로 생환한 이후 제도 정치 영역에서 강제로 배제됐기 때문이다. 그 뒤 1976년 3·1민주구국선언 사건을 통해 재야의 대표 인물로 부각됐다.

둘째, 김대중은 젊었을 때부터 진보적 사회운동 세력에 대한 이해가 많았기 때문이다. 그는 해방 이후 건국준비위원회와 조선신민당에서 활동하는 등 중도적 민족주의 계열에서 정치사회 활동을 한 경험이 있었는데 이와 같은 점이 영향을 주었다고 볼 수 있다.

셋째, 연합 정치를 지향하는 김대중의 평소 소신과 관련됐다. 김대중은 중앙 정계에 진출하기 위해 노력하던 1950년대 중반부터 연합 정치를 강조했다. 1954년 11월 사사오입 개헌을 강행한 이승만 독재에 대항하기 위해 범야권 단일 야당 운동이 전개됐을 당시 김대중은 조봉암과 연합해야 한다는 민주대동파의 입장을 지지했다.[60] 당시 신당 운동 과정에서 조봉암의 참여를 찬성한 쪽은 민주대동파, 반대한 쪽은 자유민주파로 구분됐다. 양측은 이 문제로 대립했으나 결국 자유민주파 노선이 관철돼 민주당이 1955년 9월 19일 창당됐다. 김대중은 자유민주파에 비판적이었기 때문에 민주당에 바로 참여하지는 않았고 1956년 9월이 돼서야 입당한다.

이처럼 김대중은 진보적 사회운동 세력에 대한 이해는 물론, 이들과의 연합 정치를 추구한 경험도 있었다. 이러한 배경에서 김대중은 야당과 재야의 연대를 지향했다.

야당과 재야의 연합이 성사되기 위한 조건은 무엇인가?

김대중은 야당과 재야의 결합을 위해 양쪽의 인식과 노선 변화가 동시에 이뤄져야 한다고 보았다. 먼저 야당을 살펴보면, 그는 야당의 체질 개선을 통한 선명성 회복이 선행돼야 한다는 입장이었다. 야당은 민주화운동 과정에서 이중적이고 모순적인 위치에 있었다. 군사독재 정권은 대내외적 명분을 획득하기 위한 전략에서 선거와 정당 자체를 없애지는 않았기 때문에 야당은 제한적이나마 합법적 공간에서 독재 정권에 대한 비판 여론을 제기할 수 있었다. 1978년 총선거에서 나타나듯 독재에 반대하는 시민사회 내의 견해가 야당 지지를 통해서 반영되기도 했다. 이에 대해 군사독재 정권은 야당의 존립을 보장하되 독재 정권의 지배 질서와 통치 기반에 저항하지 않는 범위 내에서 활동하도록 정보기관 등을 동원해 지속적으로 야당에 개입했다. 야당이 선을 넘는 행위를 할 경우 물리적 개입도 불사했다. 나아가 정권이 직접 관제 야당을 만들어 야당이 비판적 기능을 할 수 없도록 했다.

그래서 김대중은 1969년 박정희 정권에 의해서 3선개헌이 강행 처리된 뒤 야당의 체질 개선 문제를 심각하게 인식[61]했고, 7대 대선을 앞두고 40대 기수론을 내세우면서 본격적으로 당내 투쟁에 나섰다. 김대중은 야당의 체질 개선을 통한 선명 야당을 내세우면서 지속적으로 당내 투쟁을 전개했다. 1970년대 초반에는 신민당 대통령 후보였다는 강화된 위상을 바탕으로 당의 체질 개선과 혁신을 위해 노력했다. 1970년대 후반에는 중도통합론을 내세우며 유신 체제에 협력한 이철승 대표를 비판했다. 1979년에 선명 야당을 기치로 내건 김영삼을 신민당 총재로 당선시키는 데에 결정적인 역할을 했다.[62] 또한 1985년 2·12총선을 앞두고 관제 야당인 민한당을 대체하기 위해 신민당 창당을 지원하고 미국 망명 중 전격 귀국을 단행하면서 신민당 돌풍을 일으켰다. 그 이후 야당 내에 존재하던 내각제 수용 불가피론을 일소해 야당이 일관되게 직선제 개헌 투쟁을 하도록 내부에서 노선 투쟁을 전개했다. 이처럼 김대중은 야당의 체질 개선을 통해서 선명 야당 노선을 관철시켰다.

그다음으로 재야에 대해 살펴보자. 김대중은 재야의 반정치적 인식과 태도를 바꿔야 한다고 지적했다. 재야인사들은 권력에 대한 이해가 낮아 현실 정치가 순수하지 못하다고 인식하는 경향이 강했다. 야당을 보수적이면서 기회주의적 속성을 갖고 있다고도 보았다. 그래서 재야에서는 야당의 의의와 역할에 대해 회의하는 시각이 팽배했다.[63] 김대중은 2차 미국 망명에서 귀국한 1985년 2월 이후 쓴 글에서 "정치인은 성자도 지사도 종교인도 아니다. 현실의 장에 국민과 같이 개입해서 국민을 괴롭히는 구조적인 악과 싸워서 이를 제거하고 국민에게 자유와 정의와 인간의 존엄성을 실현해줄 수 있는 현실 개조의 입장에 있는 것이다"[64]라고 했다. 김대중은 재야 사회운동 세력들에게 이와 같은 현실 정치의 성격과 의미를 강조하면서 재야 사회운동 세력과 제도 정치권과의 간극을 좁히고 굳건한 연대의 길로 나아갈 수 있도록 노력했다.

다. 외연 확장 전략

중산층과 국제적인 지지 확대

김대중은 국민민주혁명을 통한 민주화 이행을 추구했다. 이를 위해 중산층의 지지를 얻는 것이 가장 중요하다고 판단했다. 김대중은 자신이 만든 당의 정체성을 '중산층과 서민의 이익을 위한 정당'이라고 계급적으로 규정한 것도 이와 관련이 있다. 김대중은 중산층의 지지를 얻어야만 군사독재 정권을 향한 투쟁에서 승리할 수 있다고 보았다. 그리고 중산층의 지지를 통한 국민민주혁명의 성공을 위해 미국과 일본을 중심으로 한 국제적 관계를 중시했다. 중산층 지지 확장과 국제적 요인 사이의 관련성을 주목한 것은 김대중 민주화 이행론의 큰 장점이다. 김대중은 냉전 시기 미국의 대외 정책이 한국의 독재 정권 유지에 큰 역할을 한다고 판단했다. 미국의 대한 정책이 단지 한국과 한반도만을 놓고 형성되는 것이 아니라 동아시아·동북아 등 미국의 지역 전략하에서 이뤄지는 것임을 이미 알고 있었다. 따라서 미국의 정책 전환은 한국의 노력만으로 이뤄지기 어렵다고 판단해 1973년 초부터 국제적 연대의 필요성을 강조했다.

도미노적 군사독재의 타파 그리고 민주주의 회복을 위한 역도미노적 개혁을 위해 아시아 각국의 모든 민주주의 세력은 새로운 각성과 궐기가 필요하며 또한 각국 민주주의 간의 연대적 결합이 필요하다. 공고한 민주 세력의 확립 그리고 공산주의와의 선의의 경쟁을 통해 국민의 행복을 보다 더 신장시켜 발전과 번영을 향한 아시아를 만들고자 염원한다.[65]

여기를 보면 김대중은 한국 민주화 문제를 당시 동북아 냉전 구조라는 국제적 관점에서 이해했음을 알 수 있다. 한국의 독재 정권과 외세(미국과 일본)가 구조적으로 연계된 현실에서 김대중은 한국의 민주화가 국내의 노력만으로 이뤄지기 어렵다는 점을 간파했다. 그래서 민주적 국제 연대를 통해 미국과 일본의 대한 정책 수정을 목표로 삼은 것이다. 냉전 시기 미국의 대한반도 정책을 비롯한 대외 정책의 기본 목표는 공산주의 팽창을 저지하는 데에 있었기 때문에 미국은 반공을 내세우는 우익 독재 정권을 직간접적으로 지지했다. 한국의 독재 정권은 이와 같은 미국의 대외 정책에 편승해 반공안보 이데올로기를 내세우면서 민주화운동 세력을 탄압했다. 이에 대해 김대중은 공산주의에 대항해 진정한 반공안보를 이루기 위해서는 한국 내에 강력한 민주적 토대를 구축하는 것이 올바른 방향이라고 지적했다. 김대중은 민주주의를 이룩해야만 반공에 대한 국민들의 자발적 역량이 축적될 수 있고, 이것이 동북아 지역에서 공산주의 세력에 대항하기 위한 가장 올바른 전략임을 강조했다. 이처럼 그는 한국 민주화의 문제를 국제적 관점에서 접근해 독재 정권을 지지하는 미국의 대한 정책의 전환을 이루고자 했다.

다만 그는 한국의 민주화는 한국민 스스로 하겠다는 점을 밝히면서 국제 사회는 한국의 민주화를 방해하지 말고 도덕적 지지만을 해주면 된다고 강조했다.[66] 자주적 민주화를 강조한 것인데 이를 위해서 '선민주-후통일론'과 '비폭력·비용공·비반미의 3비노선' 등을 통해 중산층의 지지를 확보해야 한다고 보았다.

선민주-후통일론

김대중은 유신 선포 이후 해외 교포 사회 내에서 민주화운동의 전략적 원칙으로서 선민주-후통일론과 선통일-후민주론 사이에 논쟁이 발생했을 때 전자를 강조했다.[67] 선민주-후통일론과 선통일-후민주론은 반독재 운동이 양적인 다양성과 질적인 심화가 이뤄지는 시대적 조건에서 민주화운동 진영 내부에서 전개된 중요한 논쟁이었다. 1970년대 유신 체제 성립 등 독재가 강화되는 조건 속에서 독재에 대한 비판을 넘어서 한국의 독재 체제 형성과 유지를 국제적인 냉전과 한반도 분단이라는 역사 구조적인 관점에서 파악하기 시작했다. 이 과정에서 민주화운동가들은 민주화를 평화통일의 문제와 연관시켜서 인식하게 됐고, 이와 관련해 선민주-후통일론과 선통일-후민주론이 제기된 것이다.

두 입장의 논쟁은 민주화운동에 대한 관점과 전략의 차이에서 비롯됐다. 선민주-후통일론은 민족 통일 운동의 중요성에 대해서 동의하지만 한국의 독재 정권이 민주화운동 세력을 용공 세력으로 몰아가면서 국민적 고립을 도모하는 현실을 고려해 민주화가 이뤄지지 않은 상황에서 실질적인 통일 운동의 전개는 불가능하다는 전제하에, 한국의 민주 회복에 우선 초점을 맞춰야 한다는 입장이었다. 선통일-후민주는 독재의 근원이 분단에 비롯됐다는 인식하에 분단 해소 운동에 초점을 맞추고 미국 문제나 북한 문제에 대한 적극적인 태도를 강조했다.

김대중은 선통일-후민주론이 한국의 현실을 고려하지 않은 감상적 민족주의 사고라고 비판했다. 한국의 독재 정부가 반공주의를 악용해 민주화운동 세력을 탄압하기 때문에 선통일-후민주론자들의 주장은 독재 정권에 악용될 빌미를 제공한다는 지적이었다. 또한 그는 한국 민주화운동의 성공에 있어서 미국의 대외 정책의 변화가 중요하다는 점을 고려했다. 선통일-후민주론이 감상적 민족주의 성격이 강한 탓에 미국의 지지를 받기 어렵기 때문에 민주화운동 세력이 이 노선을 내세우면 반공을 이유로 독재 정권을 지지하는 미국의 대한 정책이 전환될 수 없다고 보았다.

여기서 주목해야 할 부분은 선통일-후민주론은 1980년대 한국 민주화운동의 중요한 흐름을 대변한 민족민주운동 세력의 입장과 비슷하다는 사실이다. 다만 1980년대 한국의 민족민주운동이 해외의 선통일-후민주론자들과의 직접적인 영향 속에서 나왔다고 보기는 힘들다는 사실을 유념해야 한다. 시간적으로 볼 때 해외에서 선통일-후민주론이 먼저 나오긴 했지만 1980년대 한국에서 민족민주운동이 발전하게 된 이유는 1980년 광주민주화운동을 경험하면서 형성된 자생적 경로에 의한 것이다. 이와 비교해서 보면 1970년대 해외 교포 민주화운동 세력 내에서 나온 선통일-후민주는 해방-분단-전쟁-분단고착화 등의 역사적 과정을 직접 체험한 민족주의자들 내에서 나온 운동 이론이라고 볼 수 있다.

비폭력·비용공·비반미의 3비노선

김대중이 민주화운동 과정에서 선민주-후통일 노선과 함께 중요하게 제시한 민주화운동 방법론은 비폭력·비용공·비반미의 3비노선이다. 시기적으로 보면 비폭력은 1970년대 초부터 제시됐고 비용공·비반미는 1980년대부터 제시됐다. 김대중이 제시한 3비노선의 구체적인 내용과 배경에 관해 살펴보자.

먼저 비폭력 노선이다. 김대중은 《다리》지 1972년 9월호에 게재된 김동길 교수와의 대담에서 비폭력 원칙을 처음으로 강조했다.[68] 이때 김대중이 비폭력을 언급하기 시작한 것은 의미가 있다. 당시는 유신이 선포되기 직전이었지만 김대중은 이미 1970년 1월 10일 《대한일보》 기고문에서 박정희 정권이 총통제를 선포할 것이라고 예상했고[69] 그 이후 1971년 4월 18일 장충단공원 유세를 포함해 여러 차례에 걸쳐서 이를 강조했다. 김대중은 독재를 강화하려는 박정희 정권과 저항 진영 사이에 극한적인 대립 발생을 예상했다. 그리고 유신 선포 이후 그는 비폭력 원칙을 본격적으로 강조했다. 이와 관련해서 김대중이 1977년 3월 1일에 작성한 〈3·1민주구국선언사건 상고이유 보충서〉를 보면 비폭력 저항주의 노선을 취해야 하는 네 가지 이유를 언급한다.

첫째 지금과 같은 첨예한 남북한 대립의 상황 아래서 남한 내의 정치적 문제를 폭력 대결로 몰고 간다면 쥐를 잡으려다가 독을 깨는 결과가 될 위험이 크다. 둘째, 그러한 폭력적 투쟁은 안보라는 구실 아래 정부에 크게 악용될 가능성이 크다. 셋째, 폭력적 물리적 대결은 현 정권의 군사독재적 성격으로 보아서 그들이 가장 장기로 하는 점이며 우리 민주 회복 세력의 가장 무력한 부분이다. … 넷째, 반면에 우리의 강점은 정론을 개진할 수 있으며 국민 여론을 일으킬 수 있으며 국민과 정신적으로 조직적으로 하나가 되면서 뭉칠 수 있다는 점인 것이다. 이를 실현하는 데는 먼저 지도적 입장에 있는 사람들이 일신의 안위를 돌보지 말고 자기의 신념을 계속 밝혀야 한다. … 이와 같은 지도층의 정론의 전개와 자기희생의 감수는 반드시 국민의 호응을 얻을 것이며 국민과 한 몸 같은 단결을 가져올 수 있을 것이다.[70]

김대중은 민주화 세력의 외연 확장을 위해서 비폭력 투쟁이 필요하다고 생각했다. 그리고 이를 국제적 지지 확보 차원에서 필요한 운동 방법론이라고 판단했다. 김대중은 인도 간디의 독립 투쟁과 미국 마틴 루터 킹 목사의 인권 투쟁을 예로 들면서 국제 여론 지지의 중요성을 강조한다. 1976년 12월 20일 3·1민주구국선언사건 2심 최후진술에서 간디와 킹 목사를 언급한 김대중은 김대중내란음모조작사건으로 수감 중이던 1982년 7월 27일 작성한 옥중서신에서 간디가 비폭력주의를 고수한 이유가, 첫째로 민중에게 의분심을 주는 것에 있고, 둘째로 세계 여론의 지지를 얻는 데에 있었다고 언급한다.[71] 이처럼 그는 민주화운동의 국내외 차원의 외연 확장을 위해서 비폭력 원칙을 강조했다.

1980년대 들어서는 비용공·비반미 원칙을 강조했다. 이 역시 비폭력 원칙과 동일한 논리에서 제시된 것이다. 한국의 민주화운동은 1980년 광주민주화운동을 거치면서 질적·양적으로 큰 변화가 나타난다. 민주화에 대한 열망이 군사독재 정권의 야만적 폭력 앞에서 좌절되는 과정 속에서 현상에 대한 극복 의지를 더욱 강화시키게 되고, 효과적이고 근본적인 대안 체제 구상과 전략 수립을 위해 독재 체제의 본질에 대한 이해를 심화시키게 된다. 이 과정에서 급진적 변혁론도 생성됐으며 광주 학살에 대한 미국 책임론으로부터 발원한 반미주의는 학생 운동권을 중심으로 한 사회운동 세력 내에서 광범위하게 퍼졌다. 김대중은 이와 같은 현상에 대해 심정적으로는 이해할 수 있으나 전략적으로는 옳지 못하다고 판단했다. 김대중은 1983년 1월 26일 《리버타리안포럼*Libertarian Forum*》의 공동 발행인 다이엔 피터슨과의 인터뷰에서 이렇게 말했다.

주한 미군을 철수에 반대한 이유는 두 가지입니다. 미국의 지원은 한반도 평화 유지에 도움을 줍니다. 또한 미군이 철수한다면 독재 정부는 국민을 더욱 탄압할 좋은 명분을 가지게 됩니다. 독재 정부는 '미군이 철수했기 때문에 우리는 비상시국에 직면했다'고, '북한을 막기 위해 자유의 일부를 희생해야 한다'고 할 것입니다. 이 때문에 저는 미군철수를 바라지 않습니다.[72]

김대중은 극단주의 경향을 우려하면서 비용공·비반미 원칙을 지켜나가야 한다는 점을 확고하게 밝혔다.[73]

이처럼 김대중은 한국 민주화운동의 외연 확장을 위해서 3비 전략을 제시했으며 이를 매우 중시했다. 김대중이 2차 미국 망명을 끝내고 귀국하려고 한 이유 하나가 급진주의에 빠진 학생들을 위로해 3비노선에 동참하도록 하기 위함이라고 했을 정도였다. 그래서 김대중은 1986년 8월 31일 성명서에서 "나는 민주적인 반대자들과 학생 및 활동가들에게 민주화운동을 성공시키려면 우선 세 가지 조건이 필요하다고 역설해왔다. 첫째, 우리는 굳은 결의를 가지고 싸워야 하지만 절대 비폭력에 의존해왔다. 둘째, 우리는 공산주의뿐 아니라 독재에도 반대해야 한다. 셋째, 우리는 미국의 대한 정책을 비판할 수는 있지만 반미주의는 피해야 한다"[74]라고 했다.

2장
목숨을 건 투쟁으로 민주화를 이루다

김대중은 군사독재 정권에 의해서 가장 가혹한 탄압을 받았던 민주화운동 지도자이자 정치인이었다. 김대중은 여러 번의 죽을 고비를 넘겼고 투옥, 망명, 연금, 도청 등의 가혹한 탄압을 수십 년 동안 받았다. 그리고 언론을 장악한 군사독재 정권은 김대중에 대한 온갖 중상모략을 통해서 반공주의와 반호남 지역주의가 결합된 반김대중 이데올로기를 유포시켰다. 그래서 김대중에 대한 지독한 편견을 만들어내어 국민들로부터 김대중을 고립시키고자 했다. 김대중은 이와 같은 억압을 극복하고 1987년 민주화 이행을 이뤄내는 데에 큰 기여를 했다. 여기에서는 이와 관련된 내용을 살펴보려고 한다.

1. 죽을 고비, 투옥, 연금 및 감시

가. 다섯 번의 죽을 고비를 넘기다

김대중은 평생 네 번의 사건에서 총 다섯 번의 죽을 고비를 넘기고 극적으로 살아남았다. 1950년 9월 한국전쟁 당시 공산군에 의한 목포 지역 민간인 학살 사건에서 살아남은 것을 시작으로, 1971년 5월 의문의 교통사고, 1973년 8월 일본 도쿄에서 발생한 납치 사건(이 당시 호텔에서 한 번, 바다에서 한 번, 총 두 차례의 죽을 고비를 넘김), 그리고 1980년 신군부에 의한 김대중내란음모조작사건 당시 사형선고 등이다. 한두 번도 아니고 여러 차례에 걸친 죽음의 위기에서 살아남은 김대중에 대해 2009년《파이낸셜타임스》는 "김 전 대통령은 007 소설에나 나올 법한 죽음의 문턱들에서 살아남았다"[75]라고 평가한 바 있다.

김대중이 죽음의 위기에 처하게 된 사건을 보면 민간인 학살, 테러, 사법 살인 등 한국 현대사에서 발생했던 정치적 타살과 관련된 각종 유형이 모두 포함돼 있다. 이는 김대중의 파란만장한 삶을 단적으로 보여준다.

김대중의 첫 번째 죽을 고비인 1950년 한국전쟁 당시 상황은 민간인 학살과 관련된 것이다. 한국전쟁 당시 좌우 양측에서 모두 민간인 학살을 자행했다. 김대중은 공산군이 목포 지역을 점령했을 당시 역산逆産으로 몰려서 지역의 다른 우익 인사들과 함께 체포돼 45일 정도 감옥 생활을 했다. 1950년 9월 인천상륙작전의 성공으로 공산군이 후퇴하자 공산군은 수감 중이던 우익 인사들을 학살하려 했다. 수감된 220여 명 중에서 먼저 끌려간 140여 명은 학살됐는데 감옥에 남아 있던 80여 명은 탈옥에 성공해 구사일생으로 살아남았다. 당시 김대중이 공산군에 의해서 죽을 고비에 처하게 된 것은 1945년 해방 이후 발생한 좌우 갈등과 관련 있다. 김대중은 해방 이후 건국준비위원회에 참여했고 좌우합작을 내세운 조선신민당에 참여했다. 1924년생으로 20대 초반 혈기왕성한 청년 김대중은 해방과 함께 민족주의적 열정에 고양돼 통일민족국가 건설 노선에 동참한 것이다. 다만 당시 그의 사상적 지향점은 민족주의에 있었으며 사회주의와 같은 정치체제 원리에 기반한 것은 아니었다. 김대중이 참여한 조선신민당은 중도좌파 정당이었는데 그 내부에는 민족주의 세력과 좌파 세력이 혼재돼 있었다. 김대중은 전자의 입장이었는데 좌파 세력과 갈등을 빚고 조선신민당을 탈당한다.

이때 김대중은 당시 목포 지역의 좌익들과 인간적·정서적 거리가 생기면서 갈등이 시작됐다. 그리고 김대중이 목포 지역 우익 인사였던 장인 차보륜의 권고에 따라 우익 인사들과 교류를 시작했고, 특히 미군정과 가깝게 지내면서 김대중과 좌익은 결정적으로 멀어진다. 김대중은 전쟁 전에는 일부 우익 인사의 무고로 1946년 여름경까지 이어진 중도 좌파 성향의 정치사회 활동과 관련해 조사를 받기도 했다. 그런데 공산군이 목포 지역을 점령했을 때에는 좌익 인사들의 무고로 수감돼 학살 직전에까지 이른 것이다.

그다음은 박정희 정권 때였다. 김대중은 1971년 5월 의문의 교통사고와 1973년 8월 납치 사건에서 죽을 고비를 넘긴다. 이 가운데 의문의 교통사고는 그 명칭에서 알 수 있듯이 사건 배후 등에 관해 확실하게 단정할 수 있는 근거가 없다. 다만, 여러 정황을 근거로 해 김대중 대통령 측에서는 이 사건을 정치적 테러라고 의심한다. 이 사고 당시 김대중과 같은 차에 동승했던 권노갑은 이렇게 설명한다.

선거 하루 전날인 24일 아침 목포 비행장에서 그날 오후에 있을 서울에서의 지원 유세를 위해 귀경을 서두르고 있었습니다. 갑자기 비행장 관계자가 비 때문에 비행기가 뜰 수 없다는 통고를 해왔습니다. 비행기가 뜰 수 없을 만큼 악천후도 아닌데… 하고 나는 의아스러웠지만 달리 도리가 없어, "이거 큰일인데, 어떡하지" 하고 난감한 표정을 지었습니다. 그러자 비행기 관계자가 말했습니다. "광주비행장으로 가보십시오." "광주에?" "네 거기는 레이더 장치가 있어 비행기가 뜰 수 있습니다." 나는 그 말을 믿을 수밖에 없었습니다. 그래서 김대중 후보에게 사정을 말씀드리고 운전사에게 빨리 광주비행장으로 출발하라고 일렀습니다. 나는 김대중 후보와 같은 차에 타고 있었습니다. … 무안국도로 접어든 지 얼마 지나지 않았을 때인데, 나는 갑자기 전방에 나타난 집채만 한 8톤 트럭이 중앙선을 넘어오는 것을 보고, "오른쪽으로 틀어!" 하고 손으로 앞좌석의 운전사 어깨를 탁 하고 내리쳤습니다. 운전사도 깜짝 놀라 휙 핸들을 틀었습니다. 그 순간 대형트럭은 우리가 타고 있던 차의 뒷부분 5분의 1정도를 들이받으며 앞으로 돌진했습니다. 그 순간 귀청을 찢는 격렬한 굉음과 함께 우리가 탄 차는 공중으로 튕겨 올랐다가 어딘가에 떨어졌습니다. 이 바람에 우리 차를 따라오던 신혼부부의 택시는 트럭과 정면으로 충돌해 박살이 나고 말았습니다. 우리가 탄 차는 도로와 논두렁 사이의 개천에 처참하게 일그러진 채 처박혀 있었습니다. 다행히 차가 전복되지는 않아서 그나마 피해를 줄일 수 있었습니다. 그때 김대중 후보는 골반 관절을 다쳤고, 오른손의 둘째손가락이 거의 잘려나가는 정도의 부상을 입었으며 이명우 경호실장도 팔을 크게 다쳤습니다. 나 역시 목과 귀를 크게 다쳤고, 늑골에 금이 가는 중상을 입었습니다. 사고는 누가 보더라도 고의적인 것이었습니다. … 사고 전후의 정황으로 보건대 이 사건은 사고를 가장해 김대중 후보를 암살하려던 음모임을 나는 확신했습니다. …나는 이 사건의 음모를 파헤치기 위해 한동안 동분서주하며 어느 정도 물증도 찾아냈지만 당시 상황에서는 한계에 부딪힐 수밖에 없었습니다.[76]

권노갑의 설명대로 이 사건의 실체는 정확하게 알 수 없고 정황 증거상 의심할 만한 대목이 있는 정도이다. 이 사건의 실체가 단순 교통사고인지 아니면 과실에 의한 교통사고를 가장한 테러 사건인 지 여부를 확인하는 것은 지금으로서는 불가능하다. 이 사고에서 가까스로 목숨을 구한 김대중은 다리 부상을 당해 고관절 변형증 으로 보행에 어려움을 겪는다. 1976년 3·1민주구국선언사건으로 수감 생활을 하면서 증상이 악화돼 1978년 12월 27일 출소한 이후 로는 지팡이를 사용한다. 김대중 하면 떠오르는 대상의 하나인 지 팡이는 이 사건과 관련된 것이다.

이 사건의 여파는 그 뒤에 발생한 1973년 8월 8일 일본 도쿄에 서 발생한 납치 사건과 1980년 내란음모조작사건 당시 사형선고 에도 이어진다. 김대중은 유신이 선포되기 며칠 전인 1972년 10월 11일 다리 부상 치료를 위해서 일본 도쿄로 건너갔다. 도쿄에서 10월 17일 유신 선포 소식을 듣게 되자 반유신 투쟁을 위해 망명을 결심하는데, 이것이 납치 사건으로 이어졌다. 그리고 망명 투쟁 기 간 중에 조직한 한국민주회복통일촉진국민회의(한민통)을 문제 삼 아 1980년 전두환 정권이 김대중에게 사형선고를 내렸다는 점에 서, 이 사건의 영향은 길게 이어진다. 납치 사건과 내란음모조작사 건은 뒤에서 상세하게 살펴보겠다.

나. 6년의 감옥 생활 그리고 옥중편지

김대중은 평생 아홉 번에 걸쳐 총 6년여 동안 감옥 생활을 했다. 언제 어떤 이유로 그렇게 됐을까? 김대중이 1967년 7대 총선 이후에 친필로 작성한 자전적 수필을 보면 이와 관련한 내용을 파악할 수 있다.

> 나는 해방 이후 일곱 번 투옥당했다. 그것도 미군정하에서 두 번, 자유당 정권 아래서 두 번, 육이오 때 공산당에 의해서 한 번, 5·16 이후 군정 아래서 두 번으로 우리가 집권했던 민주당 정권을 제하고는 고루 형무소와 유치장 맛을 본 것이다. 미군정과 자유당 때의 합계 4번은 좌익으로 몰려서였다.[77]

여기서 한국전쟁 당시 공산군에 의해 투옥된 것과 5·16쿠데타 이후 군정 시절에 두 번 투옥된 것은 여러 자료를 통해서 확인이 가능하다. 미군정과 이승만 정권 때의 경우에는, 1980년 내란음모 조작사건으로 조사를 받을 당시 김대중이 해방 이후 활동에 관해 작성한 진술서에 그 내용이 나온다. 하나는 미군정 시절인 1946년 10월 폭동 사건 당시 무고에 의해 10여 일 동안 구금됐던 일과 이승만 정부 수립 이후인 1949년 친구 형에게 여비를 보조한 것이 문제가 돼 체포돼 며칠 동안 구금됐던 일이다.[78] 그 외 두 번은 언제 어떤 사건인지 정확히 알 수 없다. 다만, 1967년 자전적 수필에서 김대중은 이것이 모두 좌익으로 몰려서 발생한 사건이라고 한 것을 감안하면, 나머지 두 건은 시기적으로는 한국전쟁 이전이고 규모는 1980년 진술서에서 나온 내용보다 작아서 구금 기간이 며칠 이내 정도였을 것으로 추정된다. 왜냐하면 전쟁 기간 중 공산군에 의해서 학살당할 위기에 처했으므로 목포에서는 더 이상 좌익 혐의로 문제가 됐을 가능성이 없다. 또 1955년 서울로 올라온 이후부터는 김대중 관련 기록이 늘어나는데 여기에 수감과 관련된 것은 없다. 이렇게 보면 1945년 해방 이후부터 1950년 6·25 이전까지 네 차례에 걸쳐 20여 일 정도 수감됐을 것으로 보인다.

그다음은 1950년 한국전쟁 당시 공산군에 체포된 후 8월 12일 경 수감돼 9월 28일경 탈옥했으므로 45일 정도 수감됐다. 그리고 박정희 정권 시기에는 총 세 번 수감 생활을 한다. 이중에서 두 번은 군정 시절이었다. 먼저 1961년 5·16쿠데타 직후인 5월 23일 연행돼 선거법 등 각종 혐의로 구속돼 8월 5일 석방됐고 그 뒤에는 1962년 5월 19일에 '반혁명 사건'으로 연행돼 조사를 받고 6월 24일 석방됐다. 1976년에는 '3·1민주구국선언사건'으로 1976년 3월 8일 연행돼 1978년 12월 27일 석방됐다. 이때는 단일 사건으로는 수감 기간이 가장 길었다. 그리고 전두환 정권 시절 '김대중 내란음모조작사건'에 의해 1980년 5월 17일부터 1982년 12월 23일까지 수감됐다.

김대중은 고통스러운 옥중 생활 속에서도 독서와 사색을 통해 지식과 지혜를 넓혀갔다. 그리고 서신, 수상록, 메모 등 다양한 옥중 집필을 통해서 극한의 고난을 이겨나가는 한 인간의 고뇌를 글로 남겼다. 김대중의 옥중 집필은 3·1민주구국선언사건으로 재판을 받아 형이 확정돼 서대문구치소에서 진주교도소로 이감된 이후인 1977년 4월 29일 편지부터 자료로 남아 있다. 김대중은 이 사건으로 1976년 3월 8일 연행돼 조사를 받은 후 3월 10일에 서대문구치소에 구속 수감돼 1977년 4월 14일 진주교도소로 이감됐는데, 서대문구치소에 수감 중이던 1년 1개월여 동안의 옥중 집필 자료는 남아 있지 않다. 집필 자체가 허가되지 않아서 작성된 자료가 처음부터 없었던 것인지, 아니면 자료가 망실돼 남지 않은 것인지는 확인하기 어렵다. 현재 남은 것은 진주교도소에서 쓴 편지 8편, 서울대학교병원 감옥 병실에서 못으로 눌러쓴 메모 19편, 서울대학교병원 감옥 병실에서 쓴 메모 46편, 1980년 내란음모조작사건과 관련해서 육군교도소에서 쓴 편지 6편, 육군교도소에서 쓴 수상 14편(육군교도소에서 작성한 수상 14편과 편지 6통 중에서 5통은 사형수일 때 작성), 1981년 1월 31일 육군교도소에서 청주교도소로 이감된 이후 청주교도소에서 작성한 23편 등 총 116편이다.

이 자료에는 당시 김대중이 겪어야 했던 고통과 이를 극복하려는 초인적 의지가 그대로 담겨 있다. 이 가운데 특히 특별한 의미가 있는 '못으로 눌러 쓴 메모'에 대해 소개한다.

1976년 3·1민주구국선언 사건으로 진주교도소에 수감 중이던 김대중은 1977년 12월 19일에 서울대학교병원 감옥 병동으로 이감된다. 당시 미국의 카터 대통령이 인권 외교를 내세우는 상황이었고, 3·1사건으로 고통받는 관련자들이 한국 민주화운동 진영의 지도급 인사였기 때문에 박정희 정권은 인권 탄압에 대한 국제적 비난을 받았다. 그러나 박정희 정권은 김대중을 석방하고 싶지 않았다. 이런 상황을 고려해 내놓은 정권의 '꼼수'가 김대중을 서울대학교병원 감옥 병동으로 이감하는 것이었다. 김대중을 계속 수감하면서도 김대중의 신병 치료라는 인권 개선 조치를 취하는 것처럼 대외에 선전하기 위함이었다. 김대중은 이때의 생활을 매우 고통스러운 시간으로 회상했다.

그곳에 나를 가둬놓더니 교도소보다 더 엄중하게 감시했다. 외부와의 접촉을 완전히 차단했다. 교도관, 중앙정보부 요원, 경찰 등 20여 명이 늘 지키고 있었다. 진주교도소에서는 매일 한 시간씩 운동하러 밖에 나가 흙도 밟고 하늘도 볼 수 있었다. 하지만 병원에서는 모든 것이 금지됐다. 병원 속의 특별 감방은 실은 특별한 지옥이었다. … 창문은 모두 폐쇄하여 햇살 한 줄기도 들어오지 않았다. 또 병실에는 24시간 전등을 켜놓았다. … 겉으로는 병실이었지만 실상은 고문실이었다. … 저들은 운동은커녕 편지도 쓰지 못하게 했다. 나는 편지로 바깥세상에 무언가를 알리고 싶었지만 필기구는 몽당연필 하나 소지하지 못하게 했다. … 제발 교도소로 보내달라고 할 정도였으니 내가 처한 상황이 얼마나 처참했겠는가. 병원에 누워 있는 것은 산 채로 관에 들어간 듯했다.[79]

김대중은 1978년 12월 27일 서울대학교병원 감옥 병실에서 출감했는데 출감 직후인 1978년 12월 31일 일본 《아사히신문》에 수감 생활과 관련한 내용으로 글을 기고했다. 이 기고문의 제목이 〈하늘이 그리웠다〉[80]였다. 당시 김대중의 상황과 심정을 짐작할 수 있게 하는 제목이다. 그러다 보니 김대중은 서울대학교 감옥 병동으로 이감된 직후 아무런 기록을 남길 수 없었다. 이 같은 상황이 오랫동안 지속되자 김대중은 병실 면회를 통해서 유일하게 만날 수 있었던 부인 이희호와 몰래 타개책을 강구했다. 이희호를 통해 몰래 반입한 작은 메모지와 못을 사용해 메모지에 못을 눌러서 글을 작성했고, 이 메모지를 화장실 휴지 등 김대중-이희호 부부가 몰래 약속한 곳에서 주고받는 방식을 통해 외부로 전달하도록 했다. 이 메모는 형광등 불빛을 통해서 봐야 눌린 부분의 내용을 확인할 수 있다. 이렇게 해서 못으로 쓴 메모가 세상에 나오게 됐다. 이 메모는 몰래 작성된 것이라 교도관의 검열을 의식하지 않았기 때문에 민감한 내용이 담겨 있다. 이와 같은 과정을 거쳐서 1978년 7월부터 메모를 통해서 기록을 남길 수 있었다.

다. 가택 연금과 감시 생활

앞에서 살펴보았듯이 김대중은 6년여 동안 감옥 생활을 했다. 그런데 김대중은 투옥되지 않았을 때에도 동교동 자택이 공권력에 의해 출입이 통제되는 연금 조치을 장기간에 걸쳐 수시로 당했다. 공권력에 의한 가택 연금은 김대중의 동교동 자택을 사실상 감옥으로 만드는 것이었다. 그래서 당시 동교동에 갇힌 김대중-이희호 부부와 측근 비서들은 '동교동 교도소'라고 부르기도 했다.[81] 가택 연금이 되면 김대중은 외부로 나갈 수 없게 되고, 외국인 등 독재 정권이 허락한 일부 인사만이 제한적으로 출입할 수 있었다. 독재 정권은 출입 통제뿐만 아니라 협박 전화를 하는 등 온갖 비열한 방법으로 괴롭혔다. 이희호는 이렇게 증언한다.

집을 폭파시키겠다느니 몰살하겠다느니 하는 협박을 했지요. 〈전설의 고향〉에나 나올 것 같은 기분 나쁜 휘파람 소리를 틀어놓기도 했고요. 안기부에서 조직적으로 하는 일 같았어요. 또 새집에 에스컬레이터를 설치했다느니 지하에 현금 다발을 쌓아놓았다느니 하는 비방도 끝이 없었지요.[82]

김대중은 1971년 대선 때부터 노골적인 감시 대상이 됐다. 《다리》지 1972년 9월호에 게재된 김동길과의 대담에서 김대중은 "지금은 작년보다 또 다릅니다. 솔직히 말해서 지금 저는 24시간 미행을 당하고 1년 내내 전화 도청을 당하고 집 주위에 감시를 하는 사람이 상주하고 있고 하다못해 우편물 하나 지방엘 못 보내고 있는 실정입니다. 전부 거두어 불태워 버리기 때문입니다"[83]라고 말했다. 대략 1971년 대선 때부터 노골적인 감시가 이뤄지기 시작했고 김대중이 1973년 8월 13일 구사일생으로 생환한 이후부터 김대중에 대한 가택 연금 조치가 시작됐다. 그래서 그 이후 두 차례 더 이어진 투옥과 2차 미국 망명 등의 기간을 제외하고 1987년 6월까지 김대중은 가택 연금과 감시받는 생활을 하게 됐다.

박정희 정권 때부터 시작된 김대중에 대한 가택 연금 조치 횟수와 전체 기간 등을 정확히 확인할 수는 없다. 다만 기록을 통해 확인할 수 있는 중요한 시기가 있다. 먼저 1973년 8월 16일부터 10월 26일까지 연금을 당했으며[84], 1979년에는 12월 8일 연금이 해제되기 전까지 대부분의 날이 연금 상태에 있었으며[85], 1985년 2월 귀국 이후 1987년 6월까지 총 55회에 걸쳐서 가택 연금 조치가 있었다.[86] 1973년 10월 26일 이후와 1976년 3월 8일 연행 전까지는 정확한 횟수와 기간을 파악하기 어렵지만 정국 상황에 따라 수시로 연금 조치가 있었고, 1979년 12월 8일 연금 해제 이후 1980년 5월 17일까지는 연금 조치가 없었다. 이렇게 볼 때 김대중은 수감되지 않을 때에는 대부분의 시간을 가택 연금을 당해 동교동 자택이 동교동 교도소로 변하는 고통을 겪었다.

김대중은 연금 기간 중 어떻게 생활을 했을까? 김대중의 비서로 동교동 김대중 자택에서 함께 지냈던 김옥두는 이렇게 설명한다.

불법감금 기간 중 김대중 선생은 오전 6시에 기상해 8시까지 내외신 기사를 읽고 8시부터 약 30분가량 꽃밭을 가꾼 후 아침식사를 마치고, 9시부터 12시 30분까지 서재에서 독서 묵상 기도를 하거나 주요 정책 안건을 검토한 후, 12시 30분부터 오후 1시 30분까지 비서 운전기사 가사종사원들과 함께 점심을 들고 꽃밭을 가꾸거나 뜰에서 묵상을 하고 나서 서재로 내려가 오후 6시 30분까지 독서를 했다. 저녁 식사를 들고 나서는, 주로 서재에서 다음 날 0시 30분까지 독서와 내외신 기사를 보거나 집필을 하고 응접실로 나와 당직 비서에게 이상 유무를 확인한 후 취침한다.[87]

이러한 상황에서 외부와의 소통은 주로 전화로 했다. 전화 역시 도청당했기 때문에 자유로운 소통 수단은 아니었다. 1975년 12월 21일 김종충과 사토에게 보낸 편지에 이런 내용이 있다. "아사히 신문 오오모리 부주간 만나서 지난번(약 1개월 전) 보낸 편지 받았는지 알아서 누마다 씨가 전화바랍니다. 받았으면 '오오모리님 건강하다' 못 받았으면 '오오모리님 몸이 좋지 않다'라고 해주십시오."[88] 이렇게 일종의 암호를 통해서 도청에 대응하려고 했다. 그리고 1987년 78일간 장기간 연금을 당할 때의 상황에 대해 이희호는 "우리 집 주위 네 집에 진을 치고 있던 안기부 요원들이 고성능 기기로 우리가 하는 모든 대화를 엿듣는다는 사실을 알았어요. 그래서 집 안에서는 늘 라디오 볼륨을 높여놓고 살았어요. 그리고 중요한 이야기는 필담으로 했어요. 책받침만 한 판에다 글씨를 쓰고 지웠지요"[89]라고 했다. 도청과 감청에 대한 김대중의 경계심은 체화됐다고 할 수 있을 정도여서 1997년에도 필담을 할 정도였다. 2018년 영화 〈공작〉을 통해서 세상에 많이 알려진 1997년 대선 당시 북풍 공작과 관련해 흑금성을 만나서 북풍 공작을 알게 된 정동영 국민회의 대변인이 김대중에게 보고했을 당시의 일화에도 이러한 내용이 나온다.

처음 흑금성에게 들은 얘기를 보고하는데 주도면밀한 총재(DJ)가 손가락으로 '쉿' 하는 시늉을 하면서 A4용지, 백지를 내밀었어요. 국민회의 당사(여의도 한양빌딩)도 감청된다고 본거죠. 흑금성 만난 얘기는 그래서 쭉 필담으로 했어요. 흑금성 만나서 들은 얘기를 적어서 보고하

성공한 대통령 김대중과 현대사

면, DJ는 고개를 끄덕이고.[90]

　이처럼 김대중은 1997년에도 도청을 피해 필담으로 의사 교환을 할 정도였다. 감시 생활로 인한 김대중의 고통과 경계심을 알 수 있게 해주는 일화이다.

2. 박정희 정권을 향한 투쟁

가. 1960년대, 1971년 7대 대선과 8대 총선

1960년대 박정희 정권을 향한 투쟁—의정 활동과 대중조직 활동

김대중과 박정희, 박정희와 김대중은 한국 현대사에서 최대의 정치 라이벌이었다. 김대중과 박정희의 정치적 관계는 악연의 연속이었으며 김대중이 박정희로부터 지속적으로 탄압을 받는 관계였다. 두 사람의 악연은 1961년 5·16쿠데타로 제2공화국 장면 정부가 붕괴되면서 시작됐다. 1961년 5월 13일에 실시된 인제 지역 보궐선거에서 김대중은 1954년 총선 패배 이후 연이은 낙선 끝에 처음으로 국회의원에 당선됐다. 하지만 쿠데타로 인해 의정 활동은 하지도 못했다. 장면 총리의 총애를 받아 집권 민주당의 대변인을 하던 김대중은 장면 정권이 무너지자 정치 탄압의 1순위에 올라, 박정희 군정 시절에만 두 번 수감됐다. 이처럼 5·16쿠데타는 김대중 개인에게 엄청난 피해를 주었다. 그런데 이는 시작에 불과했다. 김대중이 1963년 6대 국회의원 선거에서 당선돼 본격적인 의정 활동을 전개하면서 두 사람의 대결이 격화된다.

김대중은 6대 국회의원에 선출된 뒤 '준비된 국회의원'이었음을 보여줄 정도로 뛰어난 의정 활동을 했다. 그는 탁월한 언변 능력을 갖추고 있어서 토론과 대중 연설을 매우 잘하는 정치가였다. 이미 1955년 서울에 올라온 이후 대한웅변협회 부회장을 역임했고 동양웅변전문학원을 운영하기도 했을 정도였다. 그는 또한 정책 이론가로서 국정의 다양한 분야에 대한 전문적 식견을 갖추었다. 박정희 정권의 문제점을 날카롭게 지적함과 동시에 대안을 제시하자, 김대중은 박정희 정권의 주요 경계 대상이 될 수밖에 없었다. 결국 1967년 7대 총선에서 박정희 정권은 목포에서 국무회의를 여는 등 김대중 낙선을 위해 총력전을 펼쳤다. 7대 총선은 전체적으로 부정선거로 악명이 높았다. 이런 여건에서 김대중의 당선은 매우 어려운 상황이었다.

이에 대항하기 위해서 김대중은 일반 국민의 참여 열기를 고취시키는 전략을 폈다. 그의 뛰어난 대중 연설이 이 전략을 가능케 했다. 대중의 언어로 강약을 조절하면서, 해박한 지식에 바탕을 두고 논리적으로 자신의 입장을 능수능란하게 대중에게 각인시키는 능력이 있었다. 바로 7대 총선에서 처음으로 김대중의 대중 연설 능력이 큰 빛을 발했다. 이때 승리의 경험을 통해, 훗날 민주화 투쟁 시기에 국민의 마음속에 있는 민주주의에 대한 열망을 강화시키고 이를 행동으로 이어지게끔 하는 것의 중요성을 그가 매우 깊이 체감한 듯하다.

1969년 3선개헌 반대 투쟁과 40대 기수론을 통해 김대중은 야권의 새로운 지도자로 부각됐다. 3선개헌은 박정희 독재가 강화되고 심화됨을 알리는 신호탄이었다. 3선개헌이 공론화되자 야당인 신민당을 중심으로 한 강력한 반대 투쟁이 전개됐다. 김대중은 7월 19일 효창공원에서 〈3선개헌은 국체의 변혁이다〉라는 제목의 유명한 연설을 통해 3선개헌 반대 투쟁을 전개했다. 이 연설은 현재 음성 자료로도 남아 있는데, 그는 15분 연설하는 동안 풍자와 해학을 통해 독재 정권의 모순을 신랄하게 비판함과 동시에 분노에 찬 격정을 토로하면서 청중들의 호응을 최대한으로 끌어올렸다.

지난 6월 28일 자 조간신문을 보니까 경기도 안성에서 황소 한 마리가 미쳐가지고 주인 내외간을 마구 뿔로 받아 중상을 입혔습니다. 마을 사람들이 이 황소를 때려잡으려고 몽둥이를 들고 나섰지만 잡지 못해서 마침내 지서 순경이 와 가지고 칼빈 총을 다섯 방이나 쏘아서 기어이 때려잡았습니다. 나는 이 신문을 보고 '과연 천도가 무심치 않구나' 이렇게 생각했습니다. 왜? 대한민국에서 황소를 상징으로 한 공화당이 지금 미쳐 가지고 국민 주권을 때려잡을 3선개헌 음모를 하니까 상징 짐승인 황소까지 같이 미쳐서 주인한테 달려든 것이다, 이것이에요.[91]

이렇게 반대 투쟁이 전개됐지만 결국 같은 해 9월 14일 박정희 정권은 3선개헌안을 강행 처리했다. 10월 17일 국민투표가 실시돼 65.1퍼센트의 찬성률로 개헌이 확정됐다. 이때 김대중은 3선개헌에 대한 높은 지지율에 충격을 받았다. 3선개헌에 대한 국민의 순응적 태도가 나타난 것은 1960년대 산업화 과정에서 이익을 얻은 세력이 중심이 돼 박정희 정권을 적극 지지하는 층이 생겨난 탓이었다. 더구나 야당은 이에 대한 뚜렷한 대응이 없었다. 야당의 대대적인 체질 개선이 필요한 차에 김영삼 신민당 의원이 11월 8일 가장 먼저 40대 기수론을 내세우면서 새바람을 불러일으켰다. 이에 김대중이 이듬해인 1970년 1월 24일 호응했고, 그 뒤 이철승도 가세하면서 40대 기수론 바람이 불었다.

1971년 7대 대선과 8대 총선

40대 기수론은 국민들에게 새로운 희망으로 다가왔다. 그러나 정작 신민당 내에서는 유진산 대표를 비롯한 주류 당권파와 기존 정치인들 사이에서 비판적 견해가 표출됐다. 유진산 대표는 1970년 9월 25일 불출마를 선언하면서 그 대신 후보 지명권을 요구했다. 이때 김영삼과 이철승은 유진산의 제안을 수락했다. 김대중은 유진산에 맞서 경선을 끝까지 요구해 결국 관철시켰다. 유진산은 자신의 구상대로 되지 않자 9월 28일 김영삼 지지 선언을 하면서 후보 선출 과정에 개입한다. 대세는 김영삼에게 기운 듯 보였다. 그런데 9월 29일 실시된 신민당 대선 후보 경선에서 김대중이 김영삼을 결선투표에서 이기며 신민당 대선 후보로 선출됐다. 당시 김대중은 민주당 신파 출신으로서 조직 기반이 약한 야권 비주류였기 때문에, 주류의 지원을 받은 김영삼 후보가 승리할 것이라는 예상이 지배적이었다.

민주당 신파와 구파는 1961년 5·16쿠데타 이전에는 양측이 호각지세의 대등한 세력 관계에 있었다. 그런데 신파의 장면 정권이 쿠데타로 붕괴되자 장면과 민주당 신파는 정치적으로 큰 타격을 받았다. 1963년 민정 이양 이후 정당정치가 복원될 때 치러진 6대 국회의원선거의 결과를 보면, 구파 민정당이 당선자 40명(지역구 26명 전국구 14명)을 냈으나 신파 민주당은 당선자 14명(지역구 9명 전국구 5명)을 내는 것에 그쳤다. 특히 구파는 리더 윤보선이라는 구심점이 존재했으나 신파는 장면의 부재로 구파에 상대할 만한 리더급 정치인이 없었다.

이러한 불리함에도 불구하고 김대중은 뛰어난 언변과 정책 능력을 인정받아 소장 정치인으로서 입지를 굳혀나갔다. '내외문제연구소'를 통해 다양한 지식인과 교류하고 대중 강연 등을 통해서 명사 정치로 특징되던 당시 야당 정치와는 다른 모습을 보이며 지지층을 확대해갔다. 김대중의 승리는 그저 우연과 운의 결과가 아니었다. 6대 국회의원 당선 이후 형성된 김대중에 대한 지지가 꾸준히 축적되면서 나온 결과이다.

김대중은 기적적으로 신민당 대선 후보로 선출됐지만, 그가 감당해야 할 현실은 결코 녹록지 않았다. 1967년 대선에서 윤보선 후보가 대패했고, 1969년 3선개헌 국민투표 결과 역시 야당이 처한 어려운 현실을 그대로 드러냈다. 박정희 정권의 경제개발 노선은 여러 문제점을 초래했음에도, 그 과정에서 수혜를 받는 층을 중심으로 정권에 대한 적극 지지층이 형성되기 시작했다. 사회 전반적으로 보면 빈곤 탈출에 대한 기대감까지 더해지는 상황이었다. 게다가 1968년 1·21사태, 푸에블로호 나포사건, 울진-삼척 지역 대규모 무장공비 침투, 1969년 북한에 의한 미국의 EC-121기 격추사건 등으로 안보에 대한 우려가 더욱 커지면서 박정희 정권의 지지 기반이 두텁게 형성됐다. 반면 김대중은 신민당 대선 후보로 선출되기 전까지는 '정치 지도자' 반열에 오른 적이 없었다. 전 국민적 차원에서 보면 비교적 생소한 인물이었다. 그리고 지방자치가 없다 보니 관권 선거가 막강한 영향력을 발휘하던 시절이었다. 정치자금 동원에 있어서도 야당은 상황이 매우 어려웠다. 그렇다 보니 주한미국대사관은 1970년 3월 한국의 7대 대선을 전망하면서 박정희 후보가 낙승하리라 예상했다.[92]

그런데 김대중은 결코 호락호락한 인물이 아니었다. 이미 1967년 7대 총선과 1970년 신민당 대선 후보 경선에서 어려운 여건을 극복한 저력을 보여준 바 있었다. 김대중은 야당이 대안 정치 세력으로 인정받을 수 있도록 정책 선거를 주도했다. 언론 지형과 조직력, 정치자금 등에 있어서 현저하게 불리한 여건을 타개하기 위해 선거 유세를 최대한 많이 개최해 국민과의 직접 소통을 강화했다. 그는 기존 야당의 리더와는 전혀 다른 새로운 유형의 정치인이었다. 윤보선·장면 등은 아래로부터의 정치, 대중과 함께 하며 국민 속으로 파고드는 현대적 의미의 대중정치인이라고 하기에는 한계가 있었다. 야당 조직은 명사들의 느슨한 결합체 수준에 머물렀다.

또한 야당은 극단적이면서도 감정적인 반대를 통해 존재의 근거를 찾을 뿐이었다. 한마디로 야당은 정권을 담당할 정치 세력이라는 믿음을 주지 못했다. 김대중은 야당의 이러한 문제를 해결할 수 있는 능력이 있었다.

먼저 정책 선거에 대해 살펴보자. 김대중은 1971년 대선에서 박정희 정권의 근대화 노선, 경제개발 노선의 문제점을 지적하며 대안적 발전 노선을 제시했다. 김대중은 내정 분야에서는 대중정치·대중경제·대중사회의 대중민주체제론을 내세웠고, 외교·안보·통일 분야에서는 4대국안전보장론과 3단계통일론을 내세웠다. 이는 박정희 정권의 근대화 전략과 경제 발전 전략에 대한 총체적이면서도 전면적인 대안 노선이자 정책이었다. 박정희식 근대화 전략에 대항하는 김대중식 근대화 전략인 셈이다. 김대중은 1970년 10월부터 전국 방방곡곡을 누비며 강행군했다. 그는 당대 최고의 대중 연설가로 가는 곳마다 바람을 일으키면서 조직력, 언론 지형, 정치자금 등이 현격히 불리한 정치 여건 속에서도 정치적 지지 세력을 점차 확장해갔다. 1970년 10월 25일 부산 유세 때는 미국대사관에 따르면 7만 5,000명에서 10만 명 정도가 몰렸다. 그 당시까지 부산 역사상 최대 규모의 정치 집회였다.[93] 1971년 4월 선거를 앞두고 서서히 형성되던 김대중 지지세가 폭발적으로 확산하고 있었다. 1971년 4월 18일 장충단공원에서는 100만 명에 가까운 엄청난 인파가 몰려들어 전국에 김대중 열풍이 불기 시작했다. 그리고 재야인사들과 대학생들의 조직도 형성됐다.[94] 당시 상황을 살피던 주한미국대사관의 기록에 따르면 김대중의 상승세는 놀라운 수준

이었다.[95]

한편 박정희 정권은 온갖 부정선거를 자행했다. 김충식 기자가 당시 박정희 후보 측의 중요 인사들을 취재해 펴낸《남산의 부장들》을 보면, 박정희 후보 측에서 사용한 자금은 600억 원에서 700억 원에 이른다. 1971년 국가 예산 규모가 5,242억여 원임을 감안하면, 박정희 후보 측에서 사용한 선거 자금은 국가 예산의 1할이 넘는 규모이다.[96] 막대한 자금 동원에 지역감정 조장, 각종 관권 선거 등이 자행되는 불공정한 여건에서 선거가 진행됐다. 결국 김대중은 94만여 표 차이로 낙선했지만 실제로는 이긴 선거라는 평가를 받았다. 김대중은 이 선거를 통해서 야당을 정책 대안이 있는 수권 능력을 갖춘, 기존의 명사 정치로부터 벗어나 현대적 의미의 대중정치에 부합하는 리더십을 갖춘 야당으로 만들었다.

이와 같은 상황에서 7대 대선 한 달 뒤에 실시된 8대 총선은 7대 대선에서 나타난 민의의 성격과 내용을 파악하는 데에 있어 매우 중요한 의미가 있었다. 만약 6대 총선과 7대 총선처럼 공화당이 압도하면 7대 대선의 의미는 제한적으로 볼 수밖에 없었다. 반대로 8대 총선에서 신민당이 선전하면 신민당을 중심으로 한 민주 진영에 대한 국민적 기대감과 지지가 형성됐다고 평가할 수 있었다. 김대중의 역량을 확인한 신민당 후보들은 김대중에게 적극적으로 지원 요청을 했고, 김대중은 대선 이후 재충전할 여유도 없이 전국 지원 유세에 총력을 기울였다. 특히 총선을 앞두고 발생한 진산파동이 국민에게 큰 충격을 주자, 김대중은 이를 극복하기 위해 혼신의 힘을 다했다. 그 결과 김대중은 8대 총선에서도 국민적 열기를 불러일으키는 데에 성공했다.

총선 결과, 지역구 총 153석 가운데 공화당이 86석, 신민당이 65석, 국민당이 1석, 민중당이 1석을 차지했다. 전국구 의석의 경우는 전국구 배정 가능 지역구 당선자 5명을 내지 못한 정당을 제외하고 공화당과 신민당이 배분받았다. 공화당은 546만 581표를, 신민당은 496만 9,050표를 득표해서 공화당은 27석, 신민당은 24석을 얻었다.[97]

이처럼 신민당은 8대 총선에서 대단히 큰 성과를 거두었다. 이전의 선거 결과와 비교해보면 확연히 알 수 있다. 1967년 7대 총선의 경우 지역구 총 131석 가운데 공화당이 102석, 신민당이 28석, 대중당이 1석을 차지했다. 전국구 의원의 경우 공화당은 549만 4,922표를, 신민당은 355만 4,224표를 득표해 공화당은 27석과 신민당은 17석을 얻었다.[98] 1963년 6대 총선에서는, 지역구 131석은 공화당 87석, 민정당 26석, 민주당 9석, 자유민주당 6석, 국민당 2석, 추풍회 1석이었다. 전국구는 공화당 22석, 민정당 14석, 민주당 5석, 자유민주당 3석이었다.[99]

이처럼 야당의 8대 총선 성과는 놀라웠다. 김대중은 7대 대선과 8대 총선을 통해 야당과 민주화 세력의 새로운 리더로 등장한 것이다.

나. 1차 망명과 김대중납치살해미수사건

1차 망명과 반유신 투쟁

김대중은 유신이 선포되기 며칠 전인 1972년 10월 11일 다리 부상 치료차 일본으로 건너갔다. 거기서 10월 17일 유신 선포 소식을 듣고는 망명 투쟁을 결심한다. 10월 18일 유신 반대 성명을 내면서 본격적으로 반유신 투쟁에 나선 것이다. 김대중은 망명 투쟁을 하기 전부터 미국과 일본의 대한 정책이 한국의 독재 정권 유지에 큰 기반이 된다는 점을 잘 알았다. 그래서 미국과 일본의 대한 정책 전환을 목표로 둔다. 물론 정책 전환을 쉽게 이끌어낼 수 없음을 김대중도 잘 알고 있었다. 다만 그는 정책 전환까지는 아니더라도 의회, 언론, 지식인 사회 등에서 박정희 독재 체제에 대한 비판 여론이 조성되면 정권을 상당히 압박할 수 있다고 판단했다. 이를 위해 김대중은 두 가지 활동에 집중했다. 하나는 미국과 일본의 자유주의적 온건파 인사들과 접촉해 한국 민주화의 필요성을 설득하는 일, 그다음은 미국과 일본의 교포 민주화운동 세력을 조직해 우호적인 여론을 조성하고 한국 민주화운동 세력을 지원하는 일이었다.

이와 같은 전략에서 이뤄진 김대중의 1차 망명 활동의 내용은 다음과 같다. 김대중은 1972년 11월 13일 미국으로 건너가기 전까지 《주간아사히》, 《선데이마이니치》 등과 인터뷰를 했고, 도쿄 외신 기자클럽에서 연설하면서 반유신 활동을 했다. 미국으로 건너가서는 상원의원 에드워드 케네디, 미국무부 한국과장 도널드 레나드와 면담하고 뉴욕의 미국 기독교교회협의회와 미주리 주 웨스트민

스터 대학 등에서 강연하고 재미 교포 등과 면담했다. 1973년 1월 5일 다시 일본으로 돌아온 김대중은 다양한 활동을 전개했다. 《아사히저널》, 《이코노미스트》 등과 인터뷰했고, 특히 일본 자민당의 아시아아프리카A·A 연구회에 초청받아 강연하고 의견을 교환했다. 또한 일본 사회당 측과도 협력을 강화했고 재일한국청년동맹 동계 강습회와 재일민주화운동활동자연수회 등에서 강연하면서 재일 교포 민주화운동가 사이에서 한국 민주화를 대표하는 민주 지도자로서의 위상을 확보했다. 그리고 2월 23일에는 미국의 《뉴욕타임스》에 투고한 기고문이 게재됐다. 3월 25일 미국에 재차 건너간 김대중은 워싱턴 대학교, 루터 신학교, 제7회 재미 한국 기독학자 연례회의, 이그나시우스 교회 등에서 강연했고, 스튜어트 사이밍턴 상원의원, 스칼라피노 교수 등과 의견을 교환했다. 그리고 《코리아저널》, 《댈러스타임스 헤럴드》 등과 인터뷰를 했다. 7월 6일에는 한국민주회복통일촉진국민회의(한민통) 미국본부 준비위원회를 결성했고, 7월 10일에 일본에 돌아왔다. 한민통 일본본부 결성을 준비하면서, 일본 자민당 중의원으로서 아시아아프리카 연구회의 우쓰노미야 도쿠마와 사회당의 이시바시 마사시 등과 회담하고, 《세카이》지와 대담하는 등의 활동을 했다. 김대중은 미국과 일본의 주요 인사들을 접촉하고 설득하면서 한국 민주화의 필요성을 강조하는 한편, 교포 사회 내에서 한국 민주화를 위한 운동 단체를 조직하는 활동을 이어갔다.

당시 김대중이 미국에서 접촉한 인물 가운데 에드워드 케네디 상원의원과 에드윈 라이샤워 교수가 중요하다. 에드워드 케네디 상원의원은 1971년 2월 4일(미국 시간) 방미 중이던 신민당 대통령 후보 김대중을 만난 뒤 김대중과 친분을 쌓아 망명 시기를 포함한 한국 민주화운동 전 과정에 걸쳐 큰 도움을 주었다. 라이샤워 교수는 케네디 정부 시절 주일 미국대사를 지낸 인물로 미국 민주당 내에서도 영향력이 있는 지일파였다. 김대중이 라이샤워 교수와 언제 처음 인연을 맺었는지는 정확히 알 수 없으나, 1971년《다리》지에서 라이샤워 교수와 함께 대담한 것을 보면 그때 혹은 그 이전부터 알고 지냈으리라 추정된다. 일본에서는 우쓰노미야 도쿠마 등 자민당 A·A 소속 의원, 덴 히데오 등 자유주의 성향이면서 한국의 민주화를 지지하는 정치인들과 친분을 쌓았다.

한민통과 관련해 접촉한 재미교포 주요 인사를 보면 전직 외교관 출신인 이근팔, 1960년 12월 장면 정부 시절 실시된 지방선거에서 첫 서울시장으로 당선됐던 김상돈, 전 유엔대사 임창영 등을 거론할 수 있다. 1970년대만 해도 미국에 거주하는 한국인은 유학생·외교관·간호사·의사 등 전문직 종사자이거나, 정치적인 이유로 건너간 제2공화국 장면 정부 인사들이었다.[100]

미국은 국토가 워낙 넓어 교포들이 여러 지역에 흩어져서 살았기 때문에 조직력이 강하지는 못했다. 반면 일본은 분위기와 상황이 많이 달랐다. 김대중이 주로 접촉한 인물은 김재화, 배동호, 김종충, 정재준, 곽동의 등인데 당시 일본에서 살던 재일교포 상당수는 일제강점기 때 일본에 건너갔다가 귀국하지 못하고 남은 사람들이었다. 이들은 도쿄와 오사카 등 일본 대도시에 집중적으로 거주하면서 이미 상당한 조직력을 갖추었고 민족주의 정서가 강했으

며 한국의 군사독재 정권에 대한 반대 의식도 강했다.[101]

이처럼 김대중은 1차 망명 기간, 미국과 일본의 자유주의 성향의 주요 인사들과 교포 민주화운동 단체인 한민통 조직을 통해 해외에서 국제 연대 활동을 전개했다. 박정희 정권을 지지하는 미국과 일본의 정책을 비판했고, 미국과 일본이 독재 정권에 대한 지지를 철회하고 한국 민주화 세력에 대한 도덕적 지지를 하도록 설득하려 했으며, 한국 민주화 세력에 대한 지원 활동도 함께 전개하려했다. 이러한 준비를 다하고 한 단계 더 발전한 민주화 투쟁을 전개하려던 시점에 김대중은 일본 도쿄에서 납치된 것이다.

김대중의 반유신 투쟁을 막기 위해 혈안이 된 중앙정보부

유신 정권은 김대중의 활동에 부담을 느껴 1973년 초부터 김대중의 투쟁을 막기 위한 대책을 하나둘 내놓는다. 국내에서는 계엄령을 선포해 저항 세력의 활동을 봉쇄했기 때문에 김대중의 활동만 막으면 국내외에 걸쳐 유신 반대 투쟁을 모두 막을 수 있기 때문이었다. 유신 정권이 제일 처음 시도한 것은 적극적인 회유 작전이었다. 1973년 1월 5일에 미국에서 다시 일본으로 돌아온 김대중은 일본의 정치인을 통해서 부통령제를 제의받는다. 당시 박정희 정권과 일본 우익 사이의 커넥션을 통해서 이뤄진 회유 작전이었다. 김대중이 이를 즉각 거부하자, 유신 정권은 두 가지 전략을 세운다. 하나는 김대중 설득 및 협박을 통해 자진 귀국하게끔 유도하는 것, 다른 하나는 테러를 통해 활동을 강제 중지시키는 것이었다.

먼저 전자의 경우, 중앙정보부는 부인 이희호와 주변 인사들을 상대로 한 설득과 협박을 통해 김대중이 자진 귀국하도록 유인했다. 이희호는 1973년 5월 13일 중앙정보부 고위 인사를 만난 뒤 1973년 5월 16일 미국에 있던 김대중에게 편지를 보냈다.

> 정보부가 무슨 짓을 할지 모르겠어요. 내가 이 국장에게 민택이 어머니가 곧 미국 가니까 그 편에 편지를 써서 보여줄 터이니 그리 알라고 했어요. 그들이 내게 신경을 쓰게 하기 위해 그렇게 말하고 편지를 공공연하게 써 보내겠으니 그것은 내 생각과는 다른 생각이라는 것 아시고 버리세요. 여하튼 당신이 외국에서 활약하는 일에 몹시 신경을 쓰고 있을 뿐 아니라 어떤 방법으로든지 당신이 일을 못 하도록 방해할 것 같아요.[102]

중앙정보부 인사는 이희호에게 위협과 함께 회유했다. 국정원과 거사진상조사위원회가 조사한 내용에 따르면 당시 중정은 1973년 5월부터 이희호를 통한 귀국 설득 작업에 나섰다.[103] 이 공작은 이희호만을 상대로 한 것이 아니었다. 7월 7일 편지[104]를 보면 김대중과 관계가 깊은 인사들을 상대로 전방위적으로 진행됐음을 알 수 있다.

그럼에도 김대중이 말을 듣지 않자 유신 정권은 설득과 함께 압박을 병행했다. 1973년 5월 18일 미국 샌프란시스코에서의 난동 사건에서 보듯 유신 정권은 구체적인 행동을 가해 위협했다. 이희호가 6월 20일 쓴 편지에 따르면, 당시 수감 중이던 김대중의 측근 김상현의 부인에게 김대중이 귀국하지 않을 경우 김상현이 2심에서도 석방되기는 힘들 것이라고 위협했다.[105] 김상현의 신병 처리 문제를 조건으로 내걸고 김대중을 압박하는 야비한 방식까지 동원한 것이다.

중정은 1973년 8월 6일 이희호를 통한 작업이 성과를 내기 시작했다고 판단했다.[106] 그러나 이희호는 같은 해 7월 8일 김대중에게 쓴 편지에서 "어떤 경우에도 귀국하시는 일은 없으시길 바랍니다"[107]라고 했다. 7월 16일 편지에는 "당신 말씀대로 무슨 타협이 있겠어요. 오늘까지 어려움 참아왔는데 더 이상의 어려움도 참아야 할 줄 알아요"[108]라고 투쟁 의지를 강조했다. 이희호는 겉으로는 중앙정보부의 설득 요구를 수용하는 모양새를 취했다. 그 이유를 두 가지 정도로 생각해볼 수 있다. 먼저 자진 귀국 공작이 무산될 경우 중정이 바로 테러와 같은 극단적 조치를 취할 가능성이 높은데, 김대중의 망명 투쟁에 도움을 주기 위해 시간을 최대한 확보하려는 전략으로 볼 수 있다. 그다음은 심한 고초를 겪던 김대중 측근 인사들에 대한 유신 정권의 전향적인 조치를 유도하기 위한 것과 관련됐다고 볼 수 있다.

김대중에 대한 자진 귀국 유인 공작은 성공할 수 없었다. 김대중의 반유신 투쟁에 대한 의지는 강력했고 그의 활동은 더욱더 공감대를 넓혔다. 김대중은 자신을 향한 유신 정권의 위협에 대해 인지하고 있었다. 김대중이 1973년 7월 6일 한국민주회복통일촉진국민회의 미국본부 결성 발기인 대회에서 한 연설을 보면 그는 박정희 정권의 테러 가능성을 인지하고 있었다.[109] 이러한 신변 위협에도 불구하고 김대중은 7월 10일 일본에 도착했다. 다시 미국으로 돌아갈 계획이었지만 8월 8일 납치되고 말았다.

김대중에 대한 테러 공작

국정원과거사진상조사위원회 보고서를 보면 당시 이희호를 통해 자진 귀국을 유도한 부서는 8월 6일에 자신들의 공작이 진전되고 있다는 기록을 남긴 바 있다.[110] 그런데 8월 6일은 이미 김대중 테러 공작이 구체적으로 확정된 시점이다. 그렇다면 테러를 기획한 최고 수뇌 그룹은 김대중 설득과 테러 두 방식을 동시에 진행하되, 김대중이 일본에 체류하는 동안 어떤 방식으로든 결론을 내려고 한 것으로 보인다. 왜냐하면 김대중이 미국으로 다시 건너가면 라이샤워 교수의 안내로 하버드 대학교에서 수학하면서 주로 미국을 중심으로 활동하려고 했는데, 미국에서 테러를 감행하는 것은 불가능하기 때문이다. 자진 귀국 공작 업무를 맡은 부서의 판단과 달리 최고 수뇌 그룹은 김대중 설득 공작이 성공하기 어렵다고 판단한 것으로 보인다.

그런데 설득과 달리 테러 공작은 중정으로서도 부담이 매우 큰 일이었다. 이 사건은 이후락 부장이 이철희 해외담당 차장보에게 김대중에 대한 공작을 지시하면서 본격화됐다.[111] 그러나 지시가 바로 이행되지 않았다. 이철희 차장보는 1967년 동백림사건을 거론하면서 완강하게 반대했고, 10일 정도 지나서 다시 이후락을 만났을 때 이후락이 윗선을 거론하자 그때서야 지시를 따랐다고 한다. 이철희가 실무를 총괄할 간부급 인사들에게 지시했을 때에도 역시 비슷한 과정이 있었다고 한다. 결국 실행하는 것으로 결론이 났지만 김대중 테러 공작은 부담이 매우 크기 때문에 내부에서도 쉽게 받아들여지지 못했음을 알 수 있다. 아무튼 테러 공작에 대한 내부 정리를 하는 데에도 상당한 시간이 걸렸다. 테러 공작 논의는 1973년 5월과 6월 사이에 진행된 것으로 보이며 미국에 있던 김대중이 일본에 도착한 7월 10일 이후에는 구체화된 것으로 볼 수 있다.[112] 중정은 7월 14일 주일 파견관에게 공작 방안 작성 지침을 하달했다. 7월 21일 공작 책임자들을 일본으로 파견하면서 김대중 테러를 본격 실행했다.

사건의 쟁점:
박정희 대통령 지시 여부, 원래 의도가 살해냐 단순 납치냐 여부

이 사건은 일본에서 발생했기 때문에 국제적으로 엄청난 파장을 불러일으켰다. 그러나 한일 양국 정부는 사건에 대한 진상규명과 피해자인 김대중의 인권회복 조치 등을 하지 않은 채 정치 결착으로 봉합했다. 일본에서는 사건 직후부터 양심적 정치인과 시민사회 인사들을 중심으로 진상규명 운동이 전개됐지만 양국 정부가 정치 결착으로 사건을 덮어버렸기 때문에 진실을 밝히는 데에 근본적인 한계가 있었다. 한국에서는 사건 발생 30년이 지난 뒤에 국정원과거사진상조사위원회가 구성돼 이 사건에 대한 정부 차원의 조사를 진행했지만 핵심 문서가 모두 파기된 상태였다. 결국 핵심 쟁점인 테러 공작의 최고 책임자와 테러 공작의 궁극적 목적을 확정할 수 있는 객관적 물증은 없기 때문에 남은 자료와 정황 증거 등을 토대로 판단할 수밖에 없다.

김대중 테러 공작은 누가 지시한 것일까? 박정희 대통령일까? 아니면 윤필용 사건으로 수세에 몰려 있던 이후락 중정부장이 김대중의 반유신 해외 활동에 심기가 불편한 박정희 대통령의 환심을 사기 위해 독단적으로 저질렀을까? 여기에 대해서는 박정희 대통령의 직간접적인 지시가 존재했을 것이라는 데에 무게가 실린다. 우선 이후락 부장 밑의 테러 공작과 관계된 주요 고위 인사들은 이후락 부장의 지시를 순순히 따르지 않고 완강히 거부하다가 마지못해 받아들였다고 말했다. 박정희 대통령의 지시설을 부인하는 쪽은 사건 발생 직후 박정희 대통령이 이 사건에 대해서 몰랐다는 식의 반응을 보였다는 주변 인사들의 증언에 근거한다.[113] 그런데 이것은 이후락 단독 지시설을 뒷받침하는 근거로 보기 어렵다. 이 사건은 국제적으로 엄청난 파장을 일으켰기 때문에 박정희 대통령이 자신의 책임을 인정하는 것은 어려운 일이었다. 만약 자신의 책임을 인정할 경우 통제하기 힘든 국제적 압박으로 인해 심각한 위기가 발생하기 때문이다. 학자들은 대체로 박정희 대통령의 지시설에 무게를 싣는다. 현대사 전문가 서중석 교수는 중정부장의 경우 박정희 대통령과 자주 독대를 했다는 점 등을 고려할 때 박정희 대통령이 이 사건과 관계됐다고 평가한다.[114]

그다음으로 테러 공작의 목표는 무엇이었을까? 납치 후 살해에 있었다는 증거가 많다. 사건 당시 김대중 구명에 깊게 관여한 미국의 그레그는 당시 주한 미국대사 하비브가 김대중의 생명을 구하는 데에 큰 역할을 했다고 밝히면서 김대중의 목숨이 위태로운 상황에 있었다고 말했다.[115] 범죄자들에 의해서 납치돼 결박당한 김대중 역시 자신을 수장시키려고 했던 상황을 증언했다. 그럼에도 이 사건의 명칭을 여전히 '납치살해미수사건'보다 '납치사건'이라고 하는 이유는 암살 공작에 관한 객관적 문서가 남아 있지 않은 상황에서 공작에 참여했던 인사들이 살해 시도에 대해 명확한 증언을 남기지 않았기 때문이다. 이들은 자신들의 행위가 있는 그대로 밝혀질 경우 당시 한국 정부와 자신들의 책임이 그만큼 커지는 것을 우려했을 가능성이 높다. 이들은 이 사건이 결과적으로 살해까지 이르지 않고 납치 후 석방으로 귀결되자, 사후적 결과를 원래 공작의 목표라고 주장했을 가능성이 높다. 그러므로 살해 여부에 대한 판단은 이 사건 발생 배경 및 진행 경과 등 여러 면을 고려해 종합적으로 판단해야 한다.

필자는 김대중 테러 공작의 원래 목표는 단순 납치가 아니라 살해 후 은폐를 통해 실종 사건으로 만드는 데에 있었다고 판단한다. 만일 공작이 성공했다면 김형욱 실종 사건 이전인 1973년에 그와 비슷한 유형의 김대중 실종 사건으로 기록됐을 것이다. 이 문제를 파악하기 위해 가장 먼저 살펴봐야 할 부분은 이 테러를 통해 얻고자 했던 박정희 정권의 의도이다. 당시 박정희 정권은 해외에서 진행되던 김대중의 망명 투쟁 활동을 중단시켜 미국과 일본에서 반유신 여론이 형성되는 것을 막고자 했다. 박정희 정권은 해외에서의 반유신 여론을 부담스러워했다. 국내는 철권통치를 통해서 억누르고 있었다. 그런데 하필 유신 선포 당시 일본에 있던 김대중이 미국과 일본에서 망명 투쟁을 전개하자 유신 정권은 해외에서의 반유신 여론 형성 가능성을 대단히 경계했다. 김대중을 회유, 설득, 협박 등으로 자진 귀국하도록 공작을 펼쳤으나 성공하지 못하자 결국 강경책을 쓴 것이다. 그런데 납치를 통한 강제 귀국이 1967년 동백림사건에서 보듯 국제적으로 큰 파장을 불러일으켰다. 특히 해당 국가의 격렬한 반발을 초래했다. 동백림사건에서 이미 큰 곤욕을 치른 바 있고, 더군다나 1971년 대선에서 야당의 대선 후보였던 터라 미국과 일본 등지에서도 어느 정도 알려진 김대중이 테러의 대상이었기 때문에 부담은 그만큼 커지게 된다.

그럼에도 납치가 목적이라면 국내로 강제 귀국시킨 목적이 있어야 한다. 동백림사건의 경우에는 재판을 해서 국내에서 공안 정국을 조성하겠다는 목적이 있었다고 볼 수 있다. 반면 김대중 납치는 그 부분에서 설명이 잘 안 된다. 김대중에 대한 테러 공작의 목적은 해외에서의 김대중의 투쟁을 막아 유신 정권에 대한 국제적 비판 여론이 형성되지 않도록 하는 데에 있었다. 그런데 김대중을 납치해서 강제 귀국시키게 되면 해외에서의 반유신 여론이 급속히 확산될 수 있었다. 그래서 단순 납치는 테러 공작의 목적과는 전혀 반대되는 상황을 초래할 것이 명약관화했다. 또한 납치 이후 정교한 후속 대책이 마련됐어야 했는데 그런 것이 없었다. 이에 대해 한홍구 교수는 이렇게 설명한다.

> 김대중 납치로 한일 관계가 꼬여가자 박정희는 연일 짜증을 냈다. 중앙정보부 일각에서는 "납치 때와 마찬가지로 김대중을 도쿄로 갖다놓으면 될 게 아닌가 하는 아이디어가 나왔다"고 한다. 이철희 등 납치 사건 책임자가 윤진원에게 "도로 갖다놓을 수 없느냐"고 말을 꺼냈다

가 윤진원이 "권총을 빼들고 '너 죽고 나 죽자'고 대들기도 했다"고 한다. 특수공작부대 출신의 현역 육군 대령으로 당시 대북 공작에서 맹활약했던 윤진원은 결국 장성 진급에 실패했고, 그가 이끌던 해외공작단도 해체됐으며 그 역시 중앙정보부에서 물러나야 했다. 김대중 납치 사건의 목표가 '납치'가 아니었으며, 김대중을 납치해 서울로 데려온 것이 '성공'한 공작이 아니었음을 이보다 더 잘 보여줄 수는 없다.[116]

　결국 이 사건의 성격과 전개 과정을 볼 때 테러 공작의 목표는 '김대중 살해 뒤 은폐를 통한 실종 사건이 되도록 하는 것'이었다고 판단된다. 그래야 이 사건의 전후 사정이 다 설명이 된다. 실종 사건이 되면 외부에서 의심을 해도 자신들의 테러 행위에 대해서 모른 척할 수 있기 때문이다. 만일 중정의 공작이 성공했다면 역사는 이 사건을 '김대중 실종 사건'으로 명명했을 것이다.

김대중이 살아난 이유와 이 사건의 파장에 대해서

그러면 김대중이 살해당할 위기에서 살아날 수 있었던 이유는 무엇일까? 다시 질문한다면 당시 유신 정권의 공작이 실패한 이유는 무엇일까? 필자는 가장 결정적인 원인으로 납치범들의 예상과 달리 양일동과의 약속 장소에 김경인 의원이 갑작스럽게 찾아왔기 때문으로 판단한다. 범인들은 김대중을 복도에서 납치했는데 김경인 의원이 복도에서 배웅할 때 이 장면을 현장에서 목격하면서 소란이 발생했고, 그 뒤부터 납치범들은 크게 당황해 증거를 현장에 남기고 주차비를 내지 않아 납치에 동원된 차량을 노출시켰다.

그리고 납치 직후 현장을 찾은 김대중의 경호원이 즉각적으로 외부에 알렸고 김대중과 협력하던 재일 한국인 민주 인사들이 이 사건을 한국 중정의 소행이라고 알리자 납치범들의 부담은 심각하게 가중됐다. 은밀하게 처리해야 할 공작이 대외적으로 알려졌으니 납치범들은 김대중을 살해하지 못한 채 상부에 신병 처리 방안을 문의했을 것이다. 이미 들통난 데다가 미국이 김대중 구명을 위해 개입하자 공작을 기획한 최고 수뇌 그룹은 결국 강제 귀국을 결정한 것으로 보인다. 결국 이렇게 해서 김대중은 죽을 고비를 넘길 수 있었다.

이 사건은 국내외적으로 엄청난 파장을 몰고 왔다. 먼저 국내에서의 영향을 살펴보면 이 사건은 1972년 10월 유신 선포 이후 숨죽여 있던 국내 저항 세력의 행동을 자극하고 촉발시키는 계기가 됐다. 1973년 가을 서울대학교에서 반유신 시위가 전개됐고 1973년 말에는 장준하, 백기완 등이 개헌청원 백만인서명운동을 전개했다. 그리고 1974년부터 김대중은 야권 연대 운동을 전개했고 1975년에는 장준하와도 연대해 반유신을 위한 국내 민주화 세력의 대응이 강해졌다. 이에 대해 유신 정권은 긴급조치 등 극단적인 강공으로 일관해 독재 체제의 모순이 심화돼갔다. 이 사건은 국제적으로도 영향을 주어 유신 체제의 문제점을 국제사회에 각인시켰고 해외에서 반유신 여론이 고조되는 데에 중요한 계기가 됐다. 김대중은 이 사건을 통해 한국의 민주주의, 인권 지도자로서 국제사회에 알려졌다. 한국 문제에 관심을 갖기 시작한 해외 언론에서는 한국을 찾아 김대중을 인터뷰했다. 결국 박정희 정권은 국내외에 걸쳐 궁지에 몰렸다. 박정희는 훗날 이 사건으로 인해 잃은 것이 많았다는 회한을 토로한 적이 있었다고 한다.[117]

이를 볼 때 김대중 테러 공작의 목표가 단순 납치가 아니라 납치 살해 뒤 은폐를 통한 실종에 있었다고 볼 수 있다.

다. 국내에서의 반유신 투쟁과 3·1민주구국선언사건

야당과 재야와의 연합 노력

1973년 8월 13일 구사일생 끝에 김대중은 동교동 자택으로 강제 귀국당한다. 사건 조사를 이유로 1973년 10월 26일까지 가택 연금 조치를 당했으며, 그 뒤에는 철저한 감시를 받았다. 김대중과 접촉하는 것만으로도 탄압을 받았기 때문에 연금 조치가 없다고 해도 주변으로부터 사실상 격리된 셈이었다. 이런 탓에 동교동 집에 방문하는 사람은 부담을 감수한 측근 인사들과 정부의 눈치를 볼 이유가 없는 외국인들이었다.

이 당시 김대중은 해외 출국을 희망했다. 이는 납치 사건에 대한 원상 복귀 차원에서도 필요했고 특히 하버드 대학교의 초청에 응하기 위한 목적도 강했다. 유신 정권은 김대중의 출국을 허용하게 되면 미국과 일본 등 해외에서의 반유신 활동이 강화될 것을 크게 우려했다. 그렇다고 특별한 명분도 없이 출국을 막기 어렵게 되자 1970년 8월 31일 공판 이후 중단됐던 대통령 및 국회의원 선거법 위반 사건의 심리를 1974년 6월 1일에 재개하면서 김대중의 출국을 막았다. 이 재판은 오래 이어져서 1975년 12월 13일에 가서야 1심 선고가 내려졌다. 김대중은 12월 18일 항소했지만, 1976년 3월에 3·1민주구국선언사건으로 구속되면서 출국할 수 없게 됐다.

김대중은 제한적인 여건이지만 국내에서의 투쟁을 전개했다. 재야와 야당 사이의 연대를 강화해서 민주 회복 운동을 전개하려고 했고, 1974년 8월 23일 김영삼이 신민당 총재로 선출되자 점차 활동을 본격화했다. 김대중은 1974년 8월 24일 일기에서 김영삼의 총재 당선을 긍정적으로 평가했다.

> 신민당이 김영삼 씨를 총재로 선출했다. 잘된 일이다. 누가 보아도 5명 후보 중 그가 가장 국민의 기대를 얻고 있음이 분명하다. 국민이 바라는 것이 이루어졌고 국민에게 조금이라도 희망을 줄 수 있다면 이 질식할 현실 아래 신음하는 그들에게 다소나마 위로가 될 수 있다면 우리는 그것을 택해야 할 것이다.[118]

김대중은 8월 26일 김영삼 총재의 방문을 받고 신민당의 진로에 관해 의견을 교환했다. 그리고 1974년 11월 27일에 발족한 민주회복국민회의에 참여했다. 민주회복국민회의는 함석헌·강원룡·이태영·천관우·이병린 등 명망 있는 재야인사와, 김영삼과 양일동 등 야당의 주요 정치인이 참여해 반유신을 위한 범민주 인사의 연합체 성격을 띠었다. 김대중은 유신 헌법 탓에 정상적인 선거를 할 수 없기 때문에 민주 회복이 가장 먼저 필요하고, 여기에는 재야와 정당 사이에 차이가 없다는 점을 강조했다. 1975년 4월 3일《동아일보》에 보도된 김대중의 인터뷰를 보자.

질문: 그러면 민주 회복을 위해 갖은 고난을 무릅쓰고 힘을 써온 민주
회복국민회의와 통합야당과는 어떤 관계를 갖게 될 것인지….

김대중: 민주회복국민회의는 인권과 민주 회복을 위해 투쟁하는 범국
민적 단체이지 정치단체는 아니라고 본다. 현 여건하에서는 정당도 민
주 회복을 위한 국민운동의 성격을 띠게 됐으므로 그 점에서 상호 협조
관계에 있다고 보겠다.[119]

이처럼 재야와의 연대를 지향한 김대중은 야권 통합까지 이뤄
내 반유신 투쟁을 위한 단일대오 노선을 확고히 하려 했다. 1975년
3월 31일 윤보선 전 대통령, 김영삼 신민당 총재, 양일동 민주통일
당 대표 등과 4자 회담을 해 야권 통합을 하기로 했다. 1975년 4월
19일 젠센기념관에서 열린 《씨알의소리》 창간 5주년 기념 시국강
연회에서 유신 선포 이후 처음으로 국내에서 대중 강연을 했다. 유
신 직후 망명 투쟁 기간 동안 미국과 일본에서 대중 강연을 했지
만 강제 귀국당한 이후 국내에서는 대중 강연을 하지 못했다. 또
한 1971년 대선 과정을 거치면서 소원해졌던 장준하와 1975년 4월
25일 회동하면서 반유신 투쟁에 대한 공감대를 형성한다. 김대중
은 야권 통합과 함께 장준하와의 협력을 강화해갔다. 기록에 따르
면 1975년 4월 25일, 6월 26일, 7월 29일에 장준하를 만나서 공동
으로 반유신 투쟁을 전개하기로 했다.

이러한 상황을 유신 정권은 수수방관하지 않았다. 1975년 4월

30일 남베트남이 패망해 공산화되자 유신 정권은 1975년 5월 13일 악명 높은 긴급조치 9호를 발표했다. 또한 1975년 5월 21일 박정희-김영삼 회담 이후 김영삼 총재의 태도가 불투명해지면서 결국 야권 통합 논의는 진전되지 못하고 깨지고 말았다. 장준하마저 8월 17일에 의문사하면서 김대중과의 공동 투쟁이 무산됐다. 김대중은 장준하가 사고를 당하기 전 장준하에게 테러 가능성에 대한 우려를 전달했기 때문에 그 충격과 슬픔은 매우 컸다.[120] 장준하 의문사 이후 함석헌은 장준하의 죽음을 김대중과 장준하가 손을 잡고 민주화 투쟁을 전개하는 것을 경계한 유신 정권에 의한 타살이었다고 주장했다고 한다.[121]

이처럼 국내에서의 활동은 독재 정권의 다양한 공작과 방해 탓에 많은 어려움이 있었다. 그만큼 김대중의 고뇌도 깊어만 갔다.

3·1민주구국선언사건

야권 통합과 장준하와의 공동 투쟁 등이 모두 무산되면서 김대중의 구상은 결국 현실화되지 못했다. 게다가 긴급조치 9호가 선포되자 그나마 조금씩 이뤄지던 민주화운동은 활성화되기도 전에 다시 침체에 빠졌다. 이런 상황을 더 이상 방관할 수 없다고 판단한 김대중은 1976년 3·1절을 앞두고 뜻을 같이하는 민주 인사들과 함께 민주 선언을 하기로 결심하고 선언문을 작성해 정일형-이태영 부부를 찾아가 상의했다.[122] 정일형-이태영 부부는 김대중의 구상에 동의했고 선언문이 윤보선에게 전해졌다. 때마침 장준하의 죽음 이후 민주화운동에 투신하기로 결심한 신학자이자 목사인 문익환 역시 선언서를 준비하고 있었다. 문 목사의 선언문 역시 윤보선에게 전해지면서 결국 하나의 선언문으로 나오게 됐다. 선언에는 함석헌, 윤보선, 정일형, 김대중, 윤반웅, 이우정, 문동환, 안병무, 서남동, 이문영 등 총 10명이 서명했다. 그리고 1976년 3월 1일 명동성당에서 진행된 3·1절 57주년 기념 미사 후에 진행된 신·구교 합동기도회에서 이우정 교수가 선언문을 낭독했다. 이것이 바로 3·1민주구국선언이다. 당시 박정희 정부는 이 선언을 '정부 전복 선동 사건'으로 규정해 공동 서명자들과 명동성당에서 미사를 준비한 천주교 관계자들을 조사해 재판에 넘겼다.

상당히 온건한 방식으로 이뤄진 이날의 선언이 큰 사건으로 비화하게 된 이유는 세 가지 정도로 생각할 수 있다.

먼저 김대중이 서명했다는 점이다. 당시 김대중은 1973년 8월 납치 사건으로 구사일생 끝에 목숨을 건져 강제 귀국당했기 때문에 김대중의 원상 복귀 즉 김대중의 출국 문제는 박정희 유신 정권에 매우 부담스러운 일이었다. 김대중의 출국을 허용하면 일본과의 정치 결착으로 진실을 은폐하고 덮어버린 이 사건에 대한 진상 규명 요구가 일본과 미국에서 거세게 나타날 것을 박정희 정권이 매우 꺼려했다. 당시 유신 정권은 김대중의 출국을 막기 위해 선거법 위반 문제로 재판을 하고 있었는데 그보다 중한 이 선언을 문제 삼아 김대중의 출국 가능성을 완전히 봉쇄하려 했을 것이다.

둘째, 3·1민주구국선언은 비록 조건을 두기는 했지만 유신 정권의 퇴진 필요성까지 언급하는 등 매우 강도 높은 주장을 담고 있다는 점이다.

마지막으로 유신 정권 입장에서 볼 때 가장 부담스러운 인사들이 이 선언에 공동으로 참여했다는 점이다. 전직 대통령 및 전직 대통령 후보 등 정계 인사, 개신교 및 천주교 등 종교계, 학계 인사 등이 참여했다. 유신 체제는 저항이 강해지면 압박을 강화하는 매우 경직된 성격이 있었고, 이와 같은 점이 영향을 주었을 것으로 보인다.

결국 김대중은 1976년 3월 8일에 연행돼 3월 10일 구속된다. 8월 28일 1심에서 징역 8년 자격정지 8년을 선고받자, 그는 바로 항소했다. 12월 29일 항소심에서 징역 5년 자격정지 5년을 선고받았다. 대법원에 상고했지만 1977년 3월 22일 상고가 기각되고 5년 형이 확정돼 4월 14일 진주교도소로 이감됐다. 그리고 1977년 12월 19일에는 진주교도소에서 서울대학교 감옥 병실로 이감됐다. 이는 대외적으로 김대중의 신병을 치료하는 인도적인 조치로 선전됐다. 정권은 감옥 병실 이감을 통해 김대중의 활동을 막는 한편, 대외적인 이미지 개선이라는 두 가지 효과를 노렸다. 이 과정에서 김대중의 인권은 더욱 심하게 유린당했다. 유신 정권은 1977년 12월 31일 문익환, 문동환, 이문영, 서남동, 문정현 등을 석방할 때 김대중을 제외했다. 김대중은 결국 1년여 동안 감옥 병실에서 수감 생활을 하다가 1978년 12월 27일 형집행정지로 풀려날 수 있었다.

이 사건은 민주화운동과 김대중 모두에게 큰 영향을 주었다. 먼저 이 사건을 통해 당시 야당 출신 제도권 정치인이던 김대중이 재야 민주화운동가로서의 정체성까지 갖게 됐다. '재야'는 정당 외부에서 반독재 민주화 투쟁을 전개한 지식인 및 종교인 정치인 등 사회 지도급 인사들을 지칭한다. 김대중은 정치인 출신 재야인사로 분류돼 유신 정권 때부터 전두환 정권 때까지 재야를 대표했다. 김대중은 이 사건을 통해서 재야인사들과 정서적·인간적·정치적으로 깊은 유대감을 형성했다. 이는 김대중의 반독재 민주화 투쟁 전략과도 관련이 있다. 김대중은 제도권 야당과 재야 세력이 연합해서 반독재 민주화 투쟁을 전개해야 한다는 입장에 있었고, 이 사건을 통해 그 전략을 현실화할 수 있는 계기를 마련했다. 이는 그 뒤 민주화운동과 정당정치 전개 과정에 매우 큰 영향을 준다.

그다음으로 3·1민주구국선언에서는 분단 체제가 한국의 독재를 강화하는 구조적 원인이라는 점을 명확히 하면서 평화통일의 필요성을 강조했다는 점에서 역사적 의미가 크다. 이는 1971년 7대 대선 과정에서 김대중이 제기한 4대국안전보장론과 3단계통일론, 1972년경부터 본격화된 장준하의 통일 운동 등에서 나타난 시대정신이 이제 민주화운동 세력 내에서 합의된 지향점이 됐음을 보여준다. 이는 재야 조직의 명칭에도 영향을 준다. 1971년 4월에 결성된 '민주수호 국민협의회', 1974년 11월에 결성된 '민주회복 국민회의' 등의 명칭을 보면 이 당시 '재야'는 '민주회복'에 초점을 맞추고 있다. 그러다가 1979년 3월에 재야 세력이 연합해서 만든 '민주주의와 민족통일을 위한 국민연합'은 명칭에서부터 '민족통일'이 전면에 나온다. 이처럼 재야는 1970년대 후반부터 '민주주의'와 '통일'을 동시에 강조하기 시작했으며 이것은 1980년 광주민주화운동을 거치면서 1980년대 민주화운동의 성격을 규정한다. 또한 이 사건은 국제적으로도 영향을 주었다. 김대중을 비롯한 이 사건 관계자들이 한국을 대표하는 민주화 인사들로서 국제적 지명도와 네트워크가 있었기 때문이다.

1979년 김영삼 지원과 박정희와의 회담 제의

1978년 12월 27일 김대중은 석방된다. 하지만 활동의 자유까지 회복되지는 않았다. 김대중은 1979년 12월 8일 긴급조치 9호가 해제되기 전까지 대부분의 시간을 가택 연금을 당해 대외 활동을 할 수 없었다. 그럼에도 기회가 닿을 때마다 민주화 투쟁에 힘을 보탰다. 1979년 3월 1일에 결성한 '민주주의와 민족통일을 위한 국민연합'에 윤보선, 함석헌과 함께 공동의장으로 참여했다. 특히 신민당의 이철승 대표가 중도통합론을 내세우면서 반유신 활동을 사실상 포기하자 이에 반대해 신민당이 선명 야당이 될 수 있도록 노력했다. 김대중은 1979년 5월 신민당 당권 경선에서 김영삼 후보를 지원해 김영삼 후보가 이철승 후보를 이기는 데에 결정적인 역할을 했다.

이때 김대중이 김영삼을 지원한 것은 역사적 의미가 매우 크다. 김대중은 지난 시기 김영삼의 과오를 문제 삼지 않고 반유신 투쟁을 위해서 필요한 선택을 한 것이다. 김영삼은 1975년 5월 박정희와의 영수회담 이후 유신 정권에 대한 투쟁 강도를 현저히 약화시키면서 회담 내용에 대한 의구심을 초래했다. 1975년 10월 신민당의 김옥선 의원이 유신 체제를 날카롭게 비판해 당시 여권인 유정회와 공화당이 김옥선 의원을 제명하려고 하자 김영삼 총재는 여기에 적극 대응하기보다 김옥선 의원의 의원직 사퇴 형식으로 수습하려고 했다. 그러자 1975년 5월 박정희와의 회담 결과와 맞물려서 선명 야당을 지향하는 그룹 내에서 김영삼에 대한 회의가 강해졌다.

이처럼 김영삼이 신뢰를 잃게 되자 1976년 9월 이철승이 당권을 차지하게 됐다. 그런데 중도통합론을 내세운 이철승 체제의 신민당은 반유신 투쟁에서 사실상 이탈하게 됐다. 김대중은 이철승 체제를 종식시키기 위해서는 절치부심하던 김영삼이 당권을 잡아야 한다고 생각했다. 그래서 1979년 5월 30일에 있었던 신민당 전당대회에서 김영삼을 지원하기로 하여 5월 29일에 유명한 아서원 연설[123]을 통해 김영삼이 당권을 차지하는 데에 결정적 기여를 했다.

김대중은 1978년 12월 27일 석방 이후 1979년 12월 8일 긴급조치 9호 해제 전까지 며칠을 빼고는 계속해서 가택 연금을 당했다. 그런데 5월 29일에 연금이 풀려 김영삼 지지 연설을 할 수 있게 된 일은 역사적으로 매우 의미심장하다. 김대중은 복권도 이뤄지지 않았고 장기간 연금을 당해 정상적인 정치 활동을 할 수 없게 되자, 신민당 내의 선명 야당파들이 대동단결해서 김영삼을 지지하도록 지도력을 발휘했다. 야당인 신민당이 활성화될 수 있도록 한 것이다.

그리고 1979년 봄 예춘호, 박종태, 양순직 등을 통해 박정희 대통령에게 회담을 제안했다. 예춘호, 박종태, 양순직 등은 원래 공화당 출신 정치인이었으나 1969년 3선개헌에 반대한 뒤 공화당에서 이탈해 재야에서 활동한 터라, 이들에게는 공화당 인사들과의 연락망이 있었기 때문이다. 이보다 4년 전인 1975년 4월 19일 젠센기념관에서 열린 《씨알의소리》 창간 5주년 기념 시국 강연회에서도 박정희와의 회담을 제의했다.[124] 이때에는 자신의 의지를 밝힌 정도였으며 더 이상의 실질적 논의가 진행되지 않았다. 그러나 1979년에는 달랐다. 1979년 초여름경 예춘호는 차지철을 만나 김대중의 의사를 전달했다. 그 뒤 이 문제로 차지철을 다시 만났고 양순직, 박종태 등도 동석했다. 아쉽게도 대화 도중 차지철이 흥분해 논의가 중단됐고, 실제 만남도 이뤄지지는 못했다.[125]

이처럼 김대중은 제도권 야당의 선명 야당화 그리고 재야와의 연합을 통해 민주화 세력의 구심점을 형성하려 했다. 이와 함께 독재 정권과의 대화를 통해 파국을 막아 평화적 민주화 이행이 가능하도록 노력했다.

3. 전두환 정권을 향한 투쟁

가. 서울의 봄과 김대중내란음모조작사건

김대중내란음모조작사건, 사건의 비중에 비해서 덜 알려진 사건

김대중이 사형수였다는 사실은 너무도 잘 알려진 이야기다. 김대중이 사형당할 위기에 처하게 된 것은 1980년 신군부 세력이 조작한 '김대중내란음모조작사건' 탓이다. 이 사건은 군사독재 정권 시절 발생한 대규모 조작 사건으로 역사적으로 매우 중요함에도 불구하고 학문적 연구는 매우 부족하다. 그 이유는 무엇일까? 필자가 생각하는 이유는 세 가지다.

첫째, 김대중내란음모조작사건은 광주민주화운동 발생과 깊은 연관이 있는데, 한국전쟁 이후 한국 현대사 최대의 비극인 1980년 광주학살에 대한 진상규명이 선행돼야 했기 때문에 우선순위에서 밀렸다고 볼 수 있다.

둘째, 사건 명칭에서 보듯 이 사건은 정치인 김대중은 물론, 김대중과 관련 있는 정치사회 세력을 제거하는 것이 목적이었다. 그런데 김대중이 1987년 6월항쟁 이후 현실 정치 전면에 나서자, 김대중 관련 사건에 대한 학문적 조사와 연구는 정치 색채를 띤 것으로 오인됐다. 이 사건에 대한 학문적 담론화가 어려워진 것이다. 1973년 발생한 김대중납치살해미수사건과 비교해보면 그 차이가 확연하다. 일본에서 발생한 김대중납치살해미수사건은 일본의 정치인·지식인·언론인 등이 여러 노력을 기울여 사건 발생 직후부터 사건의 실체적 진실과 성격을 밝히기 위한 노력이 강렬하고 꾸준하게 전개됐다. 일본에서는 사건에 대한 진상규명과 연구가 제약받지 않았기 때문이다. 이와 같은 배경에서 김대중납치살해미수사건보다 7년 뒤에 발생했고 사건의 역사적 위상이 결코 낮지 않은 김대중내란음모조작사건은 제대로 다뤄지지 못했다.

그다음으로 최근의 김대중 관련 학문적 담론화가 대통령으로서의 활동 및 업적에 집중됐기 때문이다. 특히 분단 이후 최초로 열린 2000년 남북정상회담과 6·15공동선언 등 남북 관계 및 한반도 평화와 관련된 영역에 집중됐다. 그 외에 한국전쟁 이후 최고의 국난으로 불린 IMF위기 극복 그리고 복지 분야 생산적 복지정책 등 재임 시기 주요 정책 및 업적과 관련된 주제에 연구의 초점이 맞춰졌다. 이러한 이유 탓에 이 사건은 역사적 가치에 비해 제대로 연구되지 못했다.

그러면 김대중내란음모조작사건의 배경과 성격에 대해 본격적으로 살펴보도록 하자.

철권통치를 휘두르던 박정희가 1979년 10월 26일 김재규 중앙정보부장에 의해 암살당하면서 박정희의 18년 장기 집권은 갑자기 끝난다. 이 충격으로 인해 사회 혼란이 발생할 수 있었다. 김대중은 박정희 대통령 서거 직후 발표한 성명[126]에서 북한의 오판을 경고함과 동시에 민주 회복의 의지를 밝히는 등 조심스러운 태도를 보인다. 이 당시 김대중은 박정희 대통령이 없지만 유신 체제를 뒷받침하는 기본 구조는 건재하다는 점에 주목해, 어렵게 형성된 민주화의 공간을 조심스럽게 살려내면서 민주화 이행을 이루고자 했다. 그런데 신민당은 민주화 이행에 대해 낙관적으로 전망했다. 그리고 일부 재야인사들은 민주화에 대한 열정과 의지를 앞세우면서 전략적인 판단을 간과하는 모습을 보였다. 김대중은 신민당과 재야 양측 모두에 비판적이었다.

김대중은 1979년 12월 8일 긴급조치 9호가 해제되면서 가택 연금에서 풀렸고, 1980년 2월 29일 복권됐다. 김대중은 1980년 3월 1일 발표한 성명에서 '거국 중립 내각 구성, 조속한 시일 안에 개헌 완수, 최규하 정부는 과도정부로서 관리에만 치중하고 개헌 등에 관여하지 말 것' 등을 요구했다.[127]

김대중의 복권이 이뤄지자 신민당과의 관계 설정이 매우 중요한 정치적 현안으로 대두됐다. 그런데 여기에서 문제가 발생했다. 1979년 5월 신민당 당권선거에서 김영삼을 지지했던 김대중은 주요 당직에 자신이 요청한 인물들을 대거 중용하기로 김영삼과 합의했으나 김영삼은 이를 지키지 않았다.[128] 김대중은 1980년 4월 7일 신민당 입당 포기 성명서[129]를 발표했다.

재야인사에 대한 중앙상무위원 자격 부여에 있어 합법적이고 신속한 방법이 있는데도 당헌에도 없는 일종의 '후보상무위원' 격으로 취급해야 할 이유가 무엇인지, 어떻게 신민당이 유신 체제와 싸워 온 재야인사를 심사하겠다는 것인지 도저히 이해할 수 없는 일이라 아니할 수 없습니다. 한마디로 말해서 우리는 신민당이 재야인사에 대한 적극적인 영입 의사가 없다는 판단을 갖게 됐으며, 따라서 입당 교섭은 포기하는 것이 불가피하다는 결론에 이르렀습니다.

이때 김대중은 기존 제도권 야당과 재야 세력이 결합해서 민주화운동 세력의 단일 정당을 새롭게 만들려고 했다. 그런데 신민당 당권파는 그렇게 할 생각이 없었고 1979년 5월 전당대회 과정에서 김대중과의 합의 역시 이행하려고 하지 않았다. 당시 상황에서 김대중-김영삼이 결과적으로 결별하게 된 것은 국민들에게 부정적인 인상을 준 것은 사실이다. 다만 양측의 논의 과정을 보면 김영삼과 신민당 측에 큰 문제가 있었음이 분명하다. 이와 함께 김대중은 신군부 측에 역공의 빌미를 주어서는 안 된다고 생각했다. 그래서 재야인사들과 학생들에게 온건하면서도 치밀한 전략에 근거해 행동해야 한다고 강조했다.

김대중내란음모조작사건의 내용

1979년 12 · 12쿠데타를 통해 군의 실세로 등장한 전두환 신군부 세력은 민주화의 열망을 억누르고 정권을 탈취하기 위한 수순을 밟아나가고 있었다. 1980년 4월 14일 전두환은 중앙정보부장 서리가 되어 정보기관을 장악했다. 그리고 신군부는 1980년 5월 17일 24시를 기해 전국에 비상계엄을 확대한다. 1979년 10 · 26사태 직후인 10월 27일 새벽 4시를 기해 제주도를 제외한 전국에 비상계엄이 선포됐는데 제주도가 추가된 것이다. 그리고 김대중, 문익환, 예춘호 등을 사회 혼란 조성 및 학생 노조 소요 관련 배후 조종 혐의로 연행한다.

당시 신군부 세력에게는 김대중 제거가 가장 큰 목적이었다. 1971년 대선 이후부터 정치군인들은 대중정치 능력이 탁월하고 국제적 네트워크도 갖춘 김대중을 매우 위협적으로 보았다. 그래서 이 사건을 조작해 김대중을 죽이려 한 것이다. 계엄사령부는 1980년 5월 22일 중간 수사 결과를 발표했고 7월 4일에는 수사 결과를 발표[130]했다. 여기에 이 사건에 대한 신군부의 의도가 명확히 드러난다.

수사 결과는 ①동기 및 목표 ②투쟁 방법 ③내란음모 활동 개요 ④구체적 투쟁 활동 사실 ⑤김대중의 사상 성분 및 배경 ⑥당부의 말씀 등 여섯 부분으로 구성돼 있다. 계엄사는 김대중의 중요 범죄 행위에 대해서 '김대중과 그 추종 분자 일당들이 국민연합을 주축 전위 세력으로 해 방대한 사조직을 형성, 주로 복학생을 행동대원으로 내세워 대중 선동에 의해 학원소요 사태를 일으키고 이를 폭력화해 전국 일제히 민중 봉기를 일으킴으로써 유혈 혁명 사태를 유발, 현 정부를 폭력으로 전복 타도한 후 김대중을 수반으로 하는 과도 정권을 수립 집권하려는 내란음모의 전모가 이번 수사과정에서 밝혀지게 됐다'고 했고 '반국가 단체인 재일 한민통을 발기, 조직, 구성해 그 수괴(의장)로 있으면서 북괴 노선을 지지, 동조하는 등 반국가적 행위를 자행'이라고 했다. 여기서 보면 서울의 봄 당시 학생운동 세력의 시위와 관련된 행동을 김대중의 배후 조종에 의한 내란음모 및 선동으로 규정했고, 뒷부분은 김대중의 친북용 공사상혐의와 반국가 단체로 지목된 재일 한민통 조직과 관련된 것이다.

먼저 내란음모 및 선동과 관련된 내용을 보면, 계엄사는 10 · 26의 상황을 집권을 위한 절호의 기회로 인식한 김대중이 신민당 복당을 통한 합법적인 집권 투쟁과 대중 선동을 통한 정권 탈취 등의 비합법적인 노선 두 가지를 놓고 저울질을 했다고 주장한다. 계엄사는 김대중이 현 정부를 상대로 한 복권 투쟁에는 성공했으나 신민당을 향한 당권 투쟁에는 실패하게 되자 신민당과 결별하고 자신의 사조직과 사조직화한 국민연합을 통해 학생 시위를 배후조종해 민중 봉기를 통해 정부 전복을 의도한 내란선동 및 음모를 했다고 주장했다. 구체적으로 김대중이 5월 22일 민주화촉진 선언 국민대회를 서울에서는 장충단공원, 지방에서는 시청 앞 광장에서 개최해 이를 계기로 민중 봉기를 촉발시켜 정부 기능을 마비케해 정부를 전복해 집권한다는 계획을 수립했다는 것이다. 그리고 광주민주화운동을 이와 관련해 설명하고 있다. 김대중의 지원을 받은 전남대 복학생 정동년이 광주 지역 학생운동을 배후 조종하고 있었고, 이러한 상황에서 5월 18일 광주민주화운동의 발단이 된 전남대 시위 역시 발생했다고 설명한다. 그리고 김대중의 광주전남 지역 조직 인사들이 '김대중 석방' 현수막을 내걸고 지역감정을 부추기는 악성 유언비어를 유포하는 등 선전선동 행위를 해 사태를 악화시켰다고 하면서 김대중이 광주민주화운동을 촉발했다고 주장한다.

그다음으로 반국가단체로 지목된 한민통 관련 부분은 '⑤김대중의 사상 성분 및 배경'에서 나온다. 여기서는 김대중의 해방 이후부터의 활동을 좌익용공적 관점에서 설명하는데, 김대중의 사상에 의심이 많고 김대중과 연관된 조직인 한민통이 북한과 연계됐다는 것으로 몰아 내란음모사건의 궁극적 배후에 북한이 연결됐다는 식이다.

김대중내란음모조작사건과 5·18광주민주화운동

위에서 살펴본 것처럼 신군부는 1970년대 반유신 투쟁의 선봉에 섰던 김대중, 재야 학생운동 세력, 재일교포민주화운동 세력인 한민통 일본본부 모두를 타깃으로 삼았다. 1970년대 3대 저항 세력 모두를 김대중내란음모조작사건으로 엮어 한꺼번에 타격을 주고, 이것을 쿠데타의 명분으로 삼으려 한 것이다. 이 과정에서 신군부 입장에서는 예상치 못한 큰 변수가 발생했으니, 바로 광주민주화운동이다.

전두환 신군부 세력은 광주 시민들의 반발을 예상했을 것으로 판단된다. 다만, 초기에 강경 진압을 하면 저항의 확산을 막을 수 있다고 판단했을 것으로 보인다. 여기엔 두 가지 이유가 있다. 1979년 10월 부마항쟁 당시 계엄군이 투입된 뒤 항쟁이 위축된 바 있다. 그리고 그 당시에는 학생 시위를 넘어선 대규모 민중 항쟁 발생을 생각하는 것이 어려운 일이기도 했다. 그래서 전두환 신군부 세력은 광주 시민들의 목숨을 건 대규모 저항은 예상하지 못한 일이었을 가능성이 높다.

이와 관련됐을 수도 있는데, 1980년 5월 22일 김대중내란음모조작사건에 대한 계엄사의 중간 발표에는 광주민주화운동과 관련된 내용이 없고, 광주민주화운동이 종료된 5월 27일 이후인 5월 31일 광주민주화운동 관련 계엄사 발표에 김대중이 거론된다. 이러한 긴급한 상황에서는 하루하루의 변화가 매우 중요한 의미가 있는데, 신군부는 그사이 광주민주화운동과 김대중을 연결시키는 조작을 모의한 것으로 판단된다. 신군부는 광주 시민을 학살하는 만행을 저지르면서 광주민주화운동 발생을 김대중내란음모조작사건과 결부시켰다. 그래서 김대중내란음모조작사건에는 1970년대 3대 저항 세력과 광주(호남) 시민까지 포함됐다.

전두환 신군부 세력은 광주에서 수많은 시민을 학살해 엄청난 국제적 비난과 압박을 받았다. 이 때문에 김대중 사형 집행을 강행하기란 쉽지 않았으며, 미국이 김대중을 구명하기 위해 개입하면서 김대중은 또다시 죽을 고비를 넘길 수 있었다.

한민통과의 관계

김대중이 실제 사형선고를 받게 된 이유는 반국가 단체로 지목된 한국민주회복통일촉진국민회의(한민통) 의장이었다는 사실 때문이었다. 이 문제는 유신 독재 정권 시절 한민통의 활동과 이에 대한 유신 독재 정권의 인식 및 대응과 관련해 살펴보아야 한다.

유신 독재 정권 시절 국내에서 민주화 투쟁이 지속적으로 이어졌지만, 강력한 탄압과 민주화 세력의 낮은 조직력 등으로 인해 민주화 세력은 돌파구를 찾지 못했다. 이에 비해 미국과 일본에 조직을 둔 한민통은 활발한 활동을 전개하면서 박정희 정권에 큰 부담을 주고 있었다. 한민통 미국본부는 한국 정부에 가장 강력한 영향을 끼치는 미국에서 각종 활동을 했고, 한민통 일본본부는 한국과 지리적으로 가까울뿐더러 미국 다음으로 한국에 중요한 영향을 주고 있으며, 특히 수십만 명에 이르는 교포가 사는 일본에서 활동한다는 점에서 대단히 껄끄러운 존재였다. 한민통 일본본부는 대규모 조직력과 자금력을 갖추고 반유신 투쟁을 주도했다. 특히 일본 사회에서 민족적 차별까지 받는 재일교포의 내재된 분노까지 더해져서 그들의 활동력은 대단했다. 김대중 구출 운동 및 구명 운동 그리고 한국 민주화를 위한 여러 활동을 전개하면서 박정희 정권에 큰 부담을 안겼다.

유신 정권은 한민통에 용공 혐의를 제기하는 것으로 대응했다. 중앙정보부는 1977년 5월 28일 자수 간첩 윤효동이 5월 1일 자수했다고 밝혔다. 윤효동의 진술에 따라 일본에서 한국인 단체로 활동 중인 '한민통 일본본부'와 '김대중구출위원회' 등이 실제로는 반한反韓 단체이며 간첩 조직이라고 주장했다. 윤효동은 북한과의 연관성을 강조하면서, 김대중구출위원회 사무국장 곽동의를 자신이 포섭한 간첩이라고 주장했다.[131] 그리고 1977년 8월 16일 유신 정권은 일본 동경에서 열린 '해외한국인민주대표회의'의 활동을 문제 삼으면서 한민통 일본본부가 정부 타도와 내란 선동을 목적으로 두었으며, 한민통의 반한 활동은 북한의 대남 전략과 관계됐다고 주장했다.[132] 1977년 10월 29일 서울지법은 재일교포유학생 간첩사건 관련 판결에서 피고인 김정사에게 국가보안법과 반공법 위반 등의 혐의로 무기징역을 선고하면서 한민통을 반국가 단체로 지목했다. 유신 정권은 한민통을 정책적으로 반국가 단체로 규정했으나 이를 사법부에서 확인한 것은 이때가 처음이었다.[133] 그리고 1978년 6월 19일 대법원은 '한민통은 조직 자체가 북한의 지령에 의한 것', '한민통 지도부 인사들이 북한의 지령을 받고 있다는 점', '한민통 활동에 북한의 자금이 사용되고 있다는 점' 등을 근거로 반국가 단체로 규정했다.[134] 결국 김대중은 1980년 내란음모 조작사건에서 반국가 단체인 한민통의 의장이라는 이유로 사형선고를 받았다. 2013년 5월 23일 이 사건에 대한 재심에서 대법원이 김정사에 대한 무죄를 확정했지만 유신 정권 시절 일방적으로 찍힌 한민통(한통련)에 대한 '반국가 단체'라는 주홍글씨는 현재까지 (2021년 5월 기준) 족쇄로 남아 있다.

이 사건의 특성

군부독재 정권은 각종 시국 공안 사건을 조작하는 과정에서 형언하기 힘들 정도의 반인간적 고문을 자행했다. 고문은 그 자체가 반인간적 행위인데, 더욱 악질적으로 인류을 파괴하는 행위까지 자행했다. 이 사건에서 김대중의 첫째 아들 김홍일에 대한 고문이 바로 이와 같은 경우에 해당한다. 김홍일은 민주연합청년동지회를 통해서 대학생 시위를 배후 조종하는 데에 관여했다는 혐의로 고문을 받았다. 김홍일은 자신의 자백이 아버지 김대중을 위해하는 근거로 활용될 것을 막기 위해 자살까지 시도했다.[135] 그는 수사관들이 잠시 방심한 틈을 타서 책상 위에 올라가서 머리를 바닥으로 부딪치게 했다. 이때 받은 충격으로 훗날 신경계 이상이 발생했다. 김홍일은 1990년대 후반부터 건강이 나빠져 점점 정상 생활을 하기 힘든 수준으로 악화됐다. 2009년 8월 18일, 김대중 대통령 서거 직후 아버지의 빈소에 나타난 그의 모습에 수많은 사람이 충격을 받았다. 김대중은 죽기 전까지 김홍일의 건강을 걱정했다. 자신의 아들을 고문해서 정신적·신체적으로 피폐하게 만든 세력을 용서하는 일은 인간적으로 하기 어렵다. 이런 점에서 김대중의 화해와 관용, 통합의 정신은 매우 큰 의미를 가진다.

나. 2차 미국 망명과 귀국 그리고 투쟁

김대중이 2차 망명 생활을 하게 된 이유

김대중은 1982년 12월 16일 청주교도소에서 서울대병원으로 이송된 뒤 12월 23일 형집행정지로 석방된다. 이와 동시에 미국으로 강제 출국 당해 2차 망명 생활을 하게 된다. 1972년 10월 유신 직후 일본과 미국에서 한 1차 망명 투쟁은 반유신 투쟁을 위해 그가 자발적으로 선택한 것이었다. 그리고 유신 정권은 김대중의 망명 투쟁을 중단시키기 위해 온갖 공작을 펼쳐 그의 활동을 막으려 했다. 그러고 보면 전두환 정권은 박정희 정권과는 정반대의 행동을 한 셈이다.

전두환 정권이 김대중을 석방하고 강제 출국시킨 이유는 무엇일까? 우선 전두환 정권은 김대중을 계속해서 감옥에 남겨두는 것에 부담을 크게 느꼈다. 전두환 정권은 1980년 김대중에 대한 재판 과정에서 미국, 일본, 유럽에서 거세게 일어난 김대중 구명과 관련된 각국 정부와 시민사회의 반발을 경험한 적이 있었다. 그래서 김대중을 장기간 수감하는 것 자체가 부담스러운 데다가, 특히 1988년 서울올림픽을 준비하는 상황에서 국제 여론을 고려할 때 언젠가는 김대중을 석방해야만 했다.

그러나 전두환 정권은 김대중이 석방 후 국내에 체류하는 것도 원하지 않았다. 우선 김대중이 국내에 머물면 그의 신변 안전과 정치 활동의 자유 문제를 두고 다시 국제적 논란이 제기될 것이 뻔했다. 그뿐만 아니라 1980년 광주학살을 통해서 민주화운동을 완전히 무력화시키려고 했지만, 민주화운동의 불씨는 꺼지지 않았다. 이러한 상황에서 김대중을 국내에 머물게 하면 민주화 세력의 구심점이 돼 민주화운동을 활성화시킬 수 있었다. 결국 전두환 정권은 김대중을 석방하고 미국으로 사실상 추방했다. 이때 전두환 정권은 김대중을 사면이 아닌 형집행정지로 석방했다. 재수감 가능성을 열어두어 김대중의 활동을 제약하기 위함이었다.

미국에서의 활동

김대중은 1973년 납치 사건 이후 일본에서는 매우 유명해졌다. 그 당시 국제적으로도 상당히 알려졌지만 미국과 유럽 등에서의 김대중의 명성은 일본에서의 명성에 이르지 못했다. 그런데 1980년 사형선고를 받고 국제적인 구명 운동이 전개되면서 김대중은 한국을 포함한 제3세계 민주화의 상징적 인물로 미국과 유럽에도 널리 알려졌다. 그래서 미국에서 2차 망명 활동을 재개한 김대중은 1차 망명 때와는 비교할 수 없을 만큼 영향력이 있었다.

당시 김대중의 중요 목표는 전두환 정권을 지지하는 미국 레이건 행정부의 대한 정책과 대동북아 정책 전환의 필요성을 설득하는 데에 있었다. 김대중은 미국의 전·현직 관료, 상·하원 의원, 지식인, 종교인, 언론인, 시민단체 관계자 등 미국의 주요 인사들을 전방위적으로 만나면서 레이건 행정부의 정책 전환을 촉구하기 위해 각종 활동을 전개했다. 이뿐만 아니라 필리핀의 베그니노 아키노 상원의원 등과도 교류하면서 국제적인 민주주의 연대를 위한 활동도 전개했다. 전두환 정권이 비자를 발급해주지 않아 결국 유럽행은 좌절됐지만, 김대중은 유럽의 주요 지도자들과도 서신 교류를 통한 연대 활동을 강화했다.

하버드 대학교에서의 연구 활동도 중요한 의미가 있다. 김대중은 1973년 하버드 대학교 라이샤워 교수의 소개로 하버드 대학교에서 수학하기로 돼 있었다. 그런데 일본에서 발생한 납치 사건과 박정희-전두환 정권에 의해 연이어 투옥되면서 하버드 대학교에서의 연구는 이뤄지지 못했다. 그러다가 2차 망명 생활을 하면서 1983년 9월부터 1984년 6월까지 하버드 대학교 국제문제연구소의 초청연구원으로 수학했다. 김대중은 하버드 대학교에서의 연구 활동을 통해 미국 주류 사회와의 네트워크를 강화할 수 있었다.

그리고 한국인권문제연구소를 설립해 미국인의 참여를 이끌어 냈다. 재미교포가 중심이지만 미국인의 참여가 가능하도록 했다. 이는 조직의 명칭을 작명할 때에도 고려됐다. 1차 망명 시기 조직한 단체의 명칭인 '한국민주회복통일촉진국민회의(약칭 한민통)'와 비교해보면 확인되는데, 한민통은 조직 명칭에서부터 해외 교포를 상대로 했다는 점이 명확했다. 이에 비해 2차 망명 시기에 조직한 단체의 명칭에 '인권'이라는 표현을 쓴 것은 미국인들을 고려한 작명이었다. 인권은 보편적 담론으로 미국 정부, 의회, 시민사회 등이 미국과 외교 관계를 맺고 있는 국가들을 향해 제기할 수 있는 의제였다.

한편 김대중은 국내 민주화운동에 대한 지원과 연대 활동을 병행했다. 1차 망명과 2차 망명은 10년 정도의 시간 차가 있다. 그사이 교통 통신 기술이 발달하고 한국의 국제화도 전보다 진전돼 인적 왕래도 늘었다. 국내와의 연계 활동이 전보다 용이해진 것이다. 1차 망명 때는 국내와의 직접 연계 활동이 사실상 없었는데, 2차 망명 때는 연대 및 지원 활동이 가능해졌다. 대표적인 사례가 바로 1983년 김영삼 단식투쟁에 대한 김대중의 연대 및 지원 활동이다. 1983년 5월과 6월 사이 김영삼이 23일간 단식투쟁을 하자 김대중은 이에 대한 지원 활동을 전개했다. 뉴욕에서 지지 시위를 하고 《뉴욕타임스》에 기고하는 등 미국에 김영삼의 단식투쟁을 알렸다. 이것이 결정적 계기가 돼, 두 사람 사이의 관계는 복원됐고 민추협 (민주화추진협의회) 결성과 신민당 창당으로 이어졌다.

김대중의 귀국과 2·12총선

앞에서 설명한 대로 김대중의 2차 망명은 사실상 타의에 의해서 반강제적으로 이뤄졌기 때문에 김대중은 미국으로 건너온 직후부터 여건이 되는 대로 귀국하겠다는 의사를 밝혔다. 현실적으로 미국에 오자마자 바로 귀국할 수는 없었고, 미국 망명 기간 동안 최대한 투쟁을 전개하면서 가장 극적인 효과를 낼 수 있는 시점을 선택했다. 마침내 김대중은 1984년 9월 12일 성명서를 발표해 귀국 의사를 밝혔다.[136] 귀국의 이유는 다리 부상의 치료, 하버드 대학교에서의 연구 과정 종료, 한국에서 직접 민주화 투쟁에 동참, 민주화 운동 세력 내부의 극단주의의 발호를 막고 평화적 민주화 이행을 위함 등이다.

김대중의 귀국 의사 표명은 큰 파장을 불러일으켰다. 먼저 1983년 필리핀의 아키노가 미국에서 필리핀으로 귀국할 때 공항에서 저격당해 사망하는 사건이 있었기 때문에 김대중의 신변 안전에 대한 우려가 컸다. 미국에서는 김대중 안전 귀국을 촉구하는 운동이 전개돼 미국의 상·하원을 비롯한 주요 인사들이 한국 정부를 상대로 김대중의 안전 보장을 요구했다. 김대중은 1985년 1월 18일 구체적인 귀국 일정을 밝혔다. 2월 6일 미국을 출국해 일본

나리타공항을 경유해 2월 8일 서울에 도착하는 일정이었다. 이 일정은 1985년 2·12총선을 고려한 것으로 민주 진영의 승리에 기여하겠다는 의지를 드러낸 것이다.

그러다 보니, 귀국 문제를 두고 한국 정부, 미국 정부, 김대중 등 3자 사이의 논의가 이뤄진다. 2016년 4월 17일 외교부가 공개한 1985년 외교 문서에는 위와 같은 내용이 잘 나와 있다.[137] 당시 전두환 정권의 초기 입장은 김대중이 귀국하면 재수감하겠다는 것이었다. 미국 정부는 우려를 표명했다. 미국 정부는 전두환 정권에 대한 압박 차원에서 그해 4월에 예정된 전두환의 방미 계획 발표 연기를 검토할 수 있음을 시사했다. 그러자 전두환 정권은 한발 물러나 4월 방미 이후에 5월에 귀국하면 재수감하지 않겠다는 의사를 미국 정부에 전달했고 미국 정부는 이 안을 지지했다. 미국 정부는 이 중재안을 가지고 김대중을 만나 귀국 연기를 설득했다. 그러나 김대중은 이를 거부했고 원래 계획대로 귀국을 강행했다.

이 문서를 보면 각 주체가 궁극적으로 관철하려던 내용을 알 수 있다. 전두환 정권은 김대중의 귀국을 2월 총선과 4월 자신의 방미 이후로 미루고 싶었다. 국내 총선과 자신의 방미에 있어 김대중 변수의 영향을 받고 싶지 않은 것이다. 미국 정부는 전두환 정권이 김대중 문제로 더 이상 문제를 일으키는 것을 원하지 않았기 때문에 김대중의 재수감을 막는 것에 관심을 두었다. 김대중은 초지일관 총선 전 귀국 의사를 밝혔다. 결국 김대중의 뜻이 관철됐다. 2차 망명 투쟁을 통해서 김대중은 1982년 12월 말 미국에 도착했을 때보다 훨씬 더 많은 미국 내 지지 세력을 확보했다. 미국의 의회, 학계, 종교계, 언론계, 각종 시민사회단체 등의 지지를 받고 있던 김대중을 미국 정부는 의식할 수밖에 없었다. 그 결과 김대중은 총선 4일 전인 2월 8일에 귀국했다. 김대중의 귀국 비행기에는 미국의 하원의원, 교수 등 주요 인사 22명이 동승해 김대중이 아키노처럼 암살당하는 상황을 막고자 했다.

전두환 정권은 김대중 귀국의 파장을 최소화하기 위해 온갖 통제를 했고 미국의 주한미군방송AFKN의 보도까지 신경을 쓰면서 미국 측에 보도 자제를 요청하는 등 김대중 관련 보도를 막으려고 했다. 그러나 김대중 귀국 소식은 이미 국민들에게 많이 알려져 있었다. 2·12총선에서 신민당 바람이 불고 있던 터라 김대중의 귀국은 여기에 큰 힘을 주었다.

야당과 재야 세력을 향한 노력

김대중은 야당인 신민당과 재야 사회운동 세력 양측에 모두 영향력이 있는 유일한 인물이었다. 그는 이런 리더십에 기반해 양측의 연대와 단결을 이루고자 했다.

전두환 정권은 직선제 개헌에 대한 신민당 내부의 입장을 분열시켜 김대중이 의도한 전체 민주화 세력의 연대와 단결을 막고자 했다. 1985년 2·12총선 결과 등을 보면서 개헌 자체를 전면적으로 막기란 어렵다고 판단해 개헌을 하기는 하되 자신들의 기득권을 지킬 수 있는 방식의 내각제 개헌 등을 통해 상황을 모면하려고 했다. 그리고 신민당을 상대로 한 직간접적인 공작을 펼쳐 내각제 개헌안과 이원집정부제 개헌안 등으로 야당 내부의 균열을 조장하려

했다. 1986년 12월에 나온 이민우 구상은 그 결정판이었다. 그런데 그 전부터 조짐은 나타나고 있었다. 《김대중자서전》에는 이런 내용이 나온다.

하루는 김영삼 의장이 만나자고 했다. 호텔 방으로 은밀히 오라고 했다. 나를 보더니 심각한 표정으로 입을 뗐다. "저 사람들이 도저히 우리 주장을 받아들이지 않겠다 하니, 그냥 내각제 개헌안을 받으면 어떻겠습니까" 내 귀를 의심했다. 그의 입에서 나와서는 안 될 말이었다. 나는 단호하게 거부했다. "직선제 개헌은 국민과의 약속입니다. 아니, 직선제를 한다고 해서 신민당이 압승을 거두었으니 이제는 국민의 명령입니다. 국민들은 직선제를 지지하고 있으니 국민의 뜻에 따라야 할 것 아닙니까" 그러자 김영삼 의장도 고개를 끄덕였다. 그런 뒤에도 상도동계에서는 내각제 얘기가 간혹 흘러나왔다. 또 신민당 당내 비주류에서도 내각제를 선호하는 의원들이 있었다. 이런 움직임에 나는 불안감을 느꼈다.[138]

이처럼 당시 신민당 내에서는 직선제 개헌을 포기하면서 전두환 정권과의 타협을 통한 내각제 개헌을 수용하려는 흐름이 존재했다. 김영삼도 여기에 영향을 받았을 정도였다. 결국 김대중의 설득으로 김영삼은 직선제 개헌 투쟁을 지속했지만, 이민우 구상은 이민우 총재 개인의 돌출적 제안이 아니었던 것이다. 김대중과 김영삼은 이민우 구상에 반대했고 결국 신민당을 탈당해 통일민주당을 창당한다.

이와 같은 전두환 정권의 야당 어용화 전략은 박정희 정권 때부터 이어졌다. 군사독재 정권은 야당이 존재하도록 해서 자유민주주의 체제의 외형을 갖추도록 하되, 야당이 독재 정권이 설정한 질서 내에서 활동할 수 있도록 제한하려고 했다. 그래서 선명 야당의 등장 자체를 막으려고 했다. 만일 선명 야당이 등장하게 되면 야당 내부의 공작을 통해서 분열시키거나 무력화시키려고 했다. 김대중은 전두환 정권의 지속적인 공작에 맞서 직선제 개헌을 고수하는 선명 야당 노선을 관철시킨 것이다.

또한 김대중은 재야 사회운동 세력의 급진화를 막을 필요가 있다고 보았다. 귀국 결정의 주요 이유 중 하나로 거론할 정도였다. 김대중은 재야 사회운동 세력의 활성화가 민주화 투쟁을 위한 대중적 동력 확보를 위해 매우 필요하다고 보았다. 그런데 재야 사회운동 세력이 급진 노선을 취하면 제도권 야당과의 연대가 어려워지고 중산층의 지지를 받기 어려워져 반독재 민주화 투쟁에 있어 매우 부정적인 영향을 준다고 강조했다. 이처럼 야당의 어용화와 재야 사회운동 세력의 급진화 두 가지를 모두 막아 민주화운동을 위한 최대연합을 이끌어내어 반독재 투쟁을 전개해야 한다는 것이 김대중의 입장이었다. 이는 1970년대부터 이어진 김대중의 일관된 입장이었다.

조건부불출마론: 전두환 정권을 향한 전략

김대중은 1985년 3월 15일 민주화추진협의회(민추협) 공동의장에 취임하면서 국내에서 본격적인 활동을 시작했다. 수시로 가택 연금을 당해 정상적인 활동은 어려웠지만 가능한 한 모든 수단을 동원해서 직선제 개헌을 위해 노력했다.

1986년 1월 16일 전두환 대통령은 1988년 서울올림픽 개최를 이유로 개헌 논의를 1989년에 하자고 제안했다. 이는 1985년 2·12총선에서 나타난 국민들의 직선제 개헌 요구를 정면으로 거부한 것이다.

신민당은 2·12총선 1주년을 맞이해 직선제 개헌 1000만인 서명운동에 돌입했다. 지역별로 개헌추진위를 구성하면서 전국적인 개헌 서명운동을 전개하기로 해 3월 11일 서울을 시작으로 부산, 대구, 광주 등에서 개헌추진위 지부 결성식이 성공적으로 개최됐다. 이때 김대중은 수시로 가택 연금을 당했기 때문에 행사에 참여하지 못했다. 대신 녹음테이프를 통해 자신의 메시지를 전달하는 방식을 취했다.[139]

직선제 개헌에 대한 동력이 형성되자 전두환 정권은 점점 더 긴장했다. 이 시기 전두환 정권의 대응 전략은 두 가지였다.

첫째, 국민들의 개헌 요구를 제도권 내부로 수렴해 신민당의 개헌 서명 1000만인 운동에 대한 대중적 지지를 약화시키는 것이었다. 그래서 나오게 된 것이 개헌특위다. 전두환 정권은 국민의 개헌 요구를 전면적으로 무시할 수는 없다고 판단해 1986년 7월 국회에서 개헌특위을 조직했다. 개헌 논의를 제도권 내부로 수렴해 반정부 여론이 격화되는 것을 막고 그 대신 개헌의 내용 자체를 자신들에게 유리한 방식으로 만들고자 했다. 이는 개헌 논의 자체를 봉쇄하고 탄압한 박정희 유신 정권의 태도와는 다른 것인데, 당시 민주화운동 세력이 확장하고 있는 점을 감안한 것으로 보인다. 그러나 전두환 정권은 민주화 세력이 요구하는 직선제 개헌을 수용할 생각이 없었다. 그렇다 보니 개헌특위에서 제대로 된 논의가 이뤄지기는 처음부터 어려웠다.

둘째, 재야 사회운동 세력을 중심으로 한 민주화 세력을 색깔론을 동원해서 탄압하는 것이었다. 1986년에 이러한 사건이 연이어 터진다. 1986년 5월 3일 신민당 개헌추진위원회 경기인천 지부 결성식이 개최될 예정에 있었다. 이날 행사에 앞서 일부 급진 사회운동 세력이 기습 시위를 벌이면서 경찰과 충돌했다. 이 과정에서 결성식이 무산됐다. 전두환 정권은 이날 급진 사회운동 세력의 언행을 악용해 개헌 동력을 약화시키는 구실로 삼았다. 1986년 10월 17일에는 국시 발언을 가지고 유성환 의원을 구속했고 10월 28일 '전국 반외세 반독재 애국학생투쟁연합' 발족식을 위해서 건국대학교에 모인 학생 2,000여 명을 좌익용공 혐의자로 몰아붙여 학생들에 대해 무차별적으로 구속영장을 신청했다. 가혹한 탄압이었다. 11월에는 금강산댐 공포를 대대적으로 조장했다. 김대중은 이와 같은 상황을 전두환 정권의 친위 쿠데타 징후로 판단했고, 이를 막기 위해 고심 끝에 1986년 11월 5일 조건부 불출마를 선언했다.

현 난국을 수습하는 길은 국민의 절대다수가 원하는 대통령 중심의 직선제로의 개헌에 의한 조속한 민주화의 실현밖에 없다. … 나는 전두환 정권이 민주 세력에 대한 적대적 탄압과 파렴치한 재집권 음모를 즉각 중단할 것을 촉구한다. … 이제 나는 여기서 대통령 중심 직선제 개헌을 전두환 정권이 수락한다면 비록 사면·복권이 되더라도 대통령선 거에 출마하지 않겠다는 나의 결심을 천명한다.[140]

김대중의 결단은 전두환 정권의 친위 쿠데타 음모를 막는 데에 일정 정도 영향을 주었다. 결국 친위 쿠데타는 발생하지 않았지만 전두환 정권은 신민당의 분열을 유도해 직선제 개헌의 동력을 약화시키려 했다. 신민당 내에서는 전두환 정권과의 타협을 통해 내각제 개헌을 수용하려는 타협파 및 투항파가 존재했다. 이 같은 배경에서 1986년 12월 24일 이민우 구상이 나오게 된 것이다. 김대중은 여기에 반대했고 결국 김영삼과 함께 탈당해 통일민주당을 창당했다. 통일민주당과 재야 사회운동 세력이 공동 투쟁을 전개해 1987년 6월항쟁이 성공할 수 있었고 6월항쟁 이후 한국은 민주화의 길로 나아가게 됐다.

이제까지 살펴본 것처럼 김대중은 한국의 민주화운동을 대표하는 인물로서 민주화운동 과정에서 중심 역할을 했다. 김대중은 야당과 재야 사회운동 세력 양측 모두에 영향력을 가진 유일한 인물이었다. 이러한 리더십을 통해 양측의 연대와 단결을 도모해 독재정권에 맞서 최대 다수 연합을 구축하려 했다. 전두환 정권은 야당의 어용화와 재야 사회운동 세력에 대한 색깔론을 제기하면서 민주화 세력의 총단결을 막으려 했다. 결국 한국의 민주화 과정은 김대중의 전략과 군사독재 정권의 전략 사이의 대결이었으며, 결국 김대중의 전략이 성공해 6월항쟁이 성공할 수 있었다.

3장
정권 교체에 성공하다

김대중은 국민민주혁명을 통해서 민주화 이행을 한 후에 정권 교체를 통해서 민주주의 공고화 단계로 나아가는 것을 목표로 두었다. 그만큼 정권교체는 중요한 의미가 있었다. 여기에서는 정권 교체의 의미, 과정, 이유 등에 관해서 살펴보려고 한다.

1. 정권 교체, 김대중이 해결해야만 했던 이유

1987년 6월항쟁을 통해 한국은 민주화의 길로 나아갔다. 군사독재 정권의 누적된 모순을 해소하고 민주주의가 꽃이 피는 새로운 시대를 빨리 열기 위해서는 민주화 세력이 정권을 잡아야 했다. 그런데 13대 대선에서는 민주화 세력이 분열해서 대선에서 패배했고 14대 대선에서는 대부분의 민주 세력의 지지를 받던 김대중 후보가 패배했다(민주 세력 후보인 백기완이 출마하여 1퍼센트 정도 득표했으며 김대중과 백기완 표를 더해도 보수 진영 대표 후보로 나선 김영삼 후보를 이길 수 없었다). 결국 15대 대선에서 김대중 후보가 승리한 이후에 한국은 민주주의의 공고화 단계로 나아갈 수 있었다.

가. 1987년 13대 대선과 1992년 14대 대선에서의 실패

13대 대선에서의 실패

1987년 13대 대통령선거에서 김대중-김영삼 두 후보의 단일화가 이뤄지지 못해 민정당의 노태우 후보가 승리했다. 6월항쟁으로 쟁취한 민주화를 더욱 발전시키고 확장시킬 수 있는 역사적 기회를 놓치고 만 순간이었다. 1987년 단일화 실패는 한국 민주화 역사에서 가장 아쉽고 안타까운 장면이었다. 그러면 당시 단일화는 왜 실패했을까?

단일화 실패는 여러 요인이 결합돼 나타난 비극이었다. 핵심 원인은 6월항쟁 이후 민주화 이행에 있어 중심 역할을 한 재야 사회운동 세력의 의사가 정당정치 차원에서 반영될 수 있는 방법과 시간이 없었다는 사실에 있다. 민주화 투쟁 과정에서 재야 사회운동 세력의 희생과 공헌이 매우 컸고 제도 야권에서는 김대중 진영이 재야 사회운동 세력과 함께하면서 많은 고초를 겪었다. 그런데 재야 사회운동 세력은 자의 반 타의 반으로 제도 야권 내에서의 기반이 약했다. 이들은 민주화운동 과정에서 제도권 야당보다 더 많은 역할과 공헌을 했음에도 정작 정당정치와 선거 과정에서 자신들의 입장이 제대로 반영되지 못하는 현실에 강한 비판 의식을 갖게 됐다. 이것은 1980년 서울의 봄 당시에도 나타났었다. 이 문제가 단일화 실패의 핵심이다.

그다음으로, 당시에는 지금과 달리 여론조사가 활성화되지 않아서 선거 판세를 현장 체감에 의존할 정도로 상당히 전근대적인 선거가 이뤄졌다. 체감을 통한 판세 분석은 매우 주관적이고 오류 가능성이 높다. 정치적 열기가 특정 영역에 집중될 경우에는 이러한 오류 가능성은 더욱 높아진다. 13대 대선은 1971년 대선 이후 16년 만에 실시된 직선제 선거였기 때문에 오랜 기간 억압 통치에 억눌렸던 국민들의 참여 열기가 엄청나게 분출됐다. 선거 유세에서의 분위기에만 의존하면 전체 상황을 오해하기 딱 좋았다고 할 수 있다. 당시 단일화 실패는 이러한 전근대적 판세 분석의 오류와 관련이 있었다.

그리고 김대중, 김영삼 두 인물의 대중적 영향력이 비슷했다는 점도 영향을 주었다. 민주화운동 과정에서 김대중은 다른 인물과 비교하기 힘들 정도로 큰 고난을 당했다. 김영삼은 1979년 제명과 1983년 단식투쟁 등 주요 국면마다 헌신과 투쟁을 통해 그 나름의 정당성을 갖고 있었다. 그래서 김대중이 1980년 사형선고를 받는 등 지역적·이념적으로 매도당하는 상황에서 지역적으로 부산 경남 그리고 이념적으로 중도 및 온건 보수층이 김대중 대신 김영삼을 대안으로 생각했다.

그다음 요인은 시간 부족이었다. 단일화의 성공은 결국 연합 정치의 성공이라고 볼 수 있다. 다만 6월항쟁 이후 13대 대선까지 시간이 너무 짧았다. 그 당시 민주화운동 세력은 직선제 개헌 쟁취에 모든 역량을 집중했기 때문에 직선제 개헌 이후 선거 투쟁에 대한 고민과 준비는 부족했다. 이러한 시간 부족도 단일화 실패에 영향을 주었다.

이러한 구조적 환경과 원인을 극복하고 돌파할 수 있는 길은 지도자인 김대중-김영삼의 결단으로 열 수 있었다. 그런데 이 역시 실패하고 말았다. 김대중의 분노와 김영삼의 과욕이 격렬하게 충돌했기 때문이다. 김대중은 오랜 기간 극단적 고통을 이겨내면서 권력에 대한 야망을 더욱 강화했고, 김영삼 측이 제기한 군 비토론 등에 크게 분노했다. 김영삼은 김대중과 재야 사회운동 세력을 경쟁자로 인식해 군 비토론 제기 등 수단과 방법을 가리지 않는 냉혹한 모습을 보였다. 민주화 투쟁 과정에서 동지였던 김대중을 전형적인 권력투쟁 방식으로 상대했고, 이는 김대중 진영을 분노하게 했다. 그래서 두 지도자는 전격적인 양보를 통한 단일화를 성사시키지 못했다.

14대 대선에서의 실패

1987년 12월 대선에서 실패했지만 1988년 13대 총선에서 여소야대 국회가 돼 민주화의 요구가 국회를 통해서 반영될 수 있는 길이 열렸다. 13대 총선에서 김대중이 이끄는 평화민주당이 제1야당이 되자 김대중은 여소야대 국회를 이끌면서 개혁 정국을 주도했다. 그런데 노태우 정권은 여소야대 정국을 뒤집기 위해 인위적 정계 개편을 시도했고 결국 1990년 1월 22일 3당 합당이 발표됐다. 김대중은 3당 합당 이후인 1월 29일에 기자회견을 했는데 이때 김대중의 회견문 제목이 〈제2의 '유신' 쿠데타를 막아야 합니다〉이다. 이 제목에 3당 합당에 대한 김대중의 인식이 잘 나타나 있다. 3당 합당은 한국 정치 전반에 매우 부정적인 영향을 주었다. 1990년 3당 합당이 이뤄지면서 반공주의에 반호남 지역주의의 결합이 공고화돼 민주 대 반민주 구도가 김대중 대 반김대중 구도로 재편되는 상황이 발생했다. 1990년 3당 합당 없이 여소야대 국회가 지속돼 여러 성과를 내고 1992년 대선에서 김대중-김영삼 사이의 연합 정권이 성립됐다면 1987년 단일화 실패의 부정적 효과가 장기 지속되지 않고 봉합됐을 것이다. 그런데 1990년 3당 합당으로 인해 그것이 불가능하게 됐다.

여기에 맞서 김대중은 이념적, 정치 세력 차원의 외연 확장 전략으로 대응했다. 이념적으로는 '뉴DJ 플랜'을 내세우면서 온건개혁 노선을 명확히 했다. '뉴DJ 플랜'은 국제적인 냉전 구조의 해체에 대응하기 위한 정책 방향의 재구성과 맞물려 있었다. 그리고 정치 세력 차원에서는 우선 재야 세력을 중심으로 한 시민사회, 사회운동 세력을 계속해서 영입했다. 그리고 결정적으로는 민주당과의 합당이었다. 당시 민주당은 이기택, 김정길, 노무현 등 1990년 3당 합당에 반대해 김영삼과 결별한 민주화운동 출신 정치인들이 주축이었고 지역적으로 영남 지역 배경이 강했다. 여기에 개혁 성향의 소장파 인사들이 참여하고 있어서 당세는 작았지만 그 나름의 상징성과 영향력이 있었다. 그래서 김대중은 민주당과의 통합을 위해 파격적 결단을 한다. 김대중은 민주당에 대해 흡수 통합이 아니라 당 대 당 통합, 공동대표제 등 파격적 결단을 해서 1991년 9월 16일 통합에 성공했다. 당시 김대중의 통 큰 결단은 훗날 정당의 외연 확장, 통합 과정에 하나의 교과서적인 사례로 평가받을 정도로 큰 의미가 있었다.

이처럼 김대중은 이념적, 정치 세력 차원에서 외연 확장 전략을 취했고 1992년 3월에 실시된 14대 총선에서 민주당은 97석을 확보해 선전했다. 당시 민자당은 과반에 1석이 부족한 149석을 차지해서 패배했다는 평가를 받았다. 그러나 민자당의 패배는 단독 과반수를 얻지 못했고, 1990년 3당 합당 이후 탄생한 거대 의석수에 비해 대폭 감소했기 때문에 나온 평가였을 뿐이다. 절대적인 수로만 본다면 민자당은 민주당에 비해서 상당히 우세였다. 1990년 3당 합당을 통해 형성된 보수 우위 상황이 구조화되고 있었다. 그래서 김대중을 중심으로 민주화 세력이 대부분 뭉쳤지만 1990년 3당 합당으로 세력을 확장한 보수 세력을 역전시키기에는 역부족이었다. 게다가 대선 과정에서의 용공 음해와 반호남 지역주의 조장이 또다시 나타났고 그 영향력은 여전했다. 그 결과 김대중은 14대 대선에서 또다시 낙선했다. 김대중은 선거 과정에서 나타난 여러 문제점에 대해 크게 실망했다. 한편으로는 자신의 힘으로는 극복하기 힘든 불가항력적인 벽에 큰 좌절감도 함께 느낀 것으로 보인다. 결국 김대중은 대선 패배 직후 정계 은퇴를 선언한다.

나. 김대중의 정계 복귀가 신의 한 수였던 이유

정계 복귀 선언: 선생님에서 정치인으로

정계 은퇴를 선언한 김대중은 1993년 1월 26일 영국 유학을 떠난다. 영국 캠브리지 대학의 객원연구원으로 유럽통합과 독일 통일 문제 등을 연구하다가 7월 4일에 귀국했다. 1993년 12월에 자전적 수필인 《새로운 시작을 위하여》가 출간돼 엄청난 인기를 끌었다. 1994년 1월 27일에는 아태평화재단 창립 기념식을 개최하면서 본격적인 활동을 전개한다. 이 시기 김대중은 '선생님'으로 불렸다. '선생님'은 과거 정치인으로 활동할 당시에는 김대중의 측근 정치인과 적극 지지자들이 호칭한 표현이었는데, 이때부터는 많은 일반 국민이 그렇게 부르기 시작했다. 반DJ 정서로 인해 오랜 기간 극심한 고통을 겪었던 김대중으로서는 정치할 때에 받지 못했던 긍정적이고 우호적인 분위기가 낯설기도 하면서 한편으로는 편안하게 느껴진 듯하다.

1995년 6월 27일에 실시된 지방자치단체 선거 유세에 참여하면서 현실 정치에 가까이 다가섰던 김대중은 31개월 만인 1995년 7월 13일 정계 복귀를 선언했다. 7월 18일에는 신당 창당을 선언했고 9월 5일에 새정치국민회의를 창당했다. 당시 김대중의 정계 복귀 선언은 많은 비판을 받았다. 무엇보다 1992년 12월 대선 패배 직후에 한 정계 은퇴 선언을 번복했다는 점에서 거짓말 논쟁에 휩싸였다. 김대중으로서는 매우 큰 부담이었다. 김대중의 정계 복귀는 결과적으로 본다면 김대중 개인에게도, 국가와 민족에게도 그리고 동아시아 지역을 중심으로 한 국제적으로도 대단히 긍정적인 효과를 냈다는 점에서 의미가 크다. 그러나, 이는 결과론적 이야기일 뿐, 만일 1997년 대선에서 실패했다면 김대중은 정계 은퇴 이후 받았던 존경과 재평가가 사라짐은 물론이거니와, 민주화운동 진영의 정통성과 지도력이 근본부터 흔들릴 수 있었다. 이런 점에서 위험성이 매우 큰 정치적 결단이었다.

김대중이 이를 몰랐을 리 없다. 그러면 왜, 언제부터 정계 복귀를 생각했을까? 1995년 1월 김영삼 대통령이 김종필의 2선 후퇴를 요구했다. 이에 반발한 김종필이 자유민주연합을 창당했다. 이 당시 김영삼 정권 내부의 분열이 1차 배경이 됐을 것으로 본다. 그리고 1995년 6·27 지방선거가 결정적인 계기였다. 이때 김대중은 지원 유세에 나섰는데 민주당 지지층에서 김대중에 대한 인기는 여전하다는 것이 확인됐다. 또한 경기도지사 선거에서 이기택 대표가 이종찬 대신 장경우 후보를 고집해 선거에서 패하자, 김대중은 이기택 대표의 지도력을 크게 회의했다. 이러한 일련의 과정을 거치면서 정계 복귀를 결심한 것으로 보인다.

여기에 더해, 필자는 1994년 10월 북미 제네바합의가 김대중의 정계 복귀에 상당한 영향을 주었다고 본다. 김대중이 북미 제네바합의와 정계 복귀 문제를 연결시켜 설명한 바는 없다. 그런데 북미 제네바합의는 전쟁 위기로까지 이어졌던 북핵 문제를 둘러싼 군사적 긴장을 크게 완화시켰다. 합의가 잘 이행된다면 북한과 미국 사이의 관계 진전에 따라 한반도에서 냉전의 잔재가 해소될 수 있었다. 이는 김대중을 수십 년 동안 괴롭혔던 '색깔론'의 기반이 약화되고 해체될 수 있음을 의미했다. 김대중이 이러한 상황을 고려했을 가능성은 충분하다.

김대중 후보론에 대한 진보 진영의 비판

김대중의 정계 복귀는 1997년 대선에서 김대중이 또다시 민주화 세력의 대표 후보로 나선다는 것을 뜻했다. 이때 민주화 세력 내의

한 축인 진보 진영에서 김대중에 대한 비판이 많이 나왔다. 어떻게 보면 1987년 대선 패배 이후보다 비판이 더 많았다. 1987년 대선 패배 직후에는 충격이 매우 컸으나, 곧 다가오는 1988년 4월 총선 준비에 집중해야 하는 상황이었다. 다행히 총선에서 여소야대 국회가 탄생했고, 1990년 3당 합당 전까지 여소야대 국회 주도로 민주화의 요구가 의회를 통해 상당 부분 반영되면서 대선 패배 책임론은 가라앉았다. 1992년 대선에서의 패배는 1990년 3당 합당으로 인해 축소된 민주화 세력 전체의 구조적 한계라는 인식이 지배적이어서 김대중 책임론이 제기되지 않았다.

그러나 정계 복귀를 선언한 1995년에는 달랐다. 전통적으로 김대중에 대해 비판적 지지 입장을 고수하던 NL 진영은 상대적으로 조용한 편이었으나, PD 진영과 운동권 내 특정 정파에 속하지는 않지만 진보적 성향의 지식인 그룹은 김대중을 강하게 비판했다. 1980년대 사회운동 세력 내부의 PD 진영은 노동자 계급의 정치 세력화를 통한 서구식 진보 정당을 지향했다. 이 때문에 민주화운동 과정에서 김대중이 헌신한 점을 인정하긴 했지만, 김대중을 기본적으로 자본가 계급에 기반한 보수 정치인으로 인식했다. 따라서 김대중과의 연대에 부정적이었으며 김대중이 진보 세력의 지지층을 잠식한다는 이유로 김대중에 대한 대립 의식이 강했다. 이러한 배경에서 김대중이 지역등권론을 제기하면서 정계 복귀를 선언하자 상당히 강하게 비판한 것이다.

비판의 핵심은 지역등권론과 관련된 지역주의 문제였다. 이것은 명분과 실리 두 측면에서 모두 핵심적인 사안이었다. 명분 차원에서는 지역등권론 등 지역주의 문제에 대한 김대중의 인식과 전략이 지역주의를 악용할 수 있다고 비판했다. 실리 차원에서는 지역주의의 덫에 걸린 김대중의 한계 탓에 김대중 후보로는 대선에서 이길 수 없다는 현실론을 내세웠다. 당시 이 같은 입장의 대표적 이론가가 손호철 교수다.

DJ는 뛰어난 정치적 식견과 정치인 중에서 타의 추종을 불허하는 민주화 투쟁 경력에도 불구하고 '지역패권주의'에 의해 아직도 대권에 오르지 못했다는 점에서는 지역주의의 최대 피해 정치인이다. 그러나 동시에 자신의 대권과 정치권력을 위해 위에서 보았듯이 때로는 지역주의를 부추기거나 지역주의의 약화를 우려하고 있으며 권력 기반이 지역주의에 기초해 있다는 점에서 그는 지역주의의 생산자이자 지역주의의 수혜자, 즉 '호남귀족'이기도 하다.[141]

결국 수평적 교체론의 합리적 핵심과 문제의식을 살리기 위해서는 위에서 지적한 규범적 이유뿐만이 아니라 현실적인 전략, 전술적 이유에서도 DJ는 킹메이커로 물러서고 '제3후보론' 등을 받아들여야 한다. 이는 서울시장 선거에서의 '조순 카드'의 파괴력이 입증해준 바 있다. 그것이 한국의 민주주의와 호남을 위하는 길일 뿐 아니라 동시에 자신을 위하는 일이다.[142]

DJP와 제3후보론의 장단점의 대차대조표는 크게 보아 그 규범적 측면과 승리 가능성이라는 두 면에서 비교될 수 있다. … 우선 규범적 측면에서 보자면 단연코 제3후보론이 두 면에서 DJP에 대해 일방적인 우위를 점하고 있다. … 그러면 승리 가능성은 어떠한가? … DJ 진영과 세간의 생각과 달리 제3후보론이 오히려 DJP보다 승률이 높은 전략이다.[143]

김대중의 지역등권론은 명분도 없고 김대중의 대권 4수는 성공할 수도 없다는 주장이었다. 특히 1997년 대선에서 김대중의 패배 가능성에 대한 우려는 이미 1996년 4·11총선에서 김대중이 이끈 새정치국민회의가 패배한 이후에 김대중 진영 내부에서도 나왔다.[144] 다만 김대중을 지지한 그룹 내에서는 이런 주장이 공개적으로 제기되지는 않았다. 김대중 필패론이 김대중이 못나서가 아니라 반공주의와 반호남주의가 결합된 반DJ 이데올로기에 근거하고 있는데, 김대중 후보 불가론을 제기하면 이러한 부당하고 부도덕한 구조적 현실에 투항하는 것으로 인식됐기 때문이다. 당시 김대중 지지층 내부의 복잡하고 안타까운 심정을 알 수 있는 부분이다.

왜 김대중 후보론인가

그러면 위와 같은 주장의 오류는 무엇일까? 그리고 만약 김대중이 후보를 양보하고 뒤에서 지원하는 방식을 취했다면 정권 교체가 가능했을까? 필자는 김대중의 정계 복귀는 어려운 결단이었고 불가피한 결단이었으며 동시에 위대한 결단이었다고 본다. 1997년 대선 전의 김대중 불가론의 문제점을 정리해보자.

먼저 명분 차원에서 지역등권론과 DJP연합을 비판하는 것은 정치를 도덕과 구분하지 못하는 사회운동 세력의 경직된 도덕주의적 정치관의 소산이라는 점을 지적할 수 있다. 그리고 김대중을 지역주의의 수혜자라고 보는 관점은 망국적 지역주의의 핵심인 반호남 지역주의의 문제점을 제대로 지적하지 않는다는 점에서 심각한 문제가 있다. 김대중은 대통령 당선을 목표로 두었는데 지역주의의 벽에 막혀 대권 도전에 실패한 김대중을 지역주의의 수혜자라고 하는 것은 논리적으로도 맞지 않는 주장이다.

위와 같은 명분도 중요한 요소이지만 근본 문제는 바로 당선 가능성이었다. 이 점에서 제3후보를 내세워야 한다는 논리는 결정적인 한계가 있다. 이는 유권자의 진보성에 대해 막연한 낙관론을 전제한다는 점에서 그러하다. 김대중 변수만 없어진다면, 반DJ 이데올로기에 영향을 받은 유권자 층이 제3후보를 지지하게 되니, 보수 후보를 이길 수 있다는 주장이기 때문이다. 그런데 이게 가능할까?

기본적으로 제3후보론은 김대중의 열광적인 지지층만으로는 독자 집권이 어려우니, 외연 확장을 통해 집권 가능성을 높이자는 주장이다. 김대중+α를 전제한 것이므로 김대중은 자신의 지지층을 견고하게 묶어두는 역할을 해야 한다. 김대중이 제3후보를 지지하는 메시지를 명확하게 제시해야 하는데, 문제는 그렇게 되는 순간 제3후보는 사실상 김대중의 대리인처럼 각인돼버려 결국 반DJ 프레임을 돌파하지 못하고 갇히게 되는 효과가 발생한다. 그만큼 반DJ는 강력했기 때문이다. 그래서 이와 같은 방식은 김대중 상왕론과 제3후보 꼭두각시론으로 공격을 받으면서 제3후보를 통해 기

대한 외연 확장이 매우 어렵게 된다. 제3후보를 통해 일정 정도 외연을 확장한다고 해도 기본적으로 반DJ 프레임에 갇히기 때문에 이것만으로는 부족하다. 게다가 이들이 염두에 둔 '비DJ 성향의 개혁 유권자' 층은 그렇게 많지 않았다. 지역주의와 반공주의 등 전통적인 균열 요인에 의해 영향을 받는 유권자가 오히려 더 많았다. 노무현이 부산에서 연이어 낙선한 것도 바로 이 때문이었다.

결국 중도 보수와 보수 성향의 유권자를 대상으로 외연 확장을 해야 한다. 이를 위해서는 김종필의 자민련이 연대의 파트너가 돼야 했다. 그런데 김대중 이외의 다른 인물이 김종필과의 정치 협상을 성공시킬 수 있었을까? 제3후보가 김종필과의 정치 연합을 성공시키기란 매우 어려웠을 것이다. 김대중과 김종필은 정치 노선과 배경은 완전히 달랐지만 둘 모두 산전수전을 다 겪은 정치 지도자였다. 권력과 정치의 속성을 꿰뚫어보는 인물들이라서 노선과 배경이 달라도 서로 통할 수 있는 마인드가 있었다. 제3후보를 미는 세력들은 진보성이 강한 소장파들인데, 이들에겐 김종필과 정치 협상을 할 수 있는 정치력이 부재했다. 이렇게 되면 김종필은 여권 후보인 이회창과 손을 잡는 상황이 발생했을 수도 있다. 결국 김대중이 후보로 나서 이 문제에 정면 대응하는 것이 옳았다. 1997년 대선에서는 김대중이 1990년 3당 합당으로 구조화된 반DJ 구도를 돌파해서 승부를 내야만 한 것이다.

2. 1997년 15대 대선에서의 승리, 그 의미와 가능했던 이유

가. 헌정사상 최초의 평화적 정권 교체의 의미

대통령 당선 자체가 기적이자 업적이었던 김대중

많은 사람이 대통령 김대중의 업적에 대해 한국전쟁 이후 최고의 국란으로 불린 IMF구제금융 사태의 극복과 2000년 최초의 남북정상회담과 6·15공동선언을 통해 남북 관계와 동북아 지역의 평화 공동체 실현을 위한 역사적 계기를 마련했다는 점을 주로 거론한다. 물론 위 두 가지는 매우 큰 업적이다. 그런데 이에 못지않게 김대중의 대선 승리도 매우 중요하다. 임혁백은 "한국 민주화에서 김대중이 이룩한 가장 큰 공헌은 동아시아에서 최초로 정당 간 평화적 정권 교체를 이룩함으로써 한국 민주주의를 공고화했다는 것이다. 김대중은 한국 민주주의의 전환과 공고화 과정을 모두 주도함으로써 '한국 민주주의의 아버지'로 불리기에 손색이 없다"라고 평가했다.[145] 이만큼 김대중 대통령의 탄생은 한국 민주주의 발전에 있어 매우 획기적인 의미를 가진다. IMF위기 극복, 지식 정보화와 문화 발전, 복지국가 건설 등은 사회·경제 분야 업적이다. 최초의 남북정상회담과 6·15공동선언 그리고 4대국 외교와 동아시아공동체 등은 남북 관계와 외교 전반에 걸쳐 있는 업적이다. 정권 교체는 정치와 민주주의 분야의 업적이라고 볼 수 있다. 이처럼 김대중은 대통령 재임 중 거시적 차원의 3대 분야에 있어 패러다임적 전환을 이뤄냈다.

김대중 대통령의 당선, 이것은 두 차원에서 살펴보아야 한다. 하나는 정권 교체 자체의 의미이고, 그다음으로 김대중으로의 정권 교체가 갖는 의미다.

먼저 전자에 대해서 살펴보자. 무엇보다 정권 교체를 통해 한국의 민주주의는 공고화의 단계로 넘어갈 수 있었다. 민주주의 이론가들은 민주화 이행 이후 민주주의 공고화를 평가하는 데에 있어 정권 교체를 매우 중요한 요인으로 판단한다.[146] 한국에서 정권 교체가 이뤄지지 않았다면 한국은 자민당 1당 독주 체제의 일본처럼 다양성이 확보되지 않은 제한된 의미의 민주주의 국가가 될 수 있었다. 1990년 3당 합당이 한국 민주화 발전에 매우 부정적이고 위협적인 요인이었던 이유 역시 정권 교체를 구조적으로 막기 위한 상층 정치 엘리트들의 담합이었기 때문이다. 1990년 3당 합당이 없었다면 여소야대 국회가 이끈 개혁 정국이 지속됐을 것이다. 이

여세를 몰아 1992년 대선에서 민주화 세력이 승리할 가능성이 높았음을 고려할 때 3당 합당은 정권 교체를 막기 위한 보수 대연합의 성격을 띤다. 1992년 대선에서도 보수 대연합을 극복하지 못했지만 결국 1997년 대선에서 정권 교체에 성공해 1990년 3당 보수 대연합 구상을 7년 만에 좌절시킨 것이다. 1987년 6월항쟁에서 비롯한 한국의 민주화 이행은 1997년 12월 평화적 정권 교체를 통해 공고화의 단계로 넘어갔다고 볼 수 있다.

그다음으로 김대중으로의 정권 교체가 갖는 의미이다. 이는 세 측면에서 살펴볼 수 있다.

①장기간에 다방면에 걸쳐 진행된 호남 차별과 호남 소외가 파국적 상황으로 악화되는 상황에서 김대중 후보가 당선돼 이 문제를 수습할 실마리를 마련했다. 무엇보다 김대중 후보의 당선은 한국전쟁 이후 최대의 비극인 광주민주화운동 문제 해결의 일단락으로 평가할 수 있다.[147] 광주민주화운동의 발생 원인을 보면 김대중에 대한 탄압과 호남의 정치·경제·사회·문화적 소외 문제가 있었다. 이는 1987년 6월항쟁 이후에도 지속됐다. 1987년 대선에서는 양김 단일화 실패가 결정타로 작용해 반호남 고립 문제가 부각되지 않았다. 하지만 1990년 3당 합당이 노골적인 반호남 정치 구도의 성립을 목적으로 한 것이기에 호남의 충격과 고립감, 위기감은 고조됐다. 김대중과 호남의 일체감은 더욱 강화될 수밖에 없었다.

그런데 1992년 대선에서 김대중 후보가 패하자, 호남은 커다란 충격에 휩싸였다. 망국적인 반호남 지역주의에 대항하기 위해 아이를 더 낳아 호남 정체성을 갖는 인구를 늘려야 한다는 자조적인 한탄까지 할 정도였다. 1997년 대선 당일 호남에서는 호남에서의 투표율이 높을 경우 반DJ 이데올로기를 갖는 사람들을 자극할 수 있다는 우려 탓에 누가 시킨 것도 아닌데 이신전심으로 오전보다 오후에 투표를 많이 하는 모습을 보였다. 그만큼 호남 소외에서 벗어나겠다는 강한 집합적 의지가 형성된 상황이었다. 그러므로 김대중의 대통령 당선은 호남이 한국 사회에서 정상 주체로서 자리매김할 수 있게 됐음을 의미했다.

②김대중이 집권에 성공했기 때문에 IMF위기를 극복할 수 있었다. 기존의 보수 세력은 사회 약자들을 포용하면서 설득하는 민주적 리더십을 갖추지 못했다. 이들이 그대로 정권을 잡았다면 IMF위기 극복 과정에서 불가피하게 희생을 감수해야만 하는 사회 약자들의 불만이 폭발해 수습하기 힘든 상황이 발생했을 수 있다.

③김대중은 독자적 의지와 역량으로 냉전반공주의 억압 통치가 가장 강고하게 전개될 당시에도 민주주의와 평화통일 노선을 견지하면서 여러 차례 죽을 고비를 넘기고 살아남은 정치인이었다. 김대중은 해방 공간에서 중도파 민족주의 세력의 역사적 가치를 계승한 정치인으로 집권에 성공했다. 그리고 이러한 가치와 노선을 국가 정책으로 추진해, 2000년 최초의 남북정상회담과 6·15공동선언을 이끌어냈다는 점에서 역사적으로 명맥이 끊길 뻔했던 평화통일 노선을 정치적으로 부활시키는 데 결정적 역할을 했다.

선거에 의한 정권 교체는 왜 어려웠을까?

—반DJ 정서와 반김대중 이데올로기

그러면 선거에 의한 정권 교체는 왜 그토록 어려웠을까? 여기서는 '반DJ 정서', '반김대중 이데올로기'와 관련해 살펴보려고 한다. 필자는 김대중에 대한 부정적 정서를 개념화한 반DJ 정서가 단지 정서 차원을 넘어 이데올로기로서의 의미를 띤다고 생각한다. 반DJ 정서에는 반공주의와 반호남주의가 결합돼 있다. 그리고 이 둘은 권위주의 세력의 지배 통치 이데올로기와 관련이 있다. 따라서 반김대중 이데올로기의 성격을 제대로 파악하기 위해서는 반공주의와 반호남주의를 먼저 분석해야 한다.

먼저 반공주의에 대해서 살펴보자. 한국에서 반공주의가 확산된 계기는 1948년 여순 사건[148]이라고 볼 수 있다. 이 사건이 전 국가 차원에서 확고하게 뿌리 내린 결정적 계기는 바로 한국전쟁이었다. 일반 국민이 전쟁 기간 동안 겪은 극심한 혼란과 죽음에 대한 공포심을 이용해 안보와 안전의 논리로 강조된 반공주의는 국민의 미시적인 삶의 영역에까지 영향을 미쳤다. 친북 용공 세력을 상징하는 '빨갱이'는 공포의 대상이자 혐오와 배제의 대상이 된 것이다. 군사독재 정권은 김대중을 포함한 민주화운동 세력을 '빨갱이'로 매도하면서 정치·사회·문화적으로 비인간화의 대상으로 만들고, 심지어 죽이려고까지 했다. 반공주의는 '빨갱이'로 낙인찍힌 대상에 대한 혐오와 배제, 심지어 탄압을 합리화하는 성격을 띤다.

다음은 반호남이다. 사회적으로 보면 저곡가 정책으로 인해 농촌에서의 생활이 어려워지자 농민의 이촌향도 현상이 크게 나타났다. 특히 곡창지대인 호남에서는 많은 인구가 이동했는데, 호남에서는 공업지대가 별로 없어서 이들 대부분이 서울과 수도권 지역으로 몰렸다. 서울과 인근 지역에 거주하던 토착민과 새로 이주한 사람들은 한정된 자원을 놓고 경쟁할 수밖에 없었다. 이 과정에서 대거 서울로 올라온 호남민에 대한 편견이 생성됐다.[149] 군사독재 정권은 이러한 상황에서 1971년 대선 때 지역감정을 정치적으로 이용하기 시작했다. 1980년 광주민주화운동 당시에 수많은 시민을 학살한 신군부는 학살의 책임을 모면하기 위해서 반공 색깔론을 동원해 진실을 은폐하고 조작했다. 그리고 이 사건의 책임이 김대중에게 있다고 조작하면서 사형선고를 내렸다. 이러한 일련의 흐름 속에서 반호남주의와 반공주의가 결합돼 반김대중 이데올로기가 나타났다. 반김대중 이데올로기는 거짓말, 배신, 음흉함, 폭력성, 불안 등 부정적 프레임을 형성하는 보수 지배 세력의 통치 담론이자 상징이었다. 김대중은 혐오 대상이 돼버리고 만 것이다. 〈내친구 김대중〉이라는 칼럼[150]이 당시 상황을 알려준다.

김대중을 처음 알게 된 것은 지금으로부터 25년 전인 1984년 중학교 2학년 때였다. 물론 정치인 김대중DJ이 아니었다. 서울 태생인 나는 80년 광주민주화운동의 상징 인물로 사형선고까지 받았던 김대중 전 대통령을 그때까지 잘 몰랐다. 내가 말한 김대중은 같은 반 급우였다. … 그가 내 기억에 지금껏 남아 있는 것은 바로 그의 별명 때문이다. 당시 우리 반에는 우리 학년에서 가장 키가 크고 싸움을 잘하던 아이가 있었다. 요즘 말로 하면 '일진'이요 주먹 '짱'인 친구다. 그 친구가 김대중에게 이렇게 소리쳤다. "야! 역적! 너 역적이라며." 싸움 잘 하는 친구의 말은 곧 진리로 통하던 때였다. '짱'이 역적이라고 부르면 그 애는 역적이 될 수밖에 없었다. 왜 역적으로 불리는지, 역적의 의미가 뭔지 우리 반 누구도 모른 채 김대중의 별명은 역적으로 굳어졌다. … 집요하게 별명이 이어지면 그때서야 "으응? 나?" 하면서 멋쩍게 웃곤 했다. 이 같은 놀림에 이골이 난 듯한 대응이었다. 우리를 바라보는 그의 눈빛은 체념으로 가득했다. … 고등학교에 들어가서야 친구 대중이의 별명이 정치인 김대중의 수난을 초래한 단어임을 알았다. 대학 입학 이후 동창 김대중은 잊혀졌고 정치인 DJ가 관심의 대상이었다. 역적(빨갱이)으로 몰려 사형선고를 받았던 그는 87년 사면복권된 뒤 대통령 후보로 나서는 등 기사회생했다. 당연히 '김대중=역적'이란 별칭도 사라질 줄 알았다. 하지만 군사정권이 낙인찍은 이미지는 쉽게 지워지지 않았다. 일부 언론과 기득권 세력은 DJ에 대해 '노회' '과격' '선동적' 등으로 묘사했다. 언론은 꽃꽂이를 위해 장미 꽃망울을 가위로 자르는 김대중을 '잔인한 DJ'라고 표현(강준만의 '김대중 죽이기')하기도 했다. 이를 접한 일반인의 DJ에 대한 인식이 좋을 리 없었다. … 중2 때 친구 대중이가 받았던 조롱과 비난은 정치인 DJ에겐 현재진행형이었다. … 지난 23일 영결식 때 DJ의 영정을 보면서 내 마음속 잊혀진 인물이 불현듯 떠올랐다. 사춘기 소년으로서 감당할 수 없는 별명에 대해 속앓이를 했을 내 친구 김대중이. 4반세기가 지나서야 그가 느꼈을 아픔의 깊이를 알게 된 내 자신에 대한 자책과 함께.

이처럼 광범위하게 확산된 반김대중 정서는 동명이인들이 고초를 겪어야 할 정도로 매우 심각한 상황에 이르게 됐다. 필자는《진보오리엔탈리즘을 넘어서》라는 책에서 반DJ 현상에 대해 다음과 같이 분석한 바 있다.

'반DJ'는 인물이 정치적 상징이 됐다는 점에서 특징적이다. 정치적 라이벌에 대한 견제와 탄압은 흔히 있는 일인데, 특정 정치인을 상대로 이토록 장기간에 걸쳐 강도 높은 배제를 시도한 경우는 김대중이 처음이었다. 그 이유는 김대중이 군사독재 정권하에서 여러 번의 죽을 고비를 넘기고 구사일생으로 살아남았다는 점과 관련이 있다. … 이러한 극단적인 정치적 탄압은 김대중의 정치적 생명력과 영향력을 강화시켰다. 이처럼 김대중을 물리적으로 제거하지 못하게 되자 보수 세력은 헤게모니 전략의 일환으로서 '반DJ'라는 정치적 상징을 내세우며 부정적 통합 전략에 나선 것이다.[151]

그래서 반DJ는 이데올로기적 성격을 띠고 있다. 반DJ는 안보를 위협하는 공포스러운 대상, 경제 발전을 저해하는 열등한 대상과 관련해서 개념화됐다. 나아가 개인 차원에서 단순히 감정을 갖는 것을 넘어 국가와 사회를 위해 적극적으로 나서야 한다는 의식을 갖게 한다는 점에서 상당히 적극적이고 동적인 개념이기도 하다. 그래서 반DJ는 단순한 정서의 표현을 넘어선다. 논리 체계를 갖추면서 개인의 의식과 행동의 내적 근거를 제공하는 관념의 체계라는 점에서 반DJ는 이데올로기라고 할 수 있다. 반DJ는 반공주의와 반호남주의가 결합된 상징으로 김대중 개인을 넘어 저항 진영 전체를 타깃으로 삼았다. 이는 한국 민주화의 진전과 정권 교체를 가로막는 중요한 원인이 됐다.

나. 정권 교체가 가능했던 이유

1997년 대선에서 김대중의 승리는 극적이었다. 여러 중요한 조건이 모두 합쳐져서 가능했던 기적 같은 일이었다. 김대중 당선 직후에 많은 사람이 "만일 한 가지라도 맞아떨어지지 않았으면 김대중 대통령은 없었을 것"[152]이라고 했다. 여기에서는 김대중이 능동적으로 대처해서 성공한 경우 가운데 대표적인 세 가지에 대해 살펴보려고 한다.

DJP연합의 성공

1997년 15대 대통령선거에서 김대중이 승리할 수 있었던 여러 요인 가운데 가장 핵심적인 것은 DJP연합의 성공이다. 이인제 출마, 이회창 아들 병역 의혹 등 여러 원인이 있지만 외부에서 유리한 조건이 갖춰진다고 해도 내부의 주체적 득표 역량이 확보되지 않는다면 성공하기 힘들기 때문이다. DJP연합이 김대중 대통령 당선에 있어 가장 중요한 까닭이다.

그런데 DJP연합이 처음 공론화될 때에는 상당한 비판이 있었다. 김대중의 전통 지지층이었던 민주화운동 세력 내에서도 비판이 쏟아졌다. 자중지란을 우려해 겉으로 반대 의사를 밝히지 않았지만 내심 부정적으로 보는 세력까지 포함할 경우, 민주화운동 세력 내부에서 DJP연합에 대한 반대는 압도적으로 높았다. 그런데 이러한 반대를 뚫고 이뤄낸 DJP연합이 정권 교체에 가장 큰 공헌을 했다는 점에서 이는 역사를 바꾼 신의 한수였다.

DJP연합은 언제부터 논의가 시작됐을까? DJP연합 자체만 놓고 본다면 이 구상은 1995년 지방선거 전후에 논의되기 시작했다고 볼 수 있다. 그런데 김대중이 김종필과의 연대가 가능하다고 인식한 때는 이보다 훨씬 오래전 민주화운동 시기인 1985년부터 확인된다. 김대중은 1985년 2월에 2차 미국 망명을 마치고 전격 귀국한 직후《월간조선》과의 인터뷰(1985년 4월호)에서 민주화 투쟁을 위한 총단결이라는 관점에서 김종필과의 연대가 필요하다는 입장을 밝힌 바 있다.

김대중: 또 김종필 씨를 포함시킨 데 대해 의아하게 생각하는 사람도 있지만 김종필 씨의 과거 행적을 비판하지 않아서가 아닙니다. 또 내가 김 씨와 정치적인 동지가 되려고 생각해서도 아닙니다. 다만 한정된 목적을 위해서는 김종필 씨도 동참하는 게 옳다는 생각 때문입니다. 김 씨도 현 체제하에서 규제받은 피해자이고, 어쨌거나 과거 공화당 계열의 상당 부분을 대표할 수 있는 사람이거든요. 셋째는 내가 정치 보복을 하지 않겠다면서 김 씨를 대화에서 빼겠다는 것은 모순입니다. 대화는 이루어지겠지만 만약 정부에서 대화를 하지 않겠다면, 그에 대한 대가를 지불해야 할 것입니다.

질문: 김종필 씨와 함께 대화하겠다는 것은 어쨌든 같은 입장이란 점을 인정하신 것 아닙니까. 만약 사정이 여의치 않을 때는 구야와 구여가 연합해 민주화운동을 추진할 수도 있다는 것으로 이해되는데요.

김대중: 2차 대전 때 미국은 히틀러와 일본 군국주의에 대항하기 위해 소련과도 손잡았었습니다. 그건 특수한 목적을 위해 손잡았던 것입니다. 미국이 소련과 체제가 같아서도 신념이 같아서도 아닙니다. 같은 목적을 위해 김종필 씨가 동참하겠다면 나는 협력하겠습니다.[153]

김대중은 민주화운동 시기 국민민주혁명의 성공을 위해서 최대 연합 노선을 추진했는데, 여기에 기존 보수 세력에서 소외된 김종필까지 연대의 대상으로 설정한 것이다. 이 당시 김종필과의 연대에 관한 논의는 그 뒤 진전되지 않았기에, 김대중이 이런 입장이었다는 사실 자체가 별로 알려지지 않았다. 만일 이 문제가 크게 공론화됐다면 1997년 대선 때의 DJP연합에 대한 반대 이상으로 큰 반발이 있었을 것이다. 당시는 정치보다 운동이 중심이어서 도덕성과 선명성이 힘을 받기 쉬운 시절이었기 때문이다. 이러한 상황에서도 김대중이 이러한 주장을 한 것은 연합 정치에 대한 그의 시각이 열려 있음을 보여준다. 그리고 이 책 66~67쪽에서 설명한 것처럼 김대중은 유신 시절인 1975년에 집권 공화당 인사들 중에서도 민주 회복 노선에 동참하면 연대해야 한다고 주장할 정도로 연합 정치에 대한 입장은 확고했다.

1997년 대선을 앞두고 이뤄진 DJP연합에 대한 구상은 1995년

10월 1일 나종일 교수가 이끄는 동아시아포럼이 황태연 교수의 이론적 기반에 근거한 지역연합론을 제기한 것에서 본격화된다.[154] 지역연합론이 처음 제기됐을 때 김대중의 반응은 부정적이었다. 이때는 지방선거에서 승리한 직후 정계 복귀를 통한 총선을 대비하고 있었기 때문에 독자적인 승리 가능성을 고려했던 것으로 보인다. 그런데 1996년 4월 총선에서 패하자 김대중은 김종필과의 연합을 수용한다. 현실 정치인으로서의 김대중의 면모를 확인할 수 있는 장면이다.

그 뒤 협상을 통해 결국 대선 전인 1997년 11월 3일 DJP연합이 성사됐다. 이때 김대중은 "우리 정치사에서 견해가 다른 정치 세력이 하나의 목표를 위해 뭉친 것은 사실상 5,000년에 처음 있는 일입니다. 이것은 우리 정치의 큰 걸음입니다. 국민의 승리입니다. '화합과 발전을 위한 결단'입니다. 오늘 이 자리에서 우리는 분열주의의 종언을 선언합니다. 이제 분열과 갈등의 시대는 끝나야 합니다. 지역을 넘어 계층을 넘어 세대를 넘어 '국민대통합의 시대'를 저희 양당이 힘을 합쳐 열어나갈 것을 선언합니다"[155]라고 의미를 부여했다. 이처럼 DJP연합은 김대중 당선을 위한 선거 전략적 측면에서뿐만 아니라 연합 정치의 가치 측면에서도 높은 평가를 받고 있다.[156]

색깔론, 용공 조작에 효과적으로 방어하다

북한과 관련된 북풍은 선거 때마다 김대중을 괴롭혔다. 김대중을 좌경용공 세력으로 낙인찍은 상황에서 북풍에 따른 안보 위기 심

리를 자극해 보수 세력에 대한 지지를 유도하려고 한 것이다. 김대
중에 대한 용공 음해의 역사를 다루려면 독립적인 책이 필요할 정
도다.

1997년 대선에서도 이와 같은 일이 반복됐다. 먼저 당시 압도적
으로 우세했던 보수 우위 담론 구조를 통해 무차별적으로 색깔론
이 제기됐다. 이 가운데 지금까지 회자될 정도로 악명이 높았던 일
은 1997년 10월 8일《한국논단》이 개최한 '대통령 후보 사상 검증
대토론회'다.[157] 토론회 제목부터 매카시즘 색채가 뚜렷한 이 토론
회에는 당시 다섯 명(김대중, 이회창, 김종필, 이인제, 조순)의 대선 후
보가 참석했다. 방송 3사가 이를 생중계했다.

이 토론회의 실질적인 타깃은 김대중 후보였다. 김대중은 '황장
엽 씨를 만나보니 김정일이 김대중을 가장 좋아한다고 말하던데
나를 설득해보라'는 일방적인 주장에 대응해야 했고, 토론회를 마
친 후에는 '오늘 토론으로 사상 검증을 받았다고 생각하면 곤란하
다'는 말까지 들어야 했다. 지금 기준으로 생각하면 도저히 상상하
기도 힘들 만큼 문제가 많은 토론회였다. 그 당시 김대중에 대한
용공 음해는 항상 이뤄지던 고정변수와 같았다. 이를 감안하다면
김대중이 직접 대응할 수 있는 토론회 형식이었다는 점에서 한편
으로는 김대중에게 기회의 공간이었던 측면도 있다. 강경 보수 진
영은 김대중에게 타격을 주겠다는 의도가 있었을 텐데, 이들의 낙
인찍기는 오랫동안 자행돼온 부정적 이미지를 반복 전달하는 것에
불과했기 때문이다.

1997년 대선에서는 김대중의 당선을 막기 위해 당시 공안 세력

이 북한과 은밀한 협상을 시도한 사실이 밝혀지기도 했다. 2018년 개봉된 영화 〈공작〉은 김대중을 낙선시키기 위해 당시 한국 공안 기구가 북한과 은밀하게 진행한 비밀 협상을 소재로 삼고 있다. 보통 한국 공안 기구들이 선거를 앞두고 간첩단 사건 등을 터트린 일은 오랜 기간 지속돼왔다. 그러나 이때처럼 북한과 협상을 벌여 북풍 공작을 펼친 일은 그 이전에는 확인된 바 없는 충격이었다. 다행히 이 공작이 사전에 김대중 후보 진영에 내부 제보 형태로 알려지면서 김대중 후보 측에서 미리 대응할 수 있었다. 《월간조선》 1997년 12월호(김대중 인터뷰는 1997년 11월 14일 진행)에 게재된 인터뷰 기사를 보면 김대중이 구체적으로 밝히지는 않지만 북풍과 관련된 정보를 입수했다는 사실을 언급한다.[158] 이와 관련된 상세한 비화는 〈공작〉 개봉 이후 당시 제보자를 만나 이 문제에 대응했던 새정치국민회의 대변인 정동영의 증언[159]을 통해서 확인된다.

TV토론, 준비된 대통령 후보 김대중의 진가를 확인하도록 하다

1997년 대선에서 김대중이 승리할 수 있었던 중요 원인 하나는 TV 토론이었다. 그 이전까지 한국 대선에서는 TV토론이 진행된 적이 없었다. 김대중은 대중 연설과 토론에 있어 당대 최고의 능력을 갖춘 인물이었다. 당연히 보수 주류 세력은 김대중과의 TV토론을 꺼려 했다. 김대중은 TV토론 개최를 주장했지만 1992년 대선 때까지 받아들여지지 않았다. 그때만 하더라도 쌍방향 의사소통을 가능하게 하는 인터넷 공론장이 미약한 수준이었기 때문에 보수 주류 세력에 의해 일방적으로 왜곡된 이미지만이 주요 언론을 통해 무차별적으로 생산되고 유포됐다.

　부정적 편견과 낙인을 극복할 수 있는 방법은 언론을 통해 김대중의 진면목을 확인할 수 있도록 하는 것이었다. 그리고 가장 유효한 방법이 바로 TV토론이었다. TV토론은 편집 없이 김대중의 진면목이 그대로 드러난다는 점에서 프레임과 편집을 통해 왜곡된 김대중의 부정적 이미지를 해소하는 데에 중요한 역할을 할 수 있었다. 또한 후보 사이에 상대적 비교가 가능하기 때문에 후보들 사이의 우열 관계를 파악하는 데 매우 유용하다. 김대중은 대중 연설과 토론 능력이 모두 탁월했기에 TV토론을 열망했고, 1997년 대선에서 TV토론을 적극 활용했다. 결국 TV토론은 준비된 대통령 후보, 정책 전문가라는 김대중의 긍정적 가치를 알리는 데에 크게 도움이 되면서 김대중의 대선 승리에 기여했다.

2부

국민통합과
민주인권국가로

1장
국민통합, 화해와 공존의 가치를 세우다

한국은 일제강점기, 한국전쟁, 독재정치 등에서 비롯된 여러 가지 문제점을 해결해야만 했다. 이것을 해결하지 않으면 역사적 상흔에 의한 극단적 갈등에 의해 민주주의 발전을 이룩하는 것이 불가능했다. 그래서 과거사 청산은 한국이 선진 민주주의 국가로 나아가기 위한 필수적인 과제였다. 과거사 청산에 대한 접근법을 보면 단절청산론과 화해통합론으로 대별되는데 김대중은 화해통합론을 대표했다. 그리고 김대중은 화해통합론이 민주화 세력의 기본적인 입장이 될 수 있도록 지도력을 발휘했으며 이는 한국의 민주화 이행과 공고화에 있어서 매우 결정적인 기여를 했다. 여기에서는 이와 관련된 내용을 살펴보도록 한다.

1. 과거사 문제 해결에 있어 김대중의 입장

가. 과거사 문제 해결의 두 가지 길, 단절청산론과 화해통합론

극심한 사회변동이 발생하면 그 과정에서 수많은 사람의 인권과 생명이 침해되는 경우가 발생한다. 대표적인 경우가 전쟁, 혁명, 민중 항쟁, 외침에 의한 국권 상실, 독재 등이다. 이로 인해 발생한 혼란을 수습하고 정상화하기 위해 과거사 청산을 통한 국민통합은 매우 중요한 과제로 대두된다. 이는 민주화 이행과 민주주의 공고화에 있어서도 핵심 요소다. 과거사 청산이 제대로 이뤄지지 않으면 민주 정부에 대한 국민의 냉소가 팽배해질 수 있고, 과오를 범한 세력의 영향력이 지속되면서 민주주의 공고화에 악영향을 줄 수 있기 때문이다.[160]

한국에서의 과거사 청산 대상은 일제강점기 시절에 발생한 부정적 유산, 해방 이후 좌우 갈등과 전쟁을 거치면서 나타난 민간인 학살, 독재 정권에 의한 인권 탄압 등 세 가지가 중첩돼 있다. 이는 다른 나라와 비교할 때 매우 독특한 사례에 속한다.[161] 일제는 노동력과 물적 자원을 착취하는 것을 넘어서 민족말살정책 등 한민족 정체성의 근본을 훼손하는 방식으로 식민 통치를 하면서 우리 민족에 깊은 상처를 남겼다. 해방이 된 이후 한국은 냉전의 소용돌이 속에서 남북이 분단되고 전쟁으로 이어지는 끔찍한 과정을 겪게 된다. 특히 수많은 민간인이 학살당하면서 역사적 상처는 더욱 깊어갔다. 그렇게 형성된 강고한 반공 체제 속에서 독재 정권이 연이어 집권했다.

독재 정권은 두 가지 문제를 초래했다. 하나는 일제에 협력한 반민족 행위자들이 냉전반공 체제하에서 독재 정권의 지도층 인사로 활동하면서 과거사 문제 해결을 막았다는 점이다. 다른 문제는 군사독재 정권이 강권통치를 하면서 여러 반민주적·반인권적 조치를 자행했다는 점이다. 군사독재 정권은 광주민주화운동 당시 대규모 민간인 학살을 자행했으며 민주화 인사들에 대한 암살 및 테러, 법살, 고문 등 온갖 인권 유린 행위를 했다. 그만큼 과거 청산의 대상은 누적됐다. 그렇다 보니 과거사 청산 대상 세 가지를 한 번에 해결하기란 매우 복잡하고 어려운 일이었다.[162] 그러나 과거사 청산 없이 국민통합은 불가능했다. 이 문제는 민주화 이후 해결해야만 하는 중대한 정치사회적 과제였다.

흔히 과거 청산을 도덕적이고 당위적인 행위로 규정하면서 현실적이고 미래지향적인 행위와 거리가 먼 것으로 이해하는 경향이 있다. 이는 매우 잘못된 통념이다. 과거 청산은 진실을 통한 소통, 피해자에 대한 치유를 통해 권위주의 잔재와 근원을 없애는 것을 목표로 한다. 그 과정에서 형성되는 통합의 힘으로 새로운 국가 발전의 동력을 창출하려 함이므로 과거사 청산은 곧 미래지향적이다. 더군다나 한국은 권위주의 통치 기간이 길었기 때문에 과거로부터 발원한 여러 문제가 지속적으로 영향을 미쳤다. 결국 이 문제를 우회해서 앞으로 나가는 것이 구조적으로 불가능하다. 과거사 청산이 민주주의 심화, 국민통합, 국가 발전을 위한 기본 전제이자 매우 중대한 시대적 과제일 수밖에 없는 까닭이다. 과거사 문제와 국민통합의 과제는 한국만의 이슈가 아니다. 식민 지배를 당했거나 독재 정권의 폭압 통치를 경험한 국가라면 모두 이 문제에 직면한다.

과거사 청산과 관련해 나온 방식을 유형화할 수 있다. 세 가지로 구분하면 정의 모델, 진실화해 모델, 배상 모델[163]로 나눌 수 있다. 그리고 구체적인 정책 방향에서 두 가지로 구분해서 보면 사법적 처리와 진실화해위원회 활동으로 나뉜다. 사법적 처리를 사법적 정의·응보적 정의·형사적 정의라고 할 수 있으며, 진실화해위원회 활동은 회복적 정의[164]라 할 수 있다.

필자는 두 가지 구분법을 수용하되, 표현을 달리해서 단절청산론과 화해통합론이라고 표현하겠다. 김대중의 과거사 청산은 국내만을 대상으로 한 것이 아니라 남북한은 물론 일본을 포함한 동북아 지역 전체를 놓고 인식해야 하기 때문이다. 단절청산론과 화해

통합론 모두 진상규명을 통해 역사적 사실을 제대로 밝히고 피해
자에 대한 명예회복과 사회경제적 보상을 철저하게 하고, 역사의
교훈으로 남을 수 있도록 각종 추모사업 및 기념사업이 가능하도
록 법적·제도적·행정적 지원을 강조한다. 이를 통해 사회적 차원
의 치유와 회복을 목적으로 하고 있다는 점에서 동일하다.

　단절청산론과 화해통합론의 핵심적인 차이는 가해자에 대한 처
리 방식에 있다. 단절청산론은 법적 절차에 따른 엄격한 인적 청산
을 강조한다. 이렇게 해야 역사적 정의를 살릴 수 있고 훗날 또 다
른 비극의 역사가 반복되는 것을 막는 데에 도움이 된다는 입장이
다. 민주화운동 진영 내에서는 이와 같은 견해가 대체로 강했다.
반면 화해통합론은 가해자에 대한 인적 처벌을 반대하며 도덕적
권위에 기반한 화해·용서·관용을 강조한다. 김대중이 화해통합론
의 입장을 대표했다. 필자는 김대중의 화해통합론에서 그의 대정
치인으로서의 면모를 확인할 수 있다고 본다.

나. 광주민주화운동 문제 해결과 박정희, 전두환 문제에 대한 접 근을 통해서 본 김대중의 화해통합론

박정희, 전두환을 용서한 김대중

김대중은 박정희 정권과 전두환 정권으로부터 인간으로서 감당하
기 힘든 정도의 극한 고통을 겪었다. 이때 김대중은 평생 다섯 번
의 죽을 고비 중에서 네 번의 위기를 넘겨야 했고, 평생 6년여 동안

의 감옥 생활 중에서 네 차례 걸쳐서 5년 9개월 동안 수감 생활을 했으며, 두 차례에 걸쳐서 3년 동안의 해외 망명 생활, 그리고 그 외 장기간의 가택연금 및 감시를 당했다. 그리고 가족과 친척, 측근 인사들까지 김대중과 인연이 있다는 이유만으로 구속·고문·생계 활동 방해 등등 각종 고통을 겪어야 했다. 김대중이 국내에서는 인동초, 해외에서는 아시아의 만델라라는 별칭을 얻게 된 것도 이와 관련 있다. 그래서, 김대중은 과거사 청산과 국민통합 문제에 있어 핵심 당사자였다. 김대중이 겪은 고통의 내용과 성격을 보면 박정희와 전두환은 김대중에게 불구대천의 원수라 할 수 있다. 이런 점에서 김대중이 박정희와 전두환에게 먼저 화해의 메시지를 보내고 용서와 관용을 강조한 일은 참으로 놀라웠다. 김대중이 화해와 관용의 정신을 강조한 것은 박정희 정권 때부터다. 김대중은 3선개헌 반대 투쟁을 하던 1969년 3월 7일 국회에서 이렇게 말했다.

박정희 대통령이 만일 3선개헌을 단념하고 이 나라에 평화적인 정권 교체의 룰을 세우고 헌법을 고치지 않고 헌법을 수호하는 입장에서 민주주의를 지키는 입장에서 박정희 대통령이 물러 나간다고 할 것 같으면, 나는 그것 하나만 가지고도 설사 박 대통령 10년 반 집권 동안에 어떤 결함이 있고 어떤 잘못이 있었다고 하더라도 나부터도 선두에서 박정희 대통령을 그야말로 숭배하고 존경을 하겠어요. 또한 우리가 억지로 만들어서라도 물러나는 박정희 대통령을 훌륭한 분으로 모시겠어요. 나는 이것은 내 성을 두고 내 부모를 두고 맹세해요. 이렇게 해서 이 민족의 구심점을 하나 만들어야겠다 이것이에요. … 나는 내가 박정희 대통령을 위해야 할 개인적인 이유는 없어요. 그렇지만 나는 이 나라를 사랑하기 때문에 … 이 나라를 사랑하기 때문에 이 나라의 대통령이 불행하게 되기를 절대 안 바란다 이것이에요. 이것이 나의 소신이에요. [165]

여기에서 보듯 김대중은 박정희 정권의 독재가 심화되는 것을 알리는 신호탄이 된 3선개헌 때부터 과거사 문제와 국민통합 문제를 고려하기 시작했다.

박정희 정권 기간 내내 권위주의 통치가 지속됐다. 특히 1972년 10월 유신이 선포된 이후에는 그 강도가 매우 강해졌고 민주화 세력에 대한 인권 탄압도 심해졌다. 민주화 과제에 있어 과거사 문제의 비중이 더욱 중요해진 것이다. 이러한 상황에서 유신 시절 가혹한 탄압을 받았던 김대중은 1980년 3월 1일 이러한 입장을 밝혔다.

과거에 부당하게 고통당했던 피해자들은 반성하는 어제의 가해자들을 용서하고 포용해야 합니다. 저는 유신 체제하에 약간의 고난을 당했으나 보다 밝은 미래 사회를 창조하기 위해 어떠한 보복이나 협량을 절대 배격하겠습니다. 특히 저의 납치 사건에 관한 한 오늘을 기해서 그 사건에 관련됐던 모든 사람들을 용서할 것이며 더 이상 문제를 거론치 않을 작정입니다. … 이 사건 이외에 지난 71년 국회의원 선거 당시에 자동차 사고를 위장한 나에 대한 살해 미수 사건을 포함한 모든 박해에 대해서도 이것을 불문에 붙이려 합니다. … 지난날 많은 민주 인사와 저를 괴롭혔던 정치 보복은 종지부를 찍어야 합니다. 이제부터는

그러한 보복의 악순환이 우리 정치 풍토에서 말끔히 사라져야 할 것입니다.[166]

김대중은 1971년 대선을 통해 박정희 대통령의 최대의 정치 라이벌이 됐고 그 이후 온갖 고통을 겪었다. 이에 대해서 김대중은 화해, 용서, 관용으로 과거사 문제를 접근하겠다는 입장을 밝혔다. 김대중은 화해통합론에 대한 확고한 입장이 있었기 때문에 1980년 9월 13일 김대중내란음모조작사건 1심 재판의 최후진술에서도 "마지막으로 여기 앉아 계신 피고들께 부탁드립니다. 내가 죽더라도 다시는 이러한 정치 보복이 없어야 한다는 것을 유언으로 남기고 싶습니다"[167]라고 말한 것이다.

김대중의 화해통합형 정치 노선과 행보는 그 이후에도 이어진다. 앞에서 살펴본 것처럼 광주학살과 관련된 전두환 신군부에 대해서도 인적 청산에 대해서는 선을 그었다. 김대중은 15대 대선을 앞둔 1997년 7월 4일 전두환, 노태우 사면 문제에 대해 이렇게 말했다.

전두환·노태우 전임 대통령의 사면 문제는 적극적으로 검토할 때도 됐다고 생각합니다. 다만 두 분의 진실된 사과 절차가 뒤따라야 될 것으로 봅니다. 저는 전 대통령에 의해 사형선고를 받은 법정에서 죄는 미워도 사람은 미워해서는 안 된다는 최후진술을 했었습니다. 이 마음은 지금도 변함이 없으며, 이러한 마음에 입각해 전·노 사면 문제에 접근할 것입니다.[168]

성공한 대통령 김대중과 현대사

결국 김영삼 대통령이 1997년 12월 22일 전두환, 노태우를 석방했다. 두 전직 대통령을 계속 수감하지 않겠다는 현직 대통령과 대통령 당선자의 뜻이 하나로 모아져서 가능했던 것이다.

광주민주화운동 문제 해법을 통해서 본 김대중의 화해통합론

과거사 문제 해결에 대한 김대중의 화해통합형 입장이 잘 나타나는 또 다른 대상은 광주민주화운동 문제 해법에 관한 것이다. 광주민주화운동 당시 발생한 신군부에 의한 대규모 민간인 학살은 한국전쟁 이후 최대의 비극이며 민주화운동 과정에서 나타난 가장 최악의 인권 유린 행위다. 그래서 과거사 문제 해결에 있어 이 문제를 우회할 수는 없었다. 민주화운동 세력은 이 문제 해결에 있어 각자 자신의 논리와 대안을 제시했다. 이 사건에 대한 해결 방식은 과거사 문제 전반에 대한 인식과 관련돼 있다는 점에서 중요했다.

김대중은 처음부터 화해통합론에 입각한 해결을 주장했다. 1980년 5월 17일 연행된 김대중은 7월경에 광주에서의 비극을 알게 됐으며 1980년 9월 13일 김대중내란음모조작사건 1심 최후진술에서 자신이 죽더라고 정치 보복을 하지 말 것을 당부했다.[169] 1982년 12월 23일 형집행정지로 출소해 미국으로 망명한 뒤에도 이 같은 입장을 줄곧 강조했다. 김대중은 1983년 5월 22일에 열린 광주민주화운동 3주년 추도식에 참석해 추도사를 했다. 이 자리에서 광주민주화운동의 역사적 의미를 '한'의 관점에서 설명했다.

오늘 우리의 한은 38년 동안 계속된 조국 분단의 한, 건국 이래 거듭

된 독재정치의 한, 1961년 이래 계속된 군인정치의 한, 경제 건설이

소수에게 집중된 빈부 양극화의 한, 그리고 언론, 국회, 사법부 등 민

권의 보루가 무력해가고 타락돼가는 것을 보는 한 등입니다. 광주의거

는 이러한 우리의 한을 풀고자 일어섰던 것이며 그 한을 안은 채 좌절

된 또 하나의 한의 사건입니다. 그럼으로 광주의 한은 민주 회복을 통

해서 이러한 우리의 길고 긴 한이 풀릴 때만 해결되는 것입니다. 한은

민중의 좌절된 소망입니다. 한은 민중이 좌절된 소망을 안고 그 성취

를 바라는 민중의 기다리는 마음입니다. 한은 민중이 기다림 속에서도

쉬지 않고 그 성취를 위해 조용히 전진하는 민중의 몸부림입니다. 그

러므로 한풀이는 그 소망을 성취함으로써 이루어지고 복수를 통해서

이루어지는 것이 아닙니다. … 광주의 한도 광주 영령 여러분의 소원

이었던 민주 회복과 그를 바탕으로 한 통일에의 전진으로만 근본적인

한풀이가 가능한 것이라고 믿습니다. … 우리의 진정한 한풀이는 눈에

는 눈, 이에는 이의 복수에 있지 않고 한을 맺히게 한 좌절된 소망의

성취에 있으므로 우리는 내일의 국민적 화해와 생산적 전진을 위해서

만일 과오를 범한 자들이 뉘우치고 여러분의 한풀이에 동참한다면 우

리는 어떠한 정치 보복도 엄중히 삼가야 할 것입니다.[170]

비슷한 시기에 김대중은 이와 같은 자신의 입장을 판소리 내용
에 비유한다. "춘향이의 '한'은 변 사또에 대한 보복이 아니라, 이
몽룡과 다시 맺어짐으로써 풀린다. … 흥부의 '한'은 놀부에게 복
수함으로써 풀려고 하지 않는다. 그의 '한'은 가난으로부터 해방됨
으로써 이미 풀렸기 때문이다"[171]라고 설명했다. 이렇듯 김대중은

악의 근본 원인이 되는 구조를 변화시키는 것이 궁극적 해법이라고 보았다. 인적 청산에 대해 명확히 선을 긋는 것은 이 때문이다.

다. 김대중 화해통합론의 역사적 의미

김대중이 화해통합론을 제시한 이유는 무엇인가

김대중의 화해통합론은 철학적이고 전략적이며 복합적인 성격을 띤다. 그 구체적인 이유는 세 차원에서 살펴볼 수 있다.

첫째, 평화적 민주화 이행을 위한 전략적 관점이다. 김대중은 1969년 3월 7일 국회에서 "나는 어떤 일이 있어도 정치적 보복이 이 나라에서는 다시 있어서는 안 된다고 생각해요. … 그것이 과거를 들추어가지고 하나를 시정하는 것보다는 100의 독소를 뿌리지 않는 길이 되는 것이고 앞으로도 우리가 평화적 정권 교체를 서로 해나갈 수 있는 길이 된다고 확신하고 있어요"[172]라고 말했다. 평화적 민주화 이행의 관점에서 화해통합론을 내세운 김대중은 구체적으로 네 측면을 강조했다.

①우선 김대중은 민주화를 위해 최대연합이 필요하다고 보았다. 그 대상에는 기존 보수 인사들까지 포괄한다. 포용하려는 세력의 적대감을 완화시키고 우호 관계로 변모시켜 궁극적으로 자신이 지향하는 가치와 노선을 실현시키는 데에 정치적 동력으로 삼고자 했다. 공화당에서 1969년 3선개헌을 반대했던 예춘호·박종태·양순직 등과 함께하고 1985년에는 김종필과의 연합을 시사한 것은

이 때문이다. ②박정희·전두환과의 대화를 통한 평화적 해결을 염두에 두었다. 김대중은 유신 시절 박정희 대통령에게 회담을 제의(1975년과 1979년)했고, 전두환 정권을 상대로는 조건부 불출마론을 제기했다. 이는 대화를 통한 평화적 민주화 이행을 지향했기에 가능한 일이었다. ③독재 정권이 민주화 세력을 폭력 혁명을 추구하는 위험한 세력으로 낙인찍는 상황에서, 독재 정권의 의도가 관철되지 않도록 하기 위함이었다. ④미국을 고려한 것이다. 김대중이 1984년 4월 26일 토머스 루켄 외 25명의 미국 하원의원들에게 보낸 서신을 보면 "정치적 보복을 하지 않는다. 전두환 정권이 민주주의와 인권을 향상시키려는 진실한 태도를 보이면 대화와 화해를 시도한다"[173]라고 밝혔다. 기본적으로 미국은 동북아 정세의 안정이라는 큰 목표에서 대한 정책 방향을 고려했다. 이러한 미국의 의도를 잘 알고 있던 김대중은 한국의 민주화 과정을 불안하게 바라보는 미국 내의 분위기를 진정시키려 했다. 이는 미국 망명 기간 중 지속적으로 강조한 내용이다.

김대중이 화해통합론을 제시한 두 번째 이유는 국가안보 때문이다. 앞에서 설명했다시피 김대중은 화해, 용서, 관용을 국민통합적 관점에서 중요시했다. 그리고 국민통합은 국가안보에 있어 기본이 되기 때문에 김대중은 자신의 과거사 해결 방법을 국가안보의 관점에서도 인식했다. 김대중은 시민사회 내부의 견고한 연대 의식과 신뢰감이 형성될 때 진정한 국민통합을 달성할 수 있고 이것이 국가안보의 초석이 된다고 생각했다. 이것은 반공국가주의와 같은 공포심과 배제의 원리로 제시된 권위주의 정권의 접근 방식과는

성공한 대통령 김대중과 현대사

다른 부분이다.

세 번째 이유는 평화통일과 관련된 부분에 있다. 그 당시 민주화는 다수의 국민이 합의한 보편 가치였다. 그러나 강력한 반공주의의 영향으로 대북화해협력정책에 대한 대중적 지지 기반은 상당히 약했다. 그리고 북한과의 화해협력을 추진하면서 북한이 극도로 반발할 북한의 전쟁책임론을 제기하는 것은 현실적으로 불가능하다. 북한에 대해 이렇게 대하는데 국내 독재 세력의 과오에 대해서 단절청산론을 제기하면 보수 우익 쪽에서는 북한에 대해서도 똑같이 단절청산론에 입각한 과거사 문제의 선해결을 요구할 가능성이 높았다. 그래서 한반도 평화통일을 지향하는 김대중은 한국의 독재 세력에 대해 화해, 용서, 관용의 정신으로 대해야만 냉전 보수 세력들의 반발에 대응할 수 있다고 판단한 것으로 보인다. 또한 한반도와 동북아 지역 평화 체제 수립을 위해서 일본과의 화해협력이 필요하다고 인식했기 때문에 일본의 협력과 지원을 이끌어내기 위한 전략에서 화해통합론을 제기한 것이다. 결국 김대중은 한반도와 동북아 지역 평화 체제 구축을 위해 한국의 보수 세력·북한·일본 등을 향해 전방위적인 화해·용서·관용의 정치를 한 것이다.

김대중의 화해통합론은 정교하면서도 담대한 정치적 비전 속에서 나온 전략이다. 김대중의 구상은 한국이 민주화 이행 단계에 있다는 점, 민주화 이후 평화통일의 길을 열어야 한다는 점 등 한국이 처한 거시적인 역사 조건에 대한 냉철한 분석과 이해에 기초한다. 전체적으로 보면 김대중의 화해통합론은 미국 링컨의 노선과 궤를 같이하며 김대중 본인도 이와 관련된 언급을 오래전부터 해왔다. 김대중은 1979년 10·26 이후에 "우리는 링컨 대통령이 미국의 남북전쟁 이후에 모든 정치적 보복을 금지하고 새로운 국가 목표로 국민들을 단합시킨 사례를 모델로 삼아야 할 것"[174]이라고 했다. 2008년 4월 미국 방문 중에 하버드 대학교 파우스트 총장을 만나서 나눈 대화에도 화해통합론에 관한 김대중의 인식이 잘 드러난다.

파우스트 총장을 만난 김 전 대통령은 대화 막바지에 "총장께서 미국 역사를 전공하셨으니까 한 가지 질문을 드리고 싶다"고 했다. 질문은 이랬다. "링컨이 남북전쟁 후에 남부 사람을 처벌하는 의견에 반대하지 않았다면 어떤 결과를 낳았겠느냐. 당시 미국은 결국 남북으로 분단되지 않았을까?" 파우스트 총장은 놀란 표정을 지으며 "흥미로운 질문이다. 언제나 역사를 다른 시각으로 바라보는 것은 흥미롭고 어려운 문제다. 링컨이 없었다면 미국이 남북으로 갈라졌을 가능성이 크다고 할 수 있다"고 답했다. 김 전 대통령은 웃으며 이 말을 되받아 "미국의 남북전쟁은 과거의 얘기지만 한국은 지금도 분단돼 있고 통일을 준비하는 과정이기 때문에 링컨의 교훈을 배우고자 질문해봤다"고 배경까지 설명했다. 미국 남부 역사, 특히 남북전쟁을 전공한 파우스트 총장을 해당 분야의 질문으로 놀랜 것이다.[175]

김대중의 화해통합론은 종교적 신념의 발현으로 보이기도 한다. 실상 그 내면에 더 들어가면 한국 현대사의 극단적 갈등을 근본적으로 해소하기 위한 역사적·정치적 고려가 반영돼 있음을 알 수 있다. 화해통합론은 평화적 민주화 이행을 가능하게 한 결정적 원인이었다. 특히 광주학살에 대한 충격과 분노는 너무 커서 극단주의 노선이 발호할 수 있는 상황이었다. 만일 김대중이 단절청산론을 내세웠다면 사회운동 세력에서는 이를 지지하면서 군사독재 정권과 민주화운동 세력 사이에 상상하기 힘들 정도의 대규모 충돌이 발생했을 것이다. 그런데 중산층과 미국은 극단주의에 대한 거부감이 강하기 때문에 단절청산론에 근거한 민주화 세력은 패배했을 것이고, 민주화운동 세력과 호남의 고립과 상처는 더욱 심화돼 치유 불능의 상태로까지 악화됐을 것이다.

이러한 점에서 김대중이 화해·용서·관용의 노선을 내세우고, 이것이 민주화운동 세력의 중심 노선으로 관철됐다는 사실은 한국 민주화 역사에 매우 중요한 의미를 가진다. 화해통합론은 김대중 생전에는 크게 빛을 보았다고 하기는 힘들다. 김대중이 뿌린 씨앗은 김대중 서거 이후 서서히 싹튼다. 2020년 초 코로나19가 대구-경북 지역에 대규모로 확산되면서 병상 부족과 각종 물자와 인력이 부족할 때, 광주 호남 지역에서 보여준 따뜻한 연대의 정신은 대구-경북 지역을 포함한 모든 국민에게 감동을 주었다.

김대중이 화해통합론을 내세울 수 있었던 이유는

사실 김대중이 내세운 화해통합론은 인기를 얻기 어려운 면이 있었다. 엄격한 단죄를 통한 청산과 단절 주장은 선명해 보이기 때문에 피해 당사자와 그 정서에 기반해 민주화 투쟁의 정서적·이념적 동력을 형성한 세력에게 호응받기에 유리하다. 김대중의 화해통합론은 민주화운동 세력과 피해자 양측으로부터 비판과 저항을 받을 수 있었다. 먼저 민주화운동 세력 내에서는 김대중의 입장을 개량주의라고 비판하는 흐름이 존재했다. 또한 이들은 군사독재 정권에 대항하기 위해 대중의 분노와 열정을 고양시켜 대중 동원을 극대화하려 했다. 이들의 입장에서 보면 화해통합론은 자신들이 생각하는 저항운동에 부정적 영향을 줄 수 있었다. 게다가 광주민주화운동 이후 민주화운동 진영 내에서는 광주학살에 대한 충격과 비감이 격정적으로 분출하고 있었다. 결코 화해통합론이 환영받을 만한 분위기가 아니었다. 김대중은 1985년 2월 미국 망명 투쟁을 끝내고 귀국한 이유 가운데 하나로 '좌절과 실의에 빠져 절망하는 국민들을 위로하고 그들에게 희망과 용기를 주어서 민주화 대투쟁의 길로 나아갈 수 있도록 하고, 참을 수 없는 현실에 대한 분노에 의해 극단주의를 내세우는 사람들의 한을 보듬고 품어서 그들이 극단적인 노선을 취하지 않도록 설득하기 위해서'라는 취지의 내용을 제시한 바 있는데, 이는 당시 민주화운동 진영 내의 분위기와도 관련이 있었다.

그런데 더 큰 문제는 화해통합론으로는 피해자의 동의를 구하기가 쉽지 않다는 데 있었다. 특히 광주학살 당시 피해를 당한 수많은 사람의 동의를 구하기란 매우 어려웠다. 개인적 이유이든 정치적·역사적 이유이든 상처가 깊은 사람을 위로할 때는 매우 조심해야 한다. 때로는 위로의 말도 부정적으로 곡해되기 쉽기 때문이다. 화해통합론이 적극적으로 제시되고 보편적으로 인정받기 가장 어려운 이유가 바로 여기에 있다. 그럼에도 김대중이 화해통합론을

성공한 대통령 김대중과 현대사

내세운 것은 매우 용기 있는 행동이었다.

김대중이 화해통합론을 내세울 수 있었던 것은 군사독재 정권 시절 여러 차례 죽을 고비를 넘기는 등 한국 민주화운동을 대표하는 지도자였기에 가능했다. 특히 광주민주화운동과 관련된 1980년 상황이 중요하다. 앞서 설명한 대로 1980년 사건 당시 신군부는 김대중에 대한 사형선고를 내리기 위해 아들 김홍일까지 고문했다. 김홍일은 허위 자백을 피하기 위해 자살을 시도하다가 그 후유증으로 극심한 고통을 겪었다. 하근찬의 소설 《수난이대》를 연상케하는 김대중-김홍일 부자의 수난의 역사는 매우 비극적이다. 이 사건은 가해자에 대한 화해와 용서, 관용의 정신을 강조한 김대중의 판단에 대해 여러 측면에서 깊이 생각하게 한다. 보통 사람의 심정으로는 이해하기 어려운 결정이기 때문이다. 1980년 전두환 신군부 세력은 광주민주화운동 발생이 정권 탈취를 도모한 김대중의 폭력 혁명 시도와 악의적 지역감정 조장의 결과라고 조작해, 광주민주화운동을 김대중내란음모조작사건과 연관시켰다. 이러한 비극을 통해 김대중과 호남 사이에는 긴밀한 일체감과 신뢰가 형성됐다. 이로써 김대중은 화해, 용서, 관용의 정신을 피해자들에게 말할 수 있었다. 피해자들이 처음에는 김대중의 입장에 대해 정서적 거부감을 가질 수 있어도 결국 화해통합론을 받아들일 수 있게 된 동력이었던 셈이다.

김대중과 호남이 민주화운동 역사에 있어 매우 중요한 위치를 차지하기 때문에 화해통합론이 민주화 세력의 과거사 문제 해결의 기본 방향이 될 수 있었다. 이때 김대중과 광주 그리고 호남은 어렵지만 정말로 위대한 역사적 결단을 내렸다. 만일 이때 단절청산론을 밀고 나갔다면 민주화 이행 과정에서 큰 비극이 발생할 가능성이 높았고 민주화 이행 자체도 쉽지 않았을 것이다. 그래서 김대중과 광주 그리고 호남은 한국의 평화적 민주화 이행의 성공에 있어 매우 중요한 역할을 했다.

2. 김대중의 실천

가. 제주4·3 진상규명과 명예회복에 결정적 역할을 하다

과거사 문제 해결을 통한 국민통합에 있어 김대중의 매우 중요한
공헌으로, 제주4·3사건 문제에 대한 정치적 공론화와 특별법 제정
두 가지 모두를 주도해 제주4·3사건 진상규명과 명예회복에 결정
적 역할을 했다는 점을 들 수 있다.

민주화 투사 김대중,

제주4·3에 대한 정치적 공론화를 가장 먼저 제기하다

1987년 13대 대통령선거에서 평민당 후보로 출마했던 김대중은
1987년 11월 30일 제주도 유세에서 제주4·3사건에 대한 정치적

공론화를 최초로 제기했다.

제주도민은 4·3의 비극을 겪었습니다. 나는 제주인의 한과 고통과 희
망을 같이하겠습니다. 나도 용공 조작 피해자의 한 사람입니다. 내가
집권하면 억울하게 공산당으로 몰린 사건 등에 대해 진상을 밝히고 억
울한 사람들의 원한을 풀어주겠습니다.[176]

이 발언은 매우 큰 의미를 가진다. 당시만 해도 제주4·3은 정치
적 금기어였기 때문이다. 특히 용공 혐의로 사형선고까지 받았던
김대중이 대선 유세 과정에서 이러한 발언을 했다는 것은 정치적
으로 불리해도 역사의 정의를 위해 할 일은 하겠다는 강력한 의지
를 보여주는 것이다.

제주4·3사건은 제주도민 수만 명이 학살당한 한국전쟁 전후 시
기 발생한 대표적인 민간인 학살 사건이다. 피해 규모에서 알 수
있듯 제주도민이 겪어야 했던 역사적 상처는 필설로 다하기 힘들
정도다. 이 시기에 발생한 민간인 학살의 경우에는 전쟁 전후의 혼
란스러운 상황과 맞물려 진상규명을 제대로 하기 어려웠다. 특히
좌익에 의한 폭력 외에 우익에 의해 발생한 국가 폭력의 경우 반
공주의 탓에 제대로 된 공론화조차 어려웠다. 공산 폭동으로 규정
된 이 사건에 대한 이의 제기나 재해석 등은 엄격하게 금지됐다.
1978년에 이르러 현기영의 《순이삼촌》이 나올 때까지 이 문제는
거론되지 않았다. 정확히 말하자면 거론될 수 없었다.

이와 같은 잔재는 여전히 남아 있다. 제주4·3에 대한 진상규명

과 명예회복 등에 큰 진전이 있는 지금도 제주4·3은 정명이 제대로 이뤄지지 못한 채 모호한 성격의 '사건'이라는 개념으로 규정되고 있다. 제주4·3평화기념관 제1관에 들어서면 백비(비문 없는 비석)가 누워 있는 형태로 전시되어 있는데 이는 제주4·3에 대한 정명이 이뤄지지 못한 현실을 반영한다. 4·3의 비극이 해방 이후 발생한 극심한 좌우 갈등의 모습을 그대로 반영하기에 '사건' 이상의 명명을 하기 어려운 측면이 있다. 그나마 4·3이 '폭동'에서 '사건'으로 불리는 현재 상황은 그 자체가 커다란 역사의 진보임에는 분명하다. 이러한 배경에서 1987년 김대중이 최초로 공론화[177]한 것은 매우 용기 있는 행동이었다.

이와 같은 김대중의 실천은 지속적으로 이어진다. 김대중은 1989년 10월 22일 평민당 제주도당 결성 대회 때 "4·3사건은 반드시 진상이 규명돼야 하며 특별법이 제정돼 억울한 원혼들의 넋을 달래주고 유가족들의 명예를 회복시켜주어야 한다. 이를 위해 제주도민들이 절차상 필요한 내용의 국회청원을 제출해 달라"[178]라고 했다. 1990년 7월 22일에는 제주도를 방문해 "수많은 도민이 희생된 4·3은 재조명돼야 한다 … 제주의 4·3은 우리 민족의 아픈 역사요, 부끄러운 역사이다. 인권유린이 반공으로 정당화될 수 없다. '거창주민학살사건'은 이미 주민청원이 있어 정부 차원의 보상이 검토되고 있다. 제주의 4·3 역시 청원이 이뤄져 억울한 희생자들에 대한 보상이 이뤄져야 한다"[179]라고 했다.

김대중의 공론화는 제주4·3사건 해결의 중요한 첫걸음이었다. 비극이 시작된 지 41년이 지난 1989년에 제주도 11개 시민사회단

체로 구성된 '제주4·3사월제공동준비위원회' 주최로 제주4·3사
건 희생자에 대한 공식 위령제가 열릴 수 있었다. 유족들은 1990년
6월에 '제주도4·3사건 민간인희생자 유족회'를 조직했다. 유족들
이 주체가 된 위령제는 1991년 4월 처음 열렸다.[180] 김대중은 제주
4·3 문제를 처음으로 공론화하는 데 그치지 않고, 그 이후에도 지
속적으로 관심과 노력을 기울였다. 결국 대통령이 된 이후에는 4·3
특별법이 제정되도록 했다.

김대중이 제주4·3의 진실을
일찍부터 정확하게 알 수 있었던 배경은 무엇인가

여기서 한 가지 궁금증이 생긴다. 도대체 김대중과 제주4·3사건이
무슨 관계가 있을까? 김대중은 제주도 출신도 아니고 제주4·3사
건과 직접적 관련도 없다. 그러면 김대중은 제주4·3에 대해 언제
부터 관심을 가졌을까? 질문을 달리하면, 언제부터 사건의 실체적
진실을 알았을까? 이와 관련해 제주4·3사건의 진상규명과 명예회
복을 위해서 오랜 기간 활동한 제주 출신 강창일(2021년 5월 기준
현 주일 한국대사, 전 민주당 국회의원)의 증언에서 단서를 찾을 수 있
다. 강창일은 2009년 8월 21일 김대중 서거 직후에 발표한 추도문
에서 김대중과 관련된 과거 일화를 소개했다.

과거 유신 체제하에서 저희 청년 학생들은 선생님이 버팀목이 되어주
셨기에 흔들림 없이 민주화 투쟁을 할 수가 있었습니다. 선생님께서
1978년 말 감옥에서 나오시고 이듬해 정초에 저희들 민청학련 관련

자들 몇몇이서 동교동 자택에 세배하러 갔었습니다. 선생님께서는 제가 제주 출신인 것을 아시고서는 제주 출신의 목포상고 친구에 대한 추억과 제주4·3에 대해 많은 이야기를 들려주셨습니다. 특히 4·3 당시 목포에 있으면서 그 실상을 생생히 기억하고 있다고, 그리고 이 땅에 그러한 잔인한 역사가 되풀이돼서는 안 된다고, 그러기 위해서는 철저히 진상규명이 이루어져야 한다고, 말씀하시면서 진실을 잘 모르는 저희들을 깨우쳐주셨습니다. 그 후 대통령선거 때마다 제주에 와서 4·3진상규명을 공약으로 내걸었습니다.[181]

이 증언은 여러 면에서 중요하다. 우선 제주 출신 강창일조차 1979년에 제주4·3의 진실을 몰랐다는 사실을 알 수 있다. 제주 4·3에 대한 사회적 공론화가 제주도 내에서도 제대로 이뤄지지 못했음을 알려준다. 반공 독재 체제 속에서 공산 폭동으로 규정된 제주4·3에 대한 재해석이 엄격히 금기시됐기 때문이다. 그리고 이 증언은, 김대중이 1979년 이전부터 제주4·3의 실체적 진실에 대해 알고 있었음을 보여준다. 1987년에 알았다고 해도 놀라운데 1979년 전에 이미 알고 있었다는 말이다.

도대체 김대중은 언제부터 4·3의 진실을 알았을까. 공론화되지 않았던 사건의 진실을 알기 위해서는 개인적 체험이 있어야 한다. 이는 1950년 목포 지역에서 있었던 좌우 학살과 당시 공산군에 의해 목숨을 잃을 뻔했던 김대중의 경험이 계기가 된 것으로 보인다. 증언에서는 김대중의 모교인 목포상고에 있던 제주도 출신 친구들에 관한 이야기만 나오기 때문에, 당시 목포와 김대중의 상황을 보면 좀 더 잘 이해할 수 있다.

당시 김대중은 해운업을 했다. 목포와 제주도를 오가는 배편을 통해 김대중은 제주도 상황에 대한 정보를 간접적으로 많이 접했을 것으로 보인다. 그리고 제주4·3사건 관련자 수백 명이 당시 목포형무소에 수감된 일도 관련이 있을 것으로 추정된다. 1949년 9월, 목포형무소 탈옥 사건이 발생했다. 그 와중에 수십 명의 사람이 죽었다. 이 사건은 당시 목포 지역을 떠들썩하게 했다. 김대중은 최소한 제주도에서 굉장히 큰 사건이 발생했다는 사실을 충분히 직감했을 것이다. 뒤이어 한국전쟁이 발발하고 민간인 학살 과정을 경험하면서 김대중은 제주도에서 발생한 사건의 성격을 상당히 진실에 가깝게 이해한 것으로 보인다. 전쟁 발발 직후 목포형무소에 수감돼 있던 제주도 출신 수감자 400여 명은 행방불명이 됐는데 이들 상당수는 학살된 것으로 추정된다.[182] 공산군이 목포를 점령하기 이전이었다. 그런데 그 직후 김대중은 역산으로 몰려 공산군에 의해서 45일 정도 목포형무소에 수감됐다. 공산군이 후퇴하면서 목포형무소에 수감 중인 220여 명을 학살하려고 했는데 140여 명은 죽고 80여 명이 탈옥해 목숨을 구했다. 김대중도 탈옥에 성공해서 살 수 있었다. 이 과정을 통해 김대중은 좌우 학살에 의한 민족적 비극을 뼈저리게 체험하면서, 제주에서 발생한 비극의 성격을 제대로 파악한 듯 보인다.

또한 김대중은 1차 망명 투쟁 시기(1972. 10. 18~1973. 8. 8) 일본에 체류할 때 제주4·3의 진실을 접했을 가능성이 있다. 당시 일본에는 4·3의 비극을 피해서 도피한 제주도민이 상당수 거주했기 때문이다. 1957년 재일동포 소설가 김석범이 일본에서 발표한 소설《까마귀의 죽음》은 제주4·3을 최초로 알린 작품이다. 한국에서 1978년에 나온 현기영의《순이삼촌》보다 21년을 앞섰다. 김석범은 일본으로 몰래 도피한 친척의 증언을 접하고 이 소설을 썼다고 한다.[183] 일본으로 도피한 제주도민에 의해 일본 교포 사회에는 한국에서보다 먼저 4·3의 진상이 알려졌기 때문에 김대중 역시 그 내용을 접했을 가능성이 크다.

김대중 정부, 4·3특별법을 제정하다

제주4·3사건에 대한 정치적 공론화를 주장했던 김대중이 대통령이 되면서 특별법 제정을 통한 법적·제도적 문제 해결의 길이 열렸다. 김대중은 자신이 한 약속을 지킨 것이다. 김대중 정부의 노력으로 1999년 12월 16일 국회에서 '제주4·3사건 진상규명 및 희생자 명예회복에 관한 특별법'이 통과됐다. 2000년 1월 11일 청와대에서 김대중 대통령은 4·3사건 진상규명과 명예회복 등을 위해서 노력한 유족, 시민단체 대표 여덟 명이 지켜보는 가운데 '제주4·3사건 진상규명 및 희생자 명예회복에 관한 특별법'에 서명했다. 이 법에 따라, 제주4·3사건 진상규명 및 희생자 명예회복 위원회 (4·3위원회)가 출범해 '진상조사보고서 작성과 확정', '희생자와 유족 신고 접수 및 결정', '4·3평화공원 조성과 4·3평화기념관 건립', '희생자 유족의 의료지원금 지원과 후유장애인에 대한 생활지원금 지급' 등의 사업을 추진했다. 더불어 정부 차원의 조사와 연구를 통해 2003년 10월 15일 제주4·3사건의 진상에 관한 '제주4·3사건

진상조사보고서'를 확정했다. 이 보고서에 근거해 10월 31일 노무현 대통령은 4·3사건 당시 국가 공권력의 과오를 공식 사과했다.[184] 오랜 기간 수많은 제주도민의 마음속에 깊이 남아 있던 한과 상처가 조금씩 치유될 수 있는 계기가 마련된 것이다.

이와 같은 과정을 통해 제주4·3의 역사적 상처는 완화될 수 있었다. 과거의 상처를 넘어서 국민통합을 위한 과정에 진입할 수 있게 된 것이다. 김대중 정부 들어서 제정된 4·3특별법은 제주4·3사건의 역사적 상처를 보듬고 국민통합으로 나아갈 수 있는 결정적 계기가 됐다. 이와 관련해서 제주4·3사건에 대한 진상규명과 명예회복을 위해 활동한 임문철 신부는 2014년 '제주4·3 전국화를 위한 2차 심포지엄'에서 "국회에서 만장일치로 특별법이 통과되던 날 얼싸안고 기뻐하던 순간이 눈앞에 선하다"며 "김대중 대통령의 인권 철학이 투철하지 않았다면 4·3특별법은 국회 특위에서 아직도 책상 속에 남아 있었을 것이다"고 말한 바 있다.[185]

제주4·3사건 진상규명과 명예회복이 갖는 역사적 의미

제주4·3사건에 대한 진상규명과 명예회복은 그동안 금기시됐던 한국전쟁 당시 발생한 민간인 학살 문제에 대한 공론화로 이어졌다. 6·15 이후 남북 관계의 패러다임 전환이 이뤄지면서 제주4·3처럼 용공 조작과 색깔론에 의해 묻히고 침묵을 강요당했던 수많은 민간인 학살 사건에 대한 공론화가 이뤄졌다. 당시 발생한 비극의 정도는 너무 크기 때문에 시간이 지난다고 해서 자연스럽게 해결될 수 있는 일이 아니었다. 명백히 존재하는 역사적 비극의 문제점을 해결하지 않은 채, 이것을 은폐한다고 해서 잊힐 수는 없는 일이었다. 더군다나 분단과 전쟁의 상처를 극복하면서 평화와 통일로 나아가기 위해서는 한국전쟁 전후 발생한 대규모 민간인 학살 문제를 반드시 해결해야만 했다. 이 때문에 이 시기 대표적인 민간인 학살 사건인 제주4·3사건에 대한 해결은 한국 현대사 전체로 봐서도 매우 중대한 의미가 있다.

한편 한국전쟁 당시 민간인 학살에 대한 문제 제기는 미국을 향해서도 이뤄졌다. 한국전쟁 시기인 1950년 7월 26일부터 7월 29일까지 충청북도 영동군 황간면 노근리에서 발생한 미군에 의한 민간인 학살 사건은 1999년 9월 29일 《에이피통신》의 보도로 전 세계적으로 알려지면서 국제적 사안이 됐다. 1999년 10월 초 김대중 대통령과 클린턴 대통령은 노근리 사건에 대한 진상규명을 지시했다. 한미 공동 조사가 빠르게 진행되면서 2001년 1월 12일 클린턴 대통령은 이 사건에 대해 유감을 표명했다.[186] 이와 같은 조치는 한국전쟁 관련 민간인 학살 문제를 해결하려는 김대중의 의지가 제주4·3사건 해결 과정을 통해 드러났기 때문에 가능했다.

이처럼 제주4·3사건에 대한 문제 해결은 한국전쟁 시기 민간인 학살 문제 해결에 있어 결정적 계기가 됐다는 점에서 역사적 의미가 대단히 크다.

나. 사상전향제 폐지와 양심수 석방

김대중 정부 출범 이후 시급하게 해결해야 할 사안은 사상전향제 폐지와 양심수 석방이었다. 사상전향제가 존재하고 수많은 양심수가 수감 중인 상황에서 민주인권국가를 내세우는 것은 불가능했다. 사상전향은 인간의 사상과 양심의 자유를 침해했다. 사상범에 대한 사상전향 과정은 잔혹한 정신적·신체적 고문으로 이뤄지기 때문에 대표적 반인권 조치였다. 사상전향제 폐지가 인권운동 단체의 핵심적 요구 사항의 하나인 까닭이다. 또한 사상전향제 폐지는 양심수 석방 문제와도 긴밀하게 관련됐다. 사상전향제가 그대로 있는 상황에서는 수십 년 동안 수감 중인 장기수들을 전면적으로 석방하기란 불가능했기 때문이다.

권위주의 정권 시기에 존재했던 양심수는 사회주의 사상을 갖고 각종 활동을 했다는 이유로 수감 중인 사상범과, 자유민주주의 사상을 지지하면서 권위주의 정권에 반대한다는 이유로 수감 중인 반정부 인사로 구분된다. 전자는 네 부류로 나뉜다. ①북한과 직접적으로 연계된 남파공작원 같은 이들로 국내에 침투했다가 검거된 인사들 ②북한과 관련성이 없는 자생적 사회주의자 ③북한 체제를 추종하지는 않지만 급진민족주의자로서 통일지상주의적 사상을 지니고 친북 성향으로 분류되는 인사들 ④자유민주주의 성향의 반정부 인사이나 독재 정권에 의해 반국가행위자로 조작된 인사들이다. 이처럼 사상범은 북한 공산주의와 연계된 반국가적 행위를 했다는 이유로 중형을 선고받았다. 이 때문에 반정부 민주화운동 인사와 달리 감형과 석방 등의 조치가 사실상 없다시피 했다. 박정희-전두환 정권 시절에 집중적으로 발생한 사상범의 경우 김대중 정부가 들어선 1998년에도 대부분 그대로 수감 중이었다. 대표 인물은 1999년 2월 특별사면으로 석방된 비전향 장기수 우용각이었다. 우용각은 석방 당시 40년 7개월 동안 수감 중이었기 때문에 김대중이 취임했을 때에는 이미 40여 년 가까이 감옥에 있었다.

김대중은 양심수 석방을 위해서 노력했다.[187] 우선 1998년 3월 13일 정부는 김대중 대통령 취임을 맞이해 이뤄진 특별사면을 통해 당시 민주화실천가족운동협의회(민가협)가 밝힌 양심수 478명 가운데 74명을 석방했다. 이때의 사면은 실망스럽다는 평가가 많았다. 그 당시 김대중 정권은 당면한 국가부도 위기를 해결하기 위해 전력을 기울이고 있었던 터라 양심수 석방에 있어 대통령의 강한 의지가 반영되지 못했기 때문이다. 1998년 초 일련의 개혁과 협상의 성공으로 국가부도 위기를 넘긴 직후부터 김대중 정권은 양심수 석방 문제에 적극 개입했다.

먼저 김대중 정부는 1998년 7월 사상전향제를 폐지했다. 이것은 의미 있는 조치였다. 다만 준법서약서를 받도록 해 논란이 됐다. 수감 중인 양심수 내부에서도 준법서약서 제출 문제와 관련해 당시 김대중 정부가 처한 여러 어려운 여건을 고려할 것인가를 두고 논쟁이 벌어졌다. 이러한 과정을 거친 뒤 1998년 8월 구미유학생간첩단 사건의 김성만·양동화·황대권, 사노맹 사건의 박노해·백태웅·남진현, 중부지역당 사건의 김낙중·손병선·황인오·황인욱 등이 석방되면서 양심수 대거 석방의 의미 있는 진전이 이뤄졌다. 그러나 준법서약서 제출 문제가 여전히 양심수의 전면적 석방을 단행하는 데 족쇄로 작용했다. 김대중 정부도 이 사실을 인식하고 있었다. 1999년 2월에 이르러 비전향 장기수 우용각 등 17명과 구미유학생간첩단 사건의 강용주 등을 준법서약서 제출 없이 석방하면서 사실상 정부 스스로 준법서약서을 탄력적으로 적용했다. 1999년 8월 15일에는 안재구, 류낙진 등의 장기수가 석방되면서 양심수 석방 문제가 김대중 정부 출범 1년 6개월여 만에 사실상 마무리됐다.

다. 의문사 진상규명

의문사는 군사독재 정권에 의해 자행된 잔혹한 국가 폭력이다. 불법 국가 폭력에 의해 사람이 죽게 되면 정권의 정당성은 심각한 타격을 입는다. 이 때문에 사건의 진상이 은폐되는 경우가 많다. 피해자가 죽음에 이르게 된 과정과 원인 등이 베일에 싸이는 경우가 많은 것이다. 이러한 경우를 통칭해 의문사라고 했다.

보통 의문사는 두 유형으로 구분할 수 있다. 첫째, 처음부터 민주화 인사를 살해하려 한 경우이다. 이 경우 주도면밀하면서도 비밀리에 진행되기 때문에 정황상 의심이 들지만 뚜렷한 증거가 없거나, 증거가 있어도 제대로 조사하기 힘들어 결과적으로 의문사로 남는다. 둘째, 살해 의도는 없었지만 고문하는 과정에서 사람을 살해한 경우이다. 이러한 의문사의 피해자는 주로 개인이기 때문에 대규모 피해자가 발생해 여러 사람이 힘을 모아서 대응하는 경우와 달리 대응하기 어려운 점이 많았다. 이 문제를 해결하기 위해 민주인권 단체들이 오랜 기간 노력했음에도 정부의 협조 없이는 제대로 된 진상규명이 불가능했다.

이 문제는 결국 김대중이 대통령에 당선된 이후에 해결됐다. 김대중 정부 시절인 2000년 1월 15일 제정된 '의문사진상규명에 관한 특별법'에 의해 2000년 10월 17일에 의문사진상규명위원회가 설립되면서 문제 해결을 위한 본격적인 단계에 접어들 수 있었다.

의문사진상규명위원회 활동은 1기와 2기로 구분된다. 1기 위원회는 2002년 10월 16일까지이며, 2기 위원회는 의문사법의 개정을 통해 2003년 7월부터 1년여 동안 이어졌다.

1기 위원회에서는 83건의 사건 가운데 최종길 교수 의문사 사건 등 총 19건을 군사독재 정권의 직간접적인 개입에 의한 사망 사고로 인정했다. 2기 위원회에서는 1기 위원회에서 진상규명 불능으로 결정한 30건과 기각 사건 가운데 이의 제기 사건 14건을 더해 총 44건을 조사했다. 이 가운데 11건을 민주화운동과 관련된 공권력에 의한 의문사로 인정했다.[188] 이처럼 의문사 진상규명에 대한 김대중 정부의 노력과 성과는 권위주의 독재 정권 시절에 발생한 역사적 상처를 아물게 하고 국민통합을 이뤄내는 데에 크게 기여했다.

라. 민주화운동 인사에 대한 명예회복 및 보상

군사독재 정권은 민주화운동 세력을 매우 잔혹하게 탄압했다. 잔혹한 고문을 자행하고 무거운 법적 처벌을 가했다. 민주화운동 세력을 '빨갱이'로 낙인찍어 사회적으로 배제하려 했으며, '빨갱이' 낙인이 초래하는 일종의 연좌제 효과로 인해 가족을 비롯한 주변 사람들에게도 막대한 피해를 입혔다. 지금 우리가 누리는 민주주의는 수많은 사람의 희생으로 얻게 된 일상인 것이다.

민주화운동은 일종의 공공적·공익적 운동에 속한다. 따라서 투쟁을 통해 얻는 긍정적 효과가 운동 참여자나 관련 집단에 국한되지 않는다. 운동의 효과 또한 곧바로 나타나지 않는다. 이 점이 주로 경제적 목적에 기반한 노동운동과는 뚜렷하게 다른 특징이다. 그래서 반독재 민주화운동을 전개하다가 여러 피해를 입은 사람들에 대한 명예회복 및 보상은 사회정의와 국민통합 차원에서 필수 과제였다. 이것 역시 김대중 정부 때 해결됐다.

김대중은 대통령이 된 이후 이 문제를 해결하기 위해 노력했다.[189] 그 결과가 바로 2000년 1월 12일 제정된 '민주화운동 관련자 명예회복 및 보상 등에 관한 법률(민주화보상법)'이다. 이 법이 제정될 당시 '민주화운동'의 정의와 범위에 대해서 해당 법 2조에는 "'민주화운동'이라 함은 1969년 8월 7일 이후 자유민주적 기본질서를 문란하게 하고 헌법에 보장된 국민의 기본권을 침해한 권위주의적 통치에 항거하여 민주헌정질서의 확립에 기여하고 국민의 자유와 권리를 회복·신장시킨 활동을 말한다"라고 규정했다.

1969년 8월 7일은 3선개헌안이 발의된 날이기 때문에 법 제정 당시에는 3선개헌 반대 투쟁부터 민주화운동으로 인정한 것이다. 그러다가 2007년 1월 26일에 민주화운동에 대한 정의를 "'민주화운동'이라 함은 1964년 3월 24일 이후 자유민주적 기본질서를 문란하게 하고 헌법에 보장된 국민의 기본권을 침해한 권위주의적 통치에 항거하여 헌법이 지향하는 이념 및 가치의 실현과 민주헌정질서의 확립에 기여하고 국민의 자유와 권리를 회복·신장시킨 활동을 말한다"라고 일부 개정했다. 이때 이후로 한일회담 반대 시위가 발생한 3월 24일부터를 민주화운동의 범주로 넣게 됐다.

다만 여기서 주의할 점은 민주화보상법에 명문화된 민주화운동의 정의는 해당 법의 취지인 '보상'에 대한 기준 설정과 관련된 것이기 때문에, 민주화운동에 관한 학문적·역사적 개념 규정과는 차이가 있다는 사실이다. 한국의 대표적인 민주화운동은 이승만 대통령의 하야를 촉발시킨 1960년 4·19혁명이다. 그렇기 때문에 역사적 관점으로 보면 한국의 민주화운동은 3·15부정선거에 대한 저항과 그 결과인 4·19혁명에서부터 시작된 것으로 봐야 한다.

이러한 과정을 거쳐 2000년 8월 9일 민주화운동명예회복 및 보상심의위원회가 설치되었고, 민주화운동 관련자를 심사해 보상금지급·생활지원금 지급·명예회복 조치·민주공원 조성 등의 활동을 전개했다.

마. 국가보훈정책의 패러다임 전환을 이뤄내다

민주주의 관점에서 국가보훈을 중요시한 김대중

보훈의 목적은 국가를 위해 희생한 분들의 뜻을 기리고 희생당하시거나 부상당하신 분들을 국가 차원에서 보상하고 기념해 그들의 공헌을 사회적으로 기억하도록 하는 데에 있다. 이를 통해 국민통합을 이루고 국가 발전을 위한 동력을 만들어내는 것을 목적으로 한다. 한국에서 국가보훈은 1950년 군사원호법과 경찰원호법을 제정해 부상당한 군경과 전사한 군경의 유족에 대한 생계 지원에서부터 시작됐다. '원호'라는 개념에서 알 수 있듯 당시에는 어려운 처지에 있는 약자를 돕는다는 관점이었다.[190] 그러다가 1984년 '국가유공자 등 예우 및 지원에 관한 법률'이 제정되면서 국가를 위해 공헌하고 희생한 사람들의 뜻을 널리 알리고 예우한다는 인식이 형성됐고, 이들을 국가유공자로 지정했다.[191] 이때부터 보훈의 개념에 부응하는 사회적 인식과 법적 체계가 형성됐다.

국가보훈은 보수적 영역이라는 인식이 지금까지도 뿌리 박혀 있다. 국가보훈은 전통 및 국가주의와 친화적이기 때문에 보수적 성격이라는 평가를 받을 수 있다. 특히 과거 장기간 통치한 권위주의 세력이 주로 국가안보의 관점에서 보훈에 접근한 탓에 '보수=국가안보=보훈'이라는 인식이 넓게 퍼졌다. 결과적으로 보훈은 민주화 세력과는 거리가 있는 영역으로 인식됐고, 대부분의 민주화 세력은 국가보훈에 관심을 두지 않았다.

이러한 배경에서 김대중은 국가보훈정책에 패러다임 전환을 이뤄냈다. 김대중의 국가보훈정책에는 두 가지 측면에서 특별한 의미가 있다. 첫째, 김대중은 민주화 세력이 보훈을 중요한 국가적 아젠다로 인식했다는 사실을 보여주었다. 보수 세력은 민주화 세력이 국가 발전의 역사를 부정하는 단절적이고 획일적인 역사 인식을 지녔다고 비판했다. 국가보훈에 대한 김대중의 입장은 보수 세력의 이러한 주장을 반박할 수 있게 한다. 둘째, 김대중은 보훈의 대상을 민주주의 관점으로 확장해 권위주의 정권 시절에 형성된 보훈에 대한 통념을 전복시켰다. 김대중은 참전군인을 참전유공자로 예우했으며, 2002년 1월 26일 '광주민주유공자 예우에 관한 법률'을 제정해 광주민주화운동 관련 민주화 인사를 국가유공자로 예우했다. 또한 2000년 12월 30일 '국가유공자 등 예우 및 지원에 관한 법률' 및 '독립유공자 예우에 관한 법률'을 개정하여 출가한 딸과 외손자녀를 국가유공자 유족 및 가족 범위에 포함시켰다.[192]

김대중 정부는 기존의 국가주의적 안보관에 매몰된 보훈에 대한 통념에서 벗어나 민주주의와 인권의 발전과 궤를 같이하도록 보훈의 대상을 폭넓게 확장했다.

참전군인을 참전유공자로 예우하다

김대중 정권은 참전군인을 참전유공자로 예우하기 시작했다. 이는 한국 국가보훈 역사에 있어 매우 획기적인 의미를 갖는다. 1993년 12월 27일 '참전군인 등 지원에 관한 법률'이 제정되면서 한국은 참전군인에 대한 각종 지원 사업을 시작했는데 사업 대상은 기록

관리 사업, 복리 증진(고궁·공원 입장료 면제, 보훈병원 진료비 감면 등), 명예 선양 사업 등이었다. 그런데 참전 군인에 대한 직접 지급이 없었다. 이러한 상황에서 김대중 정권은 2000년 10월 1일부터 생활 여건이 어려운 참전군인들에게 생계보조비 형태로 1인당 월 6만 5,000원을 지급하기 시작했다. 이렇게 해서 직접 지원을 시작했고 기존의 '참전군인 등 지원에 관한 법률'을 2002년 1월 26일 '참전유공자 예우에 관한 법률'로 개정(2002년 10월 1일부터 시행)해서 2002년 10월부터 70세 이상 참전유공자 전원에게 참전명예수당으로 1인당 월 5만 원을 지급하기 시작했다.

그래서 보훈대상 및 예산의 확대가 이뤄졌다. 참전유공자 등록 현황을 보면 2003년 기준 총 457,315명이었으며 1996년 57,671명, 1997년 57,400명 1998년 32,326명, 1999년 53,310명, 2000년 62,223명, 2001년 34,210명, 2002년 130,966명, 2003년 32,209명으로 2000년과 2002년에 등록이 크게 늘어났다. 그리고 생계보조비 및 참전명예수당 관련 예산을 보면 2000년에 29억 6,700만 원을 시작으로 2001년에 244억 2,000만 원, 2002년에 551억 6,300만 원, 2003년에 1,402억 700만 원에 이르렀다.[193] 이처럼 김대중 정부는 참전군인을 참전유공자로서 그 의미를 격상시켜 예우하여 참전군인에 대한 역사적·사회적 차원에서의 가치를 높였고 경제적 차원의 지원도 본격화했다. 특히 이들 대부분은 명망가가 아닌 평범한 일반 국민이다. 이는 국가보훈의 민주적 보편성을 확립했다는 차원에서 의미가 매우 크다. 이에 대한 김대중의 관심은 1950년대부터 이어져온 것으로 김대중은 그만큼 오래전부터 이 문제를 중시했다. 김대중이 1950년대 작성한 기고문을 보자.

오늘날 우리나라의 정부와 지도층은 무엇보다도 먼저 자기 스스로를 혁신하고 이 어려운 살림사리의 범위 내에서라도 부패 없고 낭비 없는 치산治産에 노력해 국민의 최저 생활 확보와 전쟁 희생자의 원호에 말만이 아닌 구체적인 실현을 위해서 전력을 경주해야 할 것이며 명일과 명후일의 더욱더욱 복되는 생활에 대한 명확하고 확실성 있는 푸랜과 증거를 국민에게 명시함으로써 이 어렵고 고난에 찬 멸공통일의 성전 聖戰을 거국적 궐기 속에 완수해야 할 것이라는 것을 여기의 재삼 강조하는 바이다.[194]

여기에서 보면 김대중은 서른 전후의 젊은 나이에 이미 전쟁에서 희생당한 사람들에 대한 국가적 관심과 지원 필요성을 강조했다. 김대중은 4·19혁명 이후 장면 정부가 들어선 이후에도 이 문제에 대해 계속해 관심을 두었다. 《인물계》 1960년 11월호 기고문에는 이러한 내용이 있다.

셋째로 군경유가족 및 상이용사의 연금을 약 3배 인상했으며 그것도 생활 정도와 상이傷痍 형편에 따라서 차등을 두는 합리적인 방안을 취하도록 하였다.[195]

이렇듯 국가보훈의 민주적 보편성 원칙을 적용해 최대한 많은 사람이 더 많은 혜택을 받아야 한다는 것이 김대중의 오랜 신념이었다. 대통령이 된 이후 그 원칙을 강조하면서 국가보훈에 획기적인 변화가 이뤄지도록 했다. 김대중은 1998년 10월 19일 이렇게 강조했다.

정부는 나라를 위해 희생과 헌신을 아끼지 않은 국가유공자들에 대한 예우에도 최선의 노력을 다하겠습니다. 노령화되고 있는 국가유공자의 노후생활 안정을 위해 의료·복지서비스를 한층 더 향상시켜 나가겠습니다. 그리고 참전군인에 대한 지원기금을 확충하고 고엽제 피해자의 의료혜택을 확대해 나가도록 할 계획입니다.[196]

이러한 김대중 대통령의 관심과 노력에 의해 참전군인을 참전유공자로 예우할 수 있게 된 것이다.

국군 유해 발굴

미국은 "You are not forgotten(우리는 여러분을 결코 잊지 않을 것입니다)"라는 슬로건을 통해 전사자 유해 발굴 사업을 매우 중시한다. 단적인 예로 미국과 북한의 협상에서도 한국전쟁 당시 전사한 미군의 유해 발굴과 송환은 매우 중요하게 다뤄진다. 북한이 미국과의 협상에 이 사안을 중요한 협상 카드로 활용하는 이유다. 미국의 이러한 태도는 우리에게도 잘 알려져 있다. 전사자 유해 발굴은 국가가 당연히 해야 하는 일로 인식해, 많은 사람이 우리나라가 전사자 유해 발굴을 오래전부터 했을 것이라고 여긴다. 그런데 실상은 그렇지 않았다. 국군 전사자 유해 발굴 사업은 김대중 정부 들어 처음 시작됐다.

한국전쟁 전사자 유해 발굴 사업은 김대중 대통령 집권 3년차인 2000년 6·25전쟁 50주년 기념사업의 일환으로 처음 추진됐다. 3년 간 한시적 사업으로 시작했는데, 이 사업에 대한 높은 국민적 관심과 지지로 인해 노무현 정부는 2003년 7월 호국보훈 관계 장관회의에서 이 사업을 지속적으로 추진하기로 했다. 2005년 6월에는 이 사업을 영구 추진하기로 결정했다. 2007년에는 국방부 유해발굴감식단이 창설됐다. 이 같은 조직은 미국의 JPAC(미군 전쟁포로 및 실종자 확인 합동사령부)에 이어 전 세계에서 두 번째였다.[197]

국군 전사자 유해 발굴 사업이 시작될 수 있었던 것은 김대중 대통령의 관심과 지원 때문이었다. 김대중은 대통령 당선 전부터 이 문제에 관심을 갖고 있었다. 15대 대통령선거 전인 1997년 6월 9일 재향군인회(회장 장태완) 신임 의장단과의 간담회에서 "미국이 한국전쟁 당시 실종되거나 포로가 된 미군의 생환과 유해 발굴에 노력하듯이 우리 정부도 나라를 위해 아까운 목숨을 바친 국군포로 생환과 유해 발굴에 노력을 기울여야 할 것"이라며 "우리 당도 이 문제에 대해 관심을 가질 계획인 만큼 재향군인회도 노력을 해달라"고 강조했다.[198]

참전군인을 참전유공자로 격상한 것이 생존 군인에 대한 예우라면, 전사자 유해 발굴은 전쟁 당시 목숨을 잃은 호국 영령에 대한 예우라 할 수 있다. 가족을 잃은 것도 애통한데 유해조차 수습하지 못한 유족들이 겪어야 했던 세월의 한을 조금이라도 위로할 수 있는 일이었다. 김대중은 대통령이 된 이후 두 사안을 모두 다 해결했다. 대통령이 되기 전부터 이 문제에 대해서 확실한 의지를 갖고 있었기 때문에 가능했다. 특히 북한과의 화해를 통해 냉전 분단 시대의 아픈 역사를 청산하고 새로운 시대로 나아가고자 했다. 이를 위해 냉전 분단 체제로부터 가장 큰 고통을 받았던 참전군인과 전사자를 외면하지 않고 더욱 적극적으로 예우하여 화해와 관용 그리고 통합의 시대에 모두 함께할 수 있도록 했다.

바. 보수-진보 기념사업 공평하게 지원

특정 인물과 역사적 사건에 대한 기념사업은 국민통합을 목적으로 하기 때문에 국가적 지원이 이뤄지는 경우가 많다. 국가가 이러한 기념사업에 관여하는 방식은 다양하다. 대표적인 경우가 국가기념일로 지정하는 것이다. 그 밖에도 각종 예산 등으로 지원할 수 있다. 그런데 아무리 공공의 성격을 띤다고 해도 현실적으로 국가가 모든 기념사업에 관여하는 것은 어렵다. 당시 시대적·사회적 상황을 고려해 선택적으로 개입할 수밖에 없다. 이는 정치적 판단 영역에 속한다. 이런 관점에서 볼 때 김대중은 역사적 인물과 사건에 관한 기념사업 지원에 있어서도 국민통합의 관점에서 포용적이고 공평한 입장을 취했다고 볼 수 있다. 정파적 관점을 배제한 채 보수-진보의 관점을 중립적으로 수용해 접근한 것이다. 그 결과 김대중은 백범김구기념관은 물론 박정희대통령기념관도 건립할 수 있도록 재정적·정치적 지원을 했다.

백범김구기념관을 건립하다

김대중은 백범김구기념관 건립에 전폭적인 지원을 했다. 김구 선생 서거 51주년이 되는 2000년 6월 26일 기념관 기공식 이후 본격적으로 건립에 착수해, 2002년 10월 22일 준공식을 할 수 있었다. 사실 김구 선생 기념관 건립은 매우 늦게 이뤄졌다. 대한민국 헌법을 보면 3·1운동으로 건립된 대한민국 임시정부의 법통을 계승한다고 돼 있다. 백범 김구 선생은 풍찬노숙을 하는 고통을 이겨내면서 대한민국 임시정부의 주석으로 항일 투쟁을 전개한 대표적인 독립운동가이자 대한민국 정통성을 상징하는 인물이다. 이러한 인물의 기념관은 한국전쟁이 끝나고 머지않은 시기에 건립됐어야 했다. 하지만 정치 상황이 허락하지 않았다. 일제강점기 때 친일 반민족 행위를 한 자들이 다양한 곳에 포진했기 때문이었다. 게다가 냉전 반공 체제는 1948년 남북협상을 한 김구의 민족주의적 상징과 충돌되는 면이 있었다. 이러한 이유로 백범김구기념관 건립 운동은 1987년 6월 민주화 이후부터 본격화될 수 있었다.

1949년 설립된 백범김구선생기념사업협회가 1991년 사단법인으로 바뀌면서 기념관 건립 운동이 본격적으로 전개됐다. 한편 1992년 14대 대선에서 당선된 김영삼은 군사독재 정권과는 다른 문민정부라는 자부심을 갖고 있었다. 그는 1993년 백범 김구 선생 44주기 추도식에 현직 대통령으로 처음 참석했다. 이러한 분위기 속에서 1996년 8월 14일 백범김구선생기념관 건립 추진위원회 발기인 대회가 열렸고, 1999년 백범 김구 선생 서거 50주년을 맞아 기념관을 건립하기로 했다. 그러나 추진력을 잃고 유야무야됐다가 김대중 정부 출범 이후 사업이 다시 진행됐다.

1998년 6월 백범김구선생기념사업회 회장을 맡은 이수성 민주평통수석부의장은 1999년 4월 백범기념관 건립위원회를 구성했다. 김대중 대통령은 명예위원장을 맡았다. 이때부터 기념관 건립이 본격적으로 추진돼 김대중 대통령은 총사업비 180억 원 가운데 국비로 160억 원을 지원했다.[199] 백범김구기념관 기공식이 열린 2000년 6월 26일은 백범 김구 선생 서거 51주년이었고 최초의 남북정상회담과 6·15공동선언 직후였다. 김대중이 '백범기념관 기공식'에서 한 연설에는 당시 분위기가 잘 나타나 있다.

> 저는 이러한 남북 관계의 진전을 보고 지하에 계신 백범 선생께서도 크게 기뻐하실 것으로 확신해 마지않습니다. 이러한 민족의 큰 경사야말로 조상들의 보살핌과 백범 선생을 위시한 선열들의 큰 가호 덕분이 아닐 수 없습니다. … 민족의 화해·협력과 공존공영의 기틀을 튼튼히 구축해서 장차의 통일에 대비해 나가야 합니다. 그것이야말로 하늘에서 우리를 굽어보고 계신 백범 선생의 숭고한 민족애와 통일 염원에 보답하는 길이라는 것을 확신해 마지않습니다. … 오늘 첫 삽을 뜨는 백범기념관이 백범 선생의 숭고한 애국애족의 정신을 기리고 민족정기를 함양하는 산 교육장이 되기를 바라면서, 여러분 모두의 건승과 행복을 기원합니다.[200]

김대중은 백범김구기념관 건립의 의미를 이렇게 부여했다. 백범기념관 건립은 대한민국 정통성 확립과 항일 독립 투쟁의 역사적 기억을 되살리고 한반도 평화통일을 위한 목적을 갖고 있다.

박정희대통령기념관 건립 지원

이처럼 백범김구기념관 건립의 의미를 부여한 김대중은 비슷한 시기에 박정희대통령기념관 건립도 지원했다. 김구와 박정희는 동시대 인물이 아니지만 한국 역사에서 중요한 위치를 차지한다. 김대중 대통령의 이 결정은 당시에도 주목을 받았다.[201] 김대중은 직접 박정희대통령기념사업회 명예회장을 맡았으며 '전직 대통령 예우에 관한 법률'에 근거해 국고 200억여 원을 지원했다. 김대중 대통령의 전폭적 지원은 민간 차원의 모금에도 유리한 분위기를 조성했다. 이는 김대중이 1997년 선거 운동 과정에서 한 약속을 지킨 것이었다. 김대중 대통령의 초대 비서실장이었던 김중권의 증언에 따르면, 박정희 대통령 기념사업에 대한 김대중의 관심은 집권 초기부터였다. 그런데 그때에는 김대중의 진심을 기념사업을 추진하는 쪽에서 잘 믿지 않는 분위기였다고 한다.

박정희대통령기념관 건립도 동서 화합을 위한 것이었다. 1998년 4월, 박근혜 현 대통령이 대구 달성 보궐선거에 출마하기 직전이었다. DJ(김대중)가 나를 불렀다. "피해자인 살아 있는 대통령이 가해자인 돌아가신 대통령을 용서한다면, 동서 화합의 징표가 되지 않겠습니까?" 그 말에 나는 크게 감동을 받았다. 나는 신현확 전 총리, 김준성 전 부총리, 이원경 전 외무장관, 정수창 전 대한상공회의소 의장 등 TK 원로들을 찾아가 DJ의 뜻을 전했다. 모두 선뜻 믿지 않았다. "DJ가 그런 소리를 하다니, 쇼"라는 반응이었다. DJ는 이분들을 청와대로 초청해 식사를 같이 하면서 자신의 뜻을 설명했다. 이들은 비로소 DJ의 진심을 믿게 됐다. 그해 5월 DJ는 대구를 방문한 자리에서 박정희 대통령기념관을 건립하겠다는 뜻을 공표했다. 나는 보궐선거에서 당선된 박근혜 의원을 만나 DJ의 뜻을 전했다. 박근혜 의원도 고마워했다.[202]

김대중은 1999년 5월 13일 신현확 등 박정희 대통령 기념사업 관계자 32명을 만나서 이렇게 말을 했다.

우리 대한민국 법률, 전직 대통령 예우에 관한 법률 5조에는 전직 대통령 기념사업하는 것을 정부가 도와주도록 돼 있습니다. 나는 이 기념사업을 그동안 끌고 오신 분들에게 다시 한 번 감사를 드리면서, 정부가 법에 의해서 박정희 대통령 기념사업을 지원할 때도 오지 않았는가, 이렇게 생각합니다. 지난번 대선 때 구미를 방문하고 생가를 찾아봤습니다. 그때 내가 당선되면 박정희 대통령 기념사업을 지원하겠다는 것을 공개적으로 약속한 바 있습니다. 그러나 그때는 선거 때니까 표가 급하니까 그런다, 이렇게 될 수가 있었을 것입니다. 또 그보다 더 앞서서 92년 대선 때 박정희 대통령 묘소를 참배하면서, 대통령과 화해한다고 선언한 일이 있습니다. 그때도 아마 사람들은 표 얻기 위해서 그런다고 했을 것인데, 저도 그것을 부인하지는 않습니다. 그러나 이제는 내가 대통령이 됐고, 표 얻을 일도 없습니다. 또다시 선거에 나올 일도 없는 사람입니다. 그렇기 때문에 지금 제가 박정희 대통령과 화해하고, 박정희 대통령을 위해서 기념사업을 지원한다고 하는 것은 진심이라고 누구든지 받아들일 수 있을 것이고, 여러분도 그렇게 생각할 것입니다. 나는 진심으로 그렇게 하고자 생각하고 있습니다. 우리가 과거에 정치적으로는 정적 관계에 있었고, 제가 박정희 대통령 한테 여러 가지 박해를 받은 것은 여러분도 잘 알 것입니다. 감옥도 가고 그랬지만, 이런 것을 다 청산하고 박정희 대통령과 오늘로 화해하고, 다시 한 번 그분에 대해서 재평가하면서, 그분에 대한 기념사업을 하게 된 것을 저도 참 뜻깊게 생각하고, 여러분도 감회가 클 것으로 생각합니다.[203]

한국에서 보수 진영이 주로 지지하고 열망하는 인물과 사건과 관련한 기념사업 중에서 일정 정도 대중성을 갖고 있는 대상은 사실상 박정희 대통령 기념사업이 유일하다. 이승만 대통령 기념사업의 경우 보수 진영이 주도하고 있지만 대중성이 너무 낮다. 대표적인 독립운동가이고 초대 대통령라는 상징성과 대표성이 있음에도 불구하고, 독재정치를 했고 결국 1960년 4·19혁명에 의해 자진 하야라는 불명예 퇴진을 한 점이 결정적인 한계 요인이었다. 이러한 배경에서 박정희 대통령 기념사업은 보수 진영 전체가 핵심적으로 중요하게 여겼다. 김대중이 이러한 기념사업을 지원한 것은 보수 진영을 상대로 화해와 포용을 시도한 것으로서 국민통합을 달성하겠다는 뜻이 반영된 것이다.

민주화운동 기념사업

김대중은 김구, 박정희 등 인물에 대한 기념사업 지원과 함께 민주화운동의 정신을 계승 발전시킬 수 있도록 민주화운동 전체를 대상으로 한 기념사업을 지원했다. 한국 현대사의 대표적인 민주화운동인 5·18광주민주화운동에 대한 기념사업은 별도의 법률에 의해 진행되고 있었다. 그래서 그 외의 사건에 대해서도 전체적으로 정리하고 기념하는 일이 필요했다. 2000년 1월 12일 제정된 '민주화운동 관련자 명예회복 및 보상 등에 관한 법률(민주화보상법)' 제23조를 보면 "정부는 민주화운동정신을 계승하는 기념사업을 추진하여야 한다"라고 명시돼 기념사업과 관련된 내용을 명문화해놓았다.[204] 이것을 근거로 해 민주화운동의 역사적 의미와 정신을 국가적으로 계승 발전시킨다는 취지로 '민주화운동기념사업회법'이 2001년 7월 24일 제정돼 2001년 10월 25일부터 시행됐다. 이 법에 의거해 2001년 11월 '민주화운동기념사업회'가 출범했다.

이 법 제정 당시 민주화운동의 정의는 제2조에서 "이 법에서 '민주화운동'이라 함은 3·15의거, 4·19혁명, 부마항쟁, 6·10항쟁 등 1948년 8월 15일 대한민국 정부수립 이후 헌법에 보장된 국민의 기본권을 침해한 권위주의적 통치에 항거하여 국민의 자유와 권리를 회복·신장시킨 활동으로서 대통령령이 정하는 활동을 말한다."[205]라고 돼 있다. 그 뒤에 2·28대구민주화운동과 3·8대전민주의거 내용이 추가되었다. 이렇게 해서 김대중은 민주화운동 기념사업도 추진했다.

이처럼 김대중은 백범김구기념관 건립과 박정희대통령기념관 건립과 함께 민주화운동 전체 기념사업까지 본격적으로 추진해서 기념사업을 통한 역사적 기억과 계승, 그리고 국민통합을 지향했다.

2장
민주인권국가로 도약하다

김대중은 민주화 투쟁에 집중하던 시기에도 민주화 이행 이후 민주주의 발전을 위한 각종 정치사회 개혁 과제를 중요하게 생각했다. 그래서 김대중은 한국 민주주의 발전과 관련된 '왜Why', '어떻게How', '무엇을What' 등의 모든 질문에 대해서 자신만의 해답(철학과 정책 그리고 전략)을 갖고 있었다. 그래서 '준비된 정치가'였던 김대중은 1987년 6월항쟁 이후 민주정치가 복원되자 야당의 리더로서 그리고 대통령으로서 자신의 구상을 현실화시킬 수 있었다. 여기에서는 이와 관련된 내용을 살펴보려고 한다.

1. 정치사회적 민주화를 획기적으로 진전시키다

가. 인권국가의 새 지평을 열다

김대중은 대통령에 취임한 직후인 1998년 3월 법무부의 업무보고를 받는 자리에서 자신은 경제 대통령이나 통일 대통령보다 인권 대통령으로 기억에 남고 싶다고 말한 적이 있다.[206] 이 다짐을 실천하듯 김대중은 대통령 재임 기간 내내 한국이 민주인권국가가 될 수 있도록 다방면에 걸쳐 중요한 개혁을 이뤄냈다. 사상전향제 폐지와 양심수 석방을 단행했으며 최루탄 사용을 금지하고 집회와 시위의 자유를 보장했다. 사실상 사형제 폐지 국가가 되도록 했고 국가인권위원회를 출범시켰다. 이러한 개혁을 통해 김대중은 인권이 국가와 사회의 중심 가치가 되도록 했다.

사상전향제 폐지와 양심수 석방은 앞에서 다뤘기 때문에 여기서는 그 외의 내용을 다룬다.

최루탄 사용 중지와 집회와 시위의 보장

김대중은 대통령이 된 이후 최루탄 사용을 금지하고 집회와 시위의 자유를 보장했다. 국민들의 자발적인 의사 표시를 공권력을 동원해서 막지 않고 최대한 보장한 것이다. 이는 한국이 선진 민주인권국가로 발돋움하는 데에 있어 중요한 조치로 평가받는다. 권위주의 정권 시절 집회·시위의 해산과 진압을 위해 사용한 최루탄은 많은 사람에게 고통을 안겼다. 특히 1987년 6월 연세대 학생 이한열이 최루탄에 피격돼 중태에 빠졌다가 결국 1987년 7월에 사망하자 최루탄 사용에 대한 국민적 분노가 폭발했다. 김대중은 1987년 7월 5일 이한열 열사의 빈소에 조문한 뒤 "무엇보다도 민주화에의 국민적 승리의 대행진을 이한열 군이 알지 못하고 간 데 대해 한없이 가슴 아프다", "그의 죽음은 이 나라의 민주화를 인도하는 또 하나의 큰 횃불이 됐다"고 하면서 고인의 죽음을 애도했다.[207]

그러나 이한열 열사의 비극적인 죽음을 경험했음에도 그 이후 여전히 최루탄이 사용됐다. 집권 보수 진영 내 공안 세력은 최루탄을 통한 강경한 억압이 필요하다고 인식했기 때문이다. 헌법 제21조 ①항을 보면 "모든 국민은 언론·출판의 자유와 집회·결사의 자유를 가진다"라고 돼 있다. 김대중 정부가 들어서기 전까지는 이 자유가 제대로 보장되지 않았다. 보수 정권이 시위 확산을 억제함과 동시에 시위 참여에 대한 의지를 원천적으로 막기 위해 예방적 타격이라는 목적으로 최루탄 사용을 지속했기 때문이다.

최루탄 사용 금지에 대한 김대중의 입장은 1987년 대선 때부터 나왔다. 김대중은 1987년 11월 1일 유세에서 이렇게 말했다.

경찰은 치안 유지에 치중하고, 우리 평화민주당이 집권하면 일체의 정치 개입을 단호히 금지할 것이며, 이리해서 우리 국민과 학생들이 또 다시 경찰의 탄압과 최루탄의 희생이 안 될 뿐 아니라, 전투경찰이나 군대에 간 우리 젊은이들이 본의 아니게 국민과 적대하는 그런 불행한 일이 영원히 없어지도록 우리는 공안위원회 같은 것을 만들어 경찰의 완전한 중립을 실현할 것을 여러분에게 약속하는 바입니다.[208]

김대중은 대통령이 된 이후 이 공약을 그대로 지켰다. 이전 정부가 최루탄을 무차별적으로 사용해 집회와 시위를 최대한 억제하는 기조로 대응한 반면, 김대중 정부는 기본 질서 유지를 위한 최소한의 가이드라인만을 제시하고 집회와 시위를 관리하는 방식으로 전환했다. 그러자 시위대는 화염병 사용을 자제했다. 놀라운 선순환 효과가 발생한 것이다. 최루탄과 화염병 사용에 대한 통계(243쪽의 표)를 보면 김대중 대통령이 취임한 1998년 2월 이전과 이후의 상황은 차이가 크다.

특히 1997년 말에 터진 국가부도 위기에 따른 IMF구제금융 사태로 인해, 1998년부터 실업 대란 등으로 사회 불안이 극심한 상황에서 이러한 결과가 나왔다는 점은 의미가 매우 크다. 더욱 놀라운 것은 집회·시위 발생 건수와 참여 인원수가 1998년부터 급격히 늘어난 상황에서 나왔다는 점이다.

연도별 화염병 사용 개수 및 최루탄 사용 개수

분류	1996	1997	1998	1999	2000	2001
화염병 사용 개수	80,620	69,165	170	613	746	2,453
최루탄 사용 개수	213,847	134,405	3,403	0	0	0

출처: 국정홍보처, 《국민의정부 5년 국정자료집 제3권》, 국립영상간행물제작소, 2003, 757쪽.

다음 표에서 보듯 1998년부터 집회 발생 건수와 시위 참여 인원 수가 급증했다.

연도별 집회 및 시위 발생 건수 및 참가 인원

분류	1996	1997	1998	1999	2000	2001
발생 건수	12,219	9,229	11,797	17,209	22,011	23,946
참가 인원	1,016,965	1,500,224	2,108,338	2,978,254	3,611,172	3,167,361

출처: 국정홍보처, 《국민의정부 5년 국정자료집 제3권》, 국립영상간행물제작소, 2003, 759쪽.

그런데도 정부는 최루탄을 사용하지 않았고 폭력 시위는 급감했다. 이는 한국의 민주주의가 내적인 안정과 성숙을 하고 있음을 보여준다는 점에서 의미가 매우 크다. 또한 한국의 민주주의 역량에 대한 자신감이 있었던 김대중의 신념과 의지, 용기에 의해 나타난 놀라운 결과다.

사형제 폐지에 관해

김대중은 대통령이 된 이후 사형을 집행하지 않았다. 사형제 폐지
에 대한 소신을 강조해 한국이 사실상의 사형제 폐지 국가가 되는
데에 결정적 역할을 했다. 이는 인권 분야에 있어 김대중의 매우
중요한 업적으로 평가된다.

한국에는 법적으로 사형제도가 있지만 김영삼 정부 시절인
1997년 12월 30일에 사형을 집행한 이후 현재(2021년 5월)까지 사
형을 집행하지 않고 있어 사실상 사형제 폐지 국가로 분류된다. 세
계적인 인권 단체인 국제앰네스티는 사형제도가 있지만 만 10년
이상 사형을 집행하지 않은 나라를 '실질적 사형 폐지국'으로 분
류한다. 한국은 2007년 12월 30일 기준 전 세계 195개국 가운데
134번째로 실질적 사형 폐지국 대열에 합류했다.[209] 이렇게 되면
이후 사형 집행을 내심 원하는 세력이 집권하더라도 국제적 평판
을 신경 써야 하므로 실제 사형 집행이 상당히 어렵게 된다.

인권운동 단체들은 사형제 폐지까지 주장하지만, 이는 국민들의
일반적인 법감정을 고려하면 쉬운 일은 아니다. 각종 흉악 범죄가
발생하기 때문에 사형제의 범죄 예방 효과에 대한 학문적 논쟁과
는 무관하게, 국민들은 대체로 사형제를 흉악 범죄를 억제하는 마
지막 법적 보루라고 인식한다. 더 나아가 흉악범에 대한 사형은 정
당하고 정의라고 인식하는 경향 역시 강하다. 사실 사형제를 폐지
한 국가에서도 폐지 반대 여론이 높았다.[210] 이는 한국에서도 마찬
가지다.[211] 이러한 배경에서 한국이 사형제 폐지 국가는 아니어도
실질적 사형 폐지국이 된 것만으로도 의미가 있다.

이러한 데에는 사형제 폐지에 대한 김대중의 의지가 반영됐기 때문이다. 김대중은 1980년 김대중내란음모조작사건으로 같은 해 9월 1심 재판에서 사형을 선고받았고, 이듬해 1월 대법원에서 사형이 확정됐다. 이후 무기징역형으로 감형될 때까지 4개월 넘게 사형수로 지냈다. 그는 사형수로 있던 1980년 12월 31일에 쓴 글에서 "1980년 제야의 밤 … 이 한 해는 한 인간이 겪을 수 있는 가장 가혹한 시련의 1년이었다. … 이번 반년 남짓의 시련은 나의 일생의 고난을 다 합쳐도 그 반에도 미치지 못할 정신적 고통을 나에게 주었다 할 것이다"[212]라고 당시 겪었던 고통을 표현했다. 테러를 통함 암살이나 재판을 통한 법살 모두 정치 라이벌을 무자비한 방식으로 제거한다는 점에서 동일하다. 그런데 테러를 통한 암살이 순식간에 발생한다면 재판을 통한 법살은 일정한 기간이 소요된다. 죽음이라는 고통의 장기화라는 측면에서 보면 후자가 더 가혹하다. 김대중은 사형수로서 그러한 극도의 공포와 불안을 실제 경험했던 것이다.

체험을 통해 사형제도의 문제점을 더욱 뼈저리게 느낀 김대중은 대통령 재임 기간 동안 사형을 집행하지 않았다. 이러한 입장은 이어져, 노무현 대통령도 사형을 집행하지 않았고 한국은 실질적 사형 폐지국이 됐다. 그 뒤 보수 세력이 연이어 집권했지만 실질적 사형 폐지국으로 분류된 상황에서 사형을 집행할 수 없었다.

퇴임 이후 김대중은 한반도 평화, 국제 평화, 인권 문제에 관심을 갖고 활동했다. 인권 문제에 있어 가장 중요한 이슈는 사형제 폐지였다. 김대중은 2006년 2월 20일 국제사면위원회에서 주관하

는 사형제도 폐지를 위한 캠페인에 보낸 기고문에 다음과 같은 입
장을 밝혔다.

사형제도는 민주주의의 근본에 위배된다. 민주주의는 인간의 생명을
지상의 가치로 존중하고 있으며, 비록 법의 이름으로라도 사람의 목숨
을 말살하는 것은 인권의 대의에 전적으로 위배된다. 사형제도는 그
집행 이후에 오판이 이루어졌다고 나타났을 때 이를 원상회복할 길이
없다. 검사나 판사가 오판하는 것을 완전히 배제할 수는 없다. 더욱
문제가 되는 것은 독재자들이 사형제도를 민주 인사나 자기의 반대파
들을 말살하는 수단으로 악용하는 경우가 세계 도처에서 행해져왔다는
것이다. 한국에서도 인혁당사건이 그러했고, 나 자신도 사형을 선고받
고 집행 직전까지 갔던 일이 있다. 비록 윤리적으로 용서할 수 없는 흉
악범이라 하더라도 사형집행의 강행만으로 범죄는 줄어들지 않는다.
그보다는 사형을 종신형으로 바꿈으로써 범죄자가 개과천선하도록 유
도해야 한다. 개과천선은 가능한가. 사람의 마음속에는 선과 악이 공
존한다. 환경과 자신의 노력에 따라서 선인이 악인이 되고, 악인이 선
인이 될 수 있다. 우리는 사형 언도를 받은 흉악범들이 완전히 개과천
선해서 선행의 사람이 된 경우를 수없이 목격하고 있다.
나는 98년 대통령 취임 이후 5년 동안 단 한 사람도 사형집행을 한 일
이 없으며 몇 사람은 무기징역으로 감형시켰다. 사형집행은 진정한 해
결이 아니고, 민주주의와 인권사상에도 어긋나는 일이기 때문에 그러
했던 것이다. 하루속히 우리나라와 전 세계에서 사형제도가 없어져서
민주주의가 완성되기를 간절히 바라는 바이다.[213]

2008년 7월 1일에는 프랭클린 짐링 캘리포니아 대학교 법학과 교수와 데이비드 존슨 옥스퍼드 대학교 교수의 저작 《새로운 경계: 아시아의 국가 발전, 정치 변화, 사형제도*The Next Frontier: National Development, Political Change, and the Death Penalty in Asia*》의 서문에 〈법의 이름으로도 사람이 사람을 처형할 수 없다〉는 제목의 글을 기고하기도 했다.[214]

국가인권위원회 설치

인권 신장에 있어 김대중의 중요한 공헌 하나는 2001년 5월 24일 국가인권위원회법 제정을 통해 국가인권위원회를 출범시켰다는 점이다. 이를 계기로 국가 권력은 인권 보호에 부정적이고 인권보호는 시민사회의 인권운동 단체에서 하는 것이라는 이전까지의 인식을 전환시킬 수 있었다. 제15대 대통령직인수위원회에서 선정한 '국민의 정부 100대 국정 과제'에 '인권 문제를 총괄할 국가인권위원회 설치 및 인권법 제정 검토'[215]가 들어 있다. 이러한 김대중 대통령의 의지가 반영돼 1998년 4월 법무부는 '국가인권위원회 설립 준비단'을 발족한다.

그런데 그 뒤의 과정은 순조롭지 못했다. 독립적인 국가인권위원회 출범에 부정적인 관료들이 사사건건 인권운동 단체와 충돌했기 때문이다. 법무부는 1999년 4월 인권위원회를 비정부 조직으로 하는 안을 국회에 제출했다. 인권운동 단체가 이 안에 반대하자 여당은 머뭇거렸고, 동력을 잃은 법안은 결국 15대 국회에서 처리되지 못했다. 16대 국회에 들어 인권위원회를 국가기구로 하는 법이 2001년 2월 14일 국회에 제출됐다. 관료 조직의 끈질긴 반대가 있었지만 인권운동 단체의 핵심 요구를 대부분 수용한 김대중 대통령이 결단했기에 가능한 일이었다. 국가인권위원회법은 2001년 4월 30일 국회에서 통과되었다. 김대중 대통령은 2001년 5월 23일 〈국가인권위원회법 공포문 서명식〉에서 다음과 같이 언급했다.

> 오늘은 우리나라 민주 역사상 특별한 의미를 갖는 날입니다. 우리는 인권·민주국가를 지향해 왔습니다. … 인권위원회는 독립성을 강화하는 방향으로 인사와 예산 등이 편성돼 인권법이 더욱 가치를 갖게 됐습니다. 이 법은 유엔 등 국제기구의 기준에 조금도 손색이 없습니다. 이 법을 잘 활용해 명실상부하게 인권을 지키는, 가장 유용하고 값있는 기구로서의 기능을 해야겠습니다. 과거 군사정권 시절에는 우리가 정치, 언론, 노동운동의 자유 등 정치적 자유를 위해 노력해왔습니다. 그러나 지금은 사회적·경제적 약자들의 권리를 지켜주는 것이 중요합니다. 이를 감안해 정치적 인권뿐만 아니라 사회적·경제적 인권의 향상을 위해 더욱 노력해야겠습니다. [216]

이렇게 해서 2001년 11월 25일 국가인권위원회가 출범하게 되었다.

김대중은 군사독재 정권 시절에는 정치사회적 자유를 위한 투쟁이 목표였다고 한다면 민주화가 진전된 상황에서는 사회경제적 권리와 인권 향상이 목표가 됐다고 밝혔다. 국가인권위원회는 각종 인권 침해에 대처하고 사회 전반적으로 인권 의식 함양을 위한 각종 노력을 전개해 인권이 국가의 중심 가치가 될 수 있도록 여러 활동을 전개하고 있다. 이처럼 김대중은 인권의 중요성에 대해 명확하게 인식했고, 한국의 인권 개선과 인권에 대한 국가적·사회적 인식 전환에 결정적인 역할을 했다.

나. 노동운동과 노동자의 정치 활동 자유 보장

김대중은 노동운동과 노동자의 정치 활동의 자유를 보장해서 한국이 정상적인 민주인권국가로 발돋움하는 데에 중요한 역할을 했다. 자본주의 시장경제체제를 채택한 국가에서 노동 문제는 민주주의 발전에 중요한 의미를 가진다. 민주주의와 인권에 대한 감수성이 높은 국가일수록 노동 문제와 노동정치에 대한 태도가 적극적이고 개방적이다. 권위주의 정권 시절 한국은 노동정치에 대해 지극히 배타적이었다. 그래서 노동운동과 노동자 정치 활동의 자유를 억압했다. 이는 당시 사회 전반의 낮은 민주인권 의식이 반영된 결과이다. 1987년에 이르러 민주화와 노동자 대투쟁 등을 거치면서 노동정치가 활성화될 수 있는 계기가 마련됐다. 그러나 위로부터의 억압과 배제는 기본적으로 유지됐고 반공주의와 반호남 지역주의의 영향으로 노동정치의 약화는 지속됐다. 노태우 정부 시절에는 '국민경제사회협의회', 김영삼 정부 시절에는 '노사관계개혁위원회' 등을 통한 사회적 조정과 협의 등이 진행됐으나 그 효과는 약했다.[217]

상호 불신과 소통 부재에 따른 노사 갈등의 심화는 정치·경제· 사회적으로 부정적인 영향을 주었다. 1997년에는 IMF구제금융 사 태까지 터져 1998년부터 최악의 실업난이 발생했다. 구조적으로 국가와 노동은 대립적이었고 상호 소통도 부재한 시절에 최악의 실업난이 겹치자 국가와 노동의 관계가 파탄이 날 수도 있는 절체 절명의 위기 상황에 처했다. 이때 대통령에 당선된 김대중은 노동 정치를 정상화시키고 IMF위기 극복 과정에서 노동계의 협조를 최 대한 끌어내면서 최루탄을 사용하지 않으면서 실업란에 따른 반발 을 민주적으로 극복하는 정치력을 보여주었다. 여기서는 노동정치 를 비롯한 노동 문제에 관한 김대중의 인식과 활동에 관해 살펴보 려고 한다.

노동 문제에 대한 김대중의 선진적인 의식

김대중은 1947년부터 사업을 시작해 성공한 청년 사업가로 부와 명성을 쌓았다. 이즈음 만 26세인 1950년 4월 1일에 기고한 글을 보면 사업가로 활동할 때부터 노동 문제에 대한 시각이 대단히 민 주적이라는 사실을 알 수 있다.

> 필자는 외지外誌 《다이제스트》에서 "영英·불佛·이伊 등 서구 각국의 심
> 각한 노동 불안과 반反자본주의의 만연의 원인은 노동계급 자체에 있
> 다기보다 오히려 전기前記 각국 자본가들의 노동자에 대한 가혹한 착취
> 와 탐욕된 독점주의로 인한 중소 계급의 몰락에 원인이 있다"고 미국
> 모 실업가가 통격痛擊한 것을 읽었는데 이는 오늘날 우리들 실업계에

봉사하는 사람을 위해서 반성을 촉구하는 경종이 아니될 수 없다. …
우리는 마땅히 선박의 완비와 기표 운영의 능률화를 기해 화객을 안전
차로 저렴한 운임으로 수송해야 할 것이며 종업원의 대우 향상에 노력
해 그들의 최저생활을 보장함으로서 안도리安堵裡에 노동할 수 있도록
해야 할 것이다.[218]

이처럼 사업가로 활동할 때부터 민주적 노동 의식을 보여주었던
김대중은 1957년 9월부터 1959년 5월까지 한국노동문제연구소 주
간으로 활동하면서 노동 문제 전문가이자 시사평론가로서 활동한
다. 1950년부터 1961년까지 김대중이 남긴 완결된 형태의 텍스트
만을 모아 수록한 《김대중전집 II 제1권》의 콘텐츠의 수는 총 49건
인데, 노동 문제를 다룬 글이 열두 편이나 될 정도로 많다. 이 가운
데 《사상계》 1955년 10월호에 기고한 〈한국의 노동운동의 진로〉라
는 논문은 매우 유명하다. 노동 문제에 대한 전문 식견을 갖춘 김
대중은 1963년 6대 국회 등원 이후 의정 활동을 통해 노동자 권익
향상을 위해 많은 역할을 했고, 1971년 대선에서 노동 분야와 관련
해 중요한 공약을 제시했다.

1971년 3월 24일 발표한 7대 대선 공약에서 노동 문제와 관련
된 내용을 보자. 먼저 헌법 개정과 관련[219]해 "생산의 증대와 분
배의 공정을 목적으로 한 노사협의기구 설치 조항의 삽입"이라는
내용이 있다. 이때 공약 가운데 헌법 개정 사항으로 제시한 항목
이 전체 다섯인데, 이와 함께 "대통령 3선 조항의 1차 중임제 환원
(1969년 가을에 대통령 3선 금지를 내용으로 한 헌법이 개정돼 있다)과

부칙에 다시 개정 불가능 조문의 삽입", "부통령제의 신설", "국무회의(각의)의 의결기관화", "무소속 출마 금지 조항의 삭제" 등인데 노동 문제와 관련된 것을 제외하면 모두 권력 기구 및 선거제도 등 국내 정치에 관한 항목이다. 이처럼 노동정치에 관한 내용을 헌법에 넣자고 제안할 만큼 김대중은 노동 문제를 중요하게 생각했다. 이와 함께 7대 대선에서 노동 문제와 관련해 제시한 구체적인 정책[220]을 살펴보면, '노조의 자유 설립, 기타 노조 운동의 자유 보장', '공무원의 생활 보장과 제한돼 있는 노조 활동의 허용', '근로자에 대한 부양가족 공제, 의료비 공제 등 필수 비용의 공제제도 실시', '노사협의체 구성', '노조 운동의 자주성 보장과 최저임금제도의 단계적 실시' 등이다. 이처럼 김대중은 젊었을 때부터 노동 문제에 대한 이해가 깊었고 민주적 시장경제론에 입각해 노동정치의 자유를 주장했다.

김대중 정부의 노동 개혁

노동정치에 있어 김대중 정부의 가장 큰 개혁과 업적은 노사정위원회를 통해 노동자를 동등한 파트너로 대우해 제도권 밖에 있던 노동운동을 제도권 내에서 활동할 수 있도록 한 점이다. 이는 한국에서는 불가능하다고 여겼던 사회협약 정치가 시작됐음을 의미한다. 기존의 노동 배제 정치와 갈등의 정치가 노동 포섭의 정치와 타협의 정치로 변화됐음을 보여준 것이다.[221] 사회협약 정치는 노동과 자본 사이에서 균형을 잡고 노동과 자본의 정치적 협력과 정책적 합의를 이끌어내는 것을 뜻하므로 이때부터 비로소 한국에서 사회협약 정치가 시작됐다.[222] 이는 한국의 민주화가 사회경제적 영역으로 확대됐음을 보여주는 대표 사례다. 한국은 국제노동기구 ILO로부터 국제적 수준의 노동관계법 개정 및 행정 조치의 필요성을 지적받고 있었다. 그래서 이와 같은 김대중 정부의 조치는 국제적 차원에서 한국에 대한 인식 제고에도 기여했다.

제1기 노사정위원회는 1998년 1월 15일부터 1998년 6월 2일까지 운영됐다. 1998년 2월 6일 10개 분야 90여 항목에 이르는 '경제위기 극복을 위한 사회협약'을 채택했다. 제2기 노사정위원회는 1998년 6월 3일부터 1999년 8월 31일까지 운영되었고 1999년 5월 24일 '노사정위원회 설립 및 운영 등에 관한 법'이 제정되어 노사정위원회를 상설기구화해 제도적 안정성이 담보되었다. 그리고 1999년 9월 1일부터 3기 노사정위원회가 출범했다.[223] 사회적 합의의 역사가 일천함에도 불구하고 김대중 정부 시절에 도입된 노사정위원회는 여러 큰 성과를 냈다. 특히 1기 위원회의 성과가 매우 중요하다.

1998년 2월에 노사정 대타협을 통해 선거법과 정치자금법을 개정해 노동조합의 정치적 자유를 허용했다. 노동 영역을 넘어 사회보장정책, 경제정책과 관련된 광범위한 합의가 있었다는 점도 특징이다.[224] 이에 대해 조희연은 "이는 김대중 정부의 수립과 경제위기라는 정치경제적 전환이 만들어낸 역작임에 틀림없다"라고 평가했다.[225] 당시 합의의 결과 두 차례에 걸쳐 '공직선거 및 선거부정 방지법'이 개정돼 교원노조를 제외한 노조는 선거기간 중 특정 정당의 지지와 반대가 가능해졌다. 또한 헌법재판소의 정치자금법 위헌 판정으로 초기업 단위 노동조합의 정치자금 기부 및 정당 후원이 가능해져서 2000년 2월 26일에 이르러 노조의 정치 활동 합법화가 완성됐다. 1999년 7월 1일에는 교원노조가 합법화돼 2000년 6월 10일 노조와 교육부 장관이 단체협약안에 합의했고, 7월 3일 단체협약이 최초로 체결됐다. 공무원 단결권과 관련해서는 공무원의 직장협의회 설치를 위한 관련법인 '공무원직장협의회의 설립·운영에 관한 법률'이 1998년 2월 24일 제정돼 1999년 1월 1일부터 시행됐다. 그리고 2000년 10월 23일 '최저임금법'을 개정하여 2000년 11월 24일부터 전 사업장에 확대 적용하였으며, 2001년 8월 14일에 '근로자복지기본법'이 제정돼 2002년 1월 1일부터 시행되었다. 이처럼 김대중 정부는 노동자의 정치사회적·경제적 권익 신장을 위한 각종 개혁조치를 실행했다.[226] 그래서 김대중 정부는 한국의 노동정치 발전에 있어서 매우 중요한 역할을 했다고 평가할 수 있다.

다. 정당정치의 민주화와 선진화를 이끌어내다

김대중은 정당정치 발전을 위해서 많은 노력을 기울인 의회주의자였다. 김대중 서거 이후 김대중의 국장國葬이 국회에서 이뤄진 점도 이러한 뜻을 고려했기 때문이다. 김대중은 정책정당으로서 정당 기능과 역할의 강화, 그리고 국민의 정치 참여 활성화를 목표로 삼아 이를 실천했다. 군사독재 정권은 정당정치·의회정치를 혐오했고 이를 무력화시키기 위해 수많은 공작을 펼쳤다. 이 탓에 민주화 운동 시기 야당의 상황은 지금으로써는 상상하기 힘들 정도로 열악했다. 악조건 속에서도 김대중은 정당정치·의회정치의 정상화와 발전을 위해 온갖 노력을 기울였다.

정당과 국회의 정책 기능 강화

국회는 행정부를 견제하고 대안을 제시하는 기능을 가진다. 민주주의가 발달한 국가일수록 국회를 구성하는 정당의 정책 역량은 매우 중요한 까닭이 여기에 있다. 거꾸로 민주주의가 덜 발달된 국가일수록 국회에 비해 행정부 우위 현상이 잘 나타난다. 특히 정책 역량 분야에서 이 현상이 두드러진다.

김대중은 이 문제를 극복하기 위해 1963년 6대 국회의원 선거에서 당선된 이후 많은 노력을 기울였다. 먼저 6대 국회의원 시절 (1963~1967) 정책 개발을 위해 자신의 개인 정책연구소인 '내외문제연구소'를 개설했다. 당 차원의 조직이 아닌 국회의원 개인이 구성한 이 연구소는 당시로서는 매우 파격적이었다. 또한 의정 활동을 통해 정부 정책을 비판하면서 대안을 마련하기 위해 많은 노력을 기울이면서, 당시 국회의 여건과 지원이 너무 열악하다고 판단했다. 그래서 이때부터 국회의 기능 강화를 위해 각종 제도적 보완을 강조했다. 김대중은 1966년 12월 6일 국회에서 이렇게 말했다.

> 도서관을 활용하라고 하지만 우리가 도서관에다가 나도 일을 시켜보았
> 습니다. 이때 법안 하나 만들어내라. 그러면 한 달, 두 달 걸린다 말

입니다. 또 전문위원들이 일을 시키면 전문위원들이 맡아 가지고 있는

상임위원회의 일도 있기 때문에 맡겨보았자 부지하세월이에요. 그렇

기 때문에 의원들이 사실상 정책 중심으로 활동을 하고 싶어도 이 국회

가 그렇게 돼 있지 않습니다. 그러니 지쳐서 못하겠어요. ⋯ 이런 상

태를 해놓고 국회의원들보고 정책 중심으로, 국회의원들이 국사 중심

으로 활동하라는 자체가 환경의 무리입니다.[227]

김대중은 이날 발언에서 미국과 일본 국회를 비교하면서 한국 국회의 열악한 상황을 지적하고 정당과 국회의 정책 개발 능력을 향상시키기 위해 지원이 필요함을 강조했다. 김대중은 평소 정책 능력을 갖춘 국회의원이 돼야 한다는 강한 소신을 갖고 있었다. 그래서 1967년 5월 31일 7대 총선 유세에서 국회의원에게는 국정 전반에 대한 이해와 대안을 제시하는 능력이 중요하며, 지역 공약에 치중하는 것은 국회의원의 본질에 맞지 않다고 지적했다.[228] 1971년 대선에서는 정책 대결을 주도해 반대를 위한 반대만 한다는 당시 야당에 대한 뿌리 깊은 부정적 인식을 일소하는 데에 결정적 역할을 했다. 1987년 6월항쟁 이후 야당 총재로 활동할 때에는 당의 정책 기능을 가장 중시했다. 이러한 노력으로 야당의 수권 능력을 인정하는 흐름이 점차적으로 형성돼, 1997년 15대 대선에서 정권 교체의 큰 밑거름이 됐다.

정당 조직 발전과 정치자금에 있어 제도적 기반 확보

김대중은 정당정치·의회정치 발전을 위해 정당 조직 역량의 강화

와 공평하면서도 충분한 정치자금의 확보가 필수적이라고 보았다. 그런데 군사독재 정권 시기뿐만 아니라 6월항쟁 이후에도 이 문제는 제대로 해결되지 않았다. 김대중은 정당정치가 제대로 발달하지 못한 이유에 대해서 《신동아》 1975년 2월호에 이렇게 설명한다.

정당 발전이 안 된 큰 이유는 지방자치제를 실시하지 않는 것입니다. 정당이란 지방자치를 함으로써 전국 곳곳에 뿌리를 박을 수 있는데 그 뿌리를 박지 못한 채 국회라는 상부 덩어리만 있으니까 뿌리 없는 나무나 마찬가지입니다. 지방자치가 실시돼야 많은 사람이 여야 간에 정당 운영에 참여하게 되고 특히 야당은 지방에서 우수한 간부들이 양성되는데 지방에 내려가 보면 야당이란 국회의원 하겠다는 사람 빼놓고는 실업자들만 모이게 만들어요. 민주주의를 위해서 헌신하겠다는 사람도 있지만 그런 사람도 아무 희망이 없기 때문에 자연히 나중에 좌절감에 빠집니다. 도의원이나 시장 할 희망도 없어서 말이에요. 정당 제도가 발전되기 위해서는 무엇보다도 중요한 것이 세 가지입니다. 하나는 집권자가 민주주의를 육성하겠다는 신념을 가지고 일해야 할 것, 둘째는 지방자치를 해야 할 것, 셋째는 정당의 정치자금이 제도화돼가지고 정당의 경제적 독립을 시켜줄 것, 이것만 되면 우리 국민 정도의 수준이면 충분히 정당 정치가 발전해나갈 수 있다고 생각합니다. [229]

김대중은 정당의 조직 역량 강화에 있어 지방자치제가 중요한 역할을 한다고 보았다. 지방자치제 선거가 실시돼 직업 정치인으로서 일을 할 수 있는 자리가 있어야만 정당의 조직이 다양한 층위에서 뿌리내릴 수 있어 정당이 자생력을 가질 수 있다고 본 것이다. 그리고 정당의 공적 기능을 감안할 때 정치자금이 국고에서 균등하게 지급될 수 있도록 제도적인 변화가 필요하다고 판단했다. 민주화운동 시기 그리고 정권 교체를 하기 전까지 야당은 정치자금이 절대적으로 부족했다. 당시에는 정당정치가 뿌리내리지 못해서 당원과 시민 참여에 의한 정치자금 조달이 불가능했고 기업은 보복에 두려워 야당에 정치자금을 제공하지 못했다. 제도적 지원도 없었다. 부담을 감수한 독지가와 익명의 개인 후원자들이 십시일반으로 하는 후원으로 간신히 버티는 상황이었다. 김대중이 1991년 3월 9일 보라매공원에서 연설한 내용을 보면 당시 야당의 살림살이가 얼마나 어려웠을지 짐작할 수 있다.

> 정치자금에 대해서 한마디 말하겠습니다. 작년 1년 동안에 우리나라 기업들이 중앙선거관리위원회에다가 정당에 주라고 300억 원을 기탁했습니다. 그런데 300억 원 전액이 민자당 몫입니다. 평민당에는 단돈 300원도 안 주었습니다. 민자당 국회의원들은 개인 후원회가 있습니다. 물론 우리도 법으로는 만들 수 있게 돼 있습니다. 그런데 누가 후원을 해주어야지요. 민자당은 국회의원 개인당 한 달에 2,000만 원의 후원금을 받습니다. 우리에게 단돈 2,000원도 들어온 데가 없습니다. 이런 상황이 오늘날 우리나라 정치자금의 현실입니다. 야당이 얼마나 고달픈가를 여러분도 짐작할 수 있죠?[230]

이렇게 어려운 과정을 이겨내면서 김대중은 1990년 단식투쟁을 통해 지방자치제 선거 실시를 쟁취해냈고, 정치자금을 비롯해 정당정치의 정상화를 위해 노력했다.

참여민주의, 국민경선제를 통해서 노무현 후보 탄생에 기여하다

김대중은 시민들의 자발적인 참여가 이뤄지는 정당정치를 지향했다. 김대중은 1960년대 중후반 자신의 정책연구소인 내외문제연구소 주최 대중 강연회를 지역별로 개최하는 등 의정 활동을 하면서 대중과의 직접 소통을 중시했다. 1967년 7대 총선에서 부정선거에 대한 대응 전략으로 아래로부터의 참여 열기를 최대한 끌어내는 전략을 동원해 승리했다. 1970년 신민당 대통령 후보 경선에서는 주류에 비해 현저히 약한 조직력으로 대의원과 당원을 상대로 밀착 유세를 해 대세론을 이겨내고 극적으로 승리했다. 이렇듯 김대중은 일반 시민의 적극적 참여를 이끌어 참여민주주의를 통해 독재 정권의 억압을 극복하고 야당 내부의 각종 한계를 극복하려고 했다. 이에 대한 승리의 경험 또한 있었다.

그리고, 김대중은 정권 교체를 통해 정당정치가 정상화될 수 있는 여건이 마련되자 일반 국민의 정치 참여를 획기적으로 이끌 수 있는 국민참여경선제를 도입한다. 민주당의 '당발전과 쇄신을 위한 특별대책위원회(특대위)'는 제16대 대통령선거 민주당 후보 경선을 앞두고 2002년 1월 7일 당 쇄신안을 확정했다. 신중하면서도 균형 감각을 갖춘 정치인으로서 유명한 조세형 특대위 위원장이 "한국 정치사의 일대 혁명"이라고 자평했을 정도로 당시 민주당의 쇄신안은 한국 정당정치 역사에 있어 획기적인 의미를 가진다. 쇄신안의 핵심은 '열린 정당화'를 위해서 도입한 '국민경선제'였다. 일반 국민이 50퍼센트나 참여할 수 있도록 한 국민경선제에 대해 민주당은 "대통령후보 선출권을 국민에게 되돌려준 최초의 시도"라고 의미를 부여했다.[231]

이렇게 도입된 민주당의 국민경선제는 민주당의 16대 대통령후보 경선에서부터 적용됐다. 이 제도의 최초의 수혜자는 노무현 후보였다. 당시 민주당 대선 후보 경선은 대세론을 앞세운 이인제 후보가 압도적인 가운데, 오랜 기간 당 활동을 통해 구축해놓은 탄탄한 조직력을 갖춘 한화갑 후보가 이인제 후보를 추격하는 구도라는 진단이 일반적이었다. 그런데 이는 국민경선제를 통해 분출된 국민의 참여 열기를 고려하지 않은 것이었다. 국민참여경선제를 통해 그동안 정당과 괴리돼 있던 일반 국민이 참여할 수 있는 문이 열리게 되자 국민의 참여 열기가 폭발적으로 분출됐다. 노사모(노무현을 사랑하는 사람들의 모임) 등 시민의 자발적 참여에 기반을 둔 노무현 후보는 당 조직과 자금력 등 불리한 여건을 단번에 극복하고 대선 후보로 선출될 수 있었다. 이때부터 한국은 제도적 차원에서 참여민주주의가 정당에 구현될 수 있는 계기가 마련됐다.

라. 한국의 지방자치와 지방분권의 선구자

지방자치는 특정 지역 단위의 정치와 행정을 그 지방의 주민이 대표자를 선출해 자율적으로 하는 것을 뜻한다. 주민을 대표할 수 있는 의결기관과 집행기관을 구성해 해당 지역의 정치와 행정을 처리하는 것이다.[232] 민주주의의 가장 기초가 되기 때문에 지방자치를 두고 풀뿌리 민주주의라고 한다. 김대중은 한국의 지방자치제가 뿌리내리는 데에 결정적 역할을 했다. 문재인 대통령은 2018년 10월 30일 제6회 '지방자치의 날'에서 이렇게 말한 바 있다.

> 지방자치의 역사가 민주주의의 역사입니다. 지역과 지역이 포용하고 서로 기대며 발전하는 국가 균형 발전은 대한민국의 미래입니다. 1948년 대한민국 제헌헌법은 지방자치를 규정했습니다. 1년 후 지방자치법이 제정됐고, 3년 후에는 최초의 지방의회가 구성됐습니다. 그러나 5·16군사쿠데타는 지방자치를 폐지했습니다. 지방자치제도를 부활시킨 것은 87년 6월민주항쟁입니다. 1990년 10월 김대중 대통령은 목숨을 건 단식으로 지방자치의 길을 다시 열었고, 노무현 대통령은 강력한 국가 균형 발전 정책을 추진했습니다.[233]

문재인의 언급에서도 나오지만, 한국의 지방자치제 선거는 1961년 5·16쿠데타 이후 중단됐다가 1987년 6월항쟁과 1990년 김대중의 단식 투쟁 이후에 다시 실시됐다. 권위주의 정권은 자신들의 권력 유지를 위해 풀뿌리 민주주의로 평가받는 지방자치에 대해 부정적 입장을 갖고 있었다. 5·16군사쿠데타 이후 3공화국 시절에는 여러 핑계를 대면서 선거 실시를 미루었고, 결국 유신헌법의 부칙 제10조에 "이 헌법에 의한 지방의회는 조국통일이 이루어질 때까지 구성하지 아니한다"[234]라고 적시해 지방자치제 선거를 무력화했다.

김대중은 6대 국회에 등원한 이후 지방자치제 선거 실시를 지속적으로 강조했다. 6대 국회는 1963년 12월 17일에 개원했는데, 개원 직후인 12월 28일 제6대 국회 제39회 제9차 본회의[235]에서 김대중은 지방자치선거에 대해 질의했다. 이때부터 김대중은 지방자치제에 대해 큰 관심을 보였으며 그 이후에도 기회가 있을 때마다 박정희 정권을 향해 지방자치제 실시를 촉구했다. 1987년 6월 항쟁 이후 개헌에서 드디어 지방자치제 선거가 부활했으나 노태우 정부는 선거 실시를 차일피일 미뤘다. 김대중은 1990년 가을 단식투쟁으로 선거 실시 약속을 받아냈다. 그 결과 1991년 지방의회, 1995년에 단체장까지 선출하면서 한국의 지방자치제는 본궤도에 올랐다.

김대중이 지방자치제를 강조한 것은 지방분권을 지향했기 때문이다. 지방분권과 국토 균형 발전은 김대중의 대중경제론과 관련돼 있기도 하다. 1971년 3월 24일 발표한 7대 대선 공약[236]을 보면 이 내용을 알 수 있다.

나. 중앙행정 사무와 세금의 대폭적인 지방 이양
다. 능률의 향상과 지방색 일소를 위해 행정 기구의 전면적 개편 단행
라. 수도권의 비대를 해소시키기 위해 행정 기구의 과감한 지방 분산
   단행

이처럼 김대중은 지방자치제 실시뿐만 아니라 지방분권에 대한

뚜렷한 철학과 정책 대안이 있었다. 균형 있는 발전을 지향했던 그의 정책 비전을 알 수 있게 하는 대목이다.

김대중이 지방자치제 실시를 그토록 강조한 이유는 크게 두 가지로 볼 수 있다. 첫째, 참여민주주의의 확산에 지방자치제가 필수적이라고 판단했기 때문이다. 1980년 4월 25일 김대중은 다음과 같이 말했다.

> 지방자치는 국민의 정치 참여의 폭을 확대시켜줍니다. 지방자치는 국민에 대한 민주주의의 학교이며, 정치 엘리트의 발굴처입니다. 지방자치는 국민이 자기 피부로 정치의 혜택을 실감할 수 있는 곳이며 정당발전의 기반이기도 합니다. 지방자치는 중앙정부의 짐을 크게 덜어줍니다. 이러한 이유들로 해서 지방자치는 국회와 더불어 민주주의의 양대 골간이라고까지 평가되고 있는 것입니다. … 지방자치는 국민의 주체적 참여를 바탕으로 하는 국민에 의한 민주정치의 견지에서도 마땅히 추진되어야 합니다.[237]

김대중은 지방자치제를 통해 국민에게 민주주의에 대한 인식이 확산되고 국민들의 민주적 능력이 향상될 수 있다고 보았다.

둘째, 정당정치 발전에 있어 지방자치제 선거가 필수적이라고 판단했기 때문이다. 앞서 인용한 《신동아》 1975년 2월호의 글(이 책 257쪽)에서 보듯, 김대중은 민주화 세력의 정당 조직력을 강화시키기 위해 지방자치제 선거가 필요하다고 생각했다. 선거와 관련된 김대중의 예상은 정확했다. 1997년 15대 대선에서 승리해 정권 교체를 하기 전까지 한국의 민주화 세력은 도전자의 입장이었다. 정당의 조직력은 권위주의 보수 세력에 비해 현저히 약했다. 그런데도 불구하고 1995년 광역단체장 선거에서 민주당 조순 후보가 서울시장에 당선되어 강고했던 기존 보수 지배 구도에 균열을 낸 것은 역사적 의미가 있다. 서울시장에 민주당 후보가 당선되면서 정권 교체에 대한 희망과 자신감이 형성될 수 있었고, 야당의 국정 운영 능력에 회의하는 상당수 국민의 불안감을 불식시키는 데에 매우 큰 영향을 주었기 때문이다. 이때 민주당 후보가 서울시장에 당선됐기 때문에 1997년 대선 과정에서 김대중 후보가 '준비된 대통령'을 표방하면서 선거전을 리드할 수 있었다.

2. 남녀평등국가를 이룩하다

김대중은 한국 현대사에 여러 중요한 업적을 남겼다. 그러나 제대로 알려지지 않은 것이 참으로 많다. 여기에 해당하는 대표적인 업적이 여성인권 신장 및 양성평등과 관련한 것이다. 김대중은 한국의 역대 정치인 가운데 여성인권 신장을 위해 가장 큰 역할을 했다.

가. 여성인권 신장과 양성평등에 있어 김대중의 선진적 인식

여성인권 신장에 있어서 선구자적 모습을 보여주다

김대중은 젊었을 때부터 여성인권 신장과 양성평등에 관한 인식이 있었다. 대표적인 사례가 동교동 집에 걸린 '김대중-이희호 문패'

다. 김대중은 1964년경 이 문패를 대문에 걸었다. 이희호는 자서전 《동행》에서 당시 상황을 이렇게 설명했다.

> 어느 날 국회에서 귀가한 남편은 2개의 문패를 내놓았다. '金大中',
> '李姬鎬'.
> 영문을 모르는 나는 어리둥절할 수밖에 없었다.
> "우리 대문에 당신과 내 문패를 나란히 답시다."
> "……?"
> "가정은 부부가 함께 이뤄나가는 거 아닙니까?"
> "그거야 그렇지만…."
> "부부가 동등하다는 걸 우리가 먼저 모범을 보입시다."
> 자신의 문패를 주문하다가 문득 내 생각이 났다는 것이다. 남녀가 유
> 별하고 남편을 하늘이라 믿고 따르라고 가르친 그 시대에, 더욱이 시
> 어머니를 모시고 살면서 며느리 문패를 단다는 것은 가히 혁명적인 발
> 상이었다.[238]

김대중-이희호 문패를 함께 걸어놓는다는 것, 이는 여성운동가 이희호조차 놀랐을 정도로 혁명적인 생각이었다. 아마 그 당시 한국에서 남자와 여자의 문패를 같이 부착한 집은 김대중-이희호 부부의 집이 유일했을 것이다. 요새는 서울 등 대도시를 보면 아파트와 다가구 빌라 등 공동 거주 형태의 주택이 대부분인 데다가 가부장 문화가 많이 약화돼 문패를 붙이는 집을 찾기 힘들다. 그런데 1990년대 초반까지만 해도 서울에는 단독주택이 많았고, 단독주

택 대문에는 으레 문패를 부착했다. 1960년대 중반에 부부의 문패를 걸었다는 것은 여성을 정치·사회·경제적 측면에서 동반자로서 인식했음을 보여주는 결정적 증거다.

김대중은 이후 1971년 대선에서 남녀평등을 향한 구체적이고 혁신적인 공약을 제시한다. 1970년 10월 31일 친필로 작성한 연설 요지문에는 이런 내용이 나온다.

II. 여성지위향상위원회의 신설

1. 신민당이 집권하면 대통령 직속하에 여성지위향상위원회를 신설한다.

2. 1,600만 여성의 지위 향상과 능력의 개발은 민주주의의 기본 권리에 속하는 문제인 동시에 국력의 증강을 위해서도 극히 중요한 일이다.

3. 일찍이 UN은 여성 지위 향상을 위한 기구를 가지고 있으며 세계 많은 국가들이 이에 따르고 있다.

4. 여성지위향상위원회에서는 여성의 정치, 사회, 문화 각 분야 진출을 위한 특별한 여건조성, 근로 여성의 ○○(판독 불가)과 처우 향상 문제.[239]

1971년 대선에서 양성평등에 입각한 공약을 제시한 김대중은 정치권력의 민주화뿐만 아니라 민주주의 확립에 저해되는 봉건 구습의 문제점도 매우 중요하게 인식했다. 여성인권 문제 역시 봉건 구습과 직접 연계되기에 이러한 김대중의 인식은 중요한 의미가 있다. 김대중이 1974년 7월 13일에 쓴 일기를 보자.

우리가 진정으로 민주주의를 이 땅에 정착시킬려면 이를 방해하는 세 가지의 요소와의 투쟁에서 승리해야 한다. 하나는 물론 푸로레타리아 독재와의 투쟁이요, 둘째는 개발독재 내지는 반공을 빙자한 독재와의 투쟁이요, 셋째는 봉건적 사고방식 및 제도와의 투쟁이다. 지금 우리나라 구석구석에는 아직도 많은 봉건적 요소가 뿌리 깊히 남아 있다. … 좋은 전통은 살리되 반민주적 전통은 과감히 청산해나가야 한다. 민주주의는 개인의 인권, 자주성, 평등 가치의 확립 없이는 달성될 수 없다.[240]

김대중은 한국 사회에 뿌리 깊은 봉건적 사고방식 및 제도의 문제점을 좌익 독재와 우익 독재와 동일한 수준으로 인식했다. 정치권력의 문제뿐만 아니라 사회문화적 요인의 문제점 역시 중요시한다는 점에서 김대중은 민주주의를 매우 폭넓게 인식했음을 알 수 있다. 그리고 한국 여성운동의 대표적 인물인 부인 이희호, 정치적 후원자이자 선배인 여성운동가 이태영 변호사를 통해 1970년대 중반부터 여성운동계 인사들과 교류를 본격화했다. 당시 상황에 대해 한명숙은 다음과 같이 말했다.

유엔이 '세계여성의 해'로 정한 1975년, 여성계는 가족법 개정에 불을 지폈다. 바로 전해, 여성단체와 여성학자들의 뜻을 모아 '여성인간선언'을 내놓았던 크리스챤아카데미도 이 운동의 중심에 섰다. 그 무

렵 유신의 살기 속에서 민주화 투쟁을 이끌던 김대중을 나는 여성운동
가들과 함께 처음 만났다. 납치와 투옥, 가택 연금의 탄압이 그를 옥
죄고 있었지만 두 눈이 남달리 반짝반짝 빛났다. 소신이 꽉 찬 목소리
로 민법의 봉건성과 남성우월주의를 비판했다. 가족법을 평등하게 고
쳐야 한다는 생각이 너무나 반듯했다. 우리는 깊은 감명을 받았다.[241]

김대중은 가부장적 봉건 문화 속에서 여성의 인권이 무시되는
현실을 우려했다. 가부장적 봉건 문화에 기반한 근대화·산업화 전
략이 추진되는 과정에서 여성인권이 산업화의 도구로 악용되는 현
실을 개탄했다. 그가 1982년 7월 27일 옥중에서 쓴 편지를 보자.

효의 문제에서 우리가 흔히 보는 일, 즉 젊은 과부 며느리가 시부모와
자식 위해 개가하지 않고 일생을 희생하는 일이라든가, 젊은 여성이
가난한 부모 봉양과 형제들 교육을 위해 화류계에 투신해서 희생하는
일을 우리는 효도라 칭찬하고 권장하는 일을 절대로 하지 말아야 할 것
입니다. 이것은 우리 사회에서 자주 보는 일이지만 그것은 그 사정은
아무리 가상하더라도 사회가 이를 지지하기에는 너무도 비인간적이고
비민주적인 것입니다.[242]

그리고 김대중은 여성인권운동을 민주화운동, 민주주의 회복 운
동의 관점에서 이해했다. 1987년 《여성동아》 9월호에 게재된 인터
뷰에서 김대중은 여성해방운동을 민주화와 관련해 설명한다.

민주화를 어느 면에서는 여성해방운동이라고도 볼 수 있습니다. 왜냐하면 그동안 여성은 이중 삼중으로 여러 가지 고통 속에서 그 권리가 박탈당해왔기 때문입니다. 아내로서 여러 가지 열악한 위치에 놓여 있고 법률적으로도 오랫동안 차별 대우를 받았으며 지금도 받고 있지 않았습니까? 민주화운동을 여성운동의 측면에서 보면 인구의 반을 차지하고 있는 여성을 남성과 같이 똑같은 권리를 갖게 하고 똑같이 사회에 참여할 수 있게 하고 똑같이 행복을 누릴 수 있는 기회를 만들자는 것입니다. 도시의 빈민이나 근로 여성, 농촌 여성, 이런 사람들이 겪고 있는 특별하게 불리한 여건, 즉 비인간적인 여건을 조속히 시정하는 데 민주화의 중요한 목표를 두어야 할 것입니다.[243]

이 인터뷰 뒤에 이어진 배경 설명에는 "함께 대화를 나눈 지하의 서재에는 수많은 장서가 가지런히 분류돼 있었는데 여성 문제에 관한 서가가 별도의 항목으로 따로 돼 있는 것이 눈에 띄었다. 1920년대의 여성 동우회나 근우회 등을 예로 들면서, 한국 여성운동사를 나름대로의 관점에서 설명해가다가, 특히 70년대 이후 반독재 투쟁 과정에서의 여성의 역할을 높이 평가했다"라는 부분이 있다. 이는 여성 문제에 대한 김대중의 관심과 이해를 알려준다.

김대중의 여성 정책은 구체적이었다. 1987년 8월 25일 《중앙일보》에 보도된 인터뷰[244]를 보면 김대중은 가족법 개정, 남녀 동일 임금 및 출산 후 퇴직 강요 금지 등 정치·사회·경제·가족 전 영역에서 헌법에 규정된 남녀평등의 원칙이 구현돼야 한다는 입장을 밝혔다. 이와 비슷한 맥락에서 김대중은 1988년 13대 총선에서 제

1야당 총재가 된 이후 1988년 11월 10일 〈평화민주당 창당 기념 심포지엄〉에서 "저는 오늘부터 연이틀간 개최되는 정책 세미나 네 가지 중에 첫째로 우리가 여성 문제를 주제로 잡은 것을 자랑스럽게 생각합니다. 저희 당이 근로대중 중산층의 정당이고 동시에 성별로 말해서 저희 당은 여성의 정당이라고 말하면 남자 분들은 지지하지 않을 것 같아서 그렇게 말할 수 없지만, 여하튼 여성 문제에 제일 관심이 있는 정당인 것만은 사실입니다"[245]라고 말했다.

여기서 보듯 김대중은 이미 군사독재 정권 시절에 여성인권과 양성평등 문제에 대해 대단히 혁신적으로 인식했고, 구체적이면서 실질적인 대안까지 내놓았다. 이는 여성인권 신장과 양성평등을 일시적 선거 전략 차원에서 접근하는 것이 아니라 민주주의의 본질적 가치로 인식했음을 보여준다.

김대중이 남녀평등 문제에 있어서 선구자가 될 수 있었던 이유는?

1924년생으로 봉건적 사회문화 토대가 뿌리 박혀 있던 시대를 살았던 김대중이 선진적이면서도 매우 혁신적인 양성평등 의식을 어떻게 가질 수 있었을까? 필자는 부인 이희호의 영향, 여성인권운동가 이태영의 영향, 김대중 자신의 기본적 소양이 이를 가능하게 했다고 본다.

먼저, 부인 이희호는 대표적인 여성운동가였다. 김대중과 이희호는 1951년 부산에서 처음 만났다. 부산에서 사업을 하던 김대중은 대한여자청년단 외교국장으로 있던 이희호를 김정례의 소개로 처음 만났으며 그 뒤 공부 모임인 '면우회' 모임을 통해서 대화를 이어갔다. 그리고 1962년 5월에 결혼했다. 이희호는 미국 유학을 다녀온 이후 활발한 활동을 전개해 대한 YWCA연합회 총무(1959~1962), 한국여성단체협의회 이사(1961~1970), 여성문제연구회 회장(1964~1970), 대한 YWCA연합회 상임위원(1964~1982), 범태평양 동남아시아 여성연합회 한국지회 부회장(1968~1972) 등을 역임했다. 경력에서 알 수 있듯 이희호는 1세대 여성운동가로서 한국 여성운동에 핵심적 역할을 했다. 이희호는 단순히 내조만 하던 당시 명망가의 부인과 다른 유형의 인물이었다. 김대중과 이희호는 부부이자 정치적 동지였기에, 여성인권 신장과 양성평등에 관한 이희호의 정치관이 김대중에게 상당한 영향을 주었다. 김대중이 1992년 11월 16일 여성유권자연맹 초청 토론회에서 한 말을 살펴보자.

저희들은 원래 동지로 만났어요. 완전히 민주주의를 지지하고 좋은 사회를 만들자는 동지로 만났었죠. 후에 저는 상처했고 집사람은 미국 유학에서 돌아오고 다시 만나게 되었죠. 집사람은 두 가지 점에서 제가 잊을 수 없이 감사한 일을 해주었어요. 하나는 지금까지 아이들 잘 키우고 가정을 화목하게 잘 이끌어오고 있어 저에게 행복을 준 구심점이 아내이기 때문에 감사하고 존경하고 또 애정도 그만큼 커질 수밖에 없지요. 또 하나는 저희가 겪는 특수한 환경 속에서도 아내가 있기에 집안일을 걱정 없게 해주었고 저로 하여금 그렇게 일할 수 있게 해준 것에 감사하고 소중한 아내라고 생각하고 있습니다. 그러나 두 가지, 아내에게 무서운 것이 있어요. 한 가지 여성 문제에 있어 뭔가 소홀하

면 절대 안 참아요. 또 국민을 위해 올바르게 하라는 감시관 노릇을 합

니다. 오늘날까지 가정을 행복하고 제가 정치 활동도 무사히 할 수 있

는 것은 아내의 덕이다, 이렇게 생각하고 있습니다.[246]

이 발언에서도 확인할 수 있듯이 김대중은 이희호를 존중하고

존경했다. 두 사람은 정치적 동지로서 서로의 세계관을 공유하면

서 기나긴 고통의 시간을 이겨냈다. 이 과정에서 여성운동가 이희

호의 정체성이 김대중에게 깊이 영향을 주었다.

다음으로, 김대중의 정치적 대부이자 후원자였던 정일형 박사의

부인 이태영 변호사도 큰 영향을 주었다. 이태영 변호사의 남편인

정일형 박사는 김대중이 속한 민주당 신파의 대표 정치인으로, 독

립투사이자 장면 정부 시절에는 외무부 장관을 역임한 명망 있는

인사였다. 정일형은 장면과 함께 김대중의 능력을 높이 평가했다.

그는 원외 소장 정치인에 불과한 데다 정치적 배경·학력·경제력

등에서 다른 소장 정치인들에 비해 나을 것이 없는 김대중을 오직

능력만을 보고 발탁해 정치적으로 성장하도록 도움을 주었다.

정일형의 부인 이태영은 한국 최초의 여성 변호사였다. 특히 젊

은 시절 이태영은 민법 제정 과정에서 여성인권을 크게 제약하는

가족법의 문제점을 날카롭게 지적하여, 법조계 대선배인 김병로

전 대법원장에게 맞서기도 한 의지가 강하고 용기 있는 여성운동

가였다.

1971년 대선에서 정일형은 김대중 후보의 선거대책본부장을 맡

았다. 이태영은 선거 운동을 위해 이화여대 법정대학장을 그만둘

정도로 김대중을 최선을 다해 도왔다. 김대중이 납치 사건으로 구사일생으로 살아 돌아온 이후 국내에서 반유신 투쟁을 전개할 때에는, 김대중이 가장 의지했던 인물이 바로 정일형-이태영 부부였다. 김대중-이희호 부부와 정일형-이태영 부부는 인간적으로 정치적으로 서로 매우 신뢰하는 관계였다. 이태영은 1980년 김대중 내란음모조작사건에 의해 김대중이 사형당할 위기에 처하자 증인으로 법정에 나서 공안당국의 억지 궤변에 분을 참지 못하면서 검찰관 등을 상대로 호통을 치기도 했다. 당시 상황을 정리한 글을 보자. 다음 글에서 '이 씨'는 이태영이고 '김 씨'는 김대중이다.

이 씨는 증언 도중 몇 차례나 '분'을 누르지 못했다. 이 씨는 검찰관을 향해 자신의 안경을 벗어던지려 하면서 "눈이 나빠 사람이 잘 안 보이면 이 안경을 하나 더 쓰고 사람을 똑바로 보라. 김 선생이나 나를 뭘로 보고 이따위 행동들을 하느냐"고 호통을 쳤다. 당초 이 씨는 김 씨의 가족으로부터 변론을 맡아달라는 부탁을 받았으나 법정 경험이 많은 이 씨는 증언이 더 효력이 있을 것이라고 판단했다. 이 씨는 법정에 출두하기 전날, 남편 정 박사와 함께 "김 씨를 도울 수 있는 지혜를 달라"며 밤을 새워 기도를 했다.[247]

평소 이태영은 "김대중이 대통령이 못 되는 것은 우리 국민의 불행"이라고 말하곤 했다. 1998년 12월 17일 이태영이 타계하자 김대중은 "친부모나 누이를 잃은 심정이다. 그렇게 나를 사랑하고 아껴주시고 내가 대통령이 되기를 간절히 바랐던 분인데 참으로 가슴 아프다"는 말을 했다. 이희호는 "우리들에게 모성애 같은 사랑을 나눠주신 분이었다"고 했다.[248] 1998년 12월 18일 이태영에 대한 이희호의 추모의 글을 보면 이러한 내용이 있다.

선생님은 제 인생의 반려를 인도해주신 분이었으며 어두운 시절 손을 마주 잡아주시던 분이셨습니다. 71년 대통령선거 당시엔 김대중 대통령 후보를 위해 자택이 화재를 입는 우환에도 불구하고 이화여대 법대 학장직을 사임하시면서까지 앞장서주셨습니다. 김대중 대통령을 위해 오랜 세월 동안 "이런 분을 대통령 못 시키는 것은 우리 국민의 불행"이라며 지금의 대통령이 있기까지 온 정성을 다해주셨던 그런 분이셨습니다. … 수세기 동안 내려온 불평등과 인습에 맞서 여성의 인권을 위해 선생님이 걷던 그 선각의 길엔 언제부터인가 파란 새싹이 돋아나 다가올 아름다운 꽃밭을 예감케 합니다. … 그 엄혹하던 때 선생님은 억눌린 이들의 자유와 평화, 나라의 민주화를 위해 한 치의 흐트러짐도 없었습니다. 80년 소위 김대중내란음모사건 당시에 군사법정에서 호통치시던 그 당당함이 아직도 기억에 생생합니다. … '아름다운 사람' 제가 선생님을 생각할 때마다 항상 속으로 되뇌는 말입니다. 한 사람의 인생이 곧 한국 여성의 현대사가 되고, 나라 발전의 바탕이 되는 그런 아름다운 삶을 살다 가신 고인의 영원한 안식을 기원합니다.[249]

김대중이 추모의 글을 썼어도 아마 비슷한 내용이었을 것이다. 김대중-이희호 부부에게 정일형-이태영 부부는 매우 중요한 인물이기에, 이태영의 여성인권 신장과 양성평등에 대한 인식은 자연스럽게 김대중에게 큰 영향을 주었을 것이다.

마지막으로는 민주주의와 인권에 대한 김대중의 기본 소양을 들 수 있다. 이희호는 앞에서 거론한 문패와 관련된 설명을 하면서 여성인권에 대한 김대중의 인식 형성 배경과 관련해 "내가 어떻게 하자고 권할 필요가 없을 정도로 본래 여성 차별을 하지 않았어요. 나 자신이 남에게 무엇을 하라고 강요하는 성격도 아니고요"[250]라고 말한 바 있다. 이를 보면 민주주의와 인권에 대한 이러한 소양이 바탕에 있었기에 김대중은 선진적인 여성인권 의식을 갖게 되었다고 본다.

나. 남녀평등 실현에 있어 김대중의 구체적 업적

위에서 살펴본 것처럼 김대중은 여성인권 신장과 양성평등에 관해 정확하면서도 상세하게 파악하고 있었다. 또한 그 문제 해결에 강한 의지를 보였다. 1987년 6월항쟁 이후 민주화가 시작되자 그는 구체적 실천에 나선다.

1989년 가족법 개정

김대중은 한국 여성인권 신장에 있어 매우 중요한 의미가 있는 가족법 개정을 주도했다. 1948년 제헌헌법에는 남녀평등의 원칙이 반영됐다. 그런데 1958년 2월 22일 제정된 민법의 친족상속편(민법 내 친족상속편을 가족법이라고 부른다)에 남녀평등의 원칙에 위배

되는 내용이 다수 포함됐다.[251] 그때만 하더라도 가부장적 봉건적 유습이 강한 시절이라 민법 제정 과정에 영향을 주었기 때문이다. 당연히 그 이후 여성운동의 핵심 목표는 가족법 개정을 통해 헌법의 남녀평등의 원칙이 반영되도록 하는 것이었다. 가족법 개정 운동사가 곧 여성인권운동의 역사인 셈이다.[252]

여성운동계의 노력으로 1977년에 가족법을 일부 개정했다. 그러나 남녀평등 원칙에 입각한 전면 개정은 이뤄지지 못했다. 그 이후 특별한 계기를 마련하지 못한 채 시간이 흐르다가 1987년을 맞았다. 6월항쟁 이후 민주화가 진전되면서 1988년 13대 총선에서 여소야대 국회가 구성됐다. 가족법 개정을 위한 활동이 전방위적으로 전개될 수 있었다. 여성운동계에서는 여성인권운동가 이태영 변호사가 주도했고, 정치권에서는 제1야당 평민당의 총재 김대중이 주도했다. 가족법 개정은 남성들의 반대가 많아 통과를 자신할 수 없었다. 당시 상황에 대해 김대중은 다음과 같이 설명했다.

나는 국회에서나 당에서나 여성의 지위 향상에 정말로 노력했습니다. 국회에서 여성들이 근 40년 동안 부산서부터 하려고 한 가족법 개정을 적극 추진한 일이 있었습니다. 1989년, 즉 90년 2월에 3당 합당을 하기 전, 여소야대 시대에 내가 제1당 당수를 할 땐데, 청와대에서 대통령과 박준규 당시 민정당 대표위원, 김영삼 통일민주당 총재, 김종필 공화당 총재하고 저하고 회의를 했어요. 내가 제안을 해서 가족법을 고치자고 했습니다. 아내가 차별당하고, 딸이 차별당하고, 어머니가 차별당하는 이런 법은 안 된다고 했는데, 별로 신통한 반응을 얻지 못했습니다. 그때 그래도 박준규 의장이 호응을 했는데, 다른 당은 별로 찬성하지 않았습니다. 알고 보니까 우리 당 안에서도 남자 의원들 대부분이 찬성하지 않더라고요. 그런 것을 내가 밀어붙여서 마지막에는 하기로 합의가 됐는데, 12월 국회 마감 전날까지 여야 의원들이 사보타주로 안 되는 것입니다. 그래서 내가 대통령한테 직접 전화를 걸어서 이걸 실현시켰습니다. 국회 마감 날에야 겨우 통과됐어요. 만약 그날 안 되었다면 그 후 3당 합당이 되었으니 아마 지금까지도 그대로였을 겁니다. 그 안이 통과되던 날 난 너무도 감격을 했어요. 그래서 우리 의원들 보고 역사적인 일이니까 한번 박수치자고 했지요. 그런데 총무가 돌아다니다 오더니 하는 말이, 모두 총재가 하라고 하니까 할 수 없이 하지, 남자의 권리 빼앗기는 데 뭐가 좋아서 하겠느냐고 한다며 웃더군요. 실상 의원들의 본심으로는 절대 다수가 반대를 한 거죠. [253]

김대중이 당시 상황을 증언했다시피 가족법 개정은 남성들의 반대가 많았기 때문에 통과가 쉽지 않았다. 이렇게 어려운 과정을 거친 가족법 개정안은 1989년 12월 19일 마침내 국회에서 통과돼 1991년 1월 1일부터 시행됐다. 개정안 통과 직후 이태영은 다음과 같은 내용의 성명서를 발표했다.

현행 민법 제정 이전부터 오늘에 이르기까지 37년 동안 전 여성의 끈질긴 투쟁으로 오늘 그 길고 높고 두꺼운 인간 차별의 장벽이 무너졌습니다. 그동안 가족법 개정 운동에 동참해온 사회 각계각층의 여러분께

감사드리며 13대 국회와 정부의 노력에 대해서도 감사드립니다.[254]

이때 가족법 개정은 한국 여성인권 신장과 양성평등에 있어 획기적인 의미를 가진다. 물론 여성운동 단체가 처음 요구했던 것이 모두 반영되지는 못했다. 하지만 37년이나 걸렸던 가족법 개정사에서 알 수 있듯이 봉건적 관습이 뿌리 깊게 남아 있는 당시의 현실 속에서는 혁명적 변화였다. 평생 가족법 개정 운동을 한 이태영이 위와 같이 말한 것도 이 때문이다.

당시 개정된 핵심 내용[255]은 다음과 같다.

호주제를 유지하는 대신 내용을 대폭 수정했다. 기존에는 호주 자격이 되는 순서가 아들-딸-처-어머니-며느리 순이었지만, 개정안에는 호주가 될 사람의 선택권을 보장하도록 했다. 장남도 호주상속을 포기하고 분가할 수 있고 다른 집에 양자로 갈 수 있게 된 것이다. 그리고 호주와 가족 중에서 소유자가 분명하지 않은 재산의 경우 기존 호주의 소유에서 가족 공동 소유로 했다. 부친의 재산을 상속받을 때 호주가 되는 장남이 다른 형제보다 자기 고유 상속분보다 절반을 더 받던 것도 없어졌다. 친족 범위에 있어, 기존에는 아버지 쪽은 8촌 어머니 쪽은 4촌으로 했는데 법 개정을 통해 아버지 어머니 쪽 모두 8촌으로 했다. 결혼 후에 생기는 친족 범위 확장에 있어, 기존 법에서는 여자의 입장에서 시아버지 쪽은 8촌, 시어머니 쪽은 4촌으로 했으나 남자의 입장에서는 아내의 1촌인 부모만을 친족으로 하는 등 차별이 심했다. 이를 양쪽 모두 4촌까지로 인정해 남녀평등의 원칙을 삼았다.

또한 이혼 배우자의 재산분할청구권을 신설했다. 기존 법에서는 결혼 후에 자신의 명의로 모은 재산을 각자의 특유재산으로 인정해 결혼 후 함께 모은 재산도 그 명의에 따라 소유권이 좌우되도록 했다. 따라서 이혼할 경우 그 재산을 분할해서 소유할 권리를 인정하지 않았었다. 법률 개정을 통해, 결혼 후 함께 모은 재산의 경우 명의와 상관없이 함께 나눌 수 있는 권리가 신설됐고, 이혼할 경우 서로 협의해 재산을 나눌 수 있으며, 협의가 안 될 경우에는 법원에서 재산 축적에 대한 기여와 상황 등을 종합적으로 고려해 분할하도록 했다. 재산분할청구권과 별도로 상대의 귀책사유로 이혼할 경우, 이에 따른 정신적·물질적 손해에 대한 배상을 요구하는 배상청구권도 행사할 수 있도록 했다. 친권제도도 개정해 기존에는 미성년 자녀에 대해 부모가 공동으로 친권을 행사하고 부모의 의견이 일치하지 않으면 남자인 아버지의 뜻에 따르도록 돼 있었다. 그러나 개정된 법률에는 가정법원에서 친권자를 정하도록 했고, 부모가 이혼할 경우 어머니는 자녀의 친권자가 될 수 없었던 것을 개정해 부모가 서로 협의해 정할 수 있게 했다. 만일 협의가 안 될 경우에는 가정법원에서 판단하도록 했다.

재산상속에서도 남녀평등 원칙을 적용했다. 상속분과 관련해 기존에는 호주가 되는 장남은 1.5 차남은 1 미혼인 딸은 1 혼인한 딸은 0.25로 차별을 두었다. 개정된 법률에서는 혼인 여부와 성별 여부 상관없이 모두 동일한 몫을 상속받을 수 있도록 했다. 결혼한 자녀가 자식 없이 재산을 남기고 사망한 경우, 기존 법에서는 아들이 사망한 경우에는 그 부모의 상속권을 인정하면서도 딸이 사망한 경우에는 그 부모의 상속권을 인정하지 않았다. 아들이 자식 없이 죽으면 그 부모는 자신의 며느리와 함께 아들의 재산을 상속받았는데, 딸이 자식 없이 죽으면 자신의 사위가 모든 재산을 상속받았다. 출가외인이라는 봉건적 관습이 그대로 적용됐기 때문이다. 이 경우에도 남녀 동등하게 규정했다.

이태영은 가족법 개정의 의미를 네 가지로 정리했다. ①여성들의 기본 권리를 회복 ②헌법에 명시된 양성평등 정신의 구현 ③가장 오래된 인간 차별의 역사가 가부장제 가정에 있었기 때문에 이것으로부터 단절해서 가족생활의 민주화의 시작 ④봉건적 인습인 남존여비 사상과 지배 복종의 식민지 잔재를 상당 부분 청산 등이다.[256] 이렇듯 1989년 가족법 개정은 여성인권 신장과 양성평등에 있어서 획기적이었다.

김대중 정부, 여성인권 신장과 양성평등의 새로운 역사를 열다

김대중 정부는 여성인권 신장과 남녀평등을 위한 여성 정책을 국가적 과제로 제시하고 본격적으로 추진한 최초의 정부다. 1970년대 박정희 정권 시기까지는 실질적으로 여성 정책이 존재하지 않았다. 여성을 보호의 대상으로 인식하는 수준에 머물렀을 뿐이다.[257] 그러다가 유엔이 1975년에 '세계여성의해'를 선포하고 여성 문제, 여성 정책에 대한 유엔의 관심이 국내에도 영향을 주어 1983년 국무총리 산하 여성정책심의위원회를 설치했다. 이때 정부 차원에서 여성 정책이라는 용어를 처음으로 사용했다.[258] 그 이후 법·제도적 차원의 개선 노력이 이뤄졌으나 국정의 주요 과제로는 다뤄지지 않다 보니 정책 추진에 한계가 많았다.

이러한 문제가 김대중 정부 들어서면서 해결되기 시작한 것이다. 김대중은 대통령이 된 이후 여성인권 신장과 남녀평등을 민주주의와 인권 신장의 핵심 과제로 설정했다. 1998년 정부 출범과 함께 대통령 직속기관인 여성특별위원회를 만들었다. 여성특별위원회는 최초로 정부조직법에 의해 신설된 여성 정책 전담 기관이라는 점에서 역사적 의미가 있다.[259] 그리고 교육부, 노동부, 농림부, 법무부, 보건복지부, 행정자치부 등 여섯 부처에 여성정책담당관실을 신설했다. 바야흐로 여성 정책이 범정부 차원에서 체계적으로 추진될 수 있는 기반이 마련된 것이다. 또한 김대중은 2000년 신년사에서 여성부 신설 추진 의사를 밝혔다. 관련법이 2000년 12월 국회에서 통과돼 2001년 1월에는 여성 정책을 총괄할 수 있는 독립적 정부조직인 여성부가 신설됐다.[260] 여성 정책의 목표로 남녀평등이 국가 정책의 전면에 등장한 것이다.[261]

이러한 정책 비전을 구체화하기 위해 김대중은 법·제도적 차원에서 대대적 개혁을 추진했다. 남녀차별에 대한 예방과 피해자 구제를 위한 '남녀차별 금지 및 구제에 관한 법률'이 1999년 2월 8일에 제정돼 모든 영역에서 남녀차별을 금지하고, 피해자에 대한 구제 방법 제시, 성희롱 금지 등 남녀차별 문제에 대한 예방과 구제를 강화했으며 이 문제에 대한 사회적 인식을 제고했다. 특히 이법은 주무부처인 대통령 직속 여성특별위원회에 남녀차별 사항에 대한 조사 및 시정 권고를 내릴 수 있는 준사법권을 부여했다는 점에서 의미가 크다.[262] 이 법의 제정으로 '행형법'. '방송법', '교육기본법' 등에 성차별 금지를 명문화하는 작업이 이뤄졌다.[263] 1989년 가족법 개정이 가족 관계에서의 남녀차별을 없애는 것이었다면, 1999년 제정된 '남녀차별 금지 및 구제에 관한 법률'은 사회 모든 영역에서의 남녀차별을 법으로 금지하도록 했다. 이 점에서 이 법은 여성인권 신장과 남녀평등에 있어 역사적 의의가 있다.

1999년 2월 5일에 제정된 '여성기업지원에 관한 법률'은 여성의 창업과 기업 활동을 지원하기 위한 법률이다. 이 법은 국가와 지방자치단체가 여성의 기업 활동을 촉진하기 위한 지원 대책을 추진하도록 했고, 중소기업청에 '여성기업활동촉진위원회'를 두도록 했다. 또한 '한국여성경제인협회'를 설립하도록 했다. 여성에게 불리하게 적용되던 각종 법률을 개정해 여성들의 권익 신장에 기여했다. 1998년 12월 '국민연금법'을 개정해 혼인 기간이 5년 이상인 자가 이혼한 경우 배우자가 분할연금을 지급받을 수 있게 분할연금수급권도 부여했다. 그리고 2000년 12월 '국가유공자 등 예우 및 지원에 관한 법률'과 '독립유공자 예우에 관한 법률'을 개정해서 출가한 딸과 외손자녀의 유족보상수급권을 인정해 남녀차별 요소를 없앴다.[264]

2001년 8월 14일에는 '근로기준법', '남녀고용평등법', '고용보험법' 등 모성 보호 관련 법 개정으로 모성 보호 비용의 사회 분담 근거 규정을 마련했다. 산 전후 휴가를 기존 60일에서 90일로 확대하고 늘어난 30일만큼의 비용은 고용보험에서 부담하도록 개정했다. 육아휴직의 경우 사업주는 부담하지 않고 고용보험기금에서 월 20만 원이 지급되도록 했다. 그리고 남녀고용평등법의 적용 범위를 5인 이상에서 모든 사업장으로 확대했다. 이렇듯 모성 보호 관련 법 개정으로 한국 역사상 처음으로 모성의 사회성이 인정됐다는 점에서 역사적 의의가 매우 크다.[265] 또한 1996년부터 실시된 여성채용목표제에 의해 전체 공무원 가운데 여성 비율이 1996년 27.8퍼센트에서 2002년에 32.9퍼센트로 증가했다.[266]

김대중은 정치 영역에서도 여성 정치가 활성화될 수 있도록 사회분위기를 조성하고 법 개정을 통한 개혁을 주도했다. 2000년 2월 16일 정당법 개정을 통해 정당이 비례대표 후보자(국회의원 및 시·도의회) 가운데 여성을 30퍼센트 이상 공천하도록 했다. 15대 총선까지 여성 국회의원 비율이 3퍼센트 대에 머물렀던 반면, 2000년 실시된 16대 총선에서는 여성 의원 비율이 크게 상승해 5.9퍼센트가 됐다.[267] 게다가 2002년 3월 7일 정당법 개정을 통해 시·도의회 비례대표의 경우 여성을 50퍼센트 이상 추천하도록 했다. 명부 순위에 따라 2인마다 여성 1인이 포함되도록 해 비례대표의원의 50퍼센트 이상 여성이 당선될 수 있었다. 이 결과 2002년 6월 실시된 제3차 동시지방선거에서 시·도의회 비례대표의 경우 여성의원이 67.1퍼센트를 차지해 1998년 36.4퍼센트에 비해 크게 증가했다.[268] 여성할당제가 여성 정치 활성화에 크게 기여하자 17대 총선을 앞두고 2004년 3월 12일 개정된 정당법에서는 국회의원 선거에서도 비례대표 후보에 여성을 50퍼센트 이상 공천하도록 했다. 그 결과 2004년 17대 총선에서 여성 국회의원 39명이 선출돼 전체 의원 가운데 13퍼센트를 차지했다. 이는 아시아 지역 여성 의원 평균인 14.9퍼센트에 근접했고, 전 세계 평균인 15.3퍼센트에도 근접했다. 2004년 총선 이후 젠더적 관점에서 한국 정치의 중대한 변화가 나타난 셈이다.[269] 2000년 정당법 개정에서 여성할당제가 처음 도입된 이후 확대되면서 나온 소중한 성과였다.

이렇듯 김대중은 대통령 재임 기간 동안 다양한 영역에서 여성 인권 신장과 양성평등을 위한 패러다임 전환을 이뤄냈다.

3부

IMF위기 극복,
21세기 신성장 동력 창출,
복지국가 실현

1장
IMF위기에서 나라를 구하다

1997년 발생한 IMF위기는 한국전쟁 이후 최고의 국란으로 불릴 정도로 매우 충격적인 사건이었다. 특히 실제 국가부도가 발생할 수 있을 정도로 상황이 매우 심각하여 충격을 넘어선 공포감이 한국 사회를 강타했다. 이러한 상황에서 1997년 15대 대선에서 승리한 김대중은 하루도 쉬지 못하고 당선자 신분으로서 국가부도 위기에 처한 나라를 구하기 위해 전력을 다해야했다. 그리고 국가부도 위기를 넘긴 이후에는 경제구조개혁에 박차를 가해서 한국 경제의 패러다임을 바꾸는 데에 성공했다. 여기에서는 이에 대한 내용을 살펴보려고 한다.

1. IMF위기 극복 과정과 성과

가. IMF위기 극복에 대한 높은 평가

일반적으로 한국에서는 대통령 김대중의 최대의 업적으로 2000년
최초의 남북정상회담과 6·15공동선언이 거론되며 그다음 순서로
IMF위기 극복이 거론된다. 그런데 해외에서의 평가는 좀 다르다.
대체로 두 가지를 동급에 놓고 평가한다. 그만큼 IMF위기 극복의
의미를 크게 둔다.

김대중 대통령 재임 시기 미국 클린턴 행정부의 재무부 장관이
었던 루빈은 "내가 생각하기로는 한국 경제 회복의 영웅인 김대
중 대통령과 그의 동료들은 경제적 애로에서 벗어나는 데 건전하
고 용기 있는 정치 지도자가 얼마나 큰 역할―실제로 핵심적인 역

할―을 하는지 보여주었다"[270]라고 평가했다. 특히 일본의 경제평론가이자 미국 UCLA 대학의 오마에 겐이치 교수의 평가는 극적이다. 그는 김대중 대통령이 퇴임하기 직전인 2003년 1월 일본 격주간지 《사피오》에 기고한 글을 통해 "김 대통령처럼 한국 경제에 공헌한 대통령은 없기 때문에 한국민은 떠나가는 김대중 씨를 마음으로부터 감사해야 한다", "세계에서 단임 5년에 지금처럼 많은 변화를 이뤄낸 대통령은 선례를 찾아보기 힘들다"며 "5년 사이에 한국 경제를 V 자 회복시킨 김 대통령은 희대의 명대통령"이라고 찬사를 보냈다. 그런데 그는 김대중 대통령 집권 초반인 1999년에는 〈김대중 대통령 밑에서 한국이 경제적으로 다시 일어설 수 없는 이유〉란 제하의 글에서 "(김 대통령은) 미국이 시키는 대로 나라를 해체하고 있으며 이것이 그의 최대 실패라고 후세 역사가들은 낙인찍을 것"이라고 하면서 김 대통령의 경제정책을 신랄하게 비판했었다. 이와 관련해 그는 "나는 김대중 씨를 신랄하게 비판한 적이 있으며 이 글을 빌어 심심히 사과한다"고 했다.[271] 더불어 한국의 경제위기 극복과 관련된 각종 연구에서도 경제구조개혁 프로그램을 결단력 있게 실행한 김대중의 리더십을 한국 경제위기 극복과 재도약에 있어 중요한 요인으로 평가한다.[272]

해외에서 김대중의 업적을 높이 평가하는 이유는 1997년 당시 국가부도 직전까지 이른 한국 경제의 상황이 매우 심각했기 때문이다. 한국 정부가 IMF에 긴급금융 지원을 요청한 1997년 11월 21일 직후에 경제국치일[273], IMF와 구제금융 협상을 합의한 1997년 12월 3일을 경제주권을 빼앗긴 제2의 국치일[274]이라고 했을 정도로 당시 한국 사회가 받은 충격은 컸다. 특히 '아시아의 네 마리 용'으로 불리면서 전쟁의 폐허에서 경이적인 경제 발전을 한 나라로 주목받던 한국이 국가부도 상황에 처했다는 것은 해외에서 보기에도 충격적이었다.

1997년 12월 대선에서 승리한 직후 대통령 당선자 시절부터 경제위기 극복을 진두지휘한 김대중이 신속하면서도 효과적인 대처로 국가부도라는 최악의 상황을 막아 후유증을 최소화할 수 있었다. 그러나 이미 한국 경제는 심각하게 망가진 상태였다. 1998년 당시 경제 상황은 참혹했다. 경제성장률은 -6.7퍼센트를 기록했다. 2차 석유파동을 겪은 1980년 -2.1퍼센트에 이어 18년 만에 마이너스 성장을 한 것이다. 실업률은 1997년 2.6퍼센트에서 1998년 6.8퍼센트로 급증했다. 이는 1980년대 이후 지속된 2퍼센트대의 낮은 실업률에서 대폭 상승한 것이다. 설비 투자는 기업·금융 구조조정과 미래에 대한 불확실성의 증가로 1997년 대비 -38.8퍼센트를 보였고, 민간소비는 실업률 증가로 1997년 대비 -11.7퍼센트를 기록했다.[275] 상황이 이 정도로 심각했기 때문에 IMF위기 극복을 해외에서 높게 평가한다.

그런데 국내에서의 평가는 그렇지 못하다. 이 같은 차이는 왜 나타났을까? 이는 주관적 인식과 객관적 진단 사이의 괴리에 기인한다. 한국 국민은 IMF 경제위기 극복 과정에서 불가피하게 발생한 고통을 이겨내야 했다. 또 새로운 패러다임에 적응하는 과정 역시 고통이었기에 심정적으로 IMF위기 이전 시기에 대해 향수를 갖는 경향이 있다. 많은 한국 국민은 김대중의 정책 능력에 대해 평가하기보다는 IMF 전후 시기에 대해 주관적으로 인식하는 것이다. 결국 IMF위기를 극복한 김대중의 공을 인정해도 과거가 더 살기 좋았다고 생각하기 때문에 해외에서의 평가와 국내에서의 평가 사이에 차이가 발생한다.

나. 국가부도를 막아내다

밤에 잠을 못잘 정도로 심각했던 경제 상황

김대중이 대통령에 당선됐을 때 한국 경제의 상황은 그야말로 풍전등화였다. 1997년 1월부터 시작된 한국 경제의 위기는 12월에 이르러 최악의 상태가 됐기 때문이다. 한국은 한보 등 대기업들의 연쇄 부도로 금융권 부실이 발생하면서 위기가 고조됐다. 7월에는 태국 바트화의 평가절하를 시작으로 동아시아 국가들의 연이은 외환 위기 여파가 한국에도 영향을 미쳤다. 한국 경제를 둘러싼 국내외의 충격이 한꺼번에 덮친 것이다. 엎친 데 덮친 격으로 10월 24일 국제신용평가회사인 S&P가 한국에 대한 신용등급을 하향 조정하자, 다른 국제신용평가회사들도 덩달아 신용등급을 낮추면서 위기가 심화됐다. 이 여파 탓에 만기외채 연장이 어려워지고 차입 금리 상승 및 신규 차입 중단 그리고 기존 차입금에 대한 자금 회수 등이 이뤄지면서 외환 부족과 환율 상승이 발생했다.[276]

이에 대응하고자 한국은행이 금융권에 달러를 제공하자 외환보유액이 감소했다. 점차 그 정도가 심해져 IMF에 자금 지원을 요청하기 직전인 11월 20일에는 외환보유액이 132억 달러에 불과했다. 결국 한국 정부는 1997년 11월 21일 IMF에 긴급금융 지원을 요청했고, 12월 3일 IMF와 합의했다. 그러나 이미 한국 경제에 대한 신뢰가 붕괴되었기 때문에 금융시장의 위기는 심화됐다. 제15대 대통령선거가 실시된 12월 18일에는 외환보유액이 39억 4,000만 달러에 불과했으며[277] 12월 23일에는 달러당 원화 환율이 2,000원을 돌파하기도 했다.[278] 이 당시 한국은 보유 달러가 부족한 상황에서 단기외채 상환에 대한 압력까지 받았다. 그런데 문제는 한국 경제에 대한 신뢰가 무너진 탓에 만기연장이 이뤄지지 않아 국가부도 직전의 상황에 이르게 되었다. 이러한 시점에 김대중은 대선에서 승리해 대통령 당선자가 됐다.

"밤에 잠이 잘 안 온다."[279] 이는 대통령선거 직후인 1997년 12월 하순 대통령 당선자 시절에 김대중이 한 말이다. 세간에 널리 퍼져서 당시 꽤 알려진 말이었다. 그만큼 상황이 심각했기 때문이다. 보통 대선 승리 이후부터 취임 전까지 대통령 당선자 시절이 정치인으로서 가장 행복한 순간이라고 할 수 있다. 대선에 도전하기까지 정치인으로서 겪는 모든 과정은 '피 말린다'는 표현이 적절할 정도로 수많은 역경과 고통으로 점철되기 때문이다. 또한 대통령 임기가 시작되면 국정 최고 책임자로서 수많은 과제를 해결해야 할 부담이 있기 때문이다. 그런데 현실은 정반대여서 김대중은 대통령 당선자가 되자마자 이미 국내외적으로 신뢰를 상실한 김영삼 정부를 대신하는 역할을 맡는다. 밤에 잠을 잘 잘 수 없을 만큼 고뇌의 시간이 닥친 것이다.

당장의 부도 위기를 막아라, IMF와의 추가 협상

김대중 당선자가 최우선적으로 해결해야 될 일은 국가부도를 막는 것이었다. 악화일로에 있던 금융시장을 진정시키지 않으면 국가부도를 피하기 어려웠고 그 경우 발생하게 될 후유증은 상상조차 하기 힘들었다.

먼저 김대중은 신뢰를 잃은 김영삼 정부의 기능을 대체할 수 있는 비상경제대책위원회를 구성했다. 여기에 정부 측 6인과 당선자 측 6인이 참여했다. 김용환이 위원장을, 이헌재가 기획단장을 맡았다. 당시 상황에 대한 이헌재의 증언이다.

기획단의 첫 임무는 외환일보 작성이었다. 한국의 외환 금고는 물이 들어찬 소금 창고 같았다. 외환 사라지는 것이 꼭 소금 녹아내리듯 했다. 두 달 사이 스탠더드 앤드 푸어스S&P 신용등급이 10단계 추락한 나라였다. 언제 망할지 모르는 나라. 외국인들은 앞다퉈 돈을 빼갔다. 오늘은 또 얼마나 녹아내렸나. 외환보유액을 확인하는 것은 응급조치의 시작이었다. … 자정에 숫자를 받으면 일보는 새벽 서너 시에야 완성됐다. 내용은 간단했다. 그날 들락거린 외환과 남은 외환보유액 정도였다. … 완성된 보고서는 김용환 위원장을 거쳐 대통령 당선자 집으로 들어갔다. 외환일보가 당선자의 경기도 일산 집에 팩스로 들어가는 시각이 보통 새벽 4시 30분쯤. 비서가 그 종이 한 장을 침식 문틈으로 밀어 넣으면 어김없이 침실에 불이 켜졌다고 한다. DJ가 새벽마다 일어나 숫자를 확인했다는 얘기다. 김용환 전 장관이 직접 전해준 일화다. 종이 한 장 내려앉는 소리에 잠을 깨는 대통령 당선자. 얼마나 처연한 얘긴가. 누구나 들으면 혀를 찼다. "얼마나 노심초사했으면…" 밤새 애를 태우며 외환일보를 기다리는 대통령 당선자, 그가 맡게 될 풍전등화의 나라.[280]

이헌재의 증언은 피를 말리는 당시 급박한 경제 상황을 보여준다. 이렇게 악화된 상황에서 필요한 것은 국제금융기구의 조기 외환 지원과 단기외채에 대한 해외채권단의 만기 연장이었다. 이 두 가지가 동시에 성공해야만 국가부도를 막을 수 있었다.

김대중은 당선 직후부터 쉴 틈도 없이 기민하게 움직였다. 먼저 미국의 협조가 절실했다. 클린턴 대통령과 전화 통화를 해 협조를 구했고 12월 22일 미국의 데이비드 립튼 재무부 차관이 방한해 김대중 대통령 당선자와 면담했다. 여기서 김대중은 IMF 플랜을 한국 플랜으로 받아들여 경쟁력 강화의 계기로 삼겠다고 말하면서 한국 경제개혁에 대한 확고한 입장을 밝혔다. 립튼은 김대중과의 만남이 매우 고무적이었다고 평가했다. 이와 함께 12월 21일부터 24일까지 IMF와 추가 협상(IMF 플러스 협상)을 통해 국제금융기구와 G7 선진국이 100억 달러를 조기에 지원하기로 하고 단기외채 만기 연장 필요성에 대한 암묵적 공감대가 형성되도록 했다.[281] 당시 IMF 플러스 협상을 진행한 정덕구 재정경제원 제2차관보는 다음과 같이 증언했다.

김 당선자의 발 빠른 행보는 한국 경제가 막다른 골목을 벗어나는 데 큰 역할을 했다. 무엇보다 미국의 클린턴 대통령이 한국을 지원하기 위해 적극적으로 나섰다. 그는 한국의 새 정부와 손잡기 위해 미 행정부를 움직여 IMF 등에 입김을 불어넣기 시작했다. 김 당선자의 민주 투사 경력에 깊은 경외심을 가지고 있었다는 클린턴 대통령은 나중에 우리가 IMF 측과 플러스 협상을 하는 데 여러모로 큰 힘이 돼주었다.[282]

추가 협상이 타결되고 IMF와 주요 선진국은 한국이 외환 위기에서 조속히 벗어날 수 있도록 조기에 자금을 집행하기로 결정했다. 국가부도 위기 극복을 위한 중요한 고비를 하나 넘긴 것이다.

단기외채 만기 연장 협상

그런데 이것으로 끝난 것이 아니었다. 단기외채의 상환 기한을 연장하지 않으면 지원받은 달러가 바로 외국 금융기관에 넘어간다. 그렇게 되면 결국 국가부도의 시점을 잠시 연장하는 것에 불과한 것이 되므로 단기외채 만기 연장은 반드시 필요했다. 두 번째 고비였다.

구체적으로 보면 1997년 9월 말 기준 전체 외채 1,196억 9,700만 달러 가운데 단기외채가 656억 2,600만 달러였다. 이중 1997년 12월 말까지 상환해야 하는 156억 달러에서 120억 달러 정도는 만기 연장이 불가능했고, 1998년 1월에 만기되는 외채가 120억 달러에서 150억 달러여서 결국 두 달 동안 최소 240억 달러를 갚아야 했다. 그런데 국제 금융기구의 지원과 기존 외환 보유액을 감안해도 두 달간 45억 달러 정도의 부족이 예상되기 때문에 한국은 여전히 국가부도 위기에 있었다.[283] 단기외채 만기 연장은 국가부도 위기를 넘기 위한 또 하나의 큰 고비였다. 특히 해외 금융기관과의 협상이라는 점에서 정치 논리보다 경제 논리가 더욱 중요했다. 해외 금융기관은 자신들이 빌려준 돈에 대한 회수 여부를 가장 중시했기에, 이들은 부실기업 및 금융기관의 개혁과 이를 뒷받침하기 위한 노동 분야 개혁, 한국 경제의 국제화 등 한국 경제구조개혁 가능성을 만기 연장 여부의 판단 기준으로 삼았다. 이는 만기 연장 협상의 성공을 위해서뿐만 아니라 한국 경제의 재도약을 위해서도 필요한 과제였다.

이를 위하여 기업과 노조의 협조를 이끌어내는 것이 관건이었다. 기업의 경우 1998년 1월 13일 기업구조조정 5개항을 발표해 문제 해결의 가닥을 잡아갔다. 문제는 노동 분야였다. 노동 분야의 경우 정리해고제 등 노동유연성과 관계돼 있어 노동자들의 반발이 클 수밖에 없었다. 그런데 이는 피할 수 없는 문제였다. 국제사회의 요구도 명확했다. 1997년 12월 25일 0시에 발표한 IMF와의 합의 내용을 보면 '경제주체 간 고통 분담을 위한 합의문'을 1월 중에 발표하기로 했다. 이 문제에 대처하기 위해 1997년 12월 26일 김대중 대통령 당선자는 박인상 한국노총위원장과의 간담회에서 노사정협의회 구성을 제안했다. 구조조정을 위한 노동자들의 협조를 구하고 그 대신 노동계가 그동안 요구했던 사안을 논의하고 수용해서 사회적 대타협을 이루기 위한 구상이었다. 당시 김대중과 박인상의 대화 내용[284]을 살펴보자.

김대중: 노사정 삼각 협력 체제하에서 재도약의 기틀을 마련하자. 앞

으로 노사정의 노동 평화 산업 평화 경제 발전을 위해 협력하자.

박인상: 과거 비슷한 기구가 있었으나 정부와 기업 입장만 대변했다.

김대중: 노총은 앞으로 나와 정치 개혁에 함께 앞장서고, 경제를 살리

는 동반자가 돼달라. 새 정부는 노와 사를 공평하게 대할 것이다. 노

사 양쪽 모두 특혜를 기대해선 안 된다.

구조조정 과정에서 노동계의 협조를 구하는 것은 절대적으로 필

요한 일이었다. 해외에서도 이 문제에 대해서 예의주시하고 있었

을 정도로 이는 국가의 명운이 달린 매우 중요한 일이었다. 그런

데 대규모 실직 사태가 예상되는 상황에서 이 문제 해결은 매우 어

려운 일이었다. 이때 김대중은 효과적인 정치 리더십으로 노동계

의 협조를 얻어내는 데에 결정적인 역할을 했다. 1998년 1월 7일

한국노총은 금융산업 분야 정리해고제 조기 도입 움직임에 반발

해 노사정협의체 불참을 선언했다. 이에 대해서 김대중은 임시국

회(1월 15일~1월 17일)에서 통과시키려고 했던 부실금융기관 정리

해고제 우선 도입을 위한 금융산업 구조조정법안 처리를 유보하

고 노동계 설득에 총력을 기울이도록 지시했다. 이에 대해서 노동

계가 긍정적인 입장을 밝히자 1월 15일 노사정위원회가 정식 발족

했다.[285] 그런데 2월 2일 노동계는 2월 4일 이후 법제화 강행 움직

임을 시사한 예비 여당 새정치국민회의에 반발하면서 '고용 조정

법제화 강행을 위한 회의 진행에 동의할 수 없다'는 강경한 입장을

밝혔다. 상황이 악화되자 김대중은 2월 3일 다시 대화할 것을 지시

했다. 우여곡절 끝에 10대 의제에 대한 일괄타결에 성공하여 2월 6일 공식 발표되었다. 이때 노동계의 신뢰를 회복하는 데에 있어서 노동자의 입장을 배려하고 존중한 것이 주효했다. 노동기본권 관련 사항을 정부와 사용자가 노동자에게 주는 시혜가 아니라 노동자의 권리 회복 차원에서 접근해 노동자들의 신뢰를 얻을 수 있었다.[286] 김대중 당선인의 민주적 리더십이 낳은 매우 중요한 성과였다.

이와 같은 한국 경제구조개혁에 대한 비전 제시와 이를 위한 사회적 합의 도출은 단기외채 만기 연장 협상에 매우 긍정적으로 작용했다. 한국 정부와 국제채권은행단이 뉴욕에서 1998년 1월 21일부터 28일까지 협상해 240억 달러의 단기외채를 중장기외채로 전환하는 것에 원칙적으로 합의하여 국가부도 위기를 막는 데에 있어 또 다른 결정적인 고비를 넘길 수 있었다.[287] 그런데 그것으로 완전히 끝난 것은 아니었다. 외채 협상에 대한 후속 조치와 협상 테이블에 참석하지 못한 다른 채권은행들의 동의를 얻어내는 것 등이 필요했다. 한국 정부는 최대한 많은 채권금융기관들이 만기연장에 동의하도록 하기 위해서 세계 주요 도시를 찾아서 설명회를 개최했다. 이러한 정부의 적극적인 개입과 노력으로 인해서 1998년 3월에 만기연장 프로그램에 참여한 금융기관은 32개국 134개였으며 단기외채 규모는 218억 4,000만 달러로서 당초 목표치 200억 달러를 초과했다. 그뿐만 아니라 만기 연장 내용도 훌륭해서 만기 1년짜리는 전체의 17.3 퍼센트였고 만기 2년은 45퍼센트, 만기 3년은 37.7퍼센트로서 외채상환 부담이 크게 완화되었다.[288] 그리고 1998년 4월 7일(미국 시간) 미국 뉴욕에서 40억 달러의 외국환평형기금채권 발행에 성공했고 이 돈이 4월 18일 한국은행 계좌에 입금되었다.[289] 이러한 과정을 통해서 한국은 국가부도 위기에서 벗어날 수 있었다. 이는 김대중 정부의 매우 중요한 역사적 공헌이었다.

다. 경제구조개혁을 통한 위기 극복과 체질 개선

국제 금융기구로부터의 긴급 자금 조달과 단기외채 만기 연장이 국가부도 사태를 막기 위한 응급조치였다면, 한국 경제의 파탄을 초래한 구조적 문제를 해결하는 것은 경제위기 극복을 위해 근본적으로 필요한 일이었다. 한국 경제의 구조개혁에 실패하면 국가부도 위기는 언제든지 재연될 수 있었기 때문이다. 1997년 IMF구제금융 사태는 부실 대기업의 연쇄 도산과 그에 따른 금융권의 부실이 이어지면서 발생했다. 금융기관의 부실채권 규모는 1998년 3월 말 112조 원이었다. 이는 1997년 국내총생산GDP의 28퍼센트에 해당하는 엄청난 규모였다.[290] 이 문제를 해결하기 위해서는 먼저 드러난 부실을 처리해야 했다. 그다음에는 국제 기준에 맞는 구조개혁을 통해 위기 극복과 회생이라는 두 과제를 성공시켜야 했다. 기업, 금융, 노동, 공공 분야의 4대 부문 개혁이 추진된 것은 이 때문이다. 이중 기업과 금융 분야 구조개혁이 핵심이었다. 노동과 공공 부분은 두 핵심 분야의 구조개혁을 뒷받침하고, IMF위기 상

황에서 국가 대개조를 목적으로 한 당시의 시대적 여건에 비추어
전반적인 보조를 맞추는 것과 관련이 있었다. 노동과 공공 분야 중
에서 노동 분야는 이 책 252~254쪽에서 일정 정도 다루기도 했거
니와, 4대 개혁의 핵심은 기업 및 금융 분야이기 때문에 여기서는
이에 초점을 맞춰 분석한다.

김대중은 이 과정에서 시장주의 원칙을 철저하게 적용해 구조개
혁에 있어 정책 신뢰를 높이는 데에 결정적인 역할을 했다.

기업 구조조정

1998년 1월 13일 김대중 대통령 당선자와 4대 그룹 회장은 기업
구조개혁과 관련해 5대 원칙에 합의했다. 구체적인 내용을 살펴
보면 ①기업 경영의 투명성 제고 ②상호지급보증(채무보증해소)
③재무구조의 획기적 개선 ④핵심 주력 사업으로의 역량 집중 및
중소기업과의 협력 강화 ⑤지배주주와 경영자의 책임성 강화 등이
다. 1998년 2월 14일에는 기업 구조조정 관련 10개 법률이 개정돼
기업 구조조정을 촉진하기 위한 법률적 조치를 마련했다. 개정된
법률을 보면, 금융 및 회계 제도와 관련해 은행법·증권거래법·주
식회사의 외부감사에 관한 법률이 있고, 조세 및 외국인 투자 제도
와 관련해서는 조세감면규제법·법인세법·외국인투자 및 외자도입
에 관한 법률·독점규제 및 공정거래에 관한 법률 등이며, 도산제
도와 관련해서는 회사정리법·화의법·파산법 등이 있다.[291]

신속하게 방향을 잡자 기업 구조조정은 본격 실행 단계에 들어
간다. 이를 5대 원칙의 제도화 과정을 통해 하나씩 살펴보겠다.

첫째, 기업 경영 투명성과 관련해서 보면, 1998년에 주식회사의 외부감사에 관한 법률을 정비해 1999년 회계연도부터 대규모 기업 집단의 결합재무제표 작성을 의무화했다. 그리고 기업 의사 결정의 투명성을 제고하기 위해 1998년에 상장 법인의 경우 사외이사 선임이 의무화됐다. 이에 따라 사외이사를 1998년에는 상장 법인 당 최소 1인, 1999년에는 전체 이사 가운데 4분의 1 이상, 2000년에는 금융기관 및 대규모 상장 법인의 경우 2분의 1 이상을 두도록 했다. 또한 1998년 12월에는 국제 회계 기준에 맞게 기업회계 기준이 개정됐다.[292]

둘째, 상호지급보증 해소를 위해 1998년 4월부터 신규 채무보증을 금지했다. 기존 채무보증은 2000년 3월 말까지 완전 해소하도록 했다.[293]

셋째, 재무구조 개선과 관련해서 보면, 부실기업 가운데 부채를 전액 상환하지는 못해도 기업의 존속 가치가 청산 가치보다 큰 기업은 살리고, 그 반대인 기업은 정리하는 것을 원칙으로 삼았다. 그리고 정부는 1998년 3월 21일 금융권 여신이 2,500억 원 이상인 재벌 대기업의 부채비율을 예정보다 3년 빠른 1999년 말까지 200퍼센트로 낮추도록 했다. 2월에 재벌 대기업들과 주거래 은행 사이에 체결된 재무구조 개선 약정으로는 대기업 구조조정을 획기적으로 하기 힘들다는 판단하에 정부가 강력하게 개입한 것이다.[294] 정부는 정경 유착에 의해 기업 구조조정 과정이 왜곡되는 것을 막기 위해 특정 기업 판단에 개입하지 않았다. 다만, 시장이 붕괴된 데다 기업 회생 및 퇴출 등의 정치적 리스크가 큰 사안을 은행의 판단에 전적으로 맡길 수는 없었기 때문에, 경제 회생이라는 국가 목표를 위해 개혁 과정에 적극 개입하면서 리드했다.

이러한 과정을 거쳐 1998년 6월 18일 55개 사에 대한 여신 중단이 발표됐다.[295] 6위에서 64위에 해당하는 재벌에 대해서는 이들이 스스로 구조개혁을 하기 어렵다고 판단해 채권 은행 주도로 워크아웃(기업 개선 작업)을 진행하기로 했다.[296] 1998년 6월 24일 은행, 증권사, 투신사 등 금융기관 등은 '기업구조조정 촉진을 위한 금융기관 협약(약칭 기업구조조정협약)'을 체결했다.[297] 이 협약을 근거로 워크아웃이 진행됐다.

워크아웃은 재무구조가 취약해 자금난을 겪고 있는 기업들 가운데 중장기적으로 회생 가능성이 높은 기업을 당장 파산시키지는 않고 채무 조정, 이자 감면, 출자 전환 등의 조치로 회생시킨 뒤에 빚을 받아내는 조치를 말한다. 워크아웃은 기업의 채권자 중에서 금융기관만이 합의해 부채를 동결시키는 것으로서 법정관리에 비해 금융기관의 손실을 장부에 즉각 반영해야 하는 정도가 훨씬 낮고 기업 개선 작업을 하는 데 소요 시간을 단축할 수 있다는 장점이 있다.[298] 김대중 정부는 워크아웃 과정에서 시장경제 원칙을 매우 중시해서 의사 결정 과정에서 외국계 컨설팅 회사의 의견을 반영하는 등 객관적 판단을 위해 최선의 노력을 기울였다. 그리고 국내외 인수자들에게 문호를 개방해 특혜 시비 또한 차단하도록 했다.[299]

넷째, 핵심 주력 사업으로의 역량 집중 및 중소기업과의 협력 강화와 관련한 가장 핵심적인 것은 대기업 간 사업 교환 및 통합(빅

딜)이었다.

다섯째, 지배주주와 경영자의 책임성 강화와 관련해서는 1998년 1월 지배주주의 이사 등재를 유도했고, 1998년 2월에는 회사 정리 원인을 제공한 대주주의 주식을 소각하는 조항을 도입했으며, 2001년 3월에는 부실 채무 기업에 대한 조사권을 예금보험공사에 부여하는 등의 조치가 도입됐다.[300]

이러한 5대 원칙에 더해 1999년 8월에 ①제2금융권의 지배구조 개선 ②계열사 간 순환출자의 억제 및 부당 내부거래 차단 ③변칙적인 상속 및 증여의 방지 등 3대 보완 과제가 추가됐다. 이를 통해 기업 구조조정이 이뤄져 경제위기 극복과 회생에 큰 기반으로 작용했다.[301]

금융 분야 구조개혁

금융 분야 구조개혁은 내용적으로 두 방향에서 이뤄졌다. 하나는 부실채권을 정리해 금융기관을 정상화시키는 것, 다음으로는 부실 재발을 막기 위해 조직·운영·감독 등 각종 영역에 국제 기준에 맞는 시스템을 도입하는 것이었다.

시기적으로는 2단계로 구성됐다. 1단계는 1998년 2월부터 2000년 8월까지로, 부실금융기관 정리와 공적자금 투입으로 금융 기능의 정상화를 도모해, 기업의 과다 채무 구조 개선 등에 초점에 맞춰 성과를 냈다. 그리고 대우 사태와 워크아웃 진행 과정을 통해 발생한 추가 부실과 현대그룹의 유동성 위기 문제 등이 발생하자, 2000년 9월에 2단계 금융구조개혁이 발표됐다.[302] 금융구조개혁의 구체적 진행 상황에 대해 살펴보자.

금융구조개혁의 사령탑 역할을 한 금융감독위원회는 1997년 12월 31일 제정된 '금융감독기구의 설치 등에 관한 법률'에 의해 1998년 4월 1일에 출범했다. 1998년 2월 IMF와의 5차 의향서에서 국제결제은행BIS 자기자본비율이 8퍼센트가 안 되는 은행에 대한 구조조정을 1998년 6월까지 하기로 했다. 이는 해외에서 한국 정부의 구조조정 의지와 능력(객관성과 공정성)을 판단할 수 있는 중요 근거였다. 하지만 대량 실업 사태가 발생하기에 정치사회적으로 큰 고통과 부담이 따르는 일이었다. 이 작업을 맡은 금융감독위원회는 객관적이고 전문적이며 공정한 판단을 내리기 위해 은행 경영평가위원회에 6대 회계법인의 회계사와 대형 로펌의 금융전문가, 그리고 외국인인 윌리엄 헌세이커 ING베어링증권 이사까지 포함해서 대응했다.[303] 정부는 회생이 불가능하다고 판단한 금융기관은 퇴출하고 회생 가능하다고 판단한 기관의 경우 강력한 자구 노력을 전제로 자본금 확충 및 부실채권 정리 등을 지원했다.

이 과정을 거쳐 1998년 6월 29일 1997년 말 BIS 자기자본비율이 8퍼센트 미만인 12개 은행에 대해 경영 정상화 계획과 자산 부채 실사 등을 거쳤다. 이에 따라 회생이 불가능하다고 판단한 5개 은행(대동, 동남, 동화, 경기, 충청)을 퇴출시키고 나머지 조흥, 상업, 한일, 외환, 강원, 충북, 평화은행 등 7곳은 조건부로 승인했다. 종합금융회사의 경우 30개 가운데 18개가 퇴출됐고 증권회사는 36개 가운데 6개가 퇴출됐다. 그리고 예금자를 보호하고 금융시스템을 복원하기 위해 정부는 2001년 12월 말 기준 대략 155조 원의 공적

자금을 투입했다. 공적자금은 부실채권 매입, 예금대지급, 금융기관 자본금 확충 등에 사용돼 금융기관의 정상화에 결정적인 기여를 했다.[304]

한편 금융을 체계적으로 감독하기 위해 기존의 은행감독원, 증권감독원, 보험감독원, 신용관리기금 등 4개의 감독 기관을 1999년 1월에 금융감독원으로 통합했다. 또한 금융기관 경영의 투명성을 제고하기 위해 2000년 4월에 내부 통제 체제를 구축하고 내부 통제 기준의 준수 여부를 점검하기 위해 준법감시인 선임을 의무화했다. 일정 규모 이상의 금융기관에 대해서는 2001년 1월 사외이사 중심의 이사회 제도를 도입했다. 상시 구조조정 시스템 구축과 관련해서는 2001년 3월에 증권거래소 등 자율 규제 기관의 공시 감독 기능의 강화, 회계의 투명성 제고, 기업 인수·합병 전용 펀드 등을 도입해 시장에 의한 부실기업 퇴출이 용이하도록 조치했다. 2001년 4월에는 기업 구조조정 회사 및 사전 제출 제도 도입으로 시장에 의한 상시적 기업구조조정이 이뤄질 수 있도록 했다. 금융시장 인프라 구축과 관련해서는 1999년 4월에 선물거래소 설립 등 파생상품 시장 활성화를 도모했고 2000년 3월에 전자금융 활성화 방안을 추진했다.[305] 이러한 과정을 거쳐 금융기관이 정상화되도록 했고 선진 금융시스템을 갖춰 위기 재발을 막고 국제 경쟁력을 갖출 수 있도록 했다.

라. 구조개혁의 성과: IMF 조기 졸업과 우수 졸업

위와 같은 구조개혁을 통해 한국은 IMF와 약속한 2004년보다 3년 빠른 2001년 8월에 IMF 차입금을 조기에 완전 상환해 IMF로부터 '졸업'했다. 우수한 성적이었다. 전문가들은 이렇게 평가했다.

삼성경제연구소 황인성 수석연구원은 "중화학 공업과 IT로 산업 포트폴리오를 구성, 고환율과 선진국 경기 호조라는 유리한 여건을 십분 활용한 게 IMF 조기 졸업의 비결"이라고 설명했다. 현대경제연구원 유병규 경제연구본부장은 "IT 발전의 전기를 마련했을 뿐 아니라 우리 경제를 지식경제 시스템으로 전환해 IMF 졸업 이후의 경제 발전이 가능했다"며 "외신들이 한국을 'IMF 모범생'이라고 극찬했을 정도"라고 말했다.[306]

이러한 평가는 구체적인 수치로 확인된다. 국내총생산(실질 GDP) 성장률을 보면 IMF위기로 실물경제의 타격이 극심했던 1998년에는 -6.7퍼센트였는데 1999년부터 +성장을 해서 1999년 10.9퍼센트 성장, 2000년에는 9.3퍼센트 성장, 2001년에는 3.8퍼센트 성장, 2002년에는 7.0퍼센트 성장했다.[307] 경상수지를 보면 1997년에는 81.7억 달러 적자를 보였는데 1998년부터 흑자로 돌아서서 1998년 403.7억 달러 흑자, 1999년에는 245.2억 달러 흑자, 2000년에는 122.5억 달러 흑자, 2001년에는 80.3억 달러 흑자, 2002년에는 53.9억 달러 흑자를 기록했다.[308] 외국인 투자 유치는 집권 5년 동안 604.7억 달러로 1962년부터 1997년까지의 투자 유치 총액 246억 달러의 2.46배였다.[309] 외환보유고도 급증해 1997년 12월 18일 39억 4,000만 달러에서 2002년 말에는 1,214억 1,300만 달러로 증가했다.[310] 이는 2008년 전 세계적인 금융위기를 한국이 무난하게 넘길 수 있었던 중요한 배경이 됐다.

금융기관과 기업의 재무건전성도 크게 높아졌다. 금융권 전체의 고정 이하 부실채권 비중이 1999년 말 88조 원에서 2002년 9월 말에는 43.7조 원으로 전체 여신의 14.9퍼센트에서 4.3퍼센트로 급감했다. 이중에서 은행권 부실채권 비중은 1999년 말 61조 원에서 2002년 말에는 15.1조 원으로 전체 여신의 12.9퍼센트에서 2.3퍼센트로 크게 감소했다. 그리고 은행권 국제결제은행 자기자본비율이 1997년 말 7.04퍼센트에서 2002년 9월 말 11.4퍼센트로 대폭 개선되었다. 더군다나 수익성도 좋아져서 은행권은 1997년부터 2000년까지 4년 연속 당기순손실을 기록하다 2001년에 5.3조 원의 당기순이익을 기록하는 등 극적인 개선이 이뤄졌다.[311] 기업의 경우 부채비율이 1997년 말 396.3퍼센트에서 2001년 말 182.2퍼센트로 크게 낮아졌으며, 자기자본비율은 1997년 말 20.2퍼센트에서 2001년 말 35.1퍼센트로 크게 상승했다.[312]

실물경제 수치도 크게 향상됐다. 설비투자의 경우 경제위기 여파가 몰아친 1998년에는 38.8퍼센트나 감소했는데 1999년부터 상승세로 돌아서서 1999년에는 36.3퍼센트, 2000년에는 35.3퍼센트 상승했다.[313] 민간 소비 역시 1998년에는 11.7퍼센트 감소에서 1999년 11.0퍼센트 상승, 2000년에는 7.9퍼센트로 상승 2001년

4.9퍼센트 상승, 2002년 7.9퍼센트 상승했다.[314] 그리고 실업률을 보면 IMF위기가 강타한 1998년에 6.8퍼센트까지 상승했다가 1999년 6.3퍼센트, 2000년 4.1퍼센트, 2001년 3.7퍼센트, 2002년에 3.1퍼센트를 기록하는 등 하향 안정화되었다.[315]

국제신용평가기관들의 국제신용등급도 정상화되었다. 국제신용평가기관들은 한국이 IMF에 자금 지원을 요청한 1997년 11월 21일 이후부터 본격적으로 한국의 국가신용등급을 내렸다. 1997년 12월 21일 Moody's는 투자부적격단계인 Ba1로 내렸고 12월 23일에는 S&P가 투자부적격단계인 B＋로 내렸다. 1998년의 어려운 고비를 잘 넘긴 후에 S&P는 1999년 1월 25일 한국의 국가신용등급을 투자적격 등급으로 올렸고(BBB-) Moody's는 2월 12일에 투자적격 등급으로 올렸다(Baa3). 그리고 2002년 3월 28일 Moody's가 A3 등급으로 상향 조정했고 7월 24일에는 S&P가 A- 등급으로 상향 조정[316]하여 한국 경제는 국제사회로부터의 신뢰를 완전히 회복했다.

이처럼 각종 경제 통계에서 확인되듯 김대중 정부는 구조개혁을 통해 한국 경제의 위기를 극복했으며 경제 발전의 새로운 역사를 만들었다.

2. IMF위기를 극복할 수 있었던 이유

가. 경제에 대한 이해가 밝고 실용주의적 관점을 가진 김대중

김대중이 IMF위기를 신속하게 극복할 수 있었던 핵심 이유 하나는 김대중이 경제전문가라는 사실이다. 그는 젊었을 때부터 경제에 대한 이해가 밝았다. 그의 정치관이 실용주의적인 것도 이러한 덕분이다. 김대중을 대표하는 표현인 '서생적 문제의식과 상인적 현실감각'은 그의 실용주의적 정치관을 보여준다. 김대중이 이 표현을 쓰기 시작한 것은 6대 국회의원 시절인 1967년부터다. 김대중은 자신의 첫 번째 저서인 《분노의 메아리》[317]에서 이 표현을 최초로 사용했다. 이 책은 두 편으로 구성됐는데, 1편의 제목이 '서생적 문제의식'이고 2편의 제목이 '상인적인 현실감각'이다.

실용주의적 정치관은 대다수 민주화운동 인사에게서 찾기 힘든 김대중의 고유한 특징이었다. 민주화운동 주요 인사들을 보면 대부분 지사志士형 인물이다. 이들은 지조와 신념을 중시하기 때문에 수많은 고통을 감내하고 자신의 목숨까지 버리며 투쟁한다. 하지만 경제 지식과 실물경제에 대한 이해가 낮은 경우가 많다. 그런데 김대중은 지사형 인물이면서도 상인의 감각을 갖추었다.

경제 분야와 관련된 김대중의 배경과 활동

김대중은 어떻게 경제전문가가 될 수 있었을까? 가장 먼저 김대중은 청년 시절 사업가로서 명성과 부를 쌓았다는 사실을 떠올릴 수 있다. 이때의 경험은 김대중의 정치관 형성에 있어 매우 중요한 역할을 했다. 김대중은 해방 직후 정치사회 활동을 하다가 1946년 여름 즈음 신민당을 탈당한 이후 사업을 시작했다. 김대중은 1947년 2월경부터 50톤급 선박 1척을 구입해 '목포해운공사'라는 회사를 창업해 본격적으로 사업을 했다. 1948년 말에는 회사명을 '동양해운'으로 변경하고 사업을 확장해 1950년 6월 한국전쟁 직전에는 70톤급 2척, 50톤급 1척 등 3척의 선박을 보유한다. 전쟁 기간 중인 1950년 9월 공산군에 의해 총살당하기 직전 탈옥하여 구사일생으로 살아난 이후 10월에 선박 2척을 수리하여 사업 재개를 준비했으며 《목포일보》를 인수해 1952년 3월까지 사장으로 재임하면서 언론사도 경영했다. 그리고 1951년 3월 1일에는 '동양해운' 상호를 '목포상선주식회사'로 변경했고 1951년 5월에는 전남해운조합 회장과 한국조선조합이사, 1951년 10월에는 대한해운조합연합회 이사로 활동했다. 1952년 7월에는 해운회사를 부산으로 옮기고 상호를 '흥국해운주식회사'로 변경해 일본에서 중고 선박 3척을 추가로 도입해 선박 5척 총 400여 톤 규모의 해운회사로 사업을 확장했다.[318] 당시 김대중은 상당한 재산을 모았다. 평소 김대중은 자신이 정치를 하지 않고 사업을 했으면 재벌이 됐을 것이라고 말했다.

> 사업은 날로 번창했다. 세상에서 가장 쉬운 일이 있다면 돈을 버는 일일 거라고 여긴 것도 이 무렵이었다. … 참으로 행복한 날들이었다. 만약 그때부터 내가 사업만 계속했더라면 우리나라에서 손꼽히는 재벌에도 진작 들었을 것이라고 믿는다. 나는 서른이 되기 전부터 그만큼 사업에 자신이 있었고 또한 경제라는 것의 실체도 이미 파악하고 있었다.[319]

1997년에 낸 《김대중의 21세기 서민경제 이야기》 머리말에서 김대중은 이때 사업을 경험하면서 경제를 제대로 이해하기 위해서는 이론과 현실을 함께 이해하는 것이 필요하다는 점을 깨우치게 됐다고 강조한다.

> 청년 시절, 부산에서 해운회사를 차린 나는 전국에 지점을 설치하고 사장으로 일한 적이 있다. 그 경험을 통해 내가 터득한 것은 역시 경제는 실물감각을 지녀야 제대로 알 수 있다는 것이었다. 하지만 이론 없는 경험은 주관주의에 빠지기 쉽고 경험 없는 이론은 현실감이 없어 겉돌게 마련이다. 이론과 현실이 서로 보완적으로 어우러져야 비로소 현

실경제에 대한 정확한 처방을 내릴 수 있는 것이다.[320]

김대중은 사업을 통해 부를 축적한 것뿐만 아니라 경제학을 비롯한 사회과학적 지식에 바탕을 두고 한국의 현실을 비판적으로 분석하는 평론 작업도 병행했다. 그가 사업가로 활동하던 초기 시절인 1950년 4월 1일 《호남평론》에 기고한 〈목포해운계의 실상과 그 발전책〉이라는 글은 그의 최초의 기고문이다. 이 글을 보면 당시에 이미 실물경제에 대한 이해가 상당하다는 사실을 알 수 있다. 1955년 서울로 상경한 이후에는 한국노동문제연구소(1957. 9~1959. 5) 주간으로 활동하면서 독학과 경험으로 체득한 지식을 접목시켜 당시 노동 문제를 중심으로 한 시사 전반에 걸쳐 수준 높은 기고문을 남겼다. 이 당시 대표적인 글은 1955년 《사상계》에 실린 장문의 글인 〈한국노동운동의 진로〉이다. 이 글은 노동 문제뿐만 아니라 경제 전반에 걸쳐서 31세 김대중의 지식과 관점이 잘 반영돼 있다.

김대중은 1963년 6대 국회의원에 당선된 이후 당시로서는 드문 국회의원의 독자적 정책 개발 연구 기구인 '내외문제연구소'를 창설해 정책 개발에 집중하는 모습을 보여주었다. 또한 국회 재정경제위원회 소속으로 활동하면서 당시 한국 경제의 최고 전문가인 경제 분야 장관을 비롯한 최고위급 관료들과 논쟁할 정도로 뛰어난 경제 지식을 갖추었다. 1967년 7대 총선에서 당선된 이후 전반기에는 건설위원회 소속으로 활동했다. 이처럼 사업가, 평론가, 의정 활동 등 여러 영역에서 경제 분야 활동을 바탕으로 그는 이론과 현실을 겸비한 경세가로서의 면모를 갖춰갔다.

그 결과 김대중은 박정희 정권의 경제발전전략에 대한 비판적 대안을 정책적으로 구체화한 대중경제론을 발표한다. 대중경제론은 박정희 정권의 경제발전전략에 대한 총체적 비판과 대안을 목적으로 한 김대중의 경제 구상을 이론적·정책적으로 구체화한 것이다. 그는 1966년에 대중자본주의라는 개념을 사용했으며, 1969년에는 《신동아》에 〈대중경제를 주창한다〉라는 논문을 발표했다. 1971년 7대 대선에서는 대중경제론을 제시하면서 선거전을 리드했다. 이는 해외에서도 주목해《헤럴드트래블러앤드보스턴레코드아메리칸 Herald Traveler and Boston Record》 1972년 11월 27일 자에 〈한국의 국회의원, 유신헌법 가결을 기만이라고 하다〉라는 제목으로 게재된 J. C. 킴과 아르센 다비뇽 기자의 인터뷰 기사를 보면 김대중을 '경제전문가'라고 소개하고 있다.[321]

김대중은 민주화 투쟁 시기에도 경제 문제를 항상 중요시하면서 연구와 정책 개발 노력을 열정적으로 지속했다. 수많은 예 가운데 두 가지만 거론하자면, 먼저 사형수 시절에도 김대중은 경제 문제를 고민했다. 그는 1980년 김대중내란음모조작사건에서 사형선고를 받고 육군교도소에 수감됐을 때 옥중에서의 생각을 노트에다 친필로 작성했다. 이것을 '옥중수상록'이라고 한다. 이 가운데 〈금언金言〉이라는 제목의 글을 보면 역사적으로 유명한 인물들의 어록과 주장을 인용한다. 사형수로서 언제 죽을지 모르는 극한의 고통을 겪던 시절이었기 때문에 삶과 죽음에 대한 철학적이고 신학적인 내용이 대부분인데, 여기에 경제 문제에 관한 내용이 있다.[322]

외국의 투자자를 적수로 취급하기보다는 유달리 귀중한 우리의 보조자로 여겨야만 한다. 왜냐하면 그는 대량의 증가된 생산적 노동과 능률적인 기업체를 늘려주기 때문이다. (해밀턴, 1791년, 독립 당시의 정치가, 사상가)

유럽에 대한 미국의 투자는 좋은 건가 나쁜 건가? 동시에 양면을 가지고 있다. 경쟁의 자극제로서 새로운 방법과 선진 기술의 도입자로서는 이론의 여지없이 유럽을 위한 선이다. 그러나 그 도입을 몰수로 변모시킬 위험이 있는 누적 저개발○[323]는 악이다. 그러나 그 악은 미국의 유능성 안에 있는 것이 아니고, 유럽의 무능 안에, 유럽이 파헤치는 공백 안에 깃들여 있는 것이다. 그러기 때문에 배격됐건, 원했던 간에 이에 대한 제약이나 금지 또는 억압 따위는 문제에 대한 해답이 될 수 없다. (J. J. S. 시라이버, 《미국의 도전》)

옥중수상록에 인용된 〈금언〉은 총 18개이고 현실 문제와 관련된 것은 총 3개인데 2개가 위에 인용한 경제 문제에 관한 글이다. 다른 하나는 경영과 조직에 관한 글이어서 넓게 보면 3개 모두 경제와 관련된 글이라 볼 수 있다. 사형수로서 언제 죽을지 모르는 상황에서 경제 문제에 대한 고민을 놓치지 않고 있다는 점은 매우 놀랍다.

또한 2차 미국 망명 기간 중 김대중은 1983년 9월부터 1984년 6월까지 하버드 대학교 국제문제연구소에서 수학을 했다. 이때 제출한 논문이 〈대중참여경제〉였다. 국제 문제, 남북 관계, 민주주의, 인권 등 다른 이슈가 있는 상황에서 김대중이 이 주제를 다뤘다는 것은 그만큼 김대중이 경제에 대해 관심이 높다는 점을 보여준다.

그러면 위에서 살펴본 것처럼 김대중이 경제 문제에 대한 깊은 관심을 두고 실용주의적 정치관을 강조한 이유는 무엇일까? 이와 관련해서 두 가지 관점에서 살펴볼 수 있다. 첫째, 김대중은 민주화운동 세력이 견제 세력으로 머무는 것이 아니라 정권 교체를 통해 국가를 운영할 수 있어야 한다고 보았기 때문이다. 정권 교체를 통해 국가를 운영하겠다는 비전과 포부를 가진 김대중에게 경제에 대한 이해와 정책 대안 능력은 필수 요소였다. 개발독재를 통해 경제성장을 하는 군부 권위주의 세력보다 더 인정받을 필요가 있다고 보았기 때문이다. 둘째, 실리와 현실을 중시했기 때문이다. 김대중은 외교 문제를 언급할 때에도 실용적이고 실리를 중시해야 한다고 강조했다. 이는 수단과 과정뿐만 아니라 결과도 함께 중시하는 김대중의 정치관이 반영된 것이다.

나. 뛰어난 정치리더십으로 국가 역량 극대화

국가 위기 극복을 위한 국정 운영 기조 설정에 성공하다

김대중은 국정 운영의 기조와 톤을 적절하게 판단하고 조절해서 국난 극복을 위한 총력 체제를 구축할 수 있었다. 이를 위해서는 두 가지가 필요했다. 하나는 수십 년간 정권을 독점해온 보수 엘리트 세력이 가급적 국난 극복에 동참하도록 하고, 이것이 어려울 경우 최소한 방해하지 않도록 하는 것이다. 당시 보수 진영은 장기간 권력 독점을 한 결과 균형감각을 상실한 상태였다. 뿌리 깊은 반김대중 이데올로기에 함몰돼 있어 김대중 정권을 무력화하는 것이 '선'이자 '정의'라고 판단할 정도였다. 그렇다 보니 이들은 1998년 김종필 국무총리 임명동의안 처리를 장기간 방치하고 지역주의를 노골적으로 조장하는 등 자신들이 초래한 국가 위기를 극복하려 하기는커녕 오히려 못하게 방해했다.

이러한 이들을 비난할 수는 있으나 국가 위기를 극복해야 하는 대통령으로서는 이에 대한 대책이 필요했다. 보수 세력의 맹목적 '안티'를 제어하기 위해서는 공세의 빌미를 주지 않으면서 중도보수층을 견인해 보수 강경론이 보수 진영 전체를 대표하는 상황을 막을 필요가 있었다. 이와 관련해 김대중은 인사정책과 정책 운영의 우선순위 설정 등 국정 운영 기조 설정을 통해 대응했다. 먼저 인사 문제를 보면 초기 청와대 및 내각 구성에 있어 김중권, 강인덕 등 기존 보수 진영에 속했던 인사들이 대거 참여했다. 전직 대통령을 초청해 지속적 대화를 시도한 것도 비슷한 맥락이다.

또한 민주화운동 세력의 요구를 순차적으로 받아들여 보수 세력의 강경한 역공을 막으면서도 개혁의 강도를 서서히 높여가는 전략을 취했다. 단적인 예가 사상전향제 폐지와 양심수 석방에 대한 접근이다. 김대중은 1998년부터 시작해 1999년까지 양심수 석방 문제를 순차적으로 모두 해결했다. 인권운동 단체들의 요구보다는 뒤늦게 이뤄졌다. 이는 1998년에 사상전향제를 폐지하고 준법서약서를 도입하는 문제와 관련돼 있었다. 준법서약서 문제로 양심수 문제의 최종 해결이 1998년을 넘기게 됐다. 결국 1999년에 준법서 약서 없이 석방하면서 양심수 문제가 해결됐다. 1998년에 사상전 향제를 폐지할 때 준법서약서를 도입하지 않았으면 양심수 문제는 1998년에 완전 해결될 수 있었다. 그럼에도 준법서약서를 도입한 것은 사상전향제 폐지에 반발한 보수층을 고려한 조치였다. 당시 IMF위기 극복 과정에서 이념 갈등을 최소화하려는 김대중의 구상 이 반영된 결과라고 볼 수 있다.

이 경우에서 알 수 있듯이 김대중은 집권 초기에 강경 우익의 정 략적 공세를 완화시키고 IMF위기 극복에 총력을 기울이기 위해 진 보적 의제 실현을 단계적으로 추진했다. 초반 상황을 이러한 방식 으로 이겨낼 수 있었던 것은 전략적인 판단이었다. 그러면서 서서 히 진보적 의제 실현을 위한 국력을 모으기 시작해 1999년부터 본 격적으로 추진했다.

이처럼 국가 위기 극복을 위해 기존에 갖고 있던 민주화 세력 내 부의 지도력 훼손을 감수하면서 중도 및 보수로부터 지도력을 확 보하고 창조해나가는 김대중의 정치력은 뛰어난 전략가로서의 면 모를 보여준다고 할 수 있다.

국가 자율성을 확보할 수 있었던 능력

그다음으로 IMF위기 극복에 있어 김대중 중요한 역할은 자본과 노 동 사이에서 자율성을 확보해 국가 역량을 극대화시켰다는 점에 있다. 국가의 자율성은 국가가 사회 세력으로부터 좌우되지 않고 독자적으로 정책을 세울 수 있는 의지를 뜻하며, 국가의 역량은 국가의 의지가 반영된 정책을 현실에서 실제로 실현해낼 수 있는 능력을 의미한다.[324] 권위주의 정권 시기 한국은 강한 국가 약한 사회라는 조건 속에서 압도적인 자율성을 갖고 있었다. 그런데 김대중 정부 때에는 과거에 비해 민주화·자유화가 현저히 진전되었으며 물리적 강제력을 동원하기도 어려워 권위주의 정권 시기에 비해 국가자율성이 형성될 수 있었던 기반이 많이 약화된 상태였다. 더군다나 사회적 타협과 조정의 문화와 경험 자체가 전무하다시피 했고 여기에 더해 자본과 노동 사이에 신뢰는 없다시피 했다. 설상가상으로 구조조정 과정에서 불가피하게 발생하는 대량 실업 사태는 노동과 자본 그리고 국가와의 갈등을 극대화할 수 있었다.

총체적인 국가 위기 상황에서 김대중은 과거의 강한 국가의 헤게모니 근거였던 반공안보 이데올로기를 이용하지 않았다. 이러한 여건에서 국가가 자본과 노동으로부터 동시에 자율성을 확보한다는 것은 어려운 일이다. 자율성이 의지와 선언만으로 확보되는 것은 아니기 때문이다. 이것이 가능하기 위해서는 자본과 노동으로부터 배타적으로 영향을 받지 않아야 한다. 그리고 형식적이고 기계적인 중립을 통해 국가의 역할을 제한하면서 수세적인 태도를 취하는 것이 아니라 양쪽 모두에 영향력을 행사하면서 최대한 공적 차원의 이익을 극대화시키는 방향으로 정치력을 발휘할 수 있어야 했다. 이러한 어려운 여건에서 김대중은 국가자율성을 창출해내서 IMF위기 극복을 위한 정치적 리더십을 발휘할 수 있었다.

그러면 김대중은 어떠한 전략을 취했을까? 김대중은 자본과 노동이 자신에 대해 가진 일종의 '오해'를 이용해서 그사이에서 정치적 자율성의 공간을 극대화시키는 매우 놀라운 정치력을 보여주었다. 자본은 김대중이 노동편이라고 생각했고 노동은 김대중이 자본편이라고 생각했다. 전통적으로 발전주의 동맹으로 분류될 정도로 한국의 재벌자본가 그룹은 민주화운동 세력과 노동 세력에 대한 이해가 깊지 않았다. 자본은 김대중이 한국 민주화 투쟁의 대표인물이기 때문에 친노동적이라 인식했다. 노동은 김대중을 보수 권위주의 세력까지는 아니지만 기본적으로 친기업적 보수 정치인으로 인식하는 경향이 있었다. 이러한 세력들 사이의 오해의 틈 속에서 김대중은 국가의 자율성이 형성될 수 있는 공간을 마련했다. 김대중이 노동과 자본 양측으로부터 자율성을 갖고 개혁을 독려하고 리드한 것에 대해 높이 평가하는 기사를 보자.

> 그는 개혁을 위해, 환란 극복을 위해선 자신의 지지 기반과의 충돌마저 감수했던 노련한 승부사였다. … 한국 경제의 아킬레스건이었던 '대마불사의 신화'가 종말을 맞았다. 5대 그룹 가운데 대우그룹이 몰락했고, 현대그룹이 쪼개졌다. 한때 DJ와 절친한 관계를 과시했던 김우중의 대우그룹 패망, 대북사업으로 맺어진 특수 관계였던 현대그룹의 분해는 어떤 정경유착도 통하지 않는다는 확실한 신호탄이 됐다. 이후 기업들은 구조조정에 매진했고, 결국 한국 기업들의 부채비율은 세계에서 가장 낮은 수준인 100% 안팎으로 떨어졌다.[325]

이헌재는 지지층 내의 기득권 동맹을 깨야 한다는 취지에서

2019년 1월에 "역대 성공한 정권은 우군과 싸움을 벌여 이겨냈다. 김대중DJ 대통령은 최소한 아주 격렬하게 대화할 준비가 돼 있었고, 그걸 극복해나갈 각오까지 돼 있었다"[326]라고 말했다. 정리해고제 도입과 의료보험 통합 때 노조의 반대를 돌파한 것 등이 여기에 해당한다고 볼 수 있다.

김대중은 정경유착을 통해서 재벌대기업으로부터 혜택을 받은 적이 없었기 때문에 재벌대기업으로부터 정치적 자율성을 갖고 있었다. 그리고 이를 확보한 상황에서 자의적 판단을 하지 않고 시장주의 원칙에 맞게 구조조정을 진두지휘해 한국 경제의 회생과 장기 발전의 토대를 구축했다. 이와 관련해서도 이헌재는 김대중을 높이 평가했다.

> 지금도 고맙게 생각하는 게 있다. 그 살벌했던 구조조정의 소용돌이 속에서 DJ는 한 번도 개인적 청탁을 하거나 정책에 대해 간섭한 적이 없었다. 재벌 개혁과 기업 워크아웃, 빅딜, 은행 퇴출 …. 은행이 퇴출되고 사람들이 길거리로 내몰렸다. 기업은 쪼개지고 합쳐지고 팔렸다. 그에게 돌아온 청탁이 얼마나 많았겠는가. 그런데도 DJ는 한 번도 "누구를 봐줘라. 어느 회사는 손봐라" 언급한 적이 없었다. 그가 내게 물어본 것은 단 두 가지였다. "원칙에 맞는 것이오?" 그리고 "절차는 공정했나요"였다.[327]

그리고 이와 같은 평가는 해외에서도 마찬가지였다. 한독경제협회 회장이었던 위르겐 뷜러는 김대중이 재벌로부터 자유로운 입장에 있었기 때문에 구조조정에 성공할 수 있었다고 평가했다.

국제통화기금IMF이 제시한 긴축정책의 추진은 국민들에게 사회적으로
힘든 상황을 수반하는 것이었으며 이러한 힘든 상황을 극복하기 위한
작업은 그동안 재벌기업들과 결착한 적이 없었던 김대중 대통령에 의
해 비로소 올바로 이행될 수 있었다. [328]

이처럼 김대중은 구조조정 과정에서 불가피하게 갈등을 빚게 되
는 자본과 노동 양측으로부터 정치적 자율성을 확보해 경제 회생
과 발전에 있어 결정적 역할을 했다. 그리고 경제개혁 과정에서
'민주주의와 시장경제' 이데올로기를 내세웠다. 민주주의와 시장
경제는 한국의 국가정체성을 대표하는 이념이며 특수이익이 아닌
보편이익, 일반이익을 대표하는 이데올로기이다. 그래서 김대중
정부는 국가가 국민 보편적인 일반이익을 위해 경제개혁을 주도한
다는 명분을 강조했다. [329] 이 같은 이데올로기 전략 역시 국가자율
성 확보에 도움이 됐다.

용인술

김대중의 IMF위기 극복 과정에서 중요하게 살펴봐야 할 부분은 용
인술이다. 김대중은 국가적 위기 극복을 위해 필요하다면 이념과
경력에 구애받지 않고 정치적으로 자신과 대척점에 있었던 인물도
발탁하는 실용적인 광폭廣幅 리더십을 발휘했다. 대표적인 인물이
이헌재였다. 경제위기 극복 과정에서 비상경제대책위원회 기획단

장, 금융감독위원회위원장, 재경부 장관을 역임한 이헌재는 매우 인상 깊은 역할을 했다. 김대중은 이헌재가 비상경제대책위원회 기획단장으로서 역할을 잘하고 있다고 평가했다. 그런데 이헌재가 1997년 대선에서 이회창 캠프에 있었기 때문에 주변에서 반대하는 사람이 많았다. 그래서 이헌재가 계속해서 중용될 수 있을지 여부는 불투명했다. 이헌재는 당시 심경을 "기대 반, 체념 반"이라고 회고했다.[330] 처음으로 정권 교체를 했기 때문에 자신의 공을 내세우는 사람도 많았을 것이고 더군다나 DJP연합 공동 정부여서 김종필의 자민련 몫까지 따로 배정해야 하기 때문에 인사 문제는 간단치 않았다. 그럼에도 김대중은 이헌재를 금융감독위원장에 임명했다. 김대중에게 이헌재를 추천한 인물은 비상경제대책위원장을 맡았던 김용환이었다.

이와 같은 광폭 리더십은 실용적 측면에서 중요할 뿐만 아니라 미래지향적인 비전과 분위기 속에서 구조개혁 과정의 사회적 동의를 획득하는 데에도 크게 기여했다. 국란 극복에 대한 김대중의 진정성이 더 강하게 전달돼 김대중의 정치적 실천에 대한 설득력을 강화할 수 있었다. 이에 대해 김대중 서거 직후 《연합뉴스》는 "한국 경제연구원 허찬국 선임연구원은 '기업과 은행이 줄도산하고 순식간에 150만 명이 일자리를 잃는 재앙이 덮쳤는데도 사회적인 파장을 최소화하면서 조기에 수습한 것은 김 전 대통령 특유의 설득의 리더십 덕분이었다'고 평가했다"[331]라고 보도했다.

이처럼 김대중은 한국전쟁 이후 최대의 국란으로 불리운 IMF위기를 극복하는 데에 있어서 자신의 이념적·역사적 관계보다 문제 해결 능력에 우선순위를 두고 있었다. 이와 같은 실용적이고 열린 용인술을 통해 최적의 인사를 등용해 문제를 해결했다. 광폭 리더십은 설득력 강화로 이어져 구조개혁을 진두지휘하는 대통령의 정치력 강화에도 크게 도움이 됐다.

다. 국제사회의 김대중에 대한 신뢰와 경제외교의 성공

한국 경제위기는 국제적 신뢰 상실과 깊은 관련이 있었다. 이 문제 해결에 있어서 국제사회에서의 김대중의 높은 평판과 국제적 인맥이 크게 도움이 됐다. 가장 강력한 영향력이 있던 미국의 경우, 클린턴 대통령이 김대중에 대해 우호적이었다. 평소 민주주의를 위한 김대중의 헌신을 높이 평가했던 올브라이트 국무부 장관은 신중한 대응을 내세우던 미 재무부를 설득해 한국에 대한 신속한 지원을 강조했다. 결국 미국 정부 차원의 지원 결정이 이뤄지자 루빈 재무부 장관은 국제 금융시장과 한국의 최대 채권국인 일본, 유럽 등에 간접적 영향력를 행사했다.[332]

이뿐만 아니라 김대중은 미국의 대표적 보수주의자도 우군으로 삼아서 협조를 요청했다. 김대중은 대통령 당선자 시절인 1998년 1월 19일 미국의 보수 싱크탱크인 헤리티지재단의 에드윈 퓰너 이사장을 만나 미국 의회의 협조를 구하기 위한 외교 활동을 전개했다. 당시 미국 의회에서는 국제통화기금의 한국 지원에 대해 반발하는 움직임이 있었다. 김대중은 퓰너 이사장에게 1월 말에 개최되는 미국 의회 청문회를 앞두고 공화당 의원들에 대한 적극적 설득을 요청했다.[333] 평소 구축한 인맥을 총동원한 것이다. 당시 김대중 당선인이 바쁜 가운데에도 퓰너 이사장을 만난 일이 기자들에게는 의외였던 것 같다. 퓰너는 다음과 같이 회고했다.

1997년 대선에서 승리한 김대중 전 대통령과는 당선인 시절 서울 동교동 사저에서 만찬을 함께 한 적이 있다. 많은 언론인이 열띤 취재 경쟁을 했다. 당시 한 언론인이 김대중 당선인에게 다음과 같은 질문을 던졌다. '당신은 진보 성향의 정치인으로 아는데 왜 보수주의를 표방하는 헤리티지 재단 설립자와 같이하는가?' 김 당선인이 남긴 대답이 지금도 귓가에 생생하다. '나는 미국 민주당의 거물 정치인인 테드 케네디 상원의원과도 가깝고, 헤리티지 재단의 테드 퓰너와도 잘 지낸다. 나는 진보에서 보수에 이르기까지 친구의 범위가 아주 넓다.' 김 당선인은 테드 케네디의 이름을 내게 붙여 '테드 퓰너'라고 부르는 등 유머에 자신의 의중을 녹여 전달하는 순발력을 발휘했다.[334]

이처럼 김대중은 전방위적으로 노력했다. 김대중이 한국 경제의 구조개혁을 진두지휘한다는 것 자체가 한국 경제 신뢰 회복에 도움이 됐다. IMF총재 미셸 캉드시는 2000년 초 퇴임할 때 가진 고별 기자회견에서 "한국은 김대중 씨를 대통령으로 두고 있다는 자체를 행운으로 받아들여야 할 것입니다. 경제위기를 맞아 몇 가지 고비가 있었지만 IMF와 미국 그리고 국제사회 전반은 김 대통령을 믿고 한국을 밀어준 측면이 적지 않은 게 사실입니다"[335]라

성공한 대통령 김대중과 현대사

고 평가했을 정도다. 하인리히 폰 피어러 독일 지멘스 그룹 회장은 "독일 경제는 김대중 대통령의 개혁 작업을 신뢰하고 적극 지원했다. … 1998년에 이루어진 독일 기업들의 대한투자는 지난 40년간의 총 투자액보다도 높은 수치를 기록했다. 이는 한국과 독일의 관계가 이미 그 당시에 얼마나 신뢰할 수 있는 관계로 발전해 있었는지를 단적으로 보여주는 것이다. 뿐만 아니라 이는 독일 기업들이 취임 초기부터 김대중 대통령에 대해 얼마나 큰 신뢰를 가지고 있었는지를 증명해주는 것이며, 아울러 김대중 대통령의 추진 능력에 대한 확신의 표현이기도 했다. 김대중 대통령의 경제정책은 지멘스의 한국 투자에도 큰 영향을 미쳤다"[336]라고 언급했다. 그리고 1998년 10월 김대중-오부치 선언을 통해서 한일 관계 발전의 패러다임 전환을 이뤄낸 김대중은 일본의 많은 협력과 지원을 이끌어낼 수 있었다.

라. 외국자본 및 개방에 적극적

시장개방과 자유화를 긍정적으로 인식한 김대중

IMF위기 극복이 가능했던 중요한 이유 하나는 김대중이 한국 경제의 국제화에 적극적 인식을 갖고 있었기 때문이다. 시장개방과 외국자본 유치 등에 적극적으로 나섰는데 이는 한국 경제에 대한 국제사회의 신뢰 회복에 결정적인 도움이 됐다. 김대중은 IMF의 권고를 뛰어넘는 개혁 의지를 천명했다. 한국 경제의 개방을 강조하면서 외국자본에 대해 적극적으로 인식했다. 이 같은 인식과 메시지 전달은 위기 극복에 도움이 됐다. 당시 김대중과 함께 위기 극복에 있어 중요한 역할을 한 김용환의 증언이다.

> DJ는 "외국인이 우리나라에 들어와 기업을 소유하면 어떤가. 일자리를 만들고 수출을 많이 해서 국제수지를 튼튼하게 하는 데 기여한다면 그 기업은 곧 우리의 기업이나 다름없다. 미국에 진출한 우리의 기업은 보기에 따라서는 미국의 기업이다. 우리나라에 있는 미국의 기업은 보기에 따라서는 우리의 기업이다"라는 말을 자주 했다. DJ의 이러한 태도는 미국은 물론이고, 국제 금융사회의 의구심을 해소하는 데 결정적 역할을 했던 것이다. 또한 뉴욕에서의 외채 협상에서도 미국과 국제 금융기관들의 협조를 받아내는 데도 커다란 역할을 하게 되었다.[337]

그런데 당시 한국에서는 비록 각도는 다르지만 보수와 진보 모두 국제화, 세계화에 대한 거부감이 있었다. 장기간 집권을 한 보수 세력은 미국을 중심으로 한 세계경제에 적극 참여하는 경제성장 전략을 취했기 때문에 기본적으로 세계화를 부정할 수는 없었다. 그런데 그 당시 보수 세력은 자신들의 정당성의 기반이었던 경제성장 신화가 붕괴될 위기에 처하게 되자 위기 발생 원인을 내인론보다 외인론에 있다고 주장하면서 책임을 회피하려고 했다. 진보 진영은 대체로 종속 이론의 영향으로 시장자유화 및 시장개방에 부정적인 정서를 갖고 있어서 당시 김대중 정부의 정책을 신자유주의적 시장개방이라고 규정하면서 이것이 문제를 악화시킨다고 주장했다. 당시에는 보수 진보 가릴 것 없이 한국을 포함해서 동아시아 지역을 강타한 외환위기의 원인 진단과 해법에 있어 해외 투기자본의 문제점을 지적하고 여기에 대항하기 위해 경제주권을 확립해야 한다는 마하티르식 진단과 해법에 호응하는 경우가 많았다.[338] 이러한 상황에서 김대중의 개방정책은 보수-진보 양측으로부터 비판을 받았다.

대중경제론에 대한 오해와 편견, 그 내용과 이유는 무엇인가

몇몇 진보 인사들은 이와 관련해서 1971년 대선 전에 나온 김대중의 초기 대중경제론과 1998년 대통령이 되면서 제시한 '민주주의와 시장경제 병행 발전론'에는 상당한 차이가 있다고 지적한다. 시간이 지나면서 김대중이 초기 대중경제론의 입장과 다르게 시장의 자유 및 국제화에 우호적으로 변했고 결국 신자유주의를 수용하게 됐다는 비판이다.[339] 특히 초기 대중경제론에 있어 박현채의 영향력을 크게 평가하는 진보 지식인들이 2000년대 중반 이후 그렇게 주장했다. 이들은 김대중의 대중경제론을 박현채가 주도해서 만든 작품[340], 박현채 민족경제론의 현실 정치적 변용[341] 등으로 규정하면서, 이 시기 대중경제론에 있어 박현채의 영향력을 강조한다. 이들은 김대중이 박현채와 같이했을 때의 '진보성'을 상당 부분 상실하고 신자유주의 세계화·시장화를 옹호하는 쪽으로 경제관이 변했다고 비판한다. 김대중에 대한 이들의 비판은 지금도 상당한 영향을 주고 있다.

흥미로운 점은 대중경제론에 있어, 박현채의 영향력을 강조하는 것과 1971년 이후 특히 1980년대부터 대중경제론이 크게 변화해서 그 이전과는 일종의 단절된 시각을 보여준다는 해석은 보수 진영으로부터도 나왔다. 김일영은 1971년 대선을 앞두고 나온 대중경제론은 사실상 박현채의 작품이라고 지적하면서 1980년대 나온 대중경제론과 차이가 있다고 지적한다. 김일영은 1980년대 나온 대중경제론은 대외 시장개방에 우호적 입장을 갖는 등 그 이전과는 차이가 있으며, 오히려 김대중이 정치적으로 대결했던 박정희 노선과 가까워졌다고 평가한다.[342]

이들의 주장은 김대중 대중경제론의 성격과 내용을 잘못 파악한 데에서 나온 오류다. 이들은 박현채의 역할을 과도하게 판단한다. 그 핵심에는 1971년 대선을 앞두고 나온 《김대중씨의 대중경제 100문 100답》[343] 책에 대한 잘못된 분석이 있다. 이들은 공통적으로 이 책이 김대중 대중경제론의 내용과 성격을 반영한다고 전제한다. 그런데 이 책은 '대중경제연구소' 이름으로 출간된 것에서 알 수 있듯, 당시 김대중 후보 캠프와 관련을 맺은 박현채를 중심으로 한 진보 경제전문가들의 공동 작품이었다. 따라서 이 책은 김대중의 저작이 아니다. 김대중은 1960년대 중반 내외문제연구소를 통해 박현채를 비롯한 당시 여러 지식인과 교류했다. 김대중과 박현채는 박정희 정권의 개발독재에 대한 대안 경제 발전 구상을 고민했다는 점에서는 같았으나 그 구체적 내용까지 일치한 것은 아니었다.

《김대중씨의 대중경제 100문 100답》의 성격은 복합적이다. 이 책 집필에 있어 박현채가 중요한 역할을 했지만 기본적으로 박현채 단독 저작도 아니다. 대선을 앞둔 정책 해설서의 성격도 있었기 때문에 1960년대 김대중의 경제 관련 글과 발언도 고려해야 했다. 그래서 이 책은 1960년대 나온 김대중의 대중경제론과 1970년대 박현채의 민족경제론의 시각이 섞일 수밖에 없었다. 대표적인 것이 시장개방과 외국자본 등에 대한 입장이다.

민족경제론은 시장개방과 외국자본에 대해 기본적으로 부정적으로 인식한다. 이 책에서는 부분적으로 인정하면서 필요악이라는 입장을 취한다. 그런데 1960년대 김대중이 내세운 대중경제론은 시장개방과 외국자본에 적극적인 입장을 보인다. 이 책으로 김대중의 대중경제론의 내용과 성격을 규정하면 안 되는 까닭이다. 이를 두고 1980년대 특히 1998년 대통령 취임 이후 나타난 김대중의 경제정책과 경제관이 그 전과 크게 단절됐다는 주장은 잘못된 사실에 근거한 오류일 뿐이다.

대중경제론의 기본 노선은 변한 적이 없다

김대중 대중경제론의 초기 성격을 정확하게 파악하기 위해서는 1950년대의 여러 기고문, 1960년대 국회 발언과 각종 기고문 등을 분석해야 한다. 김대중의 대중경제론은 이미 1950년대부터 그 기본 체계가 잡혀 있을 만큼, 실물경제에 대한 감각과 경제적 지식을 결합해 만든 김대중의 독창적 경제 발전 구상이다. 김대중은 1960년대부터 외국자본 유치에 적극적이었으며 시장의 자유와 세계화에 대해 긍정적인 입장에 있었다. 그는 1966년 6월 21일 국회에서 이렇게 말했다.

또 제가 생각하기에는 외국의 투자를 자꾸 끌어들이는 것이 우리가 외국 군대 1개 사단, 2개 사단 주둔시키는 것보다 더 우리에게 힘이 된다고 이렇게 생각이 됩니다. 인도와 같이 자주독립의 정신과 또 그 실지 정책이 강한 나라를 가보면 세계 각국으로부터 투자를 유치하는 데 굉장히 열을 내고 있습니다. 홍콩에 가보더라도 영국의 가장 교묘한 정책은, 우리는 홍콩이 영국 지배하에 있다고 생각하나, 사실상 가보면 홍콩은 일본, 미국, 프랑스, 독일 각국의 자본투자를 재빠르게 끌어들여 가지고 만일 중공이 홍콩에 대해서 손을 댈 것 같으면 세계 각국이 한꺼번에 일어나도록 자본으로써 꽉 묶어버렸다 말이야. 그렇기 때문에 나는 경제부흥도 경제부흥이지만 우리 국가의 안전보장의 입장에서도 외국자본의 유치투자라고 하는 것은 지극히 중요하다고 생각합니다. 나는 야당이지만 이것에 대해서 어떤 쇄국적인 민족 감정에만 호소하고 현재 이런 편협한 생각을 가지고 외국자본 투자를 막는 것은 온당치 않게 생각하고 있습니다. … 각국의 경제 발전에 가장 큰 원동력이 외국자본을 끌어들이는 데 있습니다. … 우리가 지금 일본 경제에 예속을 우려하고 있는데 그것을 막기 위해서는 무엇보다도 먼저 미국이라든가 서독이라든가 서구 제국의 자본을 끌어들일 필요가 있는 것입니다. 경쟁을 붙여야 한단 말이야! … 우리가 개방경제를 지향하는 이 마당에, 국내 제조업체와 외국 업체하고 경쟁을 시키고 있는 이 마당에 어찌해서 우리가 은행만을 온실 속에서 키워야 할 이유가 없다. [344]

매우 놀랍게도 김대중은 이미 1960년대부터 외국자본의 적극 유치를 위해 한국 경제의 개방이 필요하다고 주장한다. 외국시장에 개방을 해야만 한국 기업의 경쟁력이 강화되고 더 나아가 외국자본이 국가안보 차원에서 안전판 역할을 할 수 있다고 판단했다. 그만큼 외국자본과 시장개방에 적극적인 입장이었다. 이와 같은 시각은 1980년대에도 그대로 이어진다. 1983년 일본《세카이》지 9월호에 게재된 대담의 내용을 보자.

외국의 기업, 외국의 투자와의 관계입니다. 외국의 투자에 대해서 무조건 식민지화라든가 매판자본이라는 식의 비난을 하는 것은 매우 비경제적인 말투라고 생각합니다. 지금 세계는 하나의 세계로 돼가고 있으며, 어디에서도 무역이라든가 경제 협력 없이는 해나갈 수 없습니다. 다만 협력을 받는 측이 그것을 자주적으로 받아들이는가, 종속적으로 받아들이는가에 따라서 달라집니다. 예를 들면 제2차 대전 후 유럽의 나라들은 모두 마셜계획에 의해 경제 원조를 받았습니다. 그러나 유럽 여러 나라나 일본도 경제적으로 자립해서, 지금은 오히려 미국을 위협할 수 있게 되었지요. 사용하는 방법 여하에 달렸습니다. 그러므로 나는 한국 경제에 대한 일본의 협력 방법에 대해서는 매우 불만을 가지고 있지만, 언제든지 내가 말하는 것은 그 첫째 책임은 우리들에게 있다는 것입니다. 부패한 박정희 정권, 전두환 정권 그리고 안일한 한국의 기업가들, 경제 내적 원인에 의한 부의 축재보다도, 경제 외적 방법에 의해서 젖은 손에 좁쌀 묻히듯이 벌려고 하는 이러한 사람들의 축재 방법에 의해서 지금 많은 문제가 일어났다고 합니다.[345]

이렇게 보면 김대중의 대중경제론과 박현채의 민족경제론 사이 엔 분명한 차이점이 있어서 김대중의 초기 대중경제론과 후기의 차이를 박현채와 연관시켜서 주장하는 것은 잘못이다. 김대중은 훗날 노무현 정부 시절에 진보 진영 대부분이 비판했던 한미 FTA 에 대해서도 찬성했다. 그가 오래전부터 외국자본 유치와 한국 경 제의 세계화에 대해 긍정적이고 적극적인 입장이었기 때문이다. 이 같은 경제관은 한국 경제의 국제적 신뢰 회복에 크게 기여했다. 특히 5년이라는 길지 않은 집권 기간 동안 한국 경제의 미래를 개 척했다는 점에서 대단한 성과를 냈다.[346]

2장
21세기 신성장 동력의 창출

김대중의 IMF위기 극복은 세 가지로 구성된다. 첫 번째는 국가부도 위기 극복이었고 두 번째는 위기의 근본 원인인 경제구조에 대한 전면적인 개혁이었다. 그리고 세 번째가 신성장 동력을 창출해서 21세기 대한민국의 새로운 먹거리를 창출하는 일이었다. 김대중은 이 세 가지 과제에 모두 성공해서 IMF위기를 극복했다. 여기에서는 IMF위기 극복의 세 번째 항목이라고 할 수 있는 21세기 대한민국의 신성장 동력 창출과 관련된 내용에 대해서 살펴보려고 한다.

1. 지식정보화 강국의 길을 열다

김대중의 중요 업적 중의 하나는 한국을 지식정보화 강국이 되도록 한 데에 있다. 김대중은 문화와 함께 지식정보화가 21세기 한국의 새로운 성장 동력이 돼야 한다고 강조하면서 이를 위한 총력 지원을 했다. 그 결과 초고속 인터넷을 가장 빨리 보급하고, 전자정부, 온라인 상거래 등 사회 전 영역에서 IT기술에 기반한 패러다임 전환을 이뤄냈다. 김대중의 서거 직후 한국인터넷기업협회의 애도 성명을 보면 김대중의 업적이 잘 나타난다.

"우리 인터넷 기업들은 김대중 전 대통령께 많은 빚을 지고 있다", "고인은 대한민국이 지식정보화 강국으로 도약하는 토대를 놓으셨고, 벤처 산업 육성을 통해 인터넷 산업이 오늘날 우리 경제의 한 축이 되는

기틀을 다지셨다", "김 전 대통령의 서거에 안타까움을 금치 못하면서
도 IMF를 극복한 그 힘과 벤처의 도전 정신, 나아가 정보사회의 비전
을 앞으로도 계속 이어갈 것을 다짐한다", "우리의 존경과 사랑을 담
아 삼가 고인의 명복을 빈다".[347]

여기에 나온 평가대로 김대중은 한국이 지식정보화 강국이 되는
데에 매우 결정적인 기여를 했다. 여기에서는 이와 관련한 내용에
대해서 살펴보려고 한다.

가. 1970년부터 지식정보화를 중요시했던 김대중

그러면 지식정보화의 중요성에 대한 김대중의 인식은 언제부터 형
성된 것일까? 1970년 11월 22일 친필 자료를 보면 다음과 같은 내
용이 있다.

> 신민당은 구주제국이나 일본에서 본 바와 같이 자원이 풍요한 나라보
> 다는 교육에 힘쓴 나라만이 일류 국가로 성공한 역사의 교훈과 현대 경
> 제가 지식산업知識産業의 시대란 특징 그리고 국민 정의의 앙양의 필요
> 성 등에 감하여 교육입국의 대원칙을 크게 내세워 국력을 여기에 집중
> 할 것임을 이 기회에 천명해 두는 바이다.[348]

이는 상당히 놀라운 내용이다. 이제까지는 김대중이 지식정보화

의 중요성을 강조하게 된 시점은 1981년 옥중에서 앨빈 토플러의
《제3의 물결The Third Wave》을 읽고 난 뒤라고 알려졌다. 그런데 이보
다 훨씬 전인 1970년에 당시 세계의 흐름을 간파하고 지식산업의
중요성을 강조했던 것이다.

김대중은 김대중내란음모조작사건으로 청주교도소에 수감 중이
던 1981년에 앨빈 토플러의 《제3의 물결》을 읽었다. 옥중서신을
보면 81년 5월 22일, 81년 12월 16일 두 번 가족들에게 앨빈 토플
러의 《제3의 물결》을 읽을 것을 권유했다. 그리고 1982년 12월부
터 1985년 2월까지 2차 미국 망명 생활을 하면서 지식정보화를 선
도하는 미국의 상황을 직접 체험한다. 김대중은 1987년 《월간경
향》 9월호에 다음과 같이 말했다.[349]

지금은 제3의 물결이라고 해서 정보화시대에 접어들었습니다. 이러한
시대에 정보가 흘러가게 하기 위해서는 민주화가 되어야 합니다. 민주
화를 통해 모든 사람에게 자유를 주고 능동적인 참여를 유도해야 합니
다. … 특히 중소기업은 컴퓨터 시대에 있어서 특색 있는 생산을 하도
록 생산라인이 전문화되어 보다 몸을 가볍게 해야 합니다. 그래서 중
소기업의 보호는 단순히 고용 효과가 크다든가, 업체 수가 많다든가
하는 이유로 중요하다기보다는 제3의 물결이라는 새로운 경제 시대에
적응해나가는 필요성에서 발전해나가도록 보호해야 합니다.

김대중은 망명 시기에 민주주의, 인권, 평화와 같은 가치 이슈뿐
만 아니라 경제와 기술 등 물질 영역에 대해서도 깊은 관심을 갖고

연구했다. 지식정보화를 통한 변화의 흐름을 꿰뚫어보면서 이에 대한 정책을 구상한 것이다. 따라서 대통령이 되자 지식정보화를 국정의 중요 과제로 설정할 수 있었다. 1998년 2월 25일 취임사에서 다음과 같이 강조했다.

기술입국의 소신을 가지고, 21세기 첨단산업 시대에 기술 강국으로 등장할 수 있는 정책을 과감히 추진해나가겠습니다. 벤처기업은 새로운 세기의 꽃입니다. 이를 적극 육성해 고부가가치의 제품을 만들어 경제를 비약적으로 발전시켜야 합니다. 벤처기업은 많은 일자리를 창출해서 실업문제를 해소하는 데도 크게 이바지할 것입니다. … 우리 민족은 21세기의 정보화 사회에 큰 저력을 발휘할 수 있는 우수한 민족입니다. 새 정부는 우리의 자라나는 세대가 지식정보사회의 주역이 되도록 힘쓰겠습니다. 초등학교부터 컴퓨터를 가르치고 대학입시에서도 컴퓨터 과목을 선택할 수 있도록 하겠습니다. 세계에서 컴퓨터를 가장 잘 쓰는 나라를 만들어 정보대국의 토대를 튼튼히 닦아나가겠습니다. [350]

취임사에서 위와 같은 입장을 천명한 김대중은 IMF위기를 우선적으로 해결해야만 했던 집권 초반기에도 지식정보화 강국 건설을 위한 정책 역량을 집중했다.

나. IT 강국 건설을 위해 총력을 다하다

김대중, 초고속으로 정보통신 인프라를 구축하다

김대중 정부는 집권 초기부터 지식정보화 강국 건설을 위해 범정부적 차원의 전략을 세웠다. 김대중 대통령의 지시로 1998년 5월 25일에 출범한 '한반도 정보화추진본부'는 '1인 1PC, 1인 1홈페이지, 1인 1발명'의 슬로건을 내세우면서[351] 지식정보화에 대한 국민적 관심과 지지를 유도하기 위한 활동을 본격화했다. 김대중 정부는 1998년 12월 21일 1999년 5대 국정지표(국정 개혁의 강화, 경제 재건의 시작, 국민 화합의 실현, 지식 기반의 확충, 문화 관광의 진흥)를 확정[352]했는데 여기에 지식 기반의 확충이 포함돼 있다. 국정지표는 정부 국정 운영의 핵심 목표와 가치를 담기 때문에 매우 중요한 의미가 있다. '지식 기반의 확충'을 국정지표의 하나로 제시한 이유는 김대중이 IMF위기로 촉발된 경제위기를 극복하고 지식정보화 분야에서 신성장 동력을 창출하려는 의지를 대내외에 천명한 것이기 때문이다. 이러한 국정 운영 기조 속에서 김대중은 지식정보화 강국 건설을 위한 구체적 정책을 설계하고 추진했다. 1999년 3월에는 이와 관련된 비전과 실행 계획이 담긴 'CYBER KOREA 21'이 나왔다. 'CYBER KOREA 21'은 4가지의 기본 목표[353]를 제시한다.

—정보 인프라 조기 구축: 2002년까지 100배 빠른 인터넷을 구현하고 2001년까지 인터넷 사용자를 1,000만 명 이상으로 확대.

—고속 고도화된 정보통신망과 정보기술을 활용해 경제주체의 생산성

과 투명성을 제고.

―정보통신산업을 활성화해 새로운 일자리를 획기적으로 마련.

―정보통신기술 관련 품목을 수출 전략 상품으로 선정해 기술개발을
지원.

이 같은 목표를 실현하기 위해 김대중 정부는 예산과 제도적 차
원에서 대대적으로 지원에 나섰다. 김대중 정부는 자신들이 설계
한 1999년도 예산부터 정보화 분야 예산을 대폭 증액해 1998년
에 8,500억 원, 1999년에 1조 2,346억 원, 2002년에 1조 6,114억
원으로 늘렸다. 전체 재정에서 정보화 분야가 차지하는 비율이
1998년 1.05퍼센트에서 2002년에는 1.47퍼센트까지 대폭 상승했
다.[354] 그리고 국력을 집중해서 매우 빠른 속도로 정보통신 인프라
를 구축했다. 우선 초고속국가망 사업의 경우 2002년에 계획됐던
것을 2000년에 조기 달성했다.[355] 또한 인터넷 이용자 수 및 PC 보
급 등 관련 분야 통계를 보면 김대중 정부 시기에 나타난 엄청난
변화를 확인할 수 있다(342쪽 표 참조).

한편 김대중 정부는 정보 격차 해소에도 큰 관심을 갖고 정책을
추진했다. 그래서 지역 주민이 인터넷을 무료로 사용할 수 있도록
주민 정보 이용 시설을 구축해 1999년부터 우체국 정보화교육장
75개소, 읍·면·동사무소 정보이용시설 676개소, 우체국 인터넷 플
라자 1,334개소를 건설했다.[356] 국가 위기 상황에서도 김대중은 한
국 경제와 한국 사회의 미래를 개척하기 위해 한국을 지식정보화
강국으로 만들기 위해 노력했다.

김대중 정부 정보통신 인프라 구축 관련 통계

구분	1997	1998	1999	2000	2001	2002
인터넷 이용자 수 (만명)	163	310	1,080	1,904	2,438	2,627
PC 보급 대수 (만대)	693	827	1,153	1,862	2,150	2,249
.kr (개)	8,045	26,166	207,023	517,354	457,450	515,200
무선인터넷 가입자 수 (만명)				1,578	2,387	2,908
이동전화 가입자 (만명)	691	1,398	2,344	2,681	2,904	3,234

출처: 정보통신부, 《한국의 정보화 전략》, 정보통신부, 2003. 10쪽.

정보통신 인프라 구축에 국력을 집중해 단기간에 놀라운 성과를 냈고, 이 같은 기반 위에서 지식정보화를 통한 국가와 사회 전반에 걸친 패러다임 전환을 이루어냈다.

한국을 지식정보화 강국으로 만들다

김대중은 재임 중 전자정부를 출범시킨다는 야심한 목표를 세웠다. 정부는 2000년 3월 22일 전자정부법 제정 계획을 수립했고 입법 과정을 거쳐 2001년 3월 28일 '전자정부구현을위한행정업무등의전자화촉진에관한법률'이 제정됐다.[357] 그리고 김대중 정부는 2001년 1월 '전자정부특별위원회'을 발족했다. 전자정부특별위원회는 대통령의 강력한 지원 속에 전문성과 중립성을 갖춘 민간 전문가와 관련 부처 차관으로 구성되었으며 전자정부 구현을 위한 의제 도출과 사업 집행 및 점검 그리고 조정을 주도했다.[358] 전자정부특별위원회는 추진 체계와 업무 범위 등을 4개월가량 준비한 뒤 2001년 5월 김대중 대통령에게 사업 보고를 하면서 본격 활동에 들어갔다.[359]

전자정부특별위원회는 대국민 민원 업무, 행정 내부 업무, 전자정부 기반 구축 사업 등 3개 영역에 11개 사업 과제를 제시했다. 대국민 민원 업무에는 정보화를 통한 민원 서비스 혁신, 4대 사회 보험 정보 연계 시스템, 인터넷을 통한 홈택스 서비스, 국가 종합 전자 조달 시스템 등 4개 과제가 있다. 행정 내부 업무는 국가 재정 정보 시스템, 교육 행정 정보 시스템, 시·군·구 행정 종합 정보화, 전자 인사관리 시스템 등 4개 과제이다. 전자정부 기반 구축 사업은 전자 결재 및 전자 문서 유통 활성화, 전자 서명 활성화 및 행정 전자 서명 인증 기반 확충, 범정부적 전산 환경의 효율적 운영을 위한 혁신 방안 수립 등 3개 과제다.[360]

전자정부특별위원회는 대통령에게 보고를 한 뒤 사업을 본격적으로 추진해 2002년 11월 1일 전자정부가 출범할 수 있게 되었다. 국민들은 집과 사무실에서 인터넷을 통해 민원 서비스를 받게 되었다. 행정적으로는 다른 기관과의 행정 정보를 공동으로 이용할 수 있었고, 인터넷을 통해 투명한 행정이 가능하게 돼 비용이 절감되는 등 효율성을 높일 수 있었다.[361] 지금 우리가 일상적으로 누리는 행정 서비스가 김대중 정부 때 구축한 전자정부에 의해 가능하게 됐다.

전자정부가 조속히 완성될 수 있었던 핵심 요인은 김대중 대통령의 리더십에 있다. 2001년 특위가 발족할 당시 관련 분야 전문가 대부분은 사업에 회의적이었다. 범정부적 조정과 협조를 전제로 하는 사업의 성격 탓에 특위를 설치한다고 해도 제약 요인을 극복하기 어렵기 때문이었다.[362] 그러나 이는 국정 최고 책임자인 김대중 대통령의 관련 분야 지식과 관심, 의지라는 변수를 간과한 예측이었다. 당시 대통령 주변 사람들은 '대통령에게 전자정부에 대한 말씀을 귀가 따갑도록 듣는다'고 얘기할 만큼 김대중은 이 사안을 매우 중요하게 여겼다. 2주마다 전자정부 추진 상황을 보고받고 제기된 여러 문제점을 조정하고 결정하는 등 리더십을 발휘해 전자정부를 완성하는 데에 결정적 역할을 했다.[363] 이와 관련해 2020년 6월 23일 정세균 국무총리는 제3회 '전자정부의 날'을 맞아 전자정부에 대해 "위기 국면을 돌파하는 과정에서 (정보화의) 급속한 발전을 이뤄왔다", "김대중 대통령님은 IMF위기를 해결할 수 있는 건 오직 정보화라고 확신하시며, 세계 최초로 '전자정부법'을 제정했다. 무려 20년 전에 '단 한 번에 통하는 온라인 열린 정부'를 추진하신 그 선견지명이 참으로 놀랍다"[364]라고 평가한 바 있다.

한편 김대중 정부는 정보통신 기술에 기반한 중소벤처기업을 대대적으로 지원했다. 벤처기업은 고도의 신기술과 창조적 아이디어에 바탕을 두고 신규 사업에 진출하는 기술집약적 중소기업을 뜻한다.[365] 실패할 가능성이 높아도 성공할 경우 크게 성장할 수 있기에 도전 정신으로 시장에 진출하려는 기업이다. 김대중은 벤처기업 육성에 강력한 의지가 있었다. 그 이유는 두 가지이다.[366] 첫째, 한국 경제의 회생과 발전을 위해서 재벌대기업 중심 경제구조에서 탈피하고 경제 체질을 강화시키고자 한 것. 둘째, 실업난 해소를 위한 것. 실업난이 궁극적으로 해소되려면 기업의 고용 창출이 잘 돼야 한다. 이를 위한 돌파구가 벤처기업 활성화였다. 김대중 정부는 법, 재정, 세제, 금융 등 정부가 할 수 있는 온갖 제도적 수단을 동원해 벤처기업을 지원했다.

구체적으로 살펴보자. 먼저 법적 뒷받침이다. 김대중 정부 시절 벤처기업 지원과 관련된 '벤처기업육성에 관한 특별조치법'과 '중소기업창업 지원법'이 여러 차례 개정되었다.[367] 이는 빠르게 변화하는 시대적 흐름에 대응하여 맞춤형 지원이 가능하도록 하기 위함이었다. 또한 정부는 벤처기업 육성을 위해 벤처기업활성화위원회를 조직했다. 위원장(산자부 장관)과 부위원장(중소기업청장) 그리고 각 부처 차관 14명과 민간위원 4명 등 총 20명으로 구성된 범정부 차원의 조직이다. 위원회는 벤처기업 육성을 위한 정책을 총괄했으며 개별 정책은 해당 부처에서 실행하도록 했다.[368] 이러한 행정 체계를 갖춰서 정부 차원의 의사결정과 지원이 효과적으로 이뤄졌다.

벤처기업 창업 활성화를 위한 맞춤형 자금 지원 대책도 마련했다. 벤처기업은 고위험 고수익이라는 특성이 있기에 매출과 실적을 따지는 전통 금융 지원 관행으로는 자금 조달이 어려웠다. 훌륭한 기술과 아이디어가 있어도 창업으로 이어지지 못하고 사장되는 사례가 발생할 수 있기 때문에 금융서비스 기조를 변경했다.[369] 정부는 1998년부터 중소벤처기업 창업자금 융자 지원을 본격적으로 시작해 김대중 정부 5년 동안 총 1조 9,200억 원을 8,000여 기업에 지원했다.[370] 또한 벤처기업 특성상 교통·연구·금융·정보·통신 등이 잘 갖춰진 도심에 소재하는 것이 유리하지만, 창업 초기에 이러한 자금을 마련하기란 어려웠다. 1998년 '벤처기업육성에 관한 특별조치법' 개정을 통해 벤처기업 집적시설 지정 제도를 도입해 여러 세제 혜택을 부여했다.[371]

벤처기업 육성을 위한 여러 조치는 경제 활성화와 실업난 해소에 기여했다. 벤처기업의 수가 1998년 2,042개에서 2002년 6월 말 1만 182개로 급증했다.[372] 전체 수출에서 벤처기업이 차지하는 비중이 1999년 2퍼센트에서 2002년 6월 4퍼센트로 증대했다.[373] 김대중 정부 4년 5개월 동안(2002년 중반 기준) 총 53만 명의 일자리가 새롭게 창출됐다.[374]

한편 디지털경제 발전을 위해 기업의 생산성 향상과 전자거래 활성화를 목표로 2000년 2월에 '전자상거래 활성화 종합대책', 2001년 4월과 2002년 6월에는 'e-비즈니스 확산 국가 전략' 등 범정부 차원의 e-비즈니스 국가 비전을 제시했다.[375]

이처럼 김대중은 정보통신 기술을 한국 경제의 회생과 체질 개선을 통한 발전의 계기로 삼고자 국가 역량을 총동원해 각 분야에 걸쳐 대대적인 혁신과 지원을 했다. 이 덕분에 IT산업은 비약적으로 성장했다.

다음 표에서 보듯 IT산업 발전은 한국 경제의 새로운 성장 동력으로 한국 경제가 다시 발전하는 데 매우 중요한 기반이 됐다. 당시 정부의 적극적이고 효과적인 IT산업 지원 정책은 IT산업 발전의 근본 토대가 된 것이다.[376]

IT산업 생산, 부가가치 및 GDP비중

구분	1998	1999	2000	2001	2002
IT산업 생산액 (조원)	88.1	115	145.3	150.3	189.1
부가가치(조원)	41.4	54.1	68.2	70.2	88.4
GDP비중(%)	9.3	11.2	13.1	12.9	14.9

출처: 정보통신부, 《한국의 정보화 전략》, 정보통신부, 2003, 256쪽.
※출처에서 2002년 수치는 '잠정치'라고 되어 있음.

더불어 '노사모'로 대표되는 온라인 전자민주주의의 확산 등 정치사회적 차원에서 큰 변화가 발생했다. 정보통신 기술의 발전이 참여민주주의 확산에 결정적으로 기여한 것이다. 이는 두 방향에서 이뤄졌다. 첫째, 온라인에서는 동등한 자격과 평등한 관계로 참여가 가능하기 때문에 기존에 소외되고 배제됐던 사람들의 의사가 반영되기 좋았다. 둘째, 공론 형성 방식에 큰 변화가 발생했다. 기존에는 언론의 하향식이자 일방향적으로 공론이 형성됐다면, 온라인을 통해서는 쌍방향 의사소통 및 일반 시민의 공론 참여가 가능했다. 이 둘은 참여민주주의를 가능케 하는 배경이 됐다.[377]

김대중 정부의 지식정보화 강국 건설은 정치적 차원에서 전자민주주의를 통한 참여민주주의를 실현하는 데에 결정적이었다. 대표적인 예가 2002년 초 민주당 국민경선에서 노무현 후보가 극적인 승리를 거두어서 민주당 대통령 후보에 당선된 것이다. 민의에 기반한 정당정치 확립뿐만 아니라 정책 결정 과정에서도 시민들의 다양한 의견을 반영할 수 있는 통로가 확보된 것이다.

지식정보화 강국 e-Korea는

김대중의 선견지명과 실용적 리더십의 빛나는 성과

김대중은 집권 5년이라는 짧은 기간 동안 전 세계가 놀랄 만큼 한국을 지식정보화 강국으로 올려놓았다. 세계의 평가가 그러했다.[378] 2001년 6월 방한한 앨빈 토플러는 "한국은 이미 세계 수준의 정보화 인프라를 구축했으며 '제3의 물결' 흐름에서 이제 한국이 쫓아갈 검증된 모델은 존재하지 않는다"라고 했다. 2001년 11월 방한한 빌 게이츠는 "한국은 정부의 적극적인 투자와 지원을 바탕으로 세계 최고의 초고속망을 구축했고 초고속 인터넷 가입자도 세계 최고에 도달하였다"라고 했다. 그리고 2001년에 미국과 일본 정부는 정부 주도의 한국 정보화 정책의 눈부신 성공을 보고 민간 자율 구축 방침을 변경해 정책 개입 필요성을 인정했다. 또한 2002년 3월 독일 하노버에서 열린 세계적인 IT전시회 전야제에서 독일 슈뢰더 총리는 "독일은 한국을 제외했을 경우 세계에서 가장 빠르게 IT산업이 성장하고 있는 나라이며 독일 정부는 한국을 따라잡기 위해 열심히 노력하고 있다"고 말했다. 2002년 1월에는 영국 휴이트 통상산업부 장관이 한국의 초고속 인터넷 환경은 정부 정책에 기인했다고 평가하면서 "세계 최대의 초고속 인터넷 시장인 한국의 정책과 경험을 배우고 영국 정부도 이 분야에 대한 적극적인 투자 계기를 마련하게 됐다"라고 언급했다. 이 같은 성과에 대해 김대중은 퇴임 몇 달 전인 2002년 11월 6일 '초고속 인터넷 가입자 1000만 돌파' 기념행사에서 이렇게 연설했다.[379]

오늘 우리는 참으로 뜻깊은 자리에 함께 하고 있습니다. 우리의 초고속 인터넷 가입자가 마침내 1천만 명을 돌파했습니다. 1998년 6월 서비스를 처음 시작한 지 불과 4년여 만의 일입니다. … 이러한 결과는 우리 국민의 진취적인 역동성과 뜨거운 열정이 만들어낸 놀라운 성과가 아닐 수 없습니다. 동시에 21세기 지식정보화 시대에 선진 정보통신국으로 우뚝 서는 귀중한 발판이 될 것으로 확신합니다. … 세계는 지금 지식정보혁명의 도도한 물결 속에 있습니다. 그리고 이 흐름에 앞선 나라가 역사 발전의 중심이 되는 시대로 진입하고 있습니다. 우리는 지난 수년간 심혈을 기울여 이러한 시대적 변화에 적극 대처해왔습니다. IMF 외환위기 속에서도 정보화의 고삐를 늦추지 않았습니다. 산업화는 뒤졌지만 정보화에서는 앞서간다는 각오로 혼신의 노력을 다해온 것입니다. 그 결과 우리는 오늘 세계가 인정하는 정보화 선도국이 됐습니다. 전 국민의 절반이 넘는 2600만 명이 인터넷을 이용하고 있습니다. 전국 1만여 초·중·고등학교가 인터넷으로 연결돼 있습니다. 전국의 거의 모든 읍·면 지역에까지 초고속 통신망이 구축되었습니다. 이러한 정보통신 인프라를 기반으로 지난해 우리의 IT산업은 GDP의 12.9%, 전체 수출의 30%를 담당했습니다. 그야말로 우리 경제의 새로운 성장 엔진으로 부상한 것입니다. 뿐만 아니라 자동차·조선·섬유 등의 전통 산업도 IT기술을 접목해 경쟁력을 높이고 새로운 발전의 기회를 맞고 있습니다. 월드컵과 부산 아시안게임에서는 IT강국의 진면목을 전 세계에 유감없이 보여주었습니다. 그리고 이번 달에는 역사적인 전자정부 시대를 열었습니다. 이에 대해 국제사회는 '기적'이라는 표현으로 극찬하며, "이제 한국의 정보화는 개발도상국뿐만 아니라 선진국들에게도 벤치마킹의 모델이 되고 있다"고 평가하고 있습니다. … 이제 우리에게 기회가 왔습니다. 5천년 역사에 처음 있는 세계 일류 국가 도약의 기회입니다. 지금까지 이룬 성과를 토대로 계속 노력해나가면 가까운 장래에 세계 일류 국가에의 꿈은 반드시 실현될 것입니다. 우리 모두 자신감을 가집시다. 세계 최선두의 지식경제 강국을 향해 흔들림 없이 나아갑시다. 그리해 우리 후손들에게 영광되고 자랑스런 세계 일류 국가를 물려줍시다. 다시 한 번 오늘의 이 자리를 축하하며, 여러분 모두의 건승을 기원합니다.

이 연설에는 대통령 재임 중에 추진한 지식정보화 관련 정책과 성과 그리고 이에 대한 자신의 소회 등이 잘 나타나 있다. 김대중의 지식정보화 강국 건설은 한류의 배경이 되기도 했고 코로나19 팬데믹 상황에서 전 세계적으로 격찬을 받는 K-방역의 성공의 배경이 되기도 했다. 전체적으로 보면 지식정보화 강국 건설은 김대중의 실용적이고 미래지향적 리더십이 낳은 역사적 업적이라고 평가할 수 있다.

2. 문화 강국의 길을 열다

김대중은 문화 대통령이라고 할 수 있을 정도로 문화 발전에 매우 큰 업적을 남겼다. '지원은 하되 간섭은 하지 않는다'는 표현으로 유명한 김대중 정부의 문화 정책 기조는 한국 문화 정책의 패러다임 전환을 이뤄냈다. 문화를 새로운 국가 발전 동력으로 인식해서 법, 제도, 예산 등을 대대적으로 지원함과 동시에 문화예술인들의 자율성과 창조성을 해치는 각종 규제를 과감하게 철폐해 한국 문화가 획기적으로 발전할 수 있는 토대를 마련했다.

김대중 대통령 서거 직후에 나온 문화예술인들의 평가를 보자. 먼저 문화 대통령으로 불린 가수 서태지는 "대한민국의 민주주의와 인권 신장, 그리고 평화를 위해 헌신하신 분이며 특히 대한민국 젊은 세대의 대중문화와 음악을 사랑해주신 분으로, 존경과 함께 안타까운 마음으로 조의를 표합니다"라고 했다.[380] 영화배우 안성기는 "예술에 관심이 많은 분이셨다. 형식적이 아니라 예술을 즐기고 사랑하신 분이었다. 스크린쿼터에도 관심이 많으셨다. 많은 예술인이 가슴 아파할 것 같다"[381]라고 했다.

권위주의 정권은 문화를 냉전 반공 체제의 이데올로기 통제 수단으로 이용했다. 이는 정치화와 탈정치화 두 방향에서 모두 전개됐다. 정치화는 냉전 반공 체제의 선전에 부합하는 주제를 다루도록 해 국민의 의식을 위로부터 주입시키기 위한 것이다. 탈정치화는 3S(Screen, Sports, Sex)정책으로 대표되는데, 국민의 비판적 의식을 분산 약화시키려는 목적에서 기획된 문화 정치 전략을 뜻한다. 이러한 정책 기조는 대중문화예술인의 자긍심과 창작열을 약화시키는 결과를 초래했다. 게다가 문화 콘텐츠의 경제적 가치에 대해서도 별다른 의식이 없었다.

이러한 상황에서 김대중이 대통령이 되면서 한국의 문화 정책은 획기적으로 변했다. 그러면 이와 같은 정책 전환을 낳게 한 김대중 대통령의 인식 기조는 무엇일까? 김대중 정부가 문화 분야에 있어서 이룩한 변화의 방향 및 업적은 무엇일까?

가. 문화 정책의 패러다임 전환을 이뤄내다

문화와 문화 정책에 대한 김대중의 인식의 기조

김대중은 1960년대부터 문화를 중시했다. 문화에 대한 이해 또한 깊었다. 1993년 7월 영화 〈서편제〉와 관련된 일화가 있다. 영화를 본 뒤 임권택 감독과 대화를 나누는 중에 김대중은 〈서편제〉 끝부분에 대해 "햇빛이 환하게 비치고, 나뭇잎도 바람에 살랑살랑 나부끼는 가운데 소녀가 장님 여자를 데리고 떠나는 부분은 참으로 좋았소. 그 소녀가 누구인지는 모르겠소. 오정혜 씨의 딸인지, 이웃집 아이인지. 영화에서도 한 번도 밝히지 않았소. 그런데 내 생각엔 소녀가 그렇게 살살 걸어가는 모습이 행복한 삶, 희망을 암시하는 것으로 보이더군요"라고 말했다. 그러자 임 감독이 "정말 대단하십니다. 제가 의도한 게 바로 그 점입니다. 그런데 지금까지 누구도 그 부분을 지적하지 않았어요"라며 감탄했다고 한다.[382]

일화에서 그 식견을 엿볼 수 있듯, 김대중은 문화와 문화 정책에 대한 자신만의 비전과 노선을 확립했다. 이를 세 측면에서 살펴볼 수 있다.

첫째, '지원은 하되 간섭은 하지 않는다.' 김대중 정부의 문화 정책 기조를 대표하는 이 표현은 널리 알려져 있다. 이와 관련된 김대중의 인식은 1966년 7월 14일 영화법 개정과 관련한 국회 발언에서 최초로 확인된다.[383] 그리고 1980년 4월 25일 관훈클럽토론회에서 한 "문화 정책의 집행에 있어서 정부는 어디까지나 필요한 환경 조성과 협력 제공에만 그치고 일체의 간섭을 삼가해야 합니다"[384]라는 발언에도 나타난다. 이어 1992년 11월 11일 '지원은 하되 간섭은 하지 않는다'라는 표현을 사용한다.

정부는 지원은 하되 간섭은 하지 않아야 한다. 국민 참여의 문화를 형성해야 한다. 참여의 문화는 국민의 음악을 듣고 그림을 감상하는 자연스러움 속에서 예술인들을 추켜세우고 감싸주는 분위기를 만들 수 있다. [385]

이렇듯 김대중은 오래전부터 이와 같은 문화 정책에 대한 철학을 갖고 있었다.

둘째, 문화 개방에 적극적인 자세를 취해야 한다. 김대중은 1995년《신동아》1월호 기고문에서 다음과 같이 강조했다.

> 우리는 문화의 개방을 두려워해서는 안 된다. … 우리는 지난 50년 동안 일본 문화의 진출을 봉쇄해왔는데 그 결과가 무엇인가. 결국 일본 문화의 좋은 점은 받아들이지 못하고 저질 문화, 즉 섹스, 폭력, 마약, 일본식 엉터리 외국어 등 나쁜 문화만 잠입해 들어와서 이 나라 도처에서 범람하고 있다. 도대체 테레비, 아파트, 데파트, 아마복싱 따위가 영어의 어디에 있단 말인가. 우리는 과거에 천하를 지배하던 막강한 중국 문화를 받아들이고도 이를 창조적으로 극복해냈다. 서구 문화에 대해서도 마찬가지이다. 왜 일본 문화만 두려워해야 하는가. … 우리는 문화에 대해서 좀 더 자신을 가지고 적극적인 자세로 나가야 한다. 세계 모든 문화에 대해서 개방을 하되, 좋은 것은 받아들이고, 나쁜 것은 버리면서 주체적으로 소화하고 내 것으로 발전시키는 자세를 강화해야 한다. [386]

김대중은 문화 개방에 적극적이고 진취적인 입장이었다. 기본적으로 김대중은 한국과 한민족의 문화 역량과 자생력에 대해 자신 감이 있었기 때문에 문화 개방이 한국 문화 발전에 도움이 된다고 여긴 것이다.

셋째, 문화를 경제적 측면에서 인식했다. 1996년 2월 12일 연두 기자회견에서 김대중은 문화를 경제적 측면에서 주목한 것을 알 수 있다. 그 뒤 기회가 닿을 때마다 문화의 경제적 가치를 강조했다.

> 여덟째, 문화 산업을 육성해야 합니다. 21세기는 경제와 더불어 문화 의 시대입니다. 문화 상품이 공업 제품 못지않게 그 중요성이 커지고 있습니다. 미국의 〈쥬라기 공원〉이라는 영화 1편이 8억 5000만 달러 를 벌어들였는데 이는 우리가 1년 반에 걸쳐 자동차 150만 대를 수출 해서 얻은 수익과도 같습니다. 그리고 관광 산업, 예술 교류 등이 경 제 발전에 아주 중요한 역할을 할 시대가 온 것입니다. '가장 한국적 인 것이 가장 세계적인 것과 만나는' 문화 산업의 개발에 힘써야 합니 다.[387]

이처럼 김대중은 문화 콘텐츠의 경제적 가치에 주목해서 경제성 장의 새로운 동력으로 삼아야 한다고 인식했다. 문화에 대해 이처 럼 인식하던 그는 1997년 대선에서 승리한 이후 본격적으로 자신 의 철학이 반영된 문화 정책을 추진한다.

김대중 정부 문화 정책의 방향과 내용 그리고 성과
김대중 대통령은 문화 국가를 실현하기 위해 집권 초기부터 문화 발전을 국정의 핵심 과제로 설정했다. 1998년 10월 19일 '국민의 정부 새 문화 정책 10대 중점 과제'을 발표했으며,[388] 1998년 12월 21일 1999년 5대 국정지표(국정 개혁의 강화, 경제 재건의 시작, 국민 화합의 실현, 지식 기반의 확충, 문화 관광의 진흥)를 확정했다. 여기에 '문화 관광의 진흥'을 포함한 점이 주목된다.[389] 문화의 경제적 가치에 주목해 문화 산업 발전을 중요하게 인식한 까닭이다.[390]

곧 문화 산업 진흥을 위한 법적·제도적 정비를 위해 1999년 2월 8일 '문화산업진흥 기본법'이 제정됐다. '문화산업진흥 기본법'은 '문화헌법'이라는 별칭이 붙을 정도로[391] 문화 산업에 대한 정의, 창업·제작·유통, 문화 산업 기반 시설, 한국문화산업진흥위원회, 문화산업진흥기금 등 문화 및 문화 산업 발전과 관련된 내용이 모두 포함돼 있다.[392]

이 법에 규정된 한국문화산업진흥위원회는 민관 합동 위원회 성격으로 15인 이상 20인 이하의 위원으로 구성된다. 위원장은 문화 관광부 장관이 맡고 재정경제부, 산업자원부 등 7개 부처 차관과 각계 분야 전문가가 위원으로 참여한다. 문화 산업 발전을 위한 거버넌스가 구축된 것이다. 그리고 문화산업진흥기금으로 1999년부터 2004년까지 2,744억여 원이 조성돼[393] 문화 산업계의 자생력 강화를 위해 융자 및 투자 사업 등을 진행했다. 문화산업진흥기금은 문화 산업 진흥을 위해서 문화 산업 투자와 융자를 통한 산업 육성 등에 사용되었다. 문화산업진흥기금 545억 원을 투자해 2,023억 원의 문화산업전문투자조합이 설립되었고 1,677억 원을 융자하여 문화상품 개발 및 유통구조 시설 현대화 사업을 지원했다.[394]

이는 문화 산업의 특성을 제대로 이해한 대단히 적절한 조치였다. 문화 산업은 제작 전 기획과 제작 후 마케팅 등에 많은 비용이 필요하다. 투자 회수 기간 또한 길다는 특징이 있다. 또한 아이디어나 저작권 등 무형자산의 비중이 높아 전통적 기업 평가 방식으로는 원활한 금융서비스가 이뤄지기 힘든 벤처기업의 성격도 있다. 정부의 역할이 필요한 이유가 여기에 있다.[395] 이런 점에서 김대중 정부는 실제 현장에 필요한 맞춤형 정책을 효과적으로 고안했다.

1999년 3월에는 문화산업진흥정책의 장기적 비전과 전략에 따라 '문화산업발전 5개년 계획'을 수립했다. 1단계로 제도 정비·재원 확보·전문 인력 양성 등 기반 구축 사업, 2단계(2000~2001)로 수출 상품 개발·해외 시장 개발, 3단계(2002~2003)로 문화 산업단지 조성·국제 경쟁력 확보를 통한 국가 기간산업화 진입을 목표로 내걸었다.[396] 이는 문화 산업의 기초를 마련하고 문화 콘텐츠의 수출을 염두에 둔 것이다. 곧이어 이러한 계획이 확대 발전된 '문화산업비전 21(문화산업진흥 5개년 계획)'이 2000년 2월에 입안됐다.[397] 문화산업비전 21에는 문화 산업으로 문화 대국, 경제 선진국 도약을 최고의 목표로 내걸었다. 이러한 흐름에서 문화 산업의 새로운 발전을 도모하기 위하여 음반·비디오물 및 게임물에 관한 법률이 1999년 2월 8일 제정됐고, 출판 및 인쇄 진흥법이 2002년 8월 26일 제정되었다.[398] 그리고 1999년 7월에 한국게임산업개발원, 2001년 8월에 한국문화콘텐츠진흥원이 설립됐다.[399]

법과 행정 지원뿐 아니라 예산도 대대적으로 지원했다. 1998년

2월에 취임한 김대중 정부는 1999년도 예산을 처음 설계했다. 이때 문화 부분 관련 예산을 전년 대비 37.1퍼센트 인상해 정부 예산에서 0.75퍼센트를 차지했고, 2000년도에는 45퍼센트를 인상해 정부 예산의 1.02퍼센트를 차지했다. 불과 2년 만에 문화 부분 예산 1퍼센트를 달성했고, 2001년에는 문화 예산 1조 원 시대를 열었다.[400] 예산 상승률에서 보듯 김대중 대통령은 가능한 모든 수단을 총동원해 이를 관철한 것이다.

대폭 증액한 문화 분야 예산의 상당 부분은 문화 콘텐츠 분야에 배정됐다. 김대중 정부 시기 문화 분야 예산 가운데 문화 콘텐츠 예산이 차지하는 비율은 21.99퍼센트였다. 이는 이전 김영삼 정부 시기의 8.52퍼센트와 노태우 정부 시기 10.72퍼센트에 비해 두 배 이상 늘어난 수치다. 전체 예산 가운데 문화 콘텐츠 분야 예산이 차지하는 비율을 보면, 노태우 정부와 김영삼 정부는 모두 0.02퍼센트인 반면 김대중 정부는 0.09퍼센트로 네 배 이상 증가했다.[401]

이처럼 김대중은 문화예술인들의 창작의 자유를 허용하면서 창작의 활성화를 위해서 법, 예산, 제도 등 정부가 관여할 수 있는 모든 영역에서 지원했다. 그 결과 문화 산업은 비약적으로 발전했다.

구체적인 수치로 확인해보도록 하자. 우선 1999년 문화 산업 매출액은 24조 6,367억 원이며, 부가가치는 11조 9,245억 원이었다. 이것이 4년 뒤인 2003년에는 매출액 44조 1,955억 원, 부가가치는 18조 3,531억 원으로 크게 증가했다. 그리고 문화관광부가 기존에 발표된 통계 자료와 예측치를 종합하여 2002년에 발표한 주요 문화 산업(영화, 방송, 음악, 게임, 애니메이션, 캐릭터)의 1999년부터

2003년까지의 연평균 성장률 추정치는 21.1퍼센트다. 1999년부터 2003년까지 연평균 한국 경제성장율이 6.8퍼센트인 것과 비교하면 문화 산업 분야의 성장률은 대단히 놀랍다.[402]

나. 한국 영화 발전에 있어 김대중의 결정적 기여

영화인들이 격찬한 김대중

김대중은 국내외로부터 수많은 상을 받았다. 그중 가장 최고는 역시 노벨평화상이다. 그런데 김대중이 생전에 자신이 받은 상 가운데 노벨상만큼 큰 영광이라고 한 것이 있다. 바로 2003년 12월 15일 제11회 춘사 나운규 영화제에서 받은 공로상이다. 김대중은 2004년 2월 10일 가수 서태지를 만났을 때 "노벨상과 더불어 춘사 영화제(나운규 기념사업회 주최)에서 공로상 받은 것이 가장 큰 영광"[403]이라고 했다. 영화인들에게는 유명하지만 일반인들에게는 좀 낯선 이 상을 김대중은 왜 그렇게 여겼을까?

춘사나운규영화예술제 조직위원회는 2003년 12월 11일 제11회 춘사나운규영화예술제 공로상 수상자로 김대중을 선정했다고 발표했다. 조직위원회는 선정 이유로 "김 전 대통령은 재임 중 스크린쿼터를 지키고 표현과 창작의 자유를 보장하는 방향으로 제도를 개선했으며, 1천 500억 원의 영화진흥기금을 마련하는 등 한국 영화 장기 발전의 버팀목이 됐다"[404]라고 밝혔다. 김대중이 한국 영화 발전에 매우 크게 기여한 것을 인정한 것이다. 앞에서 살펴보았듯 김대중이 한국 문화 발전에 남긴 업적 가운데 영화 발전에 기여한 공은 가장 빛난다. 봉준호 감독의 영화 〈기생충〉이 대성공하자 김대중에 대한 평가가 영화인에게서 나온 것도 이 때문이다. 영화 〈기생충〉은 2019년 칸영화제 황금종려상을 수상했고, 2020년에는 아카데미에서 각본상·감독상·작품상·국제장편영화상 등 4개 부문을 수상하여, 한국 영화사와 문화사에 불멸의 업적을 남긴 작품이다. 이와 관련해 봉준호 감독의 영화 〈괴물〉을 제작한 최용배 한국영화제작가협회 부회장은 한국 영화 발전에 기여한 김대중의 공을 이렇게 말했다.

김대중 대통령님의 국민의 정부 시기에 한국 영화가 커다란 변화를 겪기 시작했고, 그 시점이 바로 봉준호 감독이 데뷔를 했던, 20년 전에 데뷔했던 시기입니다. 그래서 그 당시에 국민의 정부가 출범하면서 검열 제도가 철폐되고, 표현의 자유가 실현되는데, 검열 제도가 있었던 그 이전까지는 사실은 블랙리스트가 은밀하게 존재했던 게 아니라 아예 공개적으로 존재했었죠. 그러니까 영화들이 만들어지면 이 영화는 북한을 미화하는 영화다, 그리고 이 영화는 권력을 비방하고 있다, 이러면서 영화를 삭제한다든지, 이런 일이 벌어졌잖아요? 그런 게 바야흐로 98년도에 국민의 정부 출범하면서 표현의 자유가 완전등급제로 실현되고, 그리고 그때 국민의 정부가 영화진흥기구를 출범시키고, 영화를 지원하는 예산을 대폭 증가하고요. 그래서 바로 재능 있는 영화인들과 중소 제작사와 배급사가 러시를 이루면서 새로운 한국 영화의 붐이 일어나면서 바로 봉준호 감독이 데뷔하는, 〈플란다스의 개〉라는

영화도 그 당시 성공했던 영화들과 함께 하게 됩니다.[405]

최용배가 설명한 것처럼 김대중 정부 시기에 한국 영화는 획기적으로 발전한다. 김대중은 영화 발전에 있어서도 준비된 대통령이었던 셈이다.

영화에 대한 김대중의 인식

김대중은 1960년대부터 문화에 대한 관심을 갖고 자신만의 문화정책 기조와 내용을 구체화했다. 핵심은 바로 영화였다. 영화에 대한 김대중의 관심은 1960년대 중반 6대 국회의원 시절부터 확인된다. 김대중은 박정희 정권의 영화법 개정안을 비판하면서 1964년 11월 7일 '영화법 폐지에 관한 법률안'의 제안 이유를 작성했다. 여기서 김대중은 "1964년 3월 12일 개정된 영화법은 '영화 사업의 육성 발전·영화 문화의 질적 저하를 촉진해 전 영화계의 불신과 비난의 적的이 되고 있는 바"라고 규정하면서 "본 영화법은 입법 당시 기도한 바 목적과는 전혀 배치된 현실을 빚어냈을 뿐 아니라 오히려 영화 전체의 발전 향상을 가로막는 질곡으로 화化하게 됐는 바 이는 비현실적인 과잉 의욕 또는 창조적 예술 활동에 대한 획일적 통제주의가 초래한 필연적인 결과인 것이다. 이제 민정 국회는 마땅히 이러한 부당하고 비효과적인 법률을 폐지해 민정 문화 발전과 국민 정서 향도에 가장 큰 일익을 담당하고 있는 영화계의 소생 재건을 위한 한 기틀을 열어주어야 할 것이다"[406]라고 주장했다. 이에 대한 대안인 '영화법 중 개정법률안(대안)'과 관련해 김대중은 1966년 7월 14일 국회에서 다음과 같이 발언했다. 여기서 보면 '지원은 하되 간섭은 하지 않는다'의 원칙이 그대로 나와 있다. 먼저 김대중은 국가는 영화 창작에 있어서 개입하면 안 된다는 점을 다음과 같이 강조하고 있다.

> 영화를 관료들이 검열할 것 같으면, 관료적인 사고방식, 낡은 사고방식 또는 비문화인 사고방식을 가지고서 이 예술을 억압한다는 것은 누구나 아는 일입니다. 예술이라는 것은 적어도 독창적이고 또 새로운 세계를 앞 달려가는 정신적인 그런 분야에서 발전되어 나가는 것이기 때문에 관료적인 그런 판단 가지고는 도저히 규제할 수 없는 분야가 많다 이것입니다. … 우리가 예술문화를 육성하는 정신이라고 할 것 같으면 그러한 기준을 정하고 그런 것을 맞추어서 하는 것은 문화인들에게 자율적으로 맡겨야 한다, 이것이에요. 그런 것이 예술 육성하고 문화 육성하는 것이다, 이 말이에요. 관료의 허가하에서 문화가 운영되고 문화 활동이 전개되는 그것이 어째서 민족예술을 발전시키고 민족문화를 향상시키느냐 이 말이에요.[407]

그러면서 김대중은 정부가 해야 할 일은 영화 산업에 대한 재정적 지원이라는 점을 강조한다.

> 정부가 뒷받침해줄 일은 영화 금융에 대해서 돈이 없어서 좋은 영화를 못 만듭니다. … 정말로 좋은 영화를 만들게 하려면 영화 대본이라든가 이런 것을 어떤 민간… 아까 말한 영화윤리위원회 같은 데에서 심

사해가지고 거기에서 추천이 올라온 영화, 혹은 또 전년도의 우수작을 만든 업자, 이런 어떤 기준이 있을 것입니다. 이런 업자에 대해서 영화 금고를 만들어 가지고 입장세의 일부를 환부시키고 혹은 또 정부가 일부를 저리 융자해주고, 이래 가지고 여기에서 대부를 해가지고 회수하고 이렇게 할 수 있도록 이런 것을 만들어주는 이런 세 가지 방향으로 이 영화를 육성할 수 있는 것이다, 이것이에요.[408]

특히 이날 국회에서 발언한 전체 내용을 보면 김대중은 영화와 영화 산업 전반에 대해 영화 전문가라고 할 수 있을 정도의 식견을 갖추고 있음을 알 수 있다. 그리고 이때부터 김대중은 '지원은 하되 간섭은 하지 않는다'라는 원칙을 갖고 있었음을 확인할 수 있다. 이처럼 김대중은 영화 정책에 대한 확고한 철학과 전문적인 식견을 갖추고 있었기 때문에 대통령이 된 이후에 영화 발전에 있어 역사적인 업적을 남길 수 있었다.

대통령 김대중, 한국 영화 발전을 위한 패러다임 전환을 이뤄내다

김대중은 대통령 재임 시절 '지원은 하되 간섭은 하지 않는다'라는 문화 정책 기조를 영화 분야에 그대로 적용해서 한국 영화 발전에 결정적인 기여를 했다.

먼저 '지원'과 관련된 내용을 살펴보자. 여기에는 법·제도적 개혁을 통한 지원과 예산 지원 두 가지로 구분된다.

법·제도적 개혁에는 1999년 2월 8일 개정된 영화진흥법(1995년 12월 영화진흥법 제정, 1997년 4월 1차 개정) 2차 개정이 중요하다.

2차 개정에서 기존의 영화진흥공사를 폐지하고 민간 주도의 영화 진흥위원회를 신설했으며 영화업 등록제를 신고제로 전환했고 독립영화 제작이 자율화됐다.[409] 배급업 개념 또한 영화법에 처음으로 등장했다. 영화 배급업자를 영화업자의 개념으로 포함시켜 배급 부문 개선의 법적 토대를 마련[410]하는 등 영화계의 오랜 숙원이 상당 부분 해결됐다. 특히 1999년 5월 28일 출범한 영화진흥위원회는 한국 영화 진흥 정책의 역사에서 매우 중요한 의미가 있다.[411] 영화진흥위원회는 2000년 3월에 '영화 산업과 영상 문화의 조화로운 발전'과 '아시아 지역 영화 산업 주도'를 비전으로 한 '한국영화진흥종합계획'을 발표했다.[412] 이 계획의 네 가지 사업 영역으로 '정책 연구 기능 강화 및 영화 아카데미 운영 개선', '한국 영화 제작 활성화를 위한 지원 제도', '한국 영화 해외 진출을 위한 지원 활동', '서울종합촬영소 운영 및 서비스 개선을 통한 기술 경쟁력 제고'를 발표했다.[413] 영화진흥위원회는 이러한 비전과 목표를 갖고 영화 발전을 주도한다.

예산 지원을 보자. 김대중 정부는 영화진흥위원회 출범과 함께 영화 산업에 대한 예산 지원을 대폭 늘렸다. 그중 상당 부분이 영화진흥금고에 대한 지원이었다.[414] 김대중 정부는 영화진흥금고에 1999년에 100억 원, 2000년에 500억 원, 2001년에 400억 원, 2002년에 300억 원, 2003년에 200억 원을 지원했다. 김대중 정부가 예산을 편성한 5년 동안 1,500억 원을 지원한 것이다.[415] 그리고 김대중 정부는 1999년 2월 제정된 문화산업진흥기본법에 '문화산업전문투자조합'과 관련된 내용을 반영했다. 이는 1997년 대선 당시 '영화기획과 자본을 결합시키는 영화기획시장을 개설, 이에 참여하는 기업과 개인에 대해 금융·세제 혜택을 부여하겠다'는 공약과 관련된 내용으로 볼 수 있다.[416] 그 결과 1999년 12월 첫 영상전문투자조합이 결성됐고 투자조합은 한국 영화 제작의 주요한 재원이 돼 한국 영화 발전에 크게 기여했다.[417] 또한 금융자본이 1998년부터 영화 제작에 본격적으로 참여해 영화산업 발전에 중요한 역할을 했다.[418] 이처럼 김대중 정부는 영화 발전을 위한 직간접적인 예산 지원과 투자 재원 확보를 위한 각종 정책을 추진하여 큰 성과를 냈다.

더불어 김대중 정부가 미국의 압력에도 불구하고 스크린쿼터를 지켜낸 것도 한국 영화 발전에 크게 기여했다. 1999년 3월 26일 김대중 대통령은 방한한 미국 윌리엄 데일리 상무장관과 잭 발렌티 미국 영화협회장을 청와대에서 만났다. 이때 발렌티 영화협회장이 스크린쿼터 폐지를 요구했는데 김대중은 이를 거절하고 스크린쿼터 고수 입장을 밝혔다.[419] IMF위기 극복 과정에서 미국의 도움이 절대적으로 필요한 상황이었음에도 불구하고 스크린쿼터 폐지를 요구하는 미국의 압력에 맞서 문화의 다양성 논리를 내세우면서 스크린쿼터를 지켜낸 것이다.

다음으로 '창작의 자유' 보장에 관련된 내용을 살펴보자.

한국은 이승만 정부 때부터 각종 방식을 동원해 영화를 검열했다. 영화 검열을 체계적으로 하기 위해 1976년 '한국공연윤리위원회(1986년 공연윤리위원회로 개칭, 이하 공윤)'가 발족해 1997년까지 활동했다.[420] 1985년 7월 1일부터 시행된 5차 개정 영화법에서 '검열 제도'를 '사전심의제'로 바꿨으나 형식적인 변화였을 뿐 정부의 통제 아래 검열이 실질적으로 지속됐다.[421] 1996년 헌법재판소에서 공윤의 사전심의에 대해 위헌 판정을 내리자 1997년 4월 10일 개정된 개정 공연법에서 공윤을 없애고 등급만 부여하도록 해 '한국공연예술진흥협의회(이하 공진협)'가 1997년 10월 11일 설치됐다. 공진협은 삭제와 수정을 하진 못했고 등급만 분류했는데, 상영 등급보류 규정이 사실상 검열 기능을 하게 됐다. 등급보류 판정을 받으면 최악의 경우 6개월 동안 감수해야 하는데, 이 경우 손해가 너무 커지기 때문에 제작자들이 스스로 정부의 눈 밖에 날 수 있는 내용을 제작하지 않거나 삭제하게 돼 사실상 검열이 이뤄진 것이다. 게다가 공진협이 영화 내용의 위법성 여부를 판단할 수 있도록 해 국가 통제의 잔재가 여전히 남아 있었다.[422]

김대중 정부는 이 문제를 해결하려고 했다. 1999년 2월 8일 공연법을 개정해 1999년 6월 영상물등급위원회(이하 영등위)가 발족함으로써 영화등급제의 체계와 구조가 갖춰졌다.[423] 그런데 1999년 2월 8일 개정된 영화진흥법에서 등급제의 일부 조정과 6개월 등급보류를 3개월로 단축했지만 보수 진영의 반대로 영상물완전등급제와 등급 외 영화관 설립은 결국 관철시키지 못했다.[424] 등급을 부여받지 않은 영화의 극장 상영을 금지한 상태에서 등급 외 전용관을 허가하지 않으면 등급 부여를 담당하는 기구는 사실상 검열의 기능을 가질 수밖에 없다.[425] 이런 상태에서 표현과 창작의 자유가 완전히 보장됐다고 볼 수 없었다. 다만, 보수 진영이 반대하는 상황에서 모든 것을 한 번에 다 이룰 수는 없었다. 이 문제는 2002년

1월 26일에 4차 영화진흥법 개정으로 해결됐다. 이 개정안의 영화 등급분류 항목에서 등급보류제가 폐지되고 제한상영이 삽입돼 영화계의 숙원이었던 창작의 자율성이 제도적으로 보장됐다.[426] 검열, 소위 '칼질'를 없애버려 영화인들의 창작의 자유를 완전히 보장한 것이다. 또한 1998년부터 추진된 햇볕정책과 2000년 남북정상회담, 6·15공동선언 등으로 그동안 표현과 창작의 자유를 강하게 억누르던 반공주의로부터 벗어나려는 사회 분위기가 조성됐다. 영화 발전에 있어 획기적인 전환점이었다.

이러한 배경에서 한국 영화는 1998년을 기점으로 산업적인 측면에서나 질적인 측면에서나 크게 발전한다. 한국 영화의 국내 시장 점유율은 1995년 20.9퍼센트, 1998년 25.1퍼센트에서 1999년 36.1퍼센트, 2001년 50.1퍼센트, 2003년 53.6퍼센트, 2004년 54퍼센트로 급증했다. 〈쉬리〉, 〈공동경비구역 JSA〉, 〈친구〉, 〈살인의 추억〉, 〈태극기 휘날리며〉, 〈실미도〉 등 대형 흥행작이 연이어 나왔기 때문이다. 또한 영화 관람 인구 자체도 급증해서 1997년 4,752만 명에서 1998년 5,017만 명, 1999년 5,811만 명, 2000년 6,169만 명, 2001년 8,936만 명, 그리고 2002년에는 1억 명을 돌파해 1억 514만 명, 2003년에는 1억 1,948만 명으로 늘어났다. 관람 수입도 1998년에는 2,584억 원에서 2003년에 7,171억 원으로 급증했다. 더욱 놀라운 것은 수출이었다. 수출액을 보면 1997년까지는 대체로 연간 40만 달러였는데 1998년 307만 달러, 1999년 597만 달러, 2001년 1,125만 달러, 2003년 3,252만 달러로 크게 증가했다. 또한 국제영화제에서도 한국 영화를 주목하기 시작해 2002년 55회

칸영화제에서 임권택 감독의 〈취화선〉이 최초로 감독상을 수상했으며, 59회 베니스영화제에서 이창동 감독의 〈오아시스〉가 감독상을 수상했다.[427]

이렇듯 김대중 정부 때 한국 영화는 비약적으로 발전했다. 여기에 국정 최고지도자인 김대중 대통령이 가장 큰 역할을 한 것이다.

다. 한류의 형성과 발전에 결정적 역할을 하다

한류는 세계적으로 한국 대중문화를 좋아하고 동경하는 현상을 의미한다. 한국 문화에 대한 인식 제고뿐 아니라 한국에 대한 이미지 상승 효과까지 낳는다는 점에서도 중요하다.[428] 또한 한국의 소프트파워 증진에도 중요한 역할을 한다.

김대중은 일본의 대중문화를 개방하는 등 주변 국가와의 교류와 협력을 통해 질적인 관계 진전을 이뤄냈다. 지식정보화 발전을 선도해 디지털 문화 콘텐츠의 생산과 유통 및 접근이 용이하도록 각종 기반을 마련했다. 이러한 점에서 볼 때 한류의 형성과 발전에 있어 김대중의 공헌은 절대적이다.

한류는 IMF위기 이후 새로운 경제성장 동력으로서 문화 콘텐츠 수출을 목표로 했던 김대중 대통령의 전략과도 관련이 있다.[429] 영화 〈기생충〉이 세계적인 영화상을 수상하고, BTS가 빌보드 메인 싱글차트인 '핫100' 정상에 오르는 등 오늘날 영화와 대중음악 분야에서 한국의 문화적 역량이 국제적으로 크게 인정받은 것은 김대중 정부 시절부터 형성된 한류의 성과로 볼 수 있다.

그러면 한류의 원인에 대해 김대중은 어떻게 생각했을까? 김대중은 한민족의 문화 역량에 대해 자신감이 있었다. 그 근거는 전통적 문화 역량과 최근의 자생적 민주화 역량 두 가지에 있었다. 대통령 재임 시절 주변의 반대와 우려 속에서도 일본의 대중문화 개방을 결단한 것도, 한국 문화가 일본과 동아시아를 통해 세계로 뻗어나갈 수 있었던 것도 이 때문이다. 이와 관련해서 김대중은 2005년 9월 6일 다음과 같이 말했다.

한국인은 21세기 지식 기반 경제 시대에 가장 알맞은 적성을 가지고 있습니다. 우리 민족은 중국으로부터 불교와 유교 문화를 받아들였습니다. 그러나 모든 중국의 변방 민족들이 중국 문화를 받아들이면 그에 동화되어 흔적도 없이 사라져버린 데 반해 우리 민족은 자기의 정체성을 지키면서 불교와 유교를 한국적인 불교와 유교로 발전시켰습니다. 이러한 뿌리 속에서 오늘의 한류의 근거를 찾아볼 수 있습니다. 우리가 천년 이상 조공을 바쳤던 중국이 이제 우리 문화를 수용하고 있습니다. 우리를 식민 지배하던 일본 또한 한류 열풍 속에 휩싸여 있습니다. 동남아시아, 중동, 유럽, 미국 등 세계 도처에서 한류의 진출을 볼 수 있습니다. 이러한 한류의 발전은 오늘의 우리가 이룩한 민주화와 밀접한 관계가 있습니다. 우리를 지배하던 중국과 일본이 이제 우리 문화를 수용하게 된 기적과 같은 사실은 한국의 민주주의가 자신의 희생 속에 국민이 쟁취한 자생적 민주주의라는 데 있습니다. 이러한 자생적 민주주의만이 세계를 감동시키는 문화예술을 창조할 수 있습니다.[430]

김대중은 유신 정권 초기 일본 망명 투쟁을 할 때 1973년 2월 2일 《아사히저널》에 게재된 인터뷰 기사에도 이와 비슷한 인식을 드러낸다.

우리들은 중국에 2000년이나 괴롭힘을 당하면서도 결코 중국화되지 않았습니다. 우리들은 일본에 36년간 지배를 받고, 신사참배를 강요 당하고, 창씨개명을 당하고, 한국어를 쓰면 두들겨 맞아 한국어를 쓸 수 없었지만, 8월 15일에 천황이 항복 선언을 하자 그 시간부터 바로 원래대로 돌아왔습니다. 이승만 정권도 무너뜨렸고 재작년 대통령선 거에서도 그 정도로 싸워냈습니다. 이러한 뿌리 깊은 저항력과 민주주 의에 대한 열망을 가지고 있는 국민이 12년간 지배를 받고 이미 시험 이 끝난 박 대통령에게 앞으로 무슨 매력을 느끼고 그를 지지하겠습니 까? 또한 그들의 생명보다도 소중하게 여긴 자유를 박 대통령에게 짓 밟히고 언제까지 침묵하고 있겠습니까? 절대 그렇게 하지 않을 것입니 다. 이는 시간문제입니다.[431]

이처럼 김대중은 한민족의 뿌리 깊은 자주성과 문화적 역량을 높이 평가했다. 이것이 민주화의 기반이 될 것이라 판단한 것이다. 이 같은 예견은 결국 사실로 증명됐다.

또한 그는 한류 형성에 있어 한국의 민주화 역량이 중요한 배경 이 됐다고 설명한다. 《경향신문》 2004년 10월 6일에 게재된 인터 뷰 기사를 보면 "중국에서 한국 드라마가 큰 인기를 얻는 등 한류 열풍이 상당합니다. 이 같은 한국 문화가 지닌 힘의 원천이 어디에 있다고 보시는지요?"라는 질문에 대해서 김대중은 이렇게 답했다.

중국에서 하루 저녁에 한국 드라마를 보는 사람이 약 1억 명입니다. 중국은 왜 그런 드라마를 못 만드느냐. 내가 볼 때는 우리는 우리가 민주주의를 이룩했습니다. 우리가 싸우고 희생되고 죽고 하면서, 분신자살만 해도 얼마나 많은 사람이 했습니까. 그러면서 민주주의를 차지했지요. 반면 중국은 그렇지 못했습니다. 일본은 민주주의라 하지만 쟁취한 게 아니라 미군정에 의해 주어진 민주주의였고요. 우리 같은 정신적인 탄력, 활력이 나타나질 않는 거라고 봅니다.[432]

김대중은 한국이 자주적으로 민주주의를 쟁취하는 과정 속에서 진취적이고 창조적인 문화 역량을 형성했다고 보았다. 민주주의와 문화 발전의 상관관계에 대한 깊은 통찰이다.

또 한류가 문화경제적 측면에서뿐만 아니라 한반도, 동북아, 동아시아 지역의 평화와 협력에 긍정적 역할을 할 수 있다고 보았다. 소프트파워 한류의 국제정치적 역할과 기능에 주목한 것이다. 김대중은 2007년 3월 13일 한류를 통한 문화적 연결이 남북 관계 발전에도 도움이 될 것이라고 말했다.

여러분은 한국 대중문화가 한류라고 해서 동북아에 널리 퍼져 있는 것을 알고 있을 것입니다. 그런데 놀랍게도 지금 북한 사회에서 한국 드라마와 의복, 패션, 노래 등이 암암리에 널리 유행되고 있습니다. 그래서 북한 정부가 대단히 신경을 쓰고 있는 것으로 알고 있습니다. 이것은 바로 북한 사람의 마음이 남쪽을 향해서 열리고 있다는 증거라고 생각합니다. 이러한 열린 마음은 전쟁을 억지하는 데도 크게 도움이 될 것이라고 생각합니다.[433]

김대중은 한류를 통한 한국 문화에 대한 확산이 군사안보적으로 대립하는 남북한 사이의 화해와 협력 그리고 상호 이해에 긍정적 역할을 하게 된다고 판단했다. 이러한 인식은 김대중이 지향했던 동아시아공동체에 있어서도 중요한 함의가 있다. 이 지역은 정치체제, 경제체제 등 이질화가 심하고 종교, 언어 등에도 공통성이 약하다. 김대중은 한류가 남북한 사이의 이질화를 완화시키고 연결시키는 공통의 문화적 소통 수단이자 상징으로 역할을 할 수 있다는 점에 주목했다. 이 범위를 한반도에서 동북아로 넓히면 같은 맥락에서 이해하는 것이 가능하다. 그래서 김대중은 한류를 동북아시아 더 나아가 동아시아공동체에 긍정적 역할을 하는 소프트파워로 이해했다고 볼 수 있다.

라. 기록 관리 문화와 정책에 있어 신세계를 열다

세계적인 문화유산인 《조선왕조실록》을 갖고 있는 대한민국. 그런데 정작 정부가 수립된 1948년 이후 국가의 주요 기록은 김영삼 정부 때까지 체계적인 정리와 보관 등이 이뤄지지 않았다. 우리나라에서 공공기록에 대한 체계적이고 종합적인 관리가 시작된 것은 김대중 정부 때인 1999년 '공공기관의 기록물 관리에 관한 법률'이 제정된 뒤부터다. 그때부터 공공기록물의 의미, 중요성 등에 대한 인식이 형성됐고 체계적으로 보존 관리가 이뤄졌다.

그 이전의 상황은 어떠했을까? 김대중 정부 이전의 한국의 기록 관리는 매우 부실했다. 한국은 1960년대 초반 국가기록관리체계가 수립되면서 보존과 관리를 위한 제도적 기반이 마련돼 1969년에 정부기록보존소가 설립됐다. 그런데 정부기록보존소는 '기록이 없는 국립기록보존소' 또는 '활용되지 않는 기록을 보유하고 있는 국립기록보존소'라는 평가를 받았다. 우선 전문 인력과 보존 서고 등을 제대로 갖추지 않았다. 기록 관리 정책의 수립 권한도 없어서 기록물이 이관되면 받는 수준에 머물렀다.[434] 국가의 중요 기록은 폐기되거나 개인적으로 유출되는 것이 일상이었다.[435]

기록물 관리가 부실했던 이유는 무엇일까? 기술적이고 문화적인 이유를 먼저 살펴보면 기록에 대한 중요성을 인식하지 못했다는 점, 기록의 공적 성격을 인식하지 못했다는 점, 기록 관리를 위한 기반 부족 등을 들 수 있다. 그런데 더 중요한 이유는 권위주의 정권의 엘리트들이 자신들에게 불리한 기록이 남는 것을 원치 않아서 기록 자체를 파기한 경우가 많았고, 이것이 하나의 문화로 굳어졌다는 데 있다. 상황이 이러하니 해당 시기의 중요 사건과 정책 결정 과정 등의 정확한 사실 관계를 밝히지 못해 추정만 하는 경우가 비일비재했다. 단적인 예로 국가보위입법회의 회의록 분실, IMF구제금융 관련 기록의 파기 등이 있다. 국가의 중요한 기록이 제대로 관리되지 못한 것이다.[436]

이러한 문제를 해결하기 위해 김대중 정부는 기록관리와 관련된 법 제정을 100대 국정과제로 선정했다. 100대 국정과제 가운데 '99. 정책실명제와 행정정보 공개 확대로 열린 정부 구현'과 관련해 정부기록물의 체계적 관리를 제시하고 구체적으로 국가기관, 지방자치단체 등 모든 기관을 망라하는 국가 차원의 통일적 기록보존 근거법률(가칭 '국가기록물 관리에 관한 법률') 제정과 국가기관 주요 통계 및 기록물을 전산화하고 광디스크에 수록할 것 등을 제시한 바 있다.[437] 이 같은 배경에서 1999년 1월 29일 '공공기관의 기록물 관리에 관한 법률'이 제정돼 2000년 1월부터 시행됐다. 이 법 제3조에는 '모든 공무원은 공공기관의 기록물을 보호할 의무를 진다'라고 기록의 중요성을 국가 차원에서 강조했다.[438] 국가기록 관리 체계를 통해 각 기관에서 생산된 기록의 관리와 보존이 체계적으로 이뤄질 수 있도록 했으며, 기록을 생산하거나 접수하는 경우 반드시 등록하도록 했다. 그리고 전문적인 기록관리 기관의 설립과 기록관리 전문가를 각급 공공기관에 배치하도록 규정했다.

이로써 기존에 기록의 중요성에 대한 인식도 없고 체계적인 기록관리도 없던 시대에서 '기록이 있는 시대, 기록의 중요성이 강조되는 시대'로의 전환이 이뤄졌다. 이처럼 공공기록물 관리의 발전은 민주화의 진전과 궤를 같이한다. 김대중-노무현 정권은 공공기록물 정리 및 보존 등에 있어 코페르니쿠스적 전환을 이끌어냈으며 이 분야에 있어 김대중 정권은 태조와 같은 역할, 노무현 정권은 세종과 같은 역할을 했다고 할 수 있다. 비로소 대한민국이 공공기록물 관리에 있어 선진국 반열에 오를 수 있게 됐다. 이는 김대중-노무현 정부 10년의 매우 중요한 성과 가운데 하나다.

이는 객관적 통계를 통해서도 확인된다. 김대중-노무현 정권 이전과 이후 기록물 양이 극명하게 차이가 난다. 대통령기록관이 공개한 소장 기록물 통계(2020년 12월 31일 기준)는 다음과 같다.[439] 이승만 9만 5,211건(비전자 문서 2만 6,056건), 윤보선 3,643건(비전자 문서 3,044건), 박정희 7만 7,582건(비전자 문서 6만 2,433건), 최규하 3만 6,506건(비전자 문서 1만 1,216건), 전두환 9만 9,741건(비전자 문서 4만 3,266건), 노태우 4만 7,248건(비전자 문서 3만 9,516건), 김영삼 13만 4,416건(비전자 문서 9만 7,717건), 김대중 79만 6,557건(비전자 문서 30만 5,454건) 등이다. 김대중 정부 때부터는 IT기술이 본격적으로 발전해 관련 기록이 포함되기 시작하면서 양적으로 늘어난 면도 있지만, 이것을 뺀 비전자 형태의 문서 자료만 봐도 5년 단임의 김대중 정권이 남긴 기록물이 김대중 정권 이전 정권 기록물을 합한 것보다 많다. 이처럼 김대중 정부는 공공기록의 체계적 보관과 정리가 가능하도록 법과 제도적 체계를 마련했다는 점에서 한국의 기록문화 발전에 있어 매우 중요한 역할을 했다.

3. 남북경협과 동북아평화경제의 길을 열다

가. 남북경제협력에 대한 김대중의 인식

김대중은 지경학地經學, geoeconomics적 관점에서 한반도의 가치와 위
상을 높이기 위해 남북 관계 개선이 필요하다고 인식했다. 이 같은
인식이 처음으로 나타난 것은 1차 망명 시기인 1973년 2월 6일이
었다.

> 그와 병행해서 제2단계는 평화교류입니다. … 가장 기본적인 것은 남
> 북 모두 지금까지 외국에 의존하던 것을 남북 의존 경제로 관계를 회복
> 해야 합니다. 서로 남과 북이 부족한 것을 보완해서 경제로 묶어가야
> 합니다. [440]

냉전이 한참이던 1973년에 김대중이 남북 관계를 경제 발전의 관점에서 인식했다는 것은 매우 큰 의미가 있다. 남북 관계를 안보의 관점에서 벗어나 상호 이익, 상호 발전의 관점에서 파악했기 때문이다. 1990년대 초 미소 냉전이 해체되면서 중국과 러시아까지 포괄하는 북방 지역을 새로운 경제 발전의 동력으로 삼기 위한 구상을 제시한다. 1993년 9월 28일 러시아 모스크바 대학교에서 '한반도의 통일과 한·러 관계의 장래'라는 주제의 강연[441]에서 한·러 경제협력의 의미를 강조했다. 1994년 11월 2일 중국 방문 중에는 '동북아 시대와 한중 협력의 방향'이라는 주제의 강연[442]에서 한·중 경제협력의 의미를 강조했다. 이렇게 동북아 지역의 지역협력을 경제 발전의 새로운 동력으로 삼고, 이것을 통해 안보 협력도 강화하는 일석이조의 효과를 노린 것이다. 1994년 10월 13일 김대중은 이렇게 말했다.

'세계적 강국에의 길'. 우리는 통일을 하면 세계의 5대 강국의 하나로 들어갈 수 있습니다. 우리는 현재도 남한만 가지고도 세계 180여 개 국가 중에서 13번째의 경제 대국입니다. 인구로서는 25번째입니다. 우리 남북이 하나로 합치면 우리는 즉각적으로 세계 10대 강국에 들어가고 인구로서는 15번째 대국이 됩니다. 그리고 남북이 손을 잡고 북방 개척을 해서 인류 마지막 자원의 보고인 중국의 동북 3성, 연해주, 시베리아, 몽골, 중앙아시아 지역을 개발하면 우리는 미국·일본·중국·독일과 어깨를 겨루는 강대국에 의한 지배의 대상이 아니라, 우리가 중심축으로 등장할 수 있는 것입니다. 영종도에 아시아 최대의 공항을 만들고 서해안 일대의 인천, 아산만, 군산, 새만금, 목포 등의 항구를 개발해나가면 우리의 서해안은 중국 그리고 북방 여러 지역, 동남아시아, 유럽, 미주와 태평양에 연결되는 사람과 물자 이동의 관문이 될 것입니다. 우리에게는 단군 이래 가장 큰 기회가 지금 오고 있는 것입니다. 이 호기에 통일만이 민족의 장래를 발전과 영광으로 이끌어나가는 길입니다.[443]

김대중은 1990년대 중반 아태평화재단 이사장으로 활동하면서 위와 같은 입장을 기회가 있을 때마다 강조했다. 정계 복귀 이후인 1997년 대선을 앞두고는 '신광개토 시대의 실현'을 대선 주요 구호로 내세우기도 했다. 1997년 10월에 제작한 김대중의 영상 연설에는 이런 내용이 있다.

세계 속에 강대한 민족의 위상을 세우는 새로운 광개토 시대를 열어가야 합니다. 무력을 통한 영토의 확장이 아니라 우리의 경제력과 문화가 세계로 뻗어가고 우리의 국가적 영향력이 전 세계에 확장되는 새로운 광개토 시대를 이룩해야 합니다.[444]

이와 같은 비전을 갖고 있던 김대중은 대통령 재임 중에 남북경협을 본격적으로 발전시키고 이를 기반으로 한 동북아 지역의 공동 번영을 위해 노력했다. 김대중은 이를 통해서 한국 경제의 새로운 도약과 발전을 이룩하려고 했고 이를 '압록강의 기적'이라고 표현했다. 김대중은 2005년 1월 4일에 진행한 SBS와의 인터뷰(1월

5일 방송)에서 다음과 같이 말했다.

한강 기적만 아니라 앞으로 압록강 기적을 만들어야 합니다. 압록강
기적을 만들어 유라시아대륙으로 철도가 연장돼 대서양과 태평양을 연
결하는 물류의 동쪽 거점이 돼야 해요. 그것이 진짜 세계 경제 대국이
되는 거예요.[445]

한국 사람들에게 한강의 기적은 산업화의 성공을 상징하는 표현
이었다. 김대중이 이 표현을 차용해서 남북경협과 동북아경제협력
의 비전과 의미를 압록강의 기적이라고 칭했다. 이것은 보수 세력
의 '퍼주기' 담론 공세를 무력화하려는 의도가 있다고 보인다. 더
불어 한강의 기적이라는 경험적으로 확인된 성과를 통해 남북경협
과 동북아경제협력의 미래 비전을 국민들이 좀 더 체감할 수 있도
록 한 것이다.

나. 남북경협과 철의 실크로드 비전

김영삼 정권 시절 남북 관계는 최악이었다. 1994년 조문파동 이
후 남북 관계는 파탄이 나서 김대중이 대통령이 되고 난 뒤에는 정
부 간 대화가 이뤄지기 힘든 분위기였다. 김대중은 북한과의 신뢰
형성을 위해 우선 정부 간 접촉보다는 실향민이자 북한과의 경제
협력을 열망하던 현대그룹 창업자인 정주영 회장의 활동을 지원

하고 뒷받침하는 방식을 취했다. 정주영 회장은 '소떼 방문'이라는 상징적 이벤트를 통해 북한과의 관계 개선의 물꼬를 텄다. 그래서 1998년 11월에는 금강산 관광이 시작됐다. 금강산이 갖는 상징성 덕분에 남북 교류에 대한 국민적 관심이 크게 제고됐다. 다만 관광 협력은 경협의 관점에서 보면 낮은 차원의 협력이다. 결국 근본적으로는 정부 차원의 대화와 합의가 필요했다. 이것이 2000년 3월 9일 베를린선언이 나오게 된 배경이다.

우리 대한민국 정부는 북한이 경제적 어려움을 극복할 수 있도록 도와줄 수 있는 준비가 되어 있습니다. 지금까지 남북한 간에는 정·경 분리 원칙에 의한 민간경협이 이루어지고 있습니다. 그러나 본격적인 경제협력을 실현하기 위해서는 도로·항만·철도·전력·통신 등 사회간접자본이 확충되어야 합니다. 또 정부 당국에 의한 투자보장협정과 이중과세방지협정 등 민간 기업이 안심하고 투자할 수 있는 환경도 조성되어야 합니다. 뿐만 아니라 현재 북한이 겪고 있는 식량난은 단순한 식량 지원만으로 해결될 수 있는 것이 아닙니다. 비료, 농기구 개량, 관개시설 개선 등 근본적인 농업구조 개혁이 필요한 것입니다. 이와 같은 사회간접자본의 확충과 안정된 투자 환경 조성, 그리고 농업구조 개혁은 민간 경협 방식만으로는 한계가 있습니다. 따라서 이제는 정부 당국 간의 협력이 필요한 때입니다. 우리 정부는 북한 당국의 요청이 있을 때에는 이를 적극적으로 검토할 준비가 되어 있습니다.[446]

베를린선언은 분단 이후 최초의 남북정상회담 성사에 중요한 배경이 됐다. 그리고 2000년 6월 남북정상회담과 6·15공동선언을 통해 남북경협이 본격화될 수 있었다. 그 핵심은 개성공단 건설과 동해선-경의선의 남북 철도 연결이었다. 개성공단은 2000년 6·15공동선언의 가장 직접적 결과물이자 남북경협의 상징이었다. 개성공단은 2000년 8월에 현대아산과 북한의 조선아시아태평양평화위원회(아태)가 개성 지역에 2,000만 평 규모의 공단을 건설하는 '공업지구개발에 관한 합의서'를 체결하면서 시작되었다. 그 이후 남북한 정부는 2002년 8월 남북경제협력추진위원회에서 개성공단 착공 추진에 합의했고 2003년 6월 1단계 개발에 착수[447]하면서 본격화됐다. 인건비 절감 등의 이유로 중국이나 동남아 지역으로 진출해야 했던 한국 기업들은 개성공단에 진출하면서 경쟁력을 가질 수 있었고, 북한은 주민들이 노동의 대가로 얻은 수입과 시장경제 체제의 노하우를 직간접적으로 배울 수 있었다. 특히 개성공단 지역은 원래 북한의 군대가 주둔하고 있었다는 점에서 군사적 대결 지역이 평화경제 지대로 전환됐다는 상징적 의미도 컸다. 해당 지역에는 남측을 상대로 한 북한의 정예부대가 주둔하고 있어 북한 군부가 해당 지역을 공단 부지로 제공하는 것에 미온적이었다. 결국 북한의 최고지도자인 김정일이 지시해 개성공단 부지가 확보될 수 있었다.[448] 그만큼 개성공단은 김대중-김정일 남북한의 최고지도자의 결단이 낳은 남북경협의 상징이었다.

남북경협에서 그다음으로 중요한 것은 경의선과 동해선 연결이었다. 특히 철도 연결은 동북아 지역 주변 국가와의 관계에 있어 매우 중요한 의미가 있다. 남북경협을 넘어 동북아 지역 북방 경제 차원에서 파악할 필요가 있다. 경의선과 동해선은 2002년 9월 18일 착공 공사를 통해서 끊어진 남북한 철길 연결이 본격화됐다.[449] 김대중은 이것을 철의 실크로드라고 불렀다. 그는 철의 실크로드를 2000년 10월 20일 제3차 아시아유럽정상회의(아셈) 개회식에서 제안한 유라시아 초고속정보통신망 구축과 함께 한반도와 유라시아 대륙을 연결시키는 두 가지 핵심 축으로 구상했다. 그는 2002년 9월 25일 이렇게 말했다.[450]

이번 정상회의에서 만난 유럽과 아시아의 정상들은 한결같이 월드컵의 대성공과 남북 철도 연결 공사 착공에 찬사를 아끼지 않았습니다. … 21세기 우리 경제의 활로가 될 철의 실크로드를 실현해나가는 데 있어서 아시아와 유럽 국가들의 전폭적인 지지를 확보한 것입니다. ASEM 정상들은 이 사업이 모든 국가들에 이익이 된다는 데 공감했습니다. 아울러 ASEM 회원국들은 지난 2000년부터 우리의 제안으로 추진되고 있는 디지털 실크로드, 즉 유라시아 초고속 정보통신망 사업을 확충해나가기로 합의했습니다. 우리는 철의 실크로드를 통해서 동아시아 물류의 중심이 되고, 디지털 실크로드를 통해서 동아시아 정보 유통의 중심 국가가 됨으로써 이 지역 발전에 주도적인 역할을 하게 될 것입니다.

이처럼 김대중은 철도 연결이 경제 발전의 새로운 동력이 될 것이고, 한반도가 동아시아 물류 중심 국가가 될 것이라고 판단했다. 디지털 실크로드, 철의 실크로드는 이와 같은 김대중의 대구상, 대

비전, 대전략을 함축하는 표현이었다.

남북경협의 상징이었던 개성공단은 2016년 2월 중단되기 전까지 계속해서 발전했다. 개성공단에 입주한 기업의 수를 보면 2005년 18개, 2010년 121개, 2015년 125개로 늘어났으며 생산액은 2005년 1,491만 달러, 2010년 3억 2,332만 달러, 2015년 5억 6,330만 달러로 늘어났다. 그리고 북한의 노동자의 수는 2005년 6,013명, 2010년 4만 6,284명, 2015년 5만 4,988명으로 늘어났다. 경의선과 동해선으로 왕래한 인원수를 보면 2003년 4만 3,038명, 2005년 40만 2,485명, 2007년 52만 9,882명, 2009년 11만 8,708명 (2008년에 금강산 관관 중단 여파), 2015년 13만 1,595명이었다.[451] 이처럼 개성공단 건설과 경의선 동해선 연결은 남북 교류에 있어 매우 중요한 의미가 있다.

3장
대중경제론과 복지국가 개척

김대중은 대통령에 당선되자마자 '민주주의와 시장경제의 병행 발전'을
국정운영의 핵심 기조로 내세웠다. 이는 김대중이 1960년대 정립한 대
중경제론에 근거한 것이다. 대중경제론은 균형 발전과 복지사회 건설을
목표로 한 김대중의 경제 발전 구상으로서 개발독재에 대한 대안적 노
선과 전략을 대표한다. 이와 같은 대안을 갖고 있던 김대중은 독재를 옹
호하는 아시아 국가 독재자들과 '아시아 지역에서의 민주주의'를 주제로
논쟁을 하기도 했다. 이처럼 민주적 시장경제 철학과 이에 입각한 정책
에 대해서 해박했던 김대중은 대통령이 된 이후 복지 혁명을 성공시켜서
한국이 복지국가로 이행할 수 있도록 했다. 여기에서는 이에 대해서 살
펴보려고 한다.

1. 복지국가 건설의 선구자

가. 복지국가와 김대중

2019년 8월 시사주간지 《시사인》 621호는 김대중 대통령 서거 10주기 특집기획으로 '김대중과 복지'를 다뤘다. 표지에 나온 특집기획 기사의 카피는 '복지국가 설계한 거인'이었다.[452] 당시 이 기획은 상당히 신선하다는 평가를 받았다. 일반적으로 김대중의 대표 키워드는 민주주의, 평화, 통일인데 《시사인》은 '복지'에 초점을 맞췄기 때문이다. 실제로 김대중의 중요한 역사적 공헌 중의 하나는 복지국가의 기반을 마련했다는 점이다. 복지는 국민의 최저 생활 보장과 삶의 질 향상을 목적으로 하며 현대 민주주의 국가에 있어서 매우 중요하다. 사실 김대중 정부 이전까지 한국의 사회복지는 매우 낮은 수준에 머물렀다. 권위주의 정권 시기에는 전반적으로 고도성장을 하면서 고용이 안정적이었기 때문에 소득 증가가 복지 수요를 대체한 측면이 있다. 가족 복지와 기업 복지가 사적인 영역에서 복지 수요를 대체하기도 했다. 고성장-저실업 구조와 가족·기업 복지의 발달로 인해 국가사회복지의 저발달이 구조화된 것이다.[453]

이러한 상황에서 김대중은 두 가지 측면에서 패러다임 전환을 이뤄냈다.

첫째, 복지를 국정 운영의 주요 목표로 설정해 대통령이 직접 의지를 갖고 복지정책을 강력하게 추진했다는 점이다. 김대중 대통령은 1999년 신년사에서 '생산적 복지'의 필요성을 천명한 뒤 1999년 8월 15일 광복절 경축사에서는 생산적 복지를 국정의 새로운 이념이자 새천년을 준비하기 위한 시대적 과제로 제시했다.[454] 그 이전까지 역대 어느 정부도 복지를 국정의 핵심 아젠다로 제시한 적이 없었다는 점에서 이는 역사적 의미를 지닌다.[455]

둘째, 복지국가가 되기 위해 필요한 핵심 정책들을 추진하고 성공시켜 복지국가의 기반을 마련했다는 점이다. 특히 김대중 정부 이전까지 복지는 미약했기 때문에 김대중 정부의 복지 개혁은 압축적이면서도 밀도 있게 추진됐다. 전 세계적으로 전례 없이 빠른 속도로 사회보험(국민연금, 고용보험, 의료보험, 산재보험)의 적용을 확대했으며[456] 국민기초생활보장제도를 통해 공공부조제도의 대혁신을 이뤄내서 한국이 복지국가의 반열에 오를 수 있도록 했다. 특히 이러한 복지 혁명이 IMF위기 상황에서 이뤄졌다는 점에서 그

의미가 더욱 각별하다. IMF의 구조조정 차관을 받은 나라의 경우 국가 복지가 축소되고 복지의 책임이 시장과 개인에게로 이동하는 경향이 나타난다. 그런데 김대중 정부는 경제위기를 겪은 나라로서 국가사회복지 제도를 확대했다는 점에서 매우 특이한 사례에 속한다.[457] 김대중 정부는 세계은행World Bank 등이 요구했던 국민연금의 민영화나 의료저축 계정의 도입 등 신자유주의적 조치를 거부했다. 김대중 정부의 의료보험 통합은 분권화와 사보험화를 지향하는 국제 흐름에 배치되는 방향이었고, 일층 구조의 국민연금 설계도 다층 구조에 민영화를 지향하는 신자유주의적 흐름에서 벗어난 것이었다.[458]

이 같은 복지 혁명은 김대중 대통령의 리더십 때문에 가능했다. 국민기초생활보장제도의 경우 관료들이 반대하고 저항했으며 의료보험 통합의 경우에는 김대중의 지지 기반이었던 직장의료보험조합의 반발에 대응해야 했다. 국민연금 확대의 경우 각 사회 세력의 불안과 불만에 대응해야 했으니, 이 모두 상당히 어려운 사안이었다. 김대중은 관료 중심의 정책 결정 방식에서 과감하게 탈피해 노사정위원회, 시민사회단체 및 학계 등과 사회복지레짐[459]을 결성해 복지 개혁, 복지 혁명을 위한 거버넌스를 구축하면서 대응했다.

이와 함께 김대중 정부는 복지 분야 예산을 대폭 확대했다. 김대중 정부가 예산을 설계한 1999년부터 2003년까지 보건복지부 일반회계 세출예산과 전년도 대비 증가율은 다음 표와 같다(389쪽 표 참조).

이 표에서 보듯 김대중 정부는 보건복지 분야 예산을 획기적으

구분	1999	2000	2001	2002	2003
예산	41,611억 원	53,100억 원	74,581억 원	77,495억 원	85,022억 원
전년도 대비 증가율	33.7%	27.6%	40.5%	3.9%	9.7%

출처 : 보건복지부, 《보건복지백서 2003》, 보건복지부, 2004, 749~750쪽.

로 늘렸다. 그래서 정부예산 중에서 보건복지 분야 예산이 차지하는 비율이 1998년 4.1퍼센트에서 1999년 4.9퍼센트, 2000년 6.0퍼센트, 2001년 7.5퍼센트, 2002년 7.1퍼센트, 2003년 7.2퍼센트가 되었다.[460] 김대중 정부 들어서 보건복지 분야 예산이 크게 늘어났다는 사실을 알 수 있다. 이처럼 김대중은 복지국가 건설을 위한 정책 추진과 예산 지원을 의지를 갖고 강력하게 실천했다.

이러한 김대중 정부의 복지 개혁, 복지 혁명에 대해 김연명은 "우리나라에 근대적인 사회복지제도가 도입된 1960년대 이후 가장 혁신적인 것이다. … 모든 제도 하나하나가 우리나라 사회복지의 근본적인 변화를 가져오는 정책들이다"[461]라고 평가했다. 성경륭은 "국민의 정부가 이룩한 복지 개혁은 대공황기의 미국과 2차 세계대전 후반기의 영국에서 이루어진 복지 개혁과 맞먹는 개혁으로 평가할 수 있다"[462]고 평했다.

나. 복지에 대한 인식의 기원

복지에 대한 김대중의 인식

앞에서 거론한 《시사인》 621호 김대중 관련 기획 기사를 보면 김용익 국민건강보험공단 이사장은 "김대중 전 대통령은 공부를 많이 한 사람이었다"[463]라고 평가했다. 복지에 대한 김대중의 식견을 엿볼 수 있게 하는 대목이다. 대통령이 국정 중요 개혁과제에 대해 정확하게 알고 있을 때 정책 추진력이 강화된다는 점에서 이 같은 평가는 김대중 정부의 복지 혁명을 이해하는 데에 중요한 의미가 있다.

그러면 복지에 대한 김대중의 인식은 언제부터 형성됐을까? 자료를 보면 복지에 대한 김대중의 인식은 1953년부터 확인된다. 김대중이 1953년 11월 21일에 기고한 글에서 복지와 관련된 부분을 살펴보자.

자유 각국 특히 선진 제국은 자체 혹은 자유세계가 가지고 있는 맹점을 대담 자비하게 적출해버리는 동시에 현대 문명의 위대한 혜택을 모— 든 계급과 민족이 평등하게 향유함으로써 진실로 정신 물질 양면의 완전하고 실질적인 자유와 평등을 실현하지 않으면 안 될 것이다. 이것이야말로 오늘의 세계가 지향하는 인류의 굽힐 수 없는 소망이며 일방 공산주의를 뿌리째 뽑아버리는 근본적인 방책이라는 것을 명심해야 할 것이다. 현재 자유 각국 중에 사회복지의 노력이 철저화한 국가일수록 국민의 불평과 공산주의 잠동의 자취를 찾아볼 수 없다는 현실은 서

상쑀上의 노력의 정당하고 절실함을 역력히 보여주는 증거가 되는 것이
다.[464]

김대중은 사회복지가 공산주의의 확산을 막을 수 있다고 보았
다. 실제 역사적으로 보면 복지는 공산주의에 대항하기 위해 고안
됐다. 독일의 철혈재상으로 유명한 보수주의자 비스마르크는 공산
주의의 발호를 강압적 수단만으로 막는 것은 어렵다고 보고, 자본
주의 시장경제 속에서 노동자들을 포섭하기 위해 적극적 사회정책
을 실시해 공산주의에 대항하고자 했다.[465] 이와 비슷한 맥락에서
김대중은 복지를 남북한 체제 경쟁의 관점에서 북한에 대한 우위
를 확보하기 위해 반드시 필요한 것으로 인식했다. 1954년 1월 7일
에 기고한 글을 보자.

> 남북의 대결 더욱히 공산주의자와 자유세계 간의 투쟁은 결코 단시일
> 내에 종결되리라고 볼 수 없다. 따라서 장구한 대립 투쟁에 감내할 만
> 한 민생의 안정 없이는 도저히 우리의 투쟁을 승리적으로 완수할 수 없
> 는 것이며 더욱히 공산주의 그 자체가 대중의 물질적 불우과 불만 속에
> 서 생하고 또 성장돼가고 있는 사실을 직시할 때 민생의 안정과 복지의
> 증진이란 공산주의 자체를 절멸하는 데 있어서도 발본적 요소가 된다
> 는 것을 깊이 인식해야 할 것이다. … 무엇보다도 중산 이하의 근로대
> 중이 여하한 경우에도 인간 이하의 참경慘境 속에 전락하지 않을 뿐 아
> 니라 재기와 향상의 발판이 돼줄 수 있는 실업보험, 양로보험, 학업보
> 험, 흉작에 대한 보장 등 사회복지제도가 조속히 실현됨으로써 민생의

기본적 안정을 확립해야 할 것이다.[466]

여기서 보면 김대중은 복지를 통해 사회경제적 불만이 고조되는 것을 막아 공산주의 세력이 침투할 수 있는 가능성을 막을 필요가 있다고 강조한다. 이처럼 1950년대부터 복지를 중요하게 인식했던 김대중은 1963년 6대 국회의원 선거에 당선된 이후부터 지속적으로 복지의 중요성을 강조했다.

김대중은 1967년에 박정희 정권을 반복지주의 정권이라고 규정하고 반복지 정권을 교체해야 한다고 주장할 정도였다.[467] 그리고 1971년 7대 대선에서 신민당 대선 후보로 출마해서는 1971년 3월 24일 다음과 같은 복지 분야 공약을 발표했다.

가. 사회보장 정책을 위한 예산의 대폭 증액으로 복지국가 건설에의 강력한 출발.

나. 의료보험과 산재보험의 추진, 양로 정책의 발전, 장학금 제도의 확충 등 각종 보장 정책의 추진.[468]

1971년 대선에서 그는 복지국가 건설이라는 담대한 국정 운영 비전을 제시하면서 복지와 관련된 각종 사회정책의 적극적 추진을 강조했다. 복지국가 건설에 대한 김대중의 체계적인 정책 대안은 대중경제론에서 제시된다. 이렇게 볼 때 김대중은 복지국가 건설에 대한 의지만 있었던 것이 아니라 이를 위한 체계적인 정책 노선과 계획까지 구상하고 있었던 것이다. 복지 분야에 있어서도 준비된 정치 지도자, 준비된 대통령으로서의 면모를 확인할 수 있다.

대중경제론의 꿈, 복지국가 건설

김대중이 박정희 정권의 개발독재에 대한 대안으로 제시한 것이 대중경제론이었다. 대중경제론은 민주적 시장경제론에 입각한 경제 발전 정책과 전략을 집대성한 것이다. 김대중은 1960년대 후반부터 이를 개념화해 대외적으로 알리기 시작했다. 관련된 대표적 글이 1969년《신동아》11월호에 게재된 〈대중경제를 주창한다〉라는 논문이다.[469]

대중경제가 지향하는 바는 사회의 실질적인 생산력인 근로대중으로 하여금 경제사회의 발전을 위해 주도적 역할을 담당케 하는 동시에 그들의 절대적 공헌이 정당하게 평가되고 보상받는 복지사회의 실현을 이념으로 하는 것이다. 그러나 우리가 주장하는 대중경제의 이념은 단지 형식만의 복지국가의 이념과는 근본적으로 다르다는 점을 강조한다. 부와 소득의 편재를 표면상 호도하고 대중의 불만과 저항을 무마하기 위한 일시의 사회정책적 제 조치나 소득의 사후적 재분배를 위한 일련의 사회보장제에 그치는 그러한 경제정책은 아니다. 왜냐하면 근로대중에 대한 일시의 구빈적 제 조치나 사회보장제에 의한 사후적 소득의 재분배 등으로 근로대중의 지위나 권익이 완전히 보장되리라고는 믿어지지 않기 때문이다. … 대중경제는 사회의 실질적인 생산력인 근로대중의 지혜와 능력을 최대한으로 발휘케 하는 동시에 그들의 복지를 '제도적으로' 그리고 '사전적'으로 보장하는 경제시스템을 형성하고 그들의 권익을 영속적으로 보장, 확대하는 일련의 경제정책을 말한다. 즉 제도와 정책의 양면에서 근저적으로 대중에 의한, 대중을 위한, 대중의 경제를 구현하려는 것이다.

김대중은 대중경제를 통해 구현하고자 하는 기본 목적과 원리를 '복지'에 두고 있다. 김대중을 상징하는 대중경제론의 핵심 가치가 바로 복지였던 것이다. 그만큼 그에게 있어 '복지'는 중요한 의미를 가진다. 대중경제론의 지향점은 소득의 사후적 재분배와 구빈 등에만 머무르는 것이 아니라 노동자가 자신의 노동력을 통해 정서적·물질적 안정을 누릴 수 있는 경제시스템의 창출에 있다. 이는 김대중 정부의 생산적 복지정책의 기본 철학과 매우 유사하다. 김대중 정부는 생산적 복지에 대해 "국민의 정부가 추진하는 복지정책은 사회적 약자를 대상으로 한 전통적인 소극적 복지를 뛰어넘어 노동권의 적극적 보장을 통한 생산적 복지를 추구한다. … 노동을 통한 복지는, 국가의 재분배정책에만 의존해온 기존 복지의 한계를 극복하고 시장과 복지의 상호보완적 관계를 지향하는 생산적 복지의 이념적·철학적 기초가 된다"[470]라고 규정했다. 이 내용과 1969년 논문의 주장이 놀랍게도 매우 유사하다.

김대중은 1982년 12월 23일 미국으로 출국하여 2차 미국 망명생활을 시작했다. 이때 미국을 중심으로 한 서구 사회에 큰 영향을 준 '신자유주의'를 접하게 된다. 김대중 역시 일정 정도 영향을 받았는데 그의 복지철학에서도 확인된다. 《월드폴리시저널World Policy Journal》 1983년 가을호에 〈한국 상황에 대한 김대중의 견해〉라는 제목의 글을 보면 "우리는 사회복지 제도를 창설해야 한다. 그러나 부지런한 사람의 의욕을 꺾는 사회복지 제도는 지지하지 않는다"[471]라는 내용이 있다. 이것은 생산적 복지에 대한 인식이 뚜렷하게 형성됐음을 보여준다. 이렇게 볼 때 김대중은 대중경제론을 처음 체계화할 때부터 생산적 복지와 비슷한 인식을 했고, 2차 미국 망명 시기에 신자유주의를 접하면서 '생산적 복지' 철학과 정책에 대한 좀 더 명확한 입장을 확립한 것으로 보인다. 김대중 정부의 복지정책의 기조를 설명하는 '생산적 복지'는 1960년대 후반 대중경제론이 체계화되는 과정에서부터 형성돼 발전된 것으로 볼 수 있다.

2. 박정희, 리콴유의 개발독재론에 대한 비판과 대중경제

민주적 시장경제 발전론인 김대중의 대중경제론은 독재를 옹호하는 각종 이론에 대항하는 것을 목적으로 한다. 정치적 독재를 옹호하는 이론을 포괄적으로 살펴보면 냉전 시기에는 근대화론과 개발독재론 등이 있으며 냉전 이후에는 경제성장에 대한 자신감에 근거해 나온 리콴유의 아시아적 가치 우월론 등이 포함된다. 이러한 이론 등은 담론 생산자와 그 배경, 시기 등에 있어서 차이가 있지만 '민주주의를 서구의 산물', '아시아 지역에서 정치적 독재를 통한 산업화 발전의 성취'를 강조한다는 점에서 기본적으로 뿌리가같다. 김대중은 대중경제론을 통해 이에 대한 이론적 담론 투쟁을전개했다.

성공한 대통령 김대중과 현대사

가. 개발독재론 비판과 대중경제

미국이 공산주의 세력의 팽창에 대항하기 위해 제3세계 저발전 국가들의 경제 발전에 개입하기 위한 논리로 고안한 것이 근대화이론[472]이다. 근대화이론은 민주주의가 중요해도 경제성장을 위해서 유보될 수 있다고 본다.[473] 따라서 근대화이론은 기본적으로 자본주의 시장경제를 통한 경제적 풍요를 달성하는 것이 민주주의의 선행 조건이 된다는 일종의 선경제 발전-후민주주의 단계론적 구상이다. 근대화이론은 물질적 성장이 있어야 사회적으로 관용, 타협, 소통 등의 가치가 일반화돼 사회적 다원화에 따른 자유민주주의 원리가 형성되고 뿌리내릴 수 있다는 본다. 그리고 근대화 주체 세력으로 군부를 주목했다. 이 같은 배경 속에서 근대화이론은 경제성장을 위해 민주주의를 유보할 수 있다는 것으로 이어진다. 여기에는 아시아에서는 민주주의 전통과 토대가 약하기 때문에 민주주의를 할 수 있는 능력이 부족하다는 편견도 작용했다. 이는 곧 개발독재론으로 이어져 경제 발전을 위해서는 민주주의 유보가 필요하다는 논리로 발전한다. 박정희 대통령의 1972년 1월 11일 연두 기자회견에서의 발언은 이러한 인식을 그대로 보여준다.

> 내가 항상 강조하는 바와 같이, 우리나라와 같은 개발 도상에 있는 나라에 있어서는 정치의 초점은 뭐니 뭐니 해도 역시 경제 건설에 있는 것입니다. … 경제 건설의 토양 위에서만 민주주의의 꽃을 피울 수 있다 하는 나의 주장이 옳았다는 것을 지금도 나는 믿고 있습니다.[474]

이에 대해 김대중은 민주주의와 시장경제의 발전은 분리시킬 수 없으며 병행해서 발전해야 한다고 주장했다. 1975년 1월 25일 김대중은 이렇게 말했다.

나는 정부가 서구적 경제 발전은 열심히 추구하면서 30년 가까이 받아들여 온 서구적 민주주의는 금기로 주장하는 사실을 지적코자 한다. 주지하다시피 서구 민주주의와 서구 자본주의는 서로 불가분의 인과관계 속에서 발전해왔다. 어느 하나만 분리해서는 존재도 성공도 할 수 없음은 역사가 증명하는 사실이며 지금까지 어느 국가에서도 분리해서 성공한 예를 찾아볼 수 없다. 반면에 과거 초超독재 체제 아래 있었던 서독과 일본인이 2차 대전 이후 서구 민주주의를 채택함으로써 잿더미의 폐허 속에서 세계 3위, 4위의 대경제 국가로 성장한 사실을 우리는 알고 있다. 한때의 속임수가 아닌 장기적으로 국민을 위한 튼튼한 경제 발전을 성취하려면 우리는 서구 선진 국가들이 200년 전 오늘의 우리의 경제 상황보다 더욱 미숙했던 그 당시부터 꾸준히 채택해온 민주주의와 경제 건설의 일체적 발전의 길을 신념을 갖고 받아들여야 할 것이다.[475]

여기에서 보듯 김대중은 개발독재론을 비판하면서 민주주의와 시장경제의 병행 발전이 필요하다는 점을 강조하고 있다. 그리고 김대중은 개발독재론 비판을 미국의 대외전략, 미국의 대한 정책 전환의 필요성을 설득하는 근거로 제시했다. 당시 미국은 한국의 경제 발전을 미국 대외정책의 성공 사례로 강조하고 있었다. 이

에 대해 김대중은 미국이 피상적 관찰에 근거해 잘못된 판단을 한
다고 지적했다. 김대중은 1983년 9월부터 1984년 6월까지 하버
드 대학교 국제문제연구소 초청연구원으로 있으면서 이와 같은 문
제의식을 담은 논문을 제출했다. 그리고 이 논문을 1985년 영어로
*Mass-Participatory Economy*라는 제목의 책으로 출간했다. 이 책
서문에는 이런 내용이 있다.

> 나는 이 책이, 미국 시민들로 하여금 이러한 문제점들을 더 잘 이해하
> 게 하는 데에 도움이 되기를 바란다. 이 책을 쓸 필요가 있는지에 대해
> 의심하는 분들도 있을 것이다. 한국의 경제 발전 성과를 선망의 대상
> 으로 생각하는 서방의 관측자들에게는 현 정책에 반대하는 '대안'을 제
> 기한다는 것이 불필요한 것으로 생각될 수도 있을 것이다. 그러나 이
> 같은 오해가 바로 이 책을 필요로 하는 이유이다. … 따라서 이 같은
> 사회적 정치적 경제적 제문제를 이해하고 이를 곧 해결하지 않으면 안
> 된다. 그렇지 않으면 한국은 보다 더 심한 불안정 속에 빠질 것이고 미
> 국은 거대한 경제적 동반자를 잃을 뿐만 아니라 가장 믿을 수 있는 우
> 방을 잃게 될지도 모른다. 나는 이 책을 통해 한국 민중에게 도움이 되
> 고 장기적으로는 미국에게도 도움이 될 경제 발전을 위한 대안을 제시
> 하고자 한다.[476]

미국은 한국에 대한 경제 발전을 지원해서 공산주의 확산을 막
고 소련과의 체제 경쟁, 이념 경쟁에서 우위에 있음을 보여주려고
했다. 그래서 한국의 군사독재 정권이 민주주의와 인권을 탄압함

에도 불구하고 경제 발전을 미국 정책의 성공으로 내세우고자 했다. 김대중은 이와 같은 미국의 의도를 간파해 미국에 두 가지를 보여주려 했다. 하나는 군사독재 정권에 의한 경제 발전 전략은 한계에 이르렀기 때문에 민주적 시장경제로 전환하지 않으면 큰 문제가 발생할 것이라는 사실이다. 미국에 한국의 실상을 정확히 이해시켜 미국의 대한 정책 전환을 설득하려고 한 것이다. 그다음은 민주적 시장경제론에 입각한 경제 발전이 가능하다는 점을 강조하려 했다. 한국의 민주화 세력이 비판을 위한 비판만을 하는 것이 아니라 미국이 중시하는 한국의 시장경제 발전에 있어 더 바람직하고 유능한 대안을 갖고 있음을 강조하려 했다. 이렇게 볼 때 김대중이 하버드 대학교 수학 중에 다른 여러 주제 가운데 한국 경제에 관한 논문을 쓴 이유는 평소 경제에 관심이 많다는 점과 함께 미국의 대한 정책 전환을 설득하기 위한 목적과 관련이 깊다고 볼 수 있다.

나. 리콴유와의 논쟁이 세계사적 의미를 갖는 이유

경제성장을 이룩한 개발독재 주도 세력들은 그 성과에 자신감을 갖고 동양적 가치가 기적적인 경제성장의 원인이었고 더 나아가 서구 사회의 각종 문제를 해결할 수 있는 원리가 된다는 입장을 제시한다. 대표적인 인물이 싱가포르의 리콴유이다. 리콴유는 민주주의 제도를 서구의 산물로 인식하고 아시아적 가치와 결부시키면서 권위주의를 옹호했다. 이와 관련해 김대중과 리콴유는 1994년 《포린어페어스Foreign Affairs》지에서 '아시아적 가치, 동양 문명과 서양 문명, 민주주의'등을 주제로 국제적인 논쟁을 했다.

1990년대 초반 세계은행이 서구식 자유민주주의가 더욱 확산될 것이라는 전망을 내놓자 리콴유는 《포린어페어스》 1994년 3~4월호에 게재된 인터뷰를 통해서 "세계 각국의 민주화 전망에 대한 최근 세계은행의 결론은 잘못된 것"이라며, "민주주의 문화가 부족한 아시아에 이를 요구하는 것은 무리"[477]라고 주장했다. 리콴유는 기본적으로 현대 산업사회의 문제를 서구 문명의 특수성의 산물로 인식했다. 이와 같은 맥락에서 리콴유는 개인화를 초래하는 서구 자유주의에 대한 문제의식을 확장시켜 자유주의와 함께 발전한 서구 민주주의 사상과 제도를 비판적으로 인식한다. 그래서 리콴유는 서구 산업사회에서 나타나는 공동체 해체와 도덕 붕괴의 문제점을 해결하는 데에 있어 동양의 가족주의적 공동체 문화가 큰 역할을 할 수 있다고 주장한다. 리콴유는 아시아 전통문화가 서구 현대 문명이 초래한 구조적 병폐를 해소할 수 있다고 강조한 것이다.

이에 대해 김대중은 《포린어페어스》 1994년 11~12월호에 〈문화란 운명인가?〉라는 기고문[478]에서 리콴유의 견해를 조목조목 반박하면서 논쟁이 촉발됐다. 김대중의 글은 세 장으로 구성됐다. 먼저 리콴유의 주요 견해를 소개하면서 이에 대한 반론을 제기했다. 그다음에는 아시아 전통문화의 민주주의 요소를 사상과 제도의 측면에서 분석했다. 3장에서는 아시아의 민주주의 전통이 전 세계 민주주의 발전에 크게 기여할 수 있음을 강조했다.

김대중은 리콴유의 견해를 여러 측면에서 비판했다. 리콴유의 입장에 대한 김대중의 시각을 가장 압축적으로 보여주는 문장은 "리콴유 씨의 견해는 잘못된 것뿐만 아니라 자신의 입지를 위해 견강부회하고 있다고 생각된다"이다. 국제 지도자들 사이의 논쟁이므로 표현의 수위를 고려했을텐데, '리콴유 씨의 주장은 궤변이다'라고 할 수 있을 정도로 상당히 강한 톤으로 반박한 것이다.

김대중은 리콴유의 무엇이 틀렸다고 판단했을까? 현대 사회의 여러 병폐를 서구 문명의 산물로 인식하는 리콴유와 다르게 김대중은 이를 산업사회의 부작용으로 파악한다. 그 근거로 산업화가 급속히 진행되는 동양 문화권 국가에서 서구 사회와 유사한 문제점이 나타나는 점을 언급한다. 그리고 도덕 및 공동체의 약화와 같은 산업사회의 부작용은 자본주의 산업화를 진행하는 어느 곳에서나 나타나는 보편적 문제라고 언급한다. 싱가포르 역시 이 문제를 해결하기 위해 강력한 공권력을 동원한다고 지적했다. 김대중은 경찰국가로 불리는 싱가포르의 강력한 통제 정책은 문화 차이가 이 문제의 근본 해법이 될 수 없음을 스스로 증명하는 것이라고 지적했다.

그러면 리콴유의 주장 중에 무엇이 견강부회라고 판단했을까? 김대중은 현대 사회의 문제를 해결하기 위해 동양 사상과 문화를 존중한다고 밝힌다. 그런데 리콴유가 이 논리를 갖고 민주주의를 서구 문화의 특수한 산물로 규정하고 그 외의 통치 사상이나 제도(사실상 독재를 의미)를 동양적 특수성의 산물로 인식되도록 하는 프레임 전략을 구사한다고 김대중은 지적한다. 김대중은 견강부회라는 용어를 사용했지만, 아마 일반 논객이나 지식인이 이 문제에 대응했다면 단박에 '궤변'이라는 용어를 사용했을 것이다. 김대중은 리콴유가 정치적 독재를 옹호하기 위해 인과관계가 없는 사안을 무리하게 연결시킨다고 비판한 것이다.

더 나아가서 김대중은 아시아 문화와 전통에서 민주주의 사상과 제도의 다양한 내용을 언급하면서 서구에 못지않은 동양 문화와 역사의 우수성을 강조했다. 이는 민주화 투쟁 시기 한국 및 아시아 민주주의 가능성에 회의하는 국내외 인사들을 향한 담론 투쟁의 성격도 띤다. 먼저 김대중은 서구 대 동양의 이분법적 구분 속에서 서구 문명만이 민주주의를 할 수 있다는 서구 우월주의적 시각을 비판했다. 이 같은 비판은 1차 망명(1972. 10. 18~1973. 8. 8) 기간 동안에 집중적으로 이뤄졌다. 김대중은 한국을 포함한 아시아 국가에서 독재가 지속되는 중요 원인으로 국제적 반공 전선을 구축하기 위해 군사독재 정권을 지지한 미국의 대한 정책을 지적했다. 이러한 미국의 정책 배경에는 그들이 한국을 포함한 아시아 국가가 민주주의를 할 수 있는 능력이 부족하다고 인식하는 것과 관련이 있다고 김대중은 보았다. 이는 서구 사회의 동양에 대한 편견과 무지의 결과로 일종의 '오리엔탈리즘적 시각'이라고 김대중은 지적했다. 그래서 김대중은 미국과 일본을 오가면서 한국의 민주주의 전통과 능력을 강조함과 동시에 진정한 반공은 민주주의 강화를 통해 가능하다는 점을 역설했다. 이처럼 아시아 민주주의의 전통을 강조한 것은 미국의 대한 정책을 변경시키기 위한 민주화 투사 김대중의 현실 전략 속에서 파악해야 한다.

국내적으로 김대중은 권위주의 세력과 논쟁했다. 민주주의 특수성을 강조하는 시각은 서구에뿐만 아니라 국내에도 있었다. 리콴유처럼 한국의 권위주의 발전 전략을 내세운 세력은 '한국적 민주주의'에서 보듯 민주주의를 유보하고 억압하는 근거로 '한국적'과 같은 문화적·민족적 특수성이 개입된 담론을 내세웠다. 이에 대해 김대중은 서구와 동양을 불문하고 민주주의 전통과 민주주의 발전의 역사를 강조하면서 문화적·민족적 특수성을 내세우면서 정치적 독재를 옹호하는 세력을 비판했다.

아시아와 한국의 전통과 문화 속에서 민주주의 근원을 찾으려는 김대중의 시도는 여러 측면에서 전략적이다. 앞서 한국적이라는 수식어에서 보듯 권위주의 세력은 민주주의에 대해서 국가주의적·민족주의적 프레임으로 접근해 국민의 인식에 혼돈을 주려고 한다. 국가주의나 민족주의적 감성은 근원적이고 감성적인 성격을 띠게 되므로, 이성적인 근거와 논리만으로 대처하는 데에는 한계가 있을 수 있다. 그런데 이에 대해 우리의 전통과 역사를 통해 반박하고 민주주의를 옹호할 수 있다면 가장 최적의 대안이 될 수 있다. 김대중이 이것을 인식하고 이와 같은 전략을 세웠는지는 단정할 수는 없지만, 치밀한 그의 정치 전략을 고려할 때 충분히 이를 염두에 두었을 것으로 보인다. 이런 면에서 그는 사상가이자 이론가이며 행동하는 실천가였다고 할 수 있다. 그래서 김대중은 한국을 비롯한 당시 제3세계 국가의 유수한 전통과 문화적 강점을 언급하면서 수평적이고 호혜적인 관점을 강조한 것이다.[479]

3. 복지국가를 개척하다

김대중은 대중경제론을 통해 복지국가 건설을 위한 이론과 정책에 대해 체계적인 대안을 마련했다. 대통령이 된 이후 이러한 비전과 전략으로 한국을 복지국가 반열에 올려놓았다.

가. 국민기초생활보장제도를 통한 공적부조 체계 완비

복지국가 건설에 있어 김대중 정부의 획기적 업적은 국민기초생활보장제도를 도입해 공적부조 체계를 갖추었다는 데에 있다. 국민기초생활보장법은 1999년 9월 7일 제정됐고 국민기초생활보장 추진준비단 구성 등 준비 기간을 거친 뒤 2000년 10월 1일부터 국민기초생활보장제도가 시행됐다.[480] 이 제도가 실시되면서 한국은 복지 후진국이라는 오명에서 벗어날 수 있었다. 정부는 이 법이 공포된 9월 7일을 '사회복지의 날'로 지정해 정부 차원에서 기념한다. 그만큼 이 제도는 복지국가 건설에 매우 중요한 의미를 지닌다.

그런데 이 법의 제정 과정은 매우 험난했다. 복지에 대한 인식이 낮은 당시 한국의 상황에서 국민기초생활보장법은 쉽게 이해하기 힘든 법이었다. 정부 주무 부서인 복지부 관료들이 국민기초생활보장법 제정에 강한 거부감을 갖고 있었을 정도였다. 이와 관련해서 2019년 9월 3일 이 법 제정 20주년을 앞두고 개최된 기념식에서 20년 전 보건사회연구원 연구원으로서 이 법의 통과를 위해 노력했던 박능후 보건복지부 장관은 다음과 같은 일화를 소개했다.

> 당시 (기초법 관련해) 기초 조사가 굉장히 중요했다. 재정 지원을 받았던 월드뱅크 사람과 복지부에 인사하러 찾아갔다. 복지부 담당자가 '이상한 법을 만들고 있는데, 이 법이 만들어지면 내 손에 장을 지진다'고 고함을 쳤다. 두 달 뒤 다시 찾아갔는데 담당자 태도가 달라져 있었다. '이 법을 꼭 성공시키겠다'고 하더라. 그사이에 김대중 대통령이 '기초법을 제정하겠다'는 '울산 발언'이 있었다. 시대의 흐름에 맞출 수밖에 없는 공무원들의 태도를 이해한다.[481]

박능후의 회고처럼 국민기초생활보장법은 정부 내에서 반대가 심했다. 정부 내 분위기를 반전시킨 것은 이 법에 대한 김대중 대통령의 확고한 의지 표명이었다. 김대중은 1999년 6월 21일 "국민생활보장기본법을 만들어 국민이 안심하고 살 수 있도록 대책을 세울 것"[482]이라는 입장을 밝히면서 입법을 위한 정치력을 발휘했다. 대통령이 주도하자 정부 관료들의 반대는 무마됐고 복지에 대한 국민의 긍정 여론이 조성되면서 국회에서 법이 통과될 수 있었다. 국민기초생활보장법 제정이 김대중 대통령의 결단의 산물이라는 평가가 나온 것은 이 때문이다.[483]

국민기초생활보장법은 복지국가 건설 과정에 있어 매우 중요하다. 이 법의 의미를 명확하게 이해하기 위해서는 1961년 12월에 제정된 생활보호법과 비교해볼 필요가 있다.

첫째, 복지에 대한 인식이다. 생활보호법에서는 복지를 시혜의 관점에서 접근하지만, 국민기초생활보장제도에서는 이를 국민의 기본권으로 규정한다. 법문法文에도 기존의 시혜적 관점이 반영된 '보호'라는 개념이 들어가 있던 '생계보호' '보호기관' '보호대상자' 등의 용어를, 국민기초생활보장법에서는 '생계급여', '보장기관', '수급권자' 등으로 변경했다.[484] 국민기초생활보장법에서는 빈곤의 원인을 사회구조적 차원에서 인식해 빈곤 문제 해결에 대한 공공의 역할을 의무로 인식하기 때문이다.

둘째, 복지 대상의 범위이다. 생활보호법은 기본적으로 근로 능력의 유무에 따라서 지원 대상이 결정되었다. 그래서 근로 능력이 있는 국민은 최저생계비 이하의 생활을 하더라도 생계를 보장받을 수 없었기 때문에 사회안전망으로서 부족하다는 지적이 계속 제기됐다. 국민기초생활보장법에서는 최저생계비에 미달하는 모든 가구를 수급권자로 인정해 보편적 복지의 정신이 구현되도록 했다.

그리고 주거급여와 긴급급여 등도 신설돼 급여 수준을 확대해 실질적으로 최저생활이 보장되도록 했다.[485]

국민기초생활보장제를 통한 복지의 확대는 구체적으로 확인된다. 기초생활보장제도 도입 이후 생계급여 수급자의 경우 1997년 37만 명에서 2002년 155만 명으로 대폭 증가했다. 이는 가구 내에 노동 능력이 있는 사람이 한 사람이라도 있으면 생계급여를 원칙적으로 지급하지 않았던 기존 제도의 문제점을 획기적으로 개선해 수급 대상자 모두에게 생계급여를 지급한 결과이다.[486] 또한 수급자에게 현금으로 지급되는 생계비와 주거비가 4인 가구 기준으로 1997년 약 33만 원에서 2002년에는 약 87만으로 2.6배 인상됐다.[487] 기초생활보장 관련 예산을 보면 1997년에 9,008억 원에서 1998년 1조 901억 원, 1999년 1조 9,451억 원, 2000년 2조 4,090억 원, 2001년 3조 2,696억 원, 2002년에는 3조 4,034억 원, 2003년에는 3조 5,288억 원으로 획기적으로 확대됐다.[488]

나. 사회적 연대 정신에 입각한 4대 사회보험 적용 대상의 보편화

국민기초생활보장제도와 함께 한국 복지국가 건설에 있어 중대한 의미를 갖는 것은 의료보험 통합과 4대 사회보험(의료보험, 국민연금, 고용보험, 산재보험)의 적용 대상과 급여 수준을 급속하게 확대한 것이다. 이를 통해서 국민들이 보편적인 사회안전망 속에서 생활할 수 있도록 한 것이다.[489] 그래서 김대중 정부 시절에 국민기초생활보장제도를 통해 공적부조 체계가 확립되고 사회적 연대 정신에 입각한 4대 사회보험 시스템이 갖춰지면서 한국은 복지국가로 이행했다고 평가할 수 있다.

의료보험 통합

김대중 정부의 4대 사회보험 분야 개혁은 모두 다 중요하다. 그중에서 가장 핵심적인 분야는 의료보험 통합이다. 김대중은 보편적 복지 원리를 강조해 직장의료보험과 지역의료보험으로 분리된 것을 통합해 국민건강보험으로 일원화했다. 이와 관련해 문재인 대통령은 2019년 7월 2일 "국민건강보험은 경제 발전과 민주화와 함께 우리 국민이 함께 만든 또 하나의 신화입니다"[490]라고 매우 높게 평가한 바 있다. 사회연대의 정신에 부합한 의료복지 시대가 시작된 것은 김대중 정부 때부터다. 그러면 이것의 의미를 한국의 의료보험 발전 과정을 통해서 살펴보도록 하자.

한국에서 의료보험법이 처음 제정된 때는 1963년 12월이다. 당시에는 재정 여건상 시행하기 어려워 미뤄지다가 1977년 상시노동자 500인 이상 대기업부터 강제 적용되기 시작했다. 한국은 조합주의 방식을 채택해 대기업은 독자 의료보험을 만들었고 기업들은 업종별로 의료보험조합을 만들었다. 이렇게 이뤄진 의료보험은 대기업이 우수한 노동력을 확보할 수 있는 수단으로 활용됐다. 이렇게 시작한 의료보험은 1988년까지 5인 이상 사업장까지 적용됐다. 그런데 농어민, 자영자, 5인 이하 영세 사업장이 문제였다. 1987년 6월항쟁 이후 민주화의 요구가 사회경제적인 차원에서도 본격적으로 제기되자, 1989년 노태우 정부는 시군구 단위 지역별로 의료보험을 결성하도록 했다. 지역에서 필요한 의료보험료 수입의 50퍼센트를 국고 보조해 전 국민 의료보험 시대를 열었다. 그런데 전 국민 의료보험이 실시됐음에도 총 373개의 의료보험조합이 공존했다.[491]

이러한 조합주의 방식은 여러 문제가 있었다. 부자 조합과 가난한 조합 사이의 양극화가 심각해 조합의 부담 능력에 따른 의료보험 서비스의 정도와 보험의 안정성 등에서 차이가 많이 났다. 그래서 사회연대, 사회보장의 성격이 매우 약하다는 결정적 한계가 있었다. 또한 각 조합별로 운영하다 보니 행정 비용이 많이 든다는 단점도 있었다. 이 문제를 해결해 의료복지를 구현하기 위해서는 의료보험을 통합해 국민 모두가 단일 의료보험 체계에 속하도록 해야 했다. 그러나 기업과 기업 노조는 기업별 의료보험 조합에 쌓인 기금이 사유재산이라는 이유로 반대했다.[492] 이 문제를 김대중 정부 때 해결한 것이다.

김대중은 취임 직후인 1998년 3월 '의료보험통합추진기획단'을 가동시켰다. IMF위기의 여파가 극심했던 1998년 초에 의료보험통합 문제를 지체하지 않고 추진할 만큼 김대중은 이에 대한 의지가 확고했다. 여기에서 나온 '국민건강보험법'이 1999년 2월 8일 제정됐다. 1999년 12월 31일 일부 법 개정을 한 후에 2000년 7월 직장의료보험조합까지 통합한 국민건강보험공단이 나올 수 있게 됐다. 2003년 7월 1일부터는 '노동자 1인 이상 사업장'이 당연히 가입하게 되는 등 보편성 원칙도 확립됐다.[493] 김대중은 자신의 지지 기반이었던 노조의 반대에도 불구하고 의료보험 통합을 적극적으로 추진했다. 그리고 건강보험 관련 예산도 크게 늘어났다. 김대중 정부가 예산을 설계한 1999년부터 2003년까지 건강보험 관련 예산을 보면[494] 1999년에 1조 2,527억 원, 2000년에 1조 7,537억 원, 2001년에 2조 8,207억 원, 2002년에 2조 7,365억 원, 2003년에 3조 395억 원으로 건강보험 관련 예산이 급증했음을 알 수 있다.

의료보험 통합으로 조합주의 방식의 모순과 비효율성 및 불공평성을 극복하고, 사회연대의 보편 원칙이 확립될 수 있었다.[495] 급여 혜택을 받을 수 있는 요양 기간이 연간 270일에서 1998년 300일, 1999년 330일, 2002년 365일 전부 받을 수 있도록 강화됐다.[496] 또한 '국민건강보험법'이라는 명칭에서 알 수 있듯이 의료보험에서 건강보험으로 개념이 확장됐다. 건강보험은 병에 대한 치료뿐만 아니라 병을 사전에 막는 예방적이고 적극적인 개념이다.[497] 치료 서비스에 초점을 맞춘 기존 의료보험이 건강 증진, 질병 예방, 재활 등을 포괄하는 건강보험으로 개념과 대상이 확대됐다.[498] 한마디로 김대중 정부의 의료보험 통합은 사회연대적인 보편성의 원리에 입각한 복지 개혁의 금자탑이었다.

국민연금, 고용보험, 산재보험의 확대 적용

김대중은 국민연금, 산재보험, 고용보험 적용 대상 또한 확대했다.

먼저 국민연금에 대해서 살펴보자. 1988년 국민연금이 처음 도입될 당시 10인 이상 노동자를 둔 사업장에서부터 시작해 1992년 5인 이상으로 확대했고 1995년에 농어촌 지역까지 적용 대상이 확대됐다. 그런데 도시 지역 자영자가 빠져 온전한 의미에서 국민연금으로서의 위상을 갖추지 못했다. 이러한 상황에서 김대중 정부는 1999년 4월 도시 지역 자영자에게까지 국민연금을 확대 적용해 전 국민 연금 시대로 진입하게 됐다.[499] 이때 새롭게 가입한 사람이 873만 9,152명이며 기존 가입자를 포함해 총 1,626만 1,889명[500]이 되어 국민연금의 틀이 실질적으로 갖춰졌다. 이로써 세대 간 계층 간 소득재분배를 유도할 수 있었다.

그다음으로 산재보험에 대해 살펴보도록 하자. 산재보험은 1964년부터 시행된 한국에서 가장 오랜 역사를 가진 사회보험 제도이며 산업재해를 당한 노동자에 대한 보상과 생활 안정을 제공하고 재활 서비스 제공을 목적으로 한다.[501] 1964년 7월 처음 실시될 때에는 500인 이상 사업장에서부터 시작해 점차 확대돼 1992년 5인 이상 사업장으로, 2000년 7월부터 1인 이상 사업장으로 확대됐다.[502] 그리고 산재보험 수납액을 보면 1998년 1조 7,191억 원, 1999년 1조 6,121억 원, 2000년 1조 9,555억 원, 2001년 2조 3,645억 원, 2002년 2조 7,156억 원이다.[503] 그리고 산재보험급여로 지급된 금액이 1998년 1조 4,551억 원에서 1999년 1조 2,742억 원 2000년 1조 4,563억 원, 2001년 1조 7,446억 원, 2002년 2조 203억 원이다.[504] 여기서 보면 산재보험 적용 대상이 1인 이상 사업장으로 확대되기 시작한 2000년부터 수납액과 지급액이 크게 증가하는 것을 확인할 수 있다.

끝으로 고용보험에 대해서 살펴보자. 고용보험은 실직 노동자의 생활 안정을 위해 일정 기간 실업급여를 지급하는 실업보험사업,

적극적 취업 알선과 재취업 촉진을 위한 고용안정사업, 노동자의 직무능력 향상을 위한 직업능력 개발 사업 등을 대상으로 한 사회 보험제도이다.[505] 1995년 7월부터 시작된 고용보험은 순차적으로 확대돼 1998년 1월 이전에는 30인 이상 사업장에 적용됐다. 그러 다가 1998년 1월 1일 10인 이상, 1998년 3월 1일 5인 이상, 1998년 10월 1일 1인 이상으로 확대 적용돼 영세 사업장에 속한 노동자를 포함한 사실상 거의 모든 노동자를 보호할 수 있게 됐다.[506] 그리고 구직급여일액 최저액을 올려서 노동자들이 더 많은 혜택을 받을 수 있도록 했다. 1995년 7월에 구직급여일액 최저액이 최저임금액 의 50퍼센트였는데 1998년 10월부터 최저임금액의 70퍼센트로 상 승했고 2000년 1월 이후에는 최저임금액의 90퍼센트까지 상승했 다.[507] 여기서 보듯 김대중 정부 시절에 고용보험의 적용 확대가 매 우 빠른 속도로 이뤄졌으며 보험 혜택이 두터워졌다. 경제위기에 따른 대규모 실업 사태에 적극적으로 대응하기 위한 목적이었다.

이와 같이 적용 대상 사업장이 급증하고 정부가 누락된 사업장 및 피보험자에 대한 실태를 지속적으로 조사해서 고용보험 징수율 이 상승했다. 고용보험 징수액이 1998년에 9,818억 원이던 것이 1999년 1조 6,448억 원, 2000년 2조 575억 원, 2001년 2조 5,485억 원, 2002년 2조 7,433억 원으로 크게 늘어났다. 특히 1998년에 일 련의 급속한 적용 대상 확대 조치로 인해 1999년에는 전년대비 67.5퍼센트 이상 대폭 늘어났다.[508] 그리고 고용보험 3대 사업 중의 하나인 실업급여 지급 현황을 보면 1997년 787억 원에서 1998년 에는 7,992억 원, 1999년 9,362억 원, 2000년 4,708억 원, 2001년

8,451억 원, 2002년 8,393억 원이었다.[509] IMF위기에 따른 실물경제 타격이 극심했던 1998년에는 실업급여 지급액이 1997년보다 무려 10배 정도 늘어나서 사회안전망으로서 큰 역할을 했다.

이처럼 김대중은 보편적 복지 원리가 구현된 사회보험이 될 수 있도록 했다. 그래서 김대중은 앞에서 살펴본 국민기초생활보장제도와 함께 한국이 복지국가로 이행할 수 있도록 복지 혁명을 성공적으로 완수했다고 평가할 수 있다.

4부

한반도 평화통일과
동아시아공동체를 위한
비전과 실천

1장
외교의 달인

김대중은 한국의 지정학적 특성을 고려할 때 외교가 한국의 국가 운명과 발전을 좌우하는 가장 핵심적인 요인이라고 강조했다. 젊었을 때부터 이와 같이 판단했던 김대중은 국제 문제에 대해 많은 학습을 했으며 자신만의 외교 전략과 정책을 구체화시켰다. 이를 통해서 김대중은 대통령이된 이후 '외교의 달인'이라고 평가받을 정도로 외교 분야에서 눈부신 성과를 낼 수 있었다. 여기에서는 이와 관련된 내용을 살펴보려고 한다.

1. 김대중 외교의 기본 특징과 배경

가. 김대중이 외교의 달인이 될 수 있었던 이유

한국 외교에 있어 절대적 영향을 준 김대중

김대중은 외교를 매우 중시했다. 그래서 기회가 닿을 때마다 외교를 강조했다. 김대중이 외교를 중요시한 이유는 한반도가 지정학적으로 대륙과 해양 세력이 부딪치는 예민한 지역이기 때문이다. 특히 강대국인 미국, 러시아(냉전 시기에는 소련), 중국, 일본에 둘러싸여 있다. 냉전 시기 대륙의 중국과 소련은 공산주의 세력의 강대국이었고, 해양의 미국과 일본은 자유주의 세력의 강대국이었기 때문에, 한반도를 둘러싼 4대 강국 사이의 갈등은 늘 치열했다. 미소 냉전 해체 이후에는 중국의 영향력 강화와 이에 따른 강대국 사이의 복잡한 이해관계가 한반도에 큰 영향을 주고 있다. 이러한 까닭으로 국제적 변화에 제대로 대처하지 못하면 전쟁이 발발할 수 있고, 국권 상실과 같은 최악의 결과까지 나타날 수 있기 때문에 김대중은 외교를 매우 중시했다. 그는 1972년 9월 16일 국회에서 "국민이 모두가 외교적 감각을 가진 외교 국민이 돼서 우리가 태어난 불행한 지정학적 입장을 극복해나가야 될 것입니다"[510]라고 말할 정도였다.

그런데 김대중은 한국이 전통적으로 외교에 능하지 못하다고 보았다. 《월간경향》과의 인터뷰(1987년 9월호 게재)에서 이렇게 말했다.

> 우리는 고도의 외교 민족이 돼야 합니다. 절대로 감정을 가지고 문제를 다루어서는 안 됩니다. 우리 민족에게 가장 큰 결함은 성질이 급하다는 점입니다. 성질이 급하기 때문에 흑백주의입니다. 친구가 아니면 적이라는 것입니다. … 사실 우리 역사에 위대한 정치가, 학자, 종교인, 장군은 있었지만 위대한 외교가는 거의 없었습니다. … 미운 적에게도 때로는 웃고 포용하고, 눈물이 날 정도로 고마운 친구에게도 냉철함을 앞세우기도 해야 합니다. 4대국에 둘러싸인 우리가 살아나가려면 외교적 지혜가 뛰어나야 합니다.[511]

이처럼 그는 외교 역량이 부족한 것을 매우 안타깝게 여겼다. 그는 그 원인을 다양한 각도에서 살펴보다가 한민족의 식습관까지 고려한다. 김대중은 1993년 9월 16일에 이렇게 설명했다.

세계에서 우리나라 사람만큼 외교에 적합하지 못한 사람도 없습니다. 지독하게 성질이 급해요. 그래 가지고 조금만 미우면 얼굴 꼴도 보기 싫다고 그냥 막 욕을 하고, 조금만 예쁘면 속창을 다 보일 것 같이 마음의 표현을 다하니까 외교가 안 되는 겁니다. 외교는 어느 정도 숨기면서 이익을 찾아야 합니다. 왜 한국 사람들이 많은 장점을 가지고 있는데도 성질이 그렇게 급한가 생각해보았는데, 제가 중대한 발견을 했습니다. 여러분, 제 말이 맞는지 보십시오. 우리 음식 먹는 습관에 문제가 있어요. 일본 사람이나 서양 사람들 그리고 중국 사람들은 모두 다 음식을 자기한테 따로따로 퍼주어서 먹습니다. 그래서 다른 사람이 빨리 먹든 늦게 먹든 관계가 없습니다. 그런데 우리의 경우를 보면 요새는 식생활이 많이 달라졌지만 옛날에는 얼마나 배가 고팠습니까? 오죽하면 인사가 "진지 잡수셨습니까?" 이것이었어요. 집에서도 그렇고, 잔칫집을 가도 그렇고 그냥 상에다가 음식을 전부 갖다 놓고 같이 먹는 거예요. 그래서 내가 빨리 먹지 않으면 상대방이 먼저 먹게 되기 때문에 숨도 제대로 쉬지 않고 먹기 경쟁을 하게 된 것입니다. 실제 저희들은 어렸을 때 이런 경험을 했어요. 그러니 이렇게 빨리 먹는 경쟁을 하루 세 끼 단군 이래 5000년을 했다고 여러분 상상해보십시오. 성질이 급한 국민성이 여기서 기인했다고 생각하는데 여러분은 어떻게 생각하십니까?[512]

오죽하면 이렇게까지 생각했을까 싶을 정도로 김대중은 외교의 중요성을 매우 강조했다. 이러한 관심과 노력 덕택으로 김대중은 한국 외교에도 큰 영향을 주었다. 특히 대통령이 되기 전에도 다양

　　　　　　　　　　　　성공한 대통령 김대중과 현대사

한 측면에서 한국 외교에 직간접적으로 영향을 주었다. 일반적으로 외교와 국방 등 외교안보 영역의 경우 대통령 이외의 정치가가 줄 수 있는 영향력이 제한적이라는 점에서 김대중이 민주화운동과 야당에서 활동할 때에도 한국 외교에 큰 영향을 주었다는 사실은 중요한 의미가 있다. 이 점에서 보면 김대중은 이승만에 비교될 수 있다. 이승만은 일제강점기 때 미국에서 독립운동을 하면서 국제 문제에 대한 이해를 넓혔다. 특히 미국의 여러 인사와 인연을 맺었다. 대통령이 되기 전에 국제사회에 알려진 한국 정치인은 이승만과 김대중뿐이다.

김대중이 뛰어난 외교 능력을 갖게 된 이유

김대중은 어떻게 뛰어난 외교 역량을 갖추었을까? 여기에는 네 가지 원인이 있다.

첫째, 김대중은 일제 패망 직전에는 강제 징집돼 전쟁터에 끌려갈 위기를 겪었고 한국전쟁 도중에는 공산군에 총살당하기 직전에 탈옥해 살아나는 경험을 했다. 국제적 변수에 의해 한민족과 자신의 운명이 절대적으로 영향을 받는 경험을 하면서 김대중은 외교의 중요성을 뼈저리게 느꼈을 것으로 판단된다.

둘째, 김대중은 젊었을 때부터 국제 문제에 대한 연구를 철저하게 했다. 김대중이 1950년대에 쓴 글들을 보면 이미 그때부터 국제 문제에 대한 식견이 뛰어났음을 알 수 있다. 김대중은 1950년대에 일본의 시사 잡지 등을 구해 독학하면서 국제 문제에 대한 이해를 높였다. 이러한 학습이 그의 외교 역량에 영향을 주었을 것이다.

셋째, 주변 인맥도 중요하다. 김대중의 정치적 스승인 장면과 정일형의 영향이 핵심이다. 장면은 초대 주미대사를 역임한 외교 전문가이자 대표적인 미국통이었다. 정일형은 미국에서 박사 학위를 받았고 장면 정부의 외무부 장관을 역임한 외교통이자 미국통이었다. 두 사람은 민주당 신파를 대표하는 정치 지도자였으며 김대중과는 각별한 사이였다. 특히 6대 국회 때부터 함께 국회의원으로 활동하고 1970년 신민당 대선 경선에서 김대중의 당선을 위해 헌신을 다하는 등 김대중의 정치적 대부이자 후원자라고 할 수 있는 정일형의 조력은 김대중에게 큰 영향을 주었다.

정일형은 다방면에 걸쳐서 도움을 주었는데 그중 1971년 초 김대중의 미국 방문을 주선한 것은 중요한 의미가 있다. 한국 조찬기도회장이었던 정일형은 1971년 2월 1일 미국 닉슨 대통령이 참석하는 대규모 조찬기도회 참석 초청장을 받았다. 그는 신민당 대통령 후보인 김대중을 미국을 비롯한 서구 사회에 알릴 좋은 기회가 될 것으로 판단해 김대중과 함께 1971년 1월 26일부터 2월 5일까지(미국 시간) 미국을 방문한다.[513] 정일형은 미국 내 인맥을 총동원해 김대중의 방미 활동을 적극 지원했다. 당시 김대중은 케네디 대통령 동생인 에드워드 케네디 상원의원과 만났다. 이때부터 에드워드 케네디 상원의원은 김대중을 적극 지지했다. 그리고 이희호는 닉슨 대통령 부인과도 만나기도 하는 등 당시 김대중의 방미는 큰 성공을 거뒀다. 김대중은 정일형과의 각별한 인연을 고리로해서 정일형의 미국 내 인맥의 도움을 받아 자신의 외교 역량을 강화할 수 있었다. 학습은 개인적으로 할 수 있지만 네트워크를 통한 활동은 개인의 의사와 의지만으로 가능하지 않다. 유학을 한 적도 없고 대학을 다닌 적도 없으며 명망가 집안 출신도 아닌 김대중은 이러한 점에서 상당히 불리했다. 그러므로 정일형의 조력은 대단히 큰 의미가 있었다.

넷째, 김대중이 한국의 민주화 인권 투쟁의 대표 인물로 국제적으로 알려지면서 형성된 명성이 큰 역할을 했다. 김대중은 유신 초기 1차 망명 투쟁(1972. 10. 18~1973. 8. 8)기간 동안 미국과 일본을 오가면서 활발한 활동을 전개해 인지도와 지지세를 넓혔다. 이 때 김대중이 국제적으로 크게 알려지게 된 계기는 1973년 8월 8일 일본 도쿄에서 발생한 납치살해미수사건 때문이다. 김대중은 이 사건으로 8월 13일에 동교동 자택으로 강제 귀국 당하기 전까지 계속해서 해외 언론의 주목을 받았다. 이 사건은 아시아에서 가장 국제화된 도시인 일본의 도쿄에서 발생했기 때문에 전 세계 언론으로부터 큰 관심을 받았다. 구사일생으로 살아 돌아온 이후 김대중은 연금과 감시 그리고 1976년 3·1민주구국선언사건으로 투옥되는 등 유신 정권 내내 국제적 관심의 대상이었다. 한국의 독재에 대한 국제적 비판 여론이 조성되면 될수록 한국 민주화운동을 대표하는 김대중에 대한 관심이 정비례로 상승했다. 그 뒤에 전두환 신군부 세력에 의해 김대중이 사형선고를 받자 전 세계적인 구명 운동이 전개되면서 김대중에 대한 국제적인 관심은 더욱 고조됐다. 특히 납치 테러는 매우 단기간에 이뤄지는 행위인데 반해 사형선고를 위한 재판은 상당한 시간이 소요될 수밖에 없는 터라, 이 기간 내내 구명 운동이 전개되면서 김대중의 국제적 지명도는 크게 높아졌다.

이러한 여러 요인이 결합돼 김대중은 탁월한 외교 인식과 역량을 갖게 된 것으로 보인다.

나. 김대중이 외교에서 강조한 두 지점

김대중은 외교에서 어떠한 점을 강조했을까? 그는 외교에 관해 상당히 많은 내용을 언급했다. 관련 내용을 분석하면 '국익 위주의 외교'와 '불리한 여건을 오히려 유리하게 역전시키자' 이 두 가지로 정리할 수 있다.

외교에 대한 김대중의 강조점 1: 국익 위주의 외교

김대중은 외교의 기본은 국익이기 때문에 외교를 실리적인 관점에서 접근해야 한다고 강조한다. 맹목적이고 이념적인 접근은 옳지 못하고 냉철하면서도 실리적인 관점에서 '거리두기'와 '함께하기'를 적절하게 혼용할 수 있는 유연하면서도 탄력적인 자세가 필요하다는 점을 강조했다. 김대중은《정경연구》1965년 6월호에 게재된 대담에서 이렇게 말했다.

> 월남파병 문제가 나왔을 때 제가 원칙적으로 찬성한다고 했더니, 어떻게 해서 그럴 수 있느냐 그래요. 그래서 저는 이랬습니다. 20세기 후반의 외교 사조는 '내셔널 인터레스트national interest', 즉 자기 민족의

이익을 추구하는 데 근본이 있는 것이 아니냐. 이를테면 1947년에 이미 네루는 외교의 제1차적인 목적은 자기 민족의 이익을 추구하는 데 있다고 갈파하고,[514]

국익 중심의 외교 원칙을 강조한 김대중은 외교에 있어 감정적이고 이념적인 기준을 우선시하는 것을 매우 경계했다. 이러한 관점에서 김대중은 한국에서 강력하게 작용하는 이데올로기인 반일민족주의와 반북국가주의 모두 비판했다. 그리고 이와 함께 미국을 절대시하는 숭미 이데올로기 역시 비판했다. 김대중은 미국, 일본, 북한을 상대로 형성된 감성적이고 이념적인 태도의 문제점을 지적하면서 국익을 우선시하는 이성적이고 현실적이고 실용적인 외교 인식을 중요하게 여겼다.

특히 김대중이 반일민족주의와 반공주의 및 반북국가주의를 동시에 비판하면서 국익을 최우선시하는 철저한 실용주의 전략을 내세웠다는 사실은 의미가 매우 크다. 일본과 북한은 한국에 엄청난 피해를 주었기 때문에 반일민족주의와 반북국가주의는 대중적으로 강력한 호응을 얻을 수 있었다. 보통 보수 우파 진영에서 현실주의를 강조하는 사람들은 국제적 현실을 거론하면서 반일민족주의의 문제점을 지적하지만 반북국가주의를 고수한다. 반대로 진보 좌파 진영에서 현실주의를 강조하는 사람들은 반북국가주의의 문제점을 지적하지만 반일민족주의를 고수하는 경향이 두드러진다. 김대중은 국익 중심의 외교 원칙을 갖고 있었기 때문에 반일민족주의와 반북국가주의를 모두 비판했다. 당시에 이 둘을 모두 비판하면서 실용적 입장을 취한 정치인은 김대중이 유일했다. 이처럼 김대중은 냉철하면서도 이성적이고 합리적인 기준을 외교의 제1원칙으로 강조했다.

국익을 중시하는 김대중의 외교관은 민족주의에 대한 태도에서도 잘 나타난다. 일반적으로 민족주의는 국내 정치적 동원에 있어 매우 중요한 이념적 자원으로 활용된다. 문제는 이와 같은 민족주의의 발흥은 대외 관계에 있어 해당 국가의 이익에 반하는 결과를 초래하는 경우가 종종 있다. 그럼에도 불구하고 정치가들이 민족주의의 발흥을 막지 않는 이유는 민족주의는 포퓰리즘과의 결합이 용이해 국내 정치적으로 유리한 결과를 낳는 경우가 많기 때문이다. 국내 정치적 차원의 이익과 국가 이익 사이의 이해관계 충돌로도 볼 수 있는데, 국내 정치적 이익을 우선시할 경우 국익을 훼손하는 상황이 발생할 수 있다.

여기서 모든 유형의 민족주의가 동원되는 것은 아니다. 한국에서 국내 정치적으로 동원되는 민족주의는 반일민족주의이다. 반미민족주의도 존재했지만 이는 정당 정치 차원에서 확산된 것은 아니며 사회운동 세력 내에 제한적으로 존재했다. 이 점에서 보면 한국에 있어 반일민족주의의 영향력은 절대적이다. 보수 진영에서도 현실주의를 내세우는 지식인들은 반일민족주의 동원을 비판하지만, 보수 정치인들이 속으로는 그들과 비슷하게 인식하고 있다고 해도 반일민족주의를 국내 정치에 이용한다. 단적인 예로 이명박 대통령의 독도 방문과 박근혜 정권 초중반까지 일본에 대한 냉랭한 태도 등을 거론할 수 있다.

그런데 김대중은 국익을 제일 중요하게 생각했기 때문에 국내 정치 이유로 반일민족주의를 이용하지 않았다. 이 같은 김대중의 인식과 태도는 이미 1971년 대선 과정에서부터 나타났다. 1971년 대선 직후 이뤄진 하버드 대학교 라이샤워 교수와의 대담(《다리》지 1971년 7월호 게재)에서 김대중은 이렇게 말했다.

지난번 대통령선거 기간 동안 나는 한국의 재벌과 일본에 대해 비판을 삼가했었습니다. 그 이유는 영세 서민 혹은 소시민의 지지표가 많이 나올 것을 예상한 때문이기도 하지만 첫째의 큰 이유는 재벌들을 공격함으로써 계급의식 내지는 계급 대립 조성을 우려한 때문입니다. 둘째, 일본이 과거의 죄를 씻지 않고, 또는 죄의식을 갖고 있지 않아 우리의 반일 감정은 여전합니다. 그러나 사토 일본 수상이 69년 닉슨-사토 회담 때 한국은 일본의 제1차 방어선이라 한 것으로 보아 그들이 한국에 대해 올바른 인식을 하고 있음을 알았습니다. 또 우리는 일본의 힘이 사실상 필요하기 때문에 반일 감정을 격조시키지 않았습니다. [515]

김대중은 1960년대 중반 한일 국교 정상화 과정에서도 당시 야당 주류가 박정희 정권에 타격을 주기 위해 반일민족주의을 동원하는 것을 비판했다. 김대중의 일관된 국익 위주의 외교 노선을 확인할 수 있는 대목이다. 그리고 비슷한 맥락에서 맹목적 반공주의와 반북국가주의를 비판했으며 숭미 이데올로기 역시 비판했다. 이처럼 미국, 일본, 북한에 대한 인식과 정책 기조는 결국 '자주'에 대한 인식으로 이어진다. 김대중은《월간조선》1995년 1월호에 게재된 인터뷰에서 자신의 입장을 '협력적 자주'라고 설명했다.

자주는 협력적 자주여야 해요. 배타적 자주는 국익에 도움이 안 됩니다. 이승만 시대 때의 외교와는 또 다릅니다. 한국 사람들은 식민지 때문에 사대주의에 대한 센서티브한 감정을 가지고 있습니다. 지나치게 신경질적인 반응을 보이기도 합니다. 또 형식적 자주에 매달리는 경우도 있습니다. 특히 미국에 대해서는 거의 체면이 없을 정도로 수용하고 순응하는가 하면, 다른 한편은 무조건 배격을 합니다. 둘 다 옳지 않습니다. 우리는 친미도 반미도 할 필요 없습니다. 오직 국익에 따라 협력도 하고 또 시비를 따지기도 하면 되는 것입니다. 가장 중요한 것은 협력적 자주예요. 국익에 도움이 되는 자주를 해야 합니다. 민족이 합심해 자신 있게 여유 있는 자주를 해나가되 주변국과 협조가 있어야 합니다.[516]

이처럼 김대중은 외교에 있어서 국익을 가장 제1의 원칙으로 삼았다. 그는 미국, 일본, 북한을 상대로 균형 있는 시각으로 객관적이고 현실주의적 접근을 통해 국익을 최우선시하는 모습을 보여줬다. 주변국에 대한 협력적 자주를 통해 국익을 극대화하고자 한 것이다.

김대중 외교 강조점 2:

지정학적으로 불리한 여건을 오히려 유리하게 역전시키자

김대중은 평소에 우리의 운명은 우리 스스로 개척해야 하고 남 탓하지 않아야 한다고 주장했다. 이것은 김대중이 견지하고 있던 가장 기본적이고 핵심적인 인식이다. 이와 관련해 김대중은 1973년 3월 21일 재일교포 민주화운동가들을 상대로 한 연설에서 다음과 같이 말했다.

> 우리가 오늘날 이처럼 고생하는 것은 미국 탓도 아니요, 일본 탓도 아니요, 우리 선조들이 못났기 때문에 우리의 선조들이 무엇이 옳고 무엇이 그른가 알면서도 그 하찮은 목숨 하나가 아까워가지고 나라를 위해서 민족을 위해서 국민을 위해서 싸우지 않았기 때문에 이 불행이 계속적으로 우리까지 내려왔다고 저는 알고 있습니다.[517]

여기에서 보듯 김대중은 문제의 원인을 외세 탓으로 돌리지 않았다. 김대중의 매우 탁월한 인식이라고 할 수 있다. 왜냐하면 김대중이 성장하던 시절에는 일본의 침략, 소련과 중국과 연계된 북한의 침략과 지속적 위협 등으로 외세 전반에 대한 부정적 인식이 매우 강했을 때였다. 이러한 상황에서 남을 탓하는 태도의 문제점을 지적하고 자주적인 태도를 강조하는 것은 함의하는 바가 크다.

여기에서 더 나아가서 김대중은 평소 역경에 굴하지 않고 인내하면서 위기를 기회로 바꾸도록 하는 적극적이고 진취적인 태도를 강조했다. 이런 김대중의 인식이 잘 나타난 분야가 외교다. 일반적으로 한국의 지정학적 조건은 불리하다고 평가된다. 그런데 김대중은 그와 같은 위기를 막는 것에서 더 나아가 지혜로운 외교 전략을 통해 위기를 기회로 만들 수 있다는 대단히 진취적이고 적극적인 인식을 보여주었다. 이와 관련된 대표적인 사례가 1970년대 초 미중 화해를 한반도 평화통일을 위한 기회로 삼아야 한다고 주장한 것이다. 1972년 2월 24일에 김대중은 다음과 같이 말했다.

> 이번의 미중 접촉에 대해서 가장 큰 관심과 우려를 표명하고 있는 나라 중의 하나가 바로 우리 한국입니다. 우리 정부는 이것이 한반도 평화에 커다란 영향을 줄 것이라는 우려를 표시한 바도 있습니다. 이것은 당연한 관심이라고 생각합니다. 그러나 나는 이번의 닉슨 대통령의 중국 방문은 우리의 활용 여하에 따라서는 한반도의 긴장을 완화시키고 항구적 평화를 확보하는 데 커다란 계기가 될 수 있다고 믿고 있습니다. [518]

1969년 닉슨독트린과 1971년부터 시작된 미중 화해는 동북아 지역을 포함한 전 세계에 매우 큰 영향을 주었다. 특히 이와 함께 진행된 미군 철수로 인해 한국은 매우 큰 충격을 받았다. 갑작스러운 미중 화해의 역사적 격변 속에서 강대국에 의해 우리의 운명이 크게 영향받을 것이라는 우려가 팽배했다. 19세기 말부터 이어진 역사적 경험으로 인해 이러한 불안감은 가중됐다. 당시 상황을 심각한 안보상의 위기 국면으로 볼 수도 있었다. 그런데 이에 대한 박정희와 김대중의 인식과 해법은 전혀 달랐다. [519] 박정희 정권은 이러한 위기감을 독재를 강화시키는 명분과 근거로 활용했다. 그런데 김대중은 이를 한반도의 평화와 통일의 길로 나아가는 기회로 활용할 수 있다는 판단을 한 것이다.

김대중의 이러한 인식 기조는 지속된다. 특히 미소 냉전이 끝난 탈냉전 시기에 김대중은 그동안 불리한 운명의 족쇄와도 같았던 한반도의 지정학적 조건이 정반대로 긍정적인 역할을 할 수도 있다는 대단히 혁신적 인식을 보여주었다. 이와 관련해 매우 의미심장한 비유를 사용하면서 사고의 전환을 촉구하고 긍정적이고 적극적인 태도를 강조했다. 김대중은 1993년 9월 16일에 "우리는 한 사람의 처녀를 놓고 네 사람의 총각이 구혼할 수 있는 여건을 만들어가지고, 우리가 골라잡아서 혹은 적당히 레이스를 조정할 수 있는 외교를 할 수는 없는 것인가, 저는 우리 민족이 지혜만 있다면 할 수 있는데, 이러한 것이 가능하며 그러한 절대적인 조건이 통일이라고 생각합니다"[520]라고 했다. 《월간조선》1995년 1월호에 게재된 인터뷰에서는 "우리나라는 위치가 매우 좋습니다. 일본·중국·러시아 사이에 위치해 있어 약할 때는 수탈을 당하지만 강할 때는 부채꼭지처럼 중심이 됩니다. 우리나라에 대해 주변국에서 몹시 신경을 씁니다"[521]라고 했다. 퇴임 이후인 2008년 10월 23일에는 "항상 그걸 비유할 때 도랑에 든 소가 양쪽 언덕 풀 뜯어 먹는다고 그러는데 우리가 이렇게 둘러싸여 있는 것이 불리한 면도 있지만 어떤 면으로 또 경제적으로 갖는 거리가 가깝고 문화가 많이 상통하기 때문에 좋은 점도 있어요"[522]라고 했다.

이렇듯 김대중은 지정학적으로 불리한 여건에 좌절하지 말고 이를 전화위복의 계기로 삼아 오히려 유리한 결과를 낼 수 있도록 적극적이고 진취적인 태도를 갖자고 주장한다. 이 시기 김대중의 여러 언급 가운데 1995년 3월 22일 강연 내용은 지정학, 외교, 통일에 관한 김대중의 입장이 가장 압축적으로 드러난다.

한국은 지리적으로 작은 나라입니다. 그러나 지정학적으로는 굉장히 크고 중요한 나라입니다. 한국이 어디로 도느냐에 따라서 중국과 러시아, 그리고 미국과 일본의 운명이 크게 결정이 됩니다. 따라서 조선왕조 말엽처럼 우리가 못나고 내 문제를 내가 해결 못하면, 마치 썩은 고기를 이리 떼가 달려들어 뜯어먹듯이 뜯어먹힙니다. 그러나 우리가 남북이 협력해서 안으로는 철저한 민주화를 해서 국민적 단합을 이루어내고 신명난 참여를 이끌어내고, 밖으로는 그러한 민족적 단합을 해서 남북이 같이 손잡고 나가면 누가 우리를 무시하겠습니까? 7천만입니다. 경제가 세계의 12위 안에 들어갈 것입니다. 그렇게 되면 정말로 서로 우리 비위를 맞추려고 할 것입니다. … 절대로 우리들 머리에서 '우리는 약소국가다. 우리는 주변 강대국과 싸워서 이기지 못한다' 이런 사고방식 가지면 안 됩니다. 임진왜란 때 이순신 장군이 전함 많이 가지고, 군대 많이 갖고 이겼습니까? 지리를 잘 이용하고 지정학적으로 잘 골라 싸워서 해남 울돌목, 명량 같은 곳에서 불과 12척 가지고 일본의 170여 척의 함선을 몰살시키면서 승리하지 않았습니까? 이런 역사를 우리는 가지고 있습니다. 따라서 우리는 이 남북이 반드시 협력해서 강대한 한반도 우리 민족을 만들어가지고 4대국에 대해서 과거에 눈치만 보고 살던 곳이 이제는 그들이 우리 눈치를 보게 만들어야

하는 그런 나라를 만들어야 한다는 것을 나는 여러분께 역설하고 역설합니다. [523]

여기서 제일 먼저 강조한 내용은 '한국은 지리적으로는 작은 나라이지만 지정학적으로는 굉장히 크고 중요한 나라이다'이다. 이는 김대중의 창조적이고 적극적인 외교 인식을 압축적으로 보여준다. 배경이 이러하니, 김대중은 한반도가 평화통일을 하면 그동안의 지정학적 저주가 지정학적 축복이 될 수 있다고 강조한다. 놀라울 정도로 적극적이고 진취적인 인식이다.

2. 김대중의 구체적인 외교 인식

앞서 설명한 김대중 외교 인식의 구체적인 사례에 대해 살펴보자. 여기서는 미국, 일본 그리고 중국을 비롯한 사회주의 국가에 대한 김대중의 인식에 대해 살펴보려고 한다. 시기적으로는 김대중이 1960년대 중반부터 1990년대 중반까지 민주화운동과 야당 지도자로서 활동할 때이다. 이는 김대중 정부 외교정책의 성격을 파악하는 데에 도움이 된다.

가. 미국에 대한 인식

미국은 한국 외교에 있어 가장 핵심적이면서도 중요한 위치를 차지하는 국가다. 냉전 시기 미국은 자유주의 진영의 패권 국가로서 소련에 맞서 자유주의, 민주주의, 시장경제 등의 가치를 옹호하고 전파하는 역할을 수행했다. 소련 붕괴 이후에는 유일 초강대국으로서 하드파워와 소프트파워 모든 측면에서 최고의 영향력을 행사한다. 2008년 금융위기와 중국의 부상 등으로 냉전 해체 직후 이어지던 미국의 압도적 우위 국면에 약간의 변화가 나타나고 있지만 미국의 절대적 영향력은 여전하다.

이러한 미국은 한국에 있어 특별하다. 미국은 제2차 세계대전 당시 일본과의 전쟁에서 승리해 한민족이 일본으로부터 해방되는 데에 결정적인 역할을 했다. 또한 한국전쟁 발발 직후에는 즉각 참전해 절체절명의 위기에 있던 대한민국을 구했다. 또한 전쟁 직후 폐허가 된 한국을 각종 원조를 통해 도와주었으며 경제 개발 과정에도 각종 지원과 혜택을 주어 빈곤 탈출과 함께 경제 발전을 이루는 데에 매우 결정적인 역할을 했다. 그래서 한국인들은 미국을 우방국이자 동맹국 이상의 구원자처럼 인식하는 경향이 있어, 한국 사회에는 친미주의를 넘어서 숭미주의마저 형성됐다. 그런데 숭미 이데올로기는 몇 가지 치명적인 부작용을 초래했다. 먼저 미국에 대한 객관적 인식을 어렵게 해 대미 외교에 있어 한국의 입장을 관철시키는 데에 난관이 발생했다. 아무리 한미 관계가 돈독하다고 해도 미국의 이익과 한국의 이익이 항상 일치할 수 없다는 상식적 판단을 할 수 없었던 것이다.

김대중은 1968년 1월 23일 발생한 푸에블로호 나포 사건에 대한 미국의 태도를 보면서 미국에 대한 객관적 인식의 필요성을 확실하게 깨달았다. 1968년 1월 북한의 호전적인 무력 공세는 매우 심각한 수준이었다. 푸에블로호 나포 2일 전인 1월 21일에는 북한의 특수부대 요원들이 침투해서 박정희 대통령 암살을 시도하다가 실패한 사건이 발생했다. 연이어 발생한 북한의 호전적인 도발 행위에 한국은 충격과 분노 그리고 공포심에 휩싸였다. 그런데 미국은 나포된 푸에블로호에 있던 83명 선원의 신변 안전을 중요하게 고려했고 베트남전쟁이 진행 중인 상황에서 북한과의 군사적 충돌이 부담스럽다는 이유 등으로 북한과 협상에 나서기로 했다. 그래서 2월 2일 미국은 북한과 비밀 대화를 했다.[524] 그런데 이 같은 미국의 태도는 당시 북한을 국가로 인정하지 않던 한국에는 대단한 충격이었다. 미국도 이를 의식해 국가적 협상으로 격상되는 것을 피하려고 최대한 모호하게 처리하려 했다.[525] 그럼에도 불구하고 한국은 미국이 북한과 협상 테이블에 앉았다는 것 자체가 큰 충격이었다. 김대중은 1968년 2월 7일 국회에서 이렇게 말한다.

영국의 유명한 시인 키플링이란 사람의 시에 "동은 동, 서는 서, 영원히 합칠 날이 없으리라." 이런 구절이 있는 것을 우리는 알고 있습니다. 이번에 푸에블로호 사건을 계기로 해서 우리가 가장 믿고 의지하고 혈맹의 전우로서 같이 걸어온 미국의 처사를 볼 때 우리는 이 키플링의 시를 상기하게 됩니다. 미국은 미국, 우리는 우리, 결국은 남과 남의 나라, 이런 생각을 가지게 됩니다. 내 힘으로 국방을 하지 못하고, 내 힘으로 국토를 통일하지 못하고, 내 힘으로 국제사회에서 외교적 지위를 확보하지 못하고, 내 힘으로 경제를 이끌어나가지 못한 약소민족의 비애, 믿고 또 믿은 우방국가라 하더라도 결국 이해가 상치 될 때는 자기 나라 이익이 제1차로 취급되고, 약소민족이라는 것은 거기에서 뼈저린 설움과 좌절감을 느껴야 한다는 것을 우리는 이번 푸에블로호 사건을 통해서 다 같이 느끼는 심경입니다. 우리가 공비 남침이라든가 푸에블로호 사건에서 얻은 충격이 외형적이고 순간적이었다고 할 것 같으면, 아마 이번 사건에서 미국의 태도에서 얻은 우리들의 충격은 창자 깊숙이 스며드는 비애요 고독감이라고, 이렇게 말할 수 있을 것이라고 본 의원은 생각하는 것입니다.[526]

이처럼 깊은 충격과 비애감을 토로한 김대중은 기존의 한미 관계에 대한 재인식의 필요성을 강조하며 한국 외교 전략과 방향의 대대적인 혁신을 촉구했다. 대미 외교가 한국 외교에서 차지하는 절대적 비중을 감안할 때 이는 가히 코페르니쿠스적 전환이라고 할 수 있다. 여기에 더해 1969년 7월 괌에서 발표된 닉슨독트린은 대미 외교 전략 수정에 있어 큰 영향을 주었다. 닉슨독트린은 베트남전쟁에서의 미국의 후퇴, 중국과의 관계 정상화 및 일본의 역할 강화 등 동아시아 지역에 막대한 영향을 주는 내용으로 구성돼 있었다. 김대중은 1970년 7월 13일 국회에서 이렇게 말했다.

우리는 이제 한미 간에 새로운 시대가 왔고, 또 새로운 사실을 우리가 인정해야 하겠다 하는 것을 말씀하지 않을 수 없습니다. 우리는 지금까지 미국이라고 하면 덮어놓고 온정적이고 감상적으로 대해왔습니다. 내 친형제같이 대해왔습니다. … 그러나 명백한 것은 외교에는 국제 관계에는 영원한 적도 없고 영원한 내 편도 없습니다. 오늘날 미국은 우리를 해방시켜주었고 공산주의자로부터 우리를 지켜주었고 또 지금 여기에 주둔하고 있는 동맹국가이지만 절대로 동일 국가는 아닌 것입니다. 그 미국이 바로 지금부터 50년 전에는 가쓰라 태프트 밀약을 맺어가지고 일본으로 하여금 한국을 병합하도록 이것을 양해해주고, 그 대신 자기들은 태평양에서 필리핀을 지배하는 것을 양해받았던 것입니다. 미국은 자기의 국가 이익에 따라서는 우리 한국과 언제든지 다시 멀어질 수 있는 나라라 하는 것을 분명히 인식하고, 그러한 인식 위에서 우리가 다루지 않는다고 할 것 같으면 우리 혼자 짝사랑하는 그러한 감정, 온정주의적·감상주의적 생각만 가지고는 우리들은 국가에 책임 있는 국사를 요리할 수 없는 것입니다.[527]

미국이 한국에 대해 일방적으로 우대해주는 것만은 아니라는 점을 강조한 김대중은 미국이 한국을 지키고 지원하는 것은 미국의 안전과 경제적 측면 등 미국 이익과 관련돼 있다는 점을 강조했다. 1970년 7월 27일에는 국회에서 이렇게 말했다.

오늘날 미국이 한국을 방위한다고 할 것 같으면 그것은 피로 맺은 우방이기 때문에 그런 것이 아니라 만일 미국이 한국을 포기했을 때 미국이, 공산국가와 대항해가는 미국의 입장이, 권위가, 또 세계 자유 우방으로부터의 신임이 유지되지 않는다는 이러한 문제, 또 한국이 공산화됐을 때 당장에 일본이 위협을 받고, 일본이 위협을 받으면 태평양까지 위협을 받아가지고 이것이 미국의 안전보장에 대해서도 종국적으

로는 위협이 된다는 문제, 또 일부의 미국 사람들은 앞으로 아세아에
있어서 미국이 만주대륙과 서백리아西伯利亞(시베리아의 음역어) 이쪽으
로 경제적 진출을 해나가는데 있어서 한국이 하나의 전진기지가 될 수
있다 하는 이런 등등의 자기 국가의 이익을 중심으로 문제를 판단하고
있는 것이지, 결코 한국이 피로 맺은 우방이기 때문에 그런 것은 아니
고 외교석상에서 번지르르하게 말한 것은 그것이 그 나라의 정책을 좌
우하는 것은 못되는 것입니다. [528]

이는 한국 사회에 뿌리 깊이 박혀 있는 미국 보은론에 대해 문
제 제기를 하는 것이다. 미국이 우리에게 있어 중요하고 고마운 존
재이지만 미국이 한국을 도운 것은 미국의 이익과 관련돼 있기 때
문에 너무 일방적으로 생각하지 말자는 뜻이다. 이 같은 배경에서
김대중은 신민당 대통령 후보로 선출된 이후인 1970년 10월 25일
"우리는 외교와 동맹을 혼동해서는 안 된다"[529]는 입장을 밝힌다.
이처럼 김대중은 대미 외교에 있어 현실적 태도를 강조했다. 이러
한 대미 인식은 1980년대 사회운동 진영에서 거세게 확산되던 반
미주의에 대한 비판으로 이어진다. 1980년 광주민주화운동 당시
미국의 태도에 대한 회의와 불만으로부터 형성된 반미주의는 기존
의 숭미 이데올로기를 전복시키는 과정에서 급진화된 형태로 나타
났다. 이에 대해 김대중은 국익의 관점에서 반미주의를 비판했다.
《월간경향》 1987년 9월호에 게재된 인터뷰를 보자.

우리는 미국에 대해 친미할 필요도 없고, 반미할 필요도 없습니다. 우

리의 국가 이익대로 상대하면 됩니다. 이익에 맞으면 협력하고, 안 맞으면 비판하면 됩니다. 미국에 대해 사촌같이 매달리는 것도 사대주의이지만, 또 잘 안 해준다고 토라져서 마구 화내는 것도 역사대주의입니다.[530]

이처럼 김대중은 1960년대 후반부터 대미 외교에 있어 현실주의적이고 실용주의적인 태도를 강조했다. 김대중은 숭미주의와 반미주의를 모두 비판하면서 대미 외교 정책의 기조를 확립한 것이다.

나. 일본에 대한 인식

1950년대부터 대일 외교를 중요시했던 김대중

흔히 한일 관계는 가깝고도 먼 사이라고 표현된다. 지리적으로 보면 최인접 국가인데 멀게는 16세기 말 임진왜란 가깝게는 1910년부터 1945년까지 일본의 식민 통치로 인해 한국은 일본으로부터 큰 피해를 당했다. 특히 한국은 전통적으로 일본에 대한 우월 의식이 있었기 때문에 일본의 식민 통치에 대한 반발은 더욱 심했다고 볼 수 있다. 그런데 일본은 막강한 경제력을 갖고 있고 미국의 핵심 동맹국이어서 경제, 안보, 국제정치 차원에서 한국과 한반도에 큰 영향을 준다. 그래서 일본에 대한 민족감정이 나쁘다고 해도 현실적으로 일본은 한국에 있어 중요한 외교 대상이다.

김대중은 일본의 현실적인 영향력을 일찍부터 인식했기 때문에 대일 외교를 중시했다. 김대중이 박정희 정권 시절 추진된 한일 국교 정상화를 원칙적으로 찬성한 것은 상당히 유명하다. 그런데 그보다 전인 이승만 정권 시절인 1953년 29세 때부터 한국과 일본의 국교 정상화가 필요하다는 입장을 보였다. 1953년 10월 2일 〈한일 우호의 길〉(상)이라는 제목의 칼럼을 보자.

오늘날 악독한 공산 침략에 직면해 전 자유 진영이 그의 생존을 위해서 굳게 단결해야 할 차제此際에 지리적으로 순치脣齒의 관계에 있는 같은 자유 진영의 일원으로서 겸하여 앞으로 조직될 태평양반공동맹에 있어서도 같이 중추적 역활을 해야 할 한일 양국의 반목 대립은 아주亞洲 반공 세력의 강화는 물론 전기前記 반공동맹의 추진에도 치명적 지장을 초래할 것이라는 것은 명약관화한 사실이 아닐 수 없는 것이다. 사실 단적으로 말해서 금일의 절박한 노예와 멸망의 공산 침략으로부터 양국 민족을 구하기 위하야는 일절의 난관을 극복해 양국민의 우호단합이 엄숙히 요청되는 것이다. 그러나 아무리 우리 민족성이 온후하고 또 대공對共 처지가 절실하다 하드래도 천년 숙원을 그대로 두고 겸해 현재의 방만무도한 태도마저 눈감은 채 악수의 손을 내민다는 것은 민족의 자존심이 이를 불허함은 물론 양국의 우호 협조 그 자체를 위해서도 결코 소기의 목적을 달성할 바는 못 되는 것이다. 한일국교의 새로운 판국에 처해서 우리는 단호히 일본의 옳지 못한 태도의 시정을 얻으므로서만이 진실로 영원한 양국 친선의 튼튼한 기초를 닦을 수 있는 것이다.[531]

이때는 1953년 7월 정전협정이 체결된 직후여서 반공주의가 매우 강력했고 해방된 지도 8년밖에 안 돼서 반일민족주의도 매우 강력했다. 당시 미국은 한일 국교 정상화를 통해 이 지역에서 공산주의 세력의 팽창을 억제하려고 했다. 그런데 이 사안에 있어 이승만의 반대가 완강했고 한국 국민들 사이에서 일본의 식민 통치에 대한 분노가 매우 깊었기 때문에 한일 국교 정상화는 어려운 일이었다. 하지만 김대중은 동북아 지역에서의 공산주의 세력에 대항하기 위해 한일 간의 신뢰 회복을 통한 관계 정상화가 필요하다고 판단했다. 김대중의 비판 대상은 한일 국교 정상화 자체가 아니라 바람직한 국교 정상화를 하기 위해 필요한 행동을 일본이 제대로 하지 않고 있다는 데에 있었다.

이렇듯 김대중은 1950년대부터 한일 국교 정상화의 필요성에 대해 원칙적으로 인정하고 동의했다. 김대중은 박정희 정권의 대일 외교 방식을 비판하면서도 한일 국교 정상화 자체에 대해서는 원칙적으로 찬성한 이유가 여기에 있다. 이로 인해 1960년대 중반 김대중은 변절자를 뜻하는 '사쿠라'로 몰려서 매우 힘든 시기를 보내야 했다. 그만큼 김대중의 대일본 인식은 매우 현실적이고 실용적이었다. 또한 청주교도소에 수감 중이던 1982년 2월 23일에 보낸 옥중서신에서는 이렇게 당부했을 정도다.

둘 다 어학에는 영어와 일본어는 필수로 생각해라. 일본어 필수는 잘 납득이 가지 않을지 모르나 거기에는 이유가 있다. 첫째, 일본은 싫든 좋든 가까운 이웃일 뿐 아니라 앞으로 우리의 운명에 지대한 영향이 있다. 둘째, 일본은 경제를 중심으로 하는 그 힘이 아시아와 세계에서 큰 영향이 있으며 더욱 커질 것이다. 어찌 우리가 무시할 수 있겠느냐? 셋째, 일본은 지금까지의 서구의 모방의 시대로부터 이제는 더 배울 것이 없으니 부득불 자기 창조의 시대로 들어가고 있다. 기술도 문화도 학문도 그렇다. 특히 동양 문화와 서구 문화의 관계를 어떻게 조정·통합할 것인가 하는 앞으로 너희 시대의 가장 중요한 문제에 우리보다 몇 발 앞서 들어가고 있다. [532]

김대중의 대일본 인식은 '극일克日을 위해 지일知日을 해야 한다'는 것으로 볼 수 있다. 김대중은 일본이 싫다고 일본을 배척하고 무시하고 외면하면서 일본 욕만 하고 일본에 대한 반감만 드러내는 것은 현명하지 못한 태도라고 보았다. 대일 외교에 있어 실용과 실질 그리고 실력을 중시했기 때문이다. 이는 김대중의 외교 인식 더 나아가 김대중의 정치철학의 핵심적인 부분이 반영된 것이라 볼 수 있다.

화해와 협력을 통한 대일 관계 진전,
'한국 있는 일본, 일본 있는 한국'을 지향하다
김대중은 한일 간의 진정한 화해와 협력을 지향했다. 이를 위해 과거사를 청산해 한일 양국 국민 사이에 상호 존중의 호혜적인 인식 형성이 필요하다고 판단했다. 그래서 먼저 일본이 제대로 된 과거사 청산을 하지 않은 상태에서 한국의 독재 정권과 검은 유착을 하고 있는 것의 문제점을 지적했다. 김대중은 1차 망명 투쟁 중 이러한 내용을 강조했다. 김대중의 주장은 일본 내에서 호응을 얻기 시작했다. 결정적으로 1973년 8월 8일 도쿄에서 발생한 납치살해미수사건으로 일본 내에서 재일교포와 일본인과의 한일 연대 운동이 본격화됐다. 이 활동은 1980년 사형선고를 받은 김대중에 대한 구명 운동으로 이어졌다. 이 운동은 아시아 민주주의, 인권, 평화 운동의 성격을 띠고 있었고, 이러한 보편 가치를 통해 한일 관계 발전을 이룩하고자 했다. 1983년 11월 4일 작성된 김대중의《옥중서신》일본어판 서문 친필 초안을 보면 김대중의 인식을 알 수 있다.

> 일본에서 나를 위해 수백만의 서명운동이 벌어지고 곳곳에서 데몬스트레이션이 일어나고 있다는 것을 알 때 나는 얼마나 크게 고무되고 감사를 했던가! 일본의 모든 벗들은 내가 옥중 생활을 하는 동안 언제나 마음속에서 같이 있었다. … 이와 같이 몇 겹으로 닫혀진 한일 양 국민 사이의 문을 뜻있는 동지들과의 협력으로 하로 속히 열어 재껴야 한다. 그리하여 우리의 다음 세대만이라도 서로 이해와 협력 속에 화목한 이웃으로서 살아가도록 해야 한다. 다행히 나는 한국사람 중 누구보다도 일본의 여러분과 특별한 인연으로 인해 일본인과 서로 마음의 공감대를 갖고 있다고 믿는다. [533]

김대중은 일본 내에서 진정한 한일 연대와 동북아 평화를 지향하는 자유주의적 성향의 양심적 세력을 중시했다. 그래서 이들이 일본의 우경화를 막고 일본이 동북아시아 평화와 한반도 평화통일에 긍정적이고 건설적인 역할을 하도록 이들과의 협력을 강화했다. 과거사 청산에 있어서도 김대중은 일본뿐만 아니라 한국에서의 노력도 필요하다고 판단했다. 이와 관련해서 김대중은 한국의 일본에 대한 이중적 심리 문제 해결이 필요하다고 강조했다. 김대중은 1975년 8월 15일 성명서에서 다음과 같이 지적한다.

한일은 서로 엄연한 외국이다. 그 이상도 그 이하도 아니다. 따라서 우리는 일본의 일부에 있는 한국에 대한 보호자 또는 시혜자연하는 여전한 우월 의식을 배제하는 동시에 우리 자신이 그간 보여온 지나친 의존이나 기대 등의 열등의식도 청산해야 한다. 양국 간에는 불행한 과거가 있었으며 지금도 어쩔 수 없는 인접 관계에 있을수록 평등한 입장에서 절도 있게 양국 관계를 정립시켜나가야 한다. 이러한 새 출발이야말로 양 국민의 이해와 협력을 얻게 되며 두 나라 간의 참된 친선을 다져가는 기초가 될 것이다.[534]

김대중은 일본에 대한 감정적 접근을 배제하고 객관적인 관점에서 냉철하게 대할 필요가 있다고 보았다. 한일 간 정부 차원의 관계뿐만 아니라 시민사회 사이의 교류와 소통을 발전시켜 한일 관계의 질적 발전을 도모하고자 했으며, 일본이 동북아 지역의 평화와 공동 번영에 긍정적 역할을 하게끔 노력했다. 김대중이 1995년 4월 10일 22년 만에 일본을 방문해 나리타공항에서 발표한 성명에 이러한 입장이 잘 나타나 있다.

한·일 양국은 세계 어느 나라보다도 가깝습니다. 정치, 경제, 안보의 면에서도 매우 긴밀합니다. 마음의 거리도 똑같이 좁혀져야 하겠습니다. 우리의 현재와 미래를 위해서 일본 없는 한국은 있을 수 없고, 한국 없는 일본도 있어서는 안 되겠습니다. 저의 이번 방문이 '일본 있는 한국', '한국 있는 일본'을 위한 조그마한 밑거름이 되기를 진심으로 바랍니다. [535]

여기서 말한 '일본 있는 한국', '한국 있는 일본'은 한일 관계 발전의 핵심 내용이자 지향점이다. 한일 관계에 대한 김대중의 철학이 압축적으로 반영된 표현이다. 김대중의 대일본 인식은 현실주의적 유연성에 기반해 있기 때문에 [536] 냉철하면서도 이성적인 기준으로 대일본 외교의 기조와 전략을 구체화했다.

다. 사회주의 국가와 중국에 대한 인식

공산권 국가를 향한 실용 외교: 할슈타인 원칙 폐기와 중국과의 관계 개선

1960년대 김대중은 유럽의 동향을 예의주시했다. 유럽은 지리적으로 한반도를 포함한 동북아 지역과 멀리 떨어졌을뿐더러 냉전시기 미소의 영향력이 압도적인 터라, 과거 제국주의 시대처럼 유럽의 전통 강대국들이 동북아 지역에 직접 영향을 줄 수는 없었다. 그럼에도 불구하고 유럽의 상황은 미소 냉전 체제에 상당한 영향을 줄 수 있었기 때문에 김대중은 여기에 주목했다. 1964년 10월 26일 국회에서 다음과 같이 말했다.

노동당 정부 당시, 물론 6·25 때 영국에서 노동당이 집권하고 있지 않았던들 영국이 그토록 전쟁 확대를 겁내지 않았을 것이고, 또한 "UN군이 압록강 이북을 폭격하지 않을 것이다" "UN군이 원자탄을 쓰지 않을 것이다" 이런 등등의 최고의 기밀을 인도 등의 중립국가를 통해서 공산 진영에 알려주지 아니했을 것입니다. 그렇다면 우리는 오늘 적어도 원산선까지는 몰고 올라가서 사실상 통일을 하고 있을 것입니다. 이런 점으로 볼 때에 앞으로 이 노동당 집권이 우리에게 줄 영향은 매우 심대할 것이 예상이 됩니다.[537]

유럽 변수를 주목하던 김대중은 1966년 2월 21일 미국 국무부 초청으로 비행기에 올랐다. 그는 주로 미국에 있다가 5월 1일 영국에 도착해 5월 11일까지 유럽에 머물렀다. 그 뒤 인도 홍콩 일본을 거쳐서 5월 27일에 귀국했다. 김대중이 미국과 유럽을 방문한 것은 이때가 처음이었다. 100여 일에 가까운 기간 동안 그는 직접 체험을 통해 견문을 넓힐 수 있었다. 이때 경험한 유럽에서의 변화에 주목하면서 김대중은 1966년 7월 1일 국회에서 할슈타인 원칙 포기를 주장했다.

그다음에 소위 독일에서 공산권과 …. 동독과 국교를 맺고 있는 나라와 국교를 단절한다는 '할슈타인 원칙'이라는 것이 있습니다. … 그러나 앞으로도 이렇게 모든 국제적인 정세의 흐름으로 보아서 서독에서도 이제는 '할슈타인 원칙'을 포기하고 있는데, 서독과 루마니아는 이제 국교를 맺는 단계로 들어가고 있는데, 우리나라에서도 이 '할슈타인 원칙'이라는 것은 우리 국가의 실리에 맞지 않는 것이 아닌가, 외교라고 하는 것은 자기 국가의 이익을 추구하는 것이 제1차적인 목표인데, 우리가 대상 국가에 대해서 아무 원조도 못 해 주고 아무런 위협적 수단도 가지고 있지 못하면서, 위협 수단을 가지고 있는 서독도 성공하지 못한 그런 '할슈타인 원칙'을 우리가 주장한다는 것은 우리 스스로의 손실만 초래할 것이 아닌가 그러기 때문에 이 '할슈타인 원칙'을 포기하는 것이 어떤가 이렇게 생각하는데, 정부 당국자의 소신은 어떤가?[538]

김대중은 프랑스와 서독 등이 동유럽 사회주의 국가들과 관계를 개선해 미소 냉전에 균열을 내고 있는 점에 주목해 할슈타인 원칙 폐기를 주장하게 된 것이다. 1971년 3월 24일 7대 대선 공약에는 '비적성공산국가와의 통상 및 외교관계 추진'을 공약[539]으로 내세우게 된다. 1970년 10월 30일에는 유럽 시장의 중요성을 강조하면서 "유럽 시장, 특히 유럽의 자본시장은 한국의 외교정책이 특히 중점을 두어야 할 부분인데, 이는 외자 유치에 있어서 미국, 일본, 서유럽 3자 간의 균형이 중요하다고 판단되기 때문입니다. 이러한 3자 균형은 우리가 어느 특정 단일 국가에 경제적으로 종속되는 것을 방지해줄 수 있을 것입니다"[540]라고 언급했다. 이처럼 그는 반공 이념에 매몰되지 않고 실용적이면서도 현실주의적인 외교를 강조했다.

중국에 대한 인식에도 이 태도가 그대로 나타난다. 중국은 한국전쟁 당시 북한을 도와 우리와 미국을 상대로 전쟁을 해서 통일을 막았다. 이 탓에 당시 중국에 대한 한국의 인식은 매우 적대적이었다. 이러한 중국이 1964년 10월 16일 핵 실험에 성공해 미국, 소련, 영국, 프랑스만 보유한 핵무기를 손에 넣었다. 중국이 세계적인 군사 강국으로 올라섰음을 의미했다. 특히 같은 공산주의 국가인데도 대립 관계에 있던 소련을 상대로 중국의 자율성이 더욱 강화됐음을 의미했다. 중국의 핵보유는 전 세계적으로 영향이 컸지만 특히 동북아 지역에 매우 큰 영향을 주었다. 이에 대해 김대중은 1964년 10월 26일 이렇게 말했다.

> 중공의 핵폭발은 이것이 전력으로 볼 때에는 당장은 큰 힘을 갖고 있다고는 말할 수 없을 것입니다. 그러나 이것이 세계적으로 미치는 심리적 또는 정치적 영향은 지대한 것이라고 아니할 수 없습니다. 아시다시피 핵폭발을 한 것은 오늘날 세계 강대국가로서 뚜렷한 자격과 권리를 얻게 된 증거가 되는 것이고, 또한 이것을 공산주의자들은 선전하기를 중국 대륙과 같은 후진국에서 불과 20년 동안에 핵폭발을 일으킬 수 있는 강대한 국가로 건설했다는 것은 공산주의의 우월성을 과시한 것이라고 세계에 선전할 수 있을 것이고, 또 틀림없이 그렇게 하고 있는 것입니다. … 또 북한의 중공에 대한 경향은 더한층 심해질 것이 예견되는 것입니다. [541]

중국은 한국전쟁에 참전해 미국과의 전쟁에서 패배하지 않았을 뿐더러, 한반도의 절반을 공산주의 세력하에 둘 수 있도록 했다. 이제 중국이 핵무기까지 보유하자 적어도 동북아 지역에서 중국은 소련 이상의 영향력을 가진 것이다. 이후 미국은 소련을 견제하기 위해 중국과 손을 잡는 전략적 선택을 했다. 미국 닉슨 대통령의 안보담당 특별보좌관 키신저가 1971년 7월 9일부터 11일까지 중국을 방문해 중국의 저우언라이 총리와 회담을 했다. 그리고 1972년 2월 21일부터 28일까지 닉슨 대통령의 역사적인 중국 방문이 이뤄졌다. 미중 관계가 급변하자 김대중은 중국과의 외교의 중요성에 대해 1972년 9월 16일 이렇게 말했다.

우리의 입장은 소련이나 중국을 비교할 때는 중국이 절대적으로 우선하는 것입니다. … 중국이 우리에게 7억 5,000만을 가진 대국이 호의적으로 대했을 때 우리는 평화와 안전이 있는 것이고, 7억 5,000만을 가진 중국이 우리에 대해서 적대적인 행위로 나왔을 때에는 우리는 커다란 위협에 직면하는 것입니다. 따라서 본질적으로 서방 국가인 소련과 전적으로 아세아, 그것도 극동 국가인 중국과는 비교도 안 될 우리의 관계인 것입니다. … 그런데 우리는 중공에 대해서 아무 막을 힘도 없고 아무 우리가 영향도 실질적으로 못 주면서 쓸데없는 소리만 해왔어. 중공이 UN 가입 때 이것을 문제 삼고 비상사태의 구실을 삼고, 닉슨의 중공 방문에 대해서 우리는 그것이 옳지 못하다는 주장을 했고, 또 우리 국무총리는 일본과 중국의 국교가 너무 가속도로 진행된다고 시비를 걸었고, 거기에다가 우리는 지금 객관적으로 볼 때 중국에 대해서보다 더 소련에 접근하는 이러한 방향으로 지금 나가고 있어! … 그 결과는 불행한 일이지만 수천 년의 역사가 증명하듯이 결국 우리의 손해로 귀착될 가능성이 많은 것입니다.[542]

김대중은 동북아 지역에서 중국의 위상과 역할이 소련에 비해 더 중요하다는 사실을 알고 있었다. 그만큼 동북아 지역의 냉전 구조에서 중국 변수를 중시했기 때문에 미중 화해가 이뤄지는 격변 속에서 중국 대륙을 차지한 중국 공산당 정권에 대한 현실적이면서도 실용적인 외교를 강조한 것이다. 그는 1975년 8월 15일 이렇게 말했다.

우리는 미·일 우방과의 유대를 계속 공고히 하는 일방 중·소 양국에 대한 불필요한 자극적 행동도 피해야 할 것이다. 최근 여야 일각에서의 지나친 친대만적 행동은 결코 우리의 국익에도 도움이 되지 않는 것이라 생각된다. [543]

김대중은 중국에 적대적이고 자극적인 행동을 하지 말아야 하며, 대만과의 유대 관계를 강화하는 것이 우리의 국익에 도움이 되지 않는다고 지적했다. 미국과 중국은 1979년 1월 1일 국교를 정상화했다. 김대중은 이러한 동북아 정세의 변화에 적극 대응해야 한다고 보았다. 1979년 6월 29일 카터 미국 대통령이 방한하기 전인 1979년 상반기에 작성한 글에 이러한 입장을 밝혔다.

우리는 새로운 정세 아래 중화인민공화국과의 관계 개선을 준비하기 위해 대만과의 국교를 종식시켜야 한다. 우리나라의 역사와 지정학적 위치에 비추어 중국과의 평화적 관계없이 한반도의 평화를 기대할수는 없다. 나는 아시아의 평화와 한중 관계의 발전을 위해 내가 직

접 북경을 방문해 중국 지도자들과 협의할 기회 있기를 희망하는 바이
다. [544]

이때 김대중은 공산 중국과의 관계 정상화와 대만과의 단교를
주장했다. 당시 공산 중국에 대한 적대적이고 부정적인 인식을 감
안하면, 김대중의 중국 인식과 대중국 외교 전략은 매우 파격적이
었다. 그만큼 김대중은 외교에 있어 국가 이익을 제일 중요하게
생각했다.

2장
한반도 평화통일과 외교 전략

김대중은 평화통일 문제에 역사적인 업적을 남겼다. 분단 이후 최초로 남북정상회담을 성사시켰고 남북 관계에 획기적 전환을 가져온 6·15공동선언을 이끌어냈다. 이뿐만 아니라 그에게는 평화통일에 관한 독자적이면서도 체계적인 정책 구상이 있었다. 대통령이 되기 전에 이 같은 비전과 정책을 갖고 있는 인물은 김대중이 유일하다. 그러면, 김대중 평화통일론은 언제 어떤 과정을 통해 형성됐을까? 그리고 그 구체적인 내용은 무엇인가?

1. 3단계평화통일론

가. 김대중 평화통일론의 초기 배경

이승만-박정희 정권 통일론의 성격과 전개

해방 이후부터 한국전쟁 전까지 청년 김대중은 중도파 민족주의 세력의 정치 노선을 지지했다. 그는 1945년 해방 직후 건국준비위원회 목포 지부에 참여했다. 그 뒤에는 좌우 합작 노선을 내세운 중도좌파 정당인 조선신민당에 참여했다. 1946년 여름경에 조선신민당 내에서 조선공산당을 추종하는 좌파 세력과의 대립 끝에 탈당했다. 김대중은 이승만 노선에 대해서도 비판적이어서 1948년 초대 대통령선거 때 중도파인 민주독립당 소속으로 서재필 박사 대통령 출마 촉구 운동에 참여하기도 했다. 이 같은 배경에서 그는 역대 한국 정부 통일방안의 문제점을 비판하고 대안을 모색해 독창적인 통일방안을 구체화했다.

김대중 평화통일론의 성격과 내용을 파악하기 위해서는 이승만 정부 때부터 박정희 정부로 이어진 한국 정부의 통일방안에 대해 살펴보아야 한다.

이승만 정부는 북한 정권을 몰아내고 북한 지역을 남한이 통치할 수 있게 되는 것을 통일이라 인식했다. 구체적인 실현 방법론으로 'UN 감시하에 북한만의 선거' '북진통일론'을 내세웠다. 1954년 11월 11일 국회에서 만장일치로 통과된 '한국 통일방안에 대한 결의안'은 이승만 정권을 비롯한 당시 정치권 전반의 인식이 그대로 드러난다.

> 대한민국 정부는 UN의 감시하 북한에서 선거가 실시할 것만을 요구하며 만일 전기 열기한 역사적 사실에 비추어 한국 전 지역에 총선거를 실시한다면 신성한 유엔 총회의 결정에 배치되는 것이며 또한 대한민국 주권을 침해하는 불행을 초래하게 되는 것이다. 그러므로 한국 통일의 방안으로서는 유엔 감시하에서 북한 지역에서 전 공산군이 철퇴한 후 선거를 실시하여 대한민국 주권을 확충하는 것만이 국시임을 재천명한다. [545]

북한 정권이 자발적으로 권력을 포기할 가능성은 없기 때문에 이러한 인식은 결국 공세적인 북진통일론으로 연결됐다. 이승만 정권은 북한부정론에 입각한 공세적 통일론을 강한 톤으로 제기하면서 북진통일을 국가 전략으로 내세웠다. 북한부정론에 입각한 통일론의 기조는 박정희 정권에도 이어진다. 박정희 정권은 유엔 감시하 총선거를 대외적으로 제시했는데 여기에는 북한부정론이 반영돼 있어서 북한에 대한 흡수통일을 염두에 두고 있었다. 박정희 대통령은 1964년 1월 10일 연두교서에서 다음과 같이 말했다.

국제연합을 통해 자유민주주의 원칙에 따라 통일을 달성할 수 있도록 적극적인 외교 활동을 전개할 것입니다. 아직도 북한에서는 공산 학정 밑에서 가난과 부자유로 신음하는 우리 동포가 있습니다. 우리는 이북 의 실지를 회복함으로 국토의 통일을 이룩할 수 있는 민족의 숙원과 노 력을 더욱 줄기차게 추구하지 않으면 안 될 것입니다.[546]

여기서 보듯 박정희 정권의 북한부정론에 입각한 통일 인식은 이승만 정권과 같다. 그런데 1960년대 박정희 정권은 이승만 정권 때와 달리 통일 문제를 국정 최대 과제로 다루지 않았으며 대체로 통일 논의 자체를 유보하고 더 나아가 회피하는 방식으로 대응했 다. 박정희 대통령은 1966년 6월 8일 유성에서 "우리가 이 문제를 본격적으로 논의할 시기는 70년대 후반기가 될 것으로 본다", "김 일성은 6·25전쟁을 일으킨 전범이므로 이들과 통일 문제를 논의한 다는 것은 언어도단이며 이 전범들이 물러나고 새로운 민족 세력 이 등장할 때 그들과 이야기할 수 있을 것"[547]이라면서 통일 문제 에 소극적인 모습을 보였다.

이러한 상황에서 분단이 장기화돼 남북 이질화가 심화되자, 유엔 감시하 남북한 총선거안은 현실성이 떨어졌다. 유엔에서의 관심도 현저히 낮아졌다. 또한 제3세계 국가들이 유엔에 대거 가입하게 되자, 유엔 감시하 총선거론이 처음 제기됐을 때의 상황과 비교해볼 때 여건이 많이 달라졌다. 결국 유엔 감시하 총선거론은 의미를 상실했다. 박정희 대통령은 1970년 8·15 경축사에서 북한의 무력 도발 포기 선언이 이뤄질 경우 전향적인 방안을 제시할 수 있다는 입장을 밝혔다.[548] 문제는 구체적인 대안을 제시하지 않았다는 점이다. 이는 북한부정론의 관성이 통일론 재구성에 계속 영향을 주었기 때문이다. 박정희 정부는 1971년 적십자 회담도 하고 1972년 7·4공동성명도 하면서 사실상 북한을 인정한다. 그럼에도 불구하고 박정희 대통령이 1973년 6·23선언을 통해 남북한 유엔 동시 가입 의사를 밝힐 때도 '북한을 국가로 인정하는 것은 아니다'라는 단서를 내걸 정도로 북한부정론의 관성은 강력했다. 북한부정론이라는 관성과 북한이라는 국가가 실재하는 현실 사이의 괴리를 해결하지 못했기 때문이었다. 이런 상황에서 박정희 대통령은 1974년 8월 15일 평화통일 3대 원칙을 제시한다.[549]

첫째 한반도에 평화를 정착시킨다, 둘째 남북 간에 상호 문호를 개방하고 신뢰를 회복한다, 셋째 그 바탕 위에서 공정한 선거 관리와 감시 하에 토착 인구 비례에 의한 남북한 자유총선거를 실시해 통일한다.

결국 박정희 정권은 감시 주체에서 유엔을 뺐을 뿐, 기존의 유엔 감시하 남북한 총선거론과 비슷한 내용의 통일론을 제시했을 뿐이다. 4년 전 새로운 통일방안에 대한 의지를 밝혔을 때의 상황, 그리고 그사이 북한과의 협상 및 합의 등을 감안해볼 때 상당히 빈약한 방안이다. 남한 인구가 북한의 두 배 가까이 되기 때문에 토착 인구 비례를 명확하게 내세울 경우 북한이 수용할 가능성 또한 사실상 없다. 끝내 북한부정론의 관성에서 벗어나지 못한 것이다.

유엔 감시하 남북한 총선거론에 대한 김대중의 시각

통일론에 대한 김대중의 최초의 입장은 유엔 감시하 남북한 총선거였다. 1964년 11월 19일 국회에서 김대중은 "UN 감시하에서 남북한이 인구 비례에 있어서 자유민주 선거의해서 통일정부를 수립하는 것이 원칙이다, 또 이 신념은 본 위원도 확실히 가지고 있습니다"[550]라고 말했다. 겉보기에는 당시 박정희 정권의 통일론과 같다. 그러나 자세히 들여다보면 북한부정론을 전제한 박정희 정권과 달리 김대중은 북한의 실체를 사실상 인정한 바탕 위에서 이러한 방안을 제시했다. 1963년 12월 28일 김대중의 국회 발언 내용을 보면 그는 북한이 이 방식을 수용할 경우 북한의 참여를 실제로 고려했음을 알 수 있다.

우리가 유엔 총회에서 언제나 내놓는 유엔 감시하의 남북한 총선거를 할 때에는 그때에는 김일성이도 이 서울에 와서 시민회관을 빌리고 서울 운동장에서 떳떳이 공산주의 선거운동을 하면서…. 선전을 하면서 선거운동을 할 수 있게 되는 것입니다. 우리는 그러한 사태를 언제든지 예견을 해야겠습니다. 그렇다면 우리가 적어도 여기에서 반공성이 뚜렷한 혁신계를 육성을 해놓아야 그러한 경우에 있어서도 많은 혁신적인 생각을 가진 사람들이 공산주의로 넘어가는 것을 미리 막아내는 방파제의 역할을 할 것입니다.[551]

1948년에는 북한의 거부로 총선거를 통한 통일이 이뤄지지 못했는데 만일 지금 북한이 총선거를 전격적으로 수락할 경우 이에 대비해야 한다는 주장이다. 이 발언에는 매우 중요한 함의가 있다. 김대중은 '김일성의 선거운동'이라는 언급에서 보듯 북한 정권을 사실상 통일의 대상으로 인정했다.

그런데 김대중은 분단 장기화와 유엔의 판도 변화에 따라 유엔 감시하 총선거의 실효성 문제를 제기한다.

초기에 한국 정부가 유엔 감시하 총선거를 통일방안으로 내세운 이유는, 유엔 구성상 미국 주도의 자유주의 진영이 우세한 점과 인구 비례 문제 등으로 그 방안이 한국에 유리하다고 판단했기 때문이다. 그러나 당시 국제 정세는 변화하고 있었다. 대륙의 공산 중국이 1964년 핵 실험에 성공했다. 아시아와 아프리카 신생 독립국들이 대거 유엔에 가입했다.

김대중은 1965년 11월 27일 국회에서 총선거 감시 주체에 있어 기존 자유 진영 위주의 구성이 어렵게 될 가능성을 우려했다.[552] 그래서 이즈음 유엔 감시하 총선거 통일방안을 사실상 철회한다. 《조선일보》 1966년 1월 8일 기고문에서 김대중은 "지금까지와 같은 의타 일변도의 통일방안, 즉 미소 공위의 강대국 의존, 북진통일의 미국 무력 의존, 그리고 UN 의존으로부터 탈피해 우리는 우리의 능동적인 노력과 자주적인 판단으로 국제적 여건을 조성하고 혹은 주어진 여건을 판단·채택해야 할 것이다"[553]라고 강조했다. 1966년 7월 1일에는 국회에서 "20년 동안 북한과 남한은 너무나도 극과 극의 이질적인 사회로 발전을 하고 있습니다"[554] "아까도 말한 바와 같이 이질적인 체제만 굳어져, 국제적으로 보더라도 여간해서 우리 통일에 이로운 여건이 온다는 것은 희박하다고 보고 있습니다"[555]라고 말했다. 기본적으로 유엔 감시하 총선거안은 선거 실시와 함께 즉시 통일함을 전제하나, 남북한 간의 이질화 심화는 이를 어렵게 하는 요인이었다. 결국 김대중은 새로운 통일론을 모색하기에 이른다.

나. 3단계평화통일론의 형성과 발전

3단계통일론의 제창

김대중은 변화된 국내외 정세를 반영하고 평화공존의 정신을 담은 통일론을 제시해야 할 필요성을 느꼈다. 그래서 나온 것이 3단계통일론이다. 김대중은 1970년 10월 30일에 '3단계'라는 표현을 사용하지 않았지만 단계적 통일에 대한 인식을 처음으로 드러냈으며[556] 1971년 2월 3일(미국 시간) 미국 워싱턴 내셔널프레스클럽에서 가진 기자회견에서 '3단계' 표현을 처음으로 사용했다.

통일에 관해서는 불행히도 예견할 수 있는 가까운 장래에 그 가능성이 있어 보이지 않는다. 본인이 집권해도 당장 통일이 이루어지지라고 하기는 어렵다. 그러나 통일을 향해 터전을 닦아야 한다. 그 노력으로 다음 3단계를 생각한다. 첫째, 먼저 남북이 서로 전쟁을 사태 해결의 수단으로 삼지 않기로 하고 서로 파괴 공작을 않는다. 이런 무력의 포기를 안전하고 영구한 것으로 보장한다. 둘째, 그렇게 되면 기자 교환 라디오 TV 등 상호 청취 허용 등 비정치적인 접촉을 한다. 셋째, 그다음 경제적 나아가 정치적 접촉을 하고 끝내 통일을 기한다.[557]

이때 처음으로 제시된 김대중의 3단계통일론은 기존 한국 정부의 통일론과 달리 세 가지 특징이 있다.

첫째, 북한의 실체를 인정하고 있어서 실질적인 의미의 평화통일론으로 규정할 수 있다. 그 이전까지는 북한 정권의 실체를 인정하지 않았기 때문에 대북 접근이 세 방식만 가능했다. 북한 정권이 내부에서 무너질 때까지 기다리거나, 북한을 압박해 무너뜨리거나, 대화나 교류 자체를 외면하면서 남남처럼 사는 방식이다. 앞의 두 경우는 통일을 목적으로 하나 현실적으로 실현 가능성이 매우 낮다. 무엇보다 평화와 연결되기 어렵다. 마지막은 사실상 통일을 포기하는 것이므로 통일론 범주에 넣을 수 없다. 이처럼 북한의 실체를 인정하지 않는 대북 접근은 평화통일론과 연결될 수 없었다.

둘째, 통일에 앞서 평화의 중요성을 제기했다. 유엔 감시하 총선거 통일방안은 남북한 사이의 군사적 대치에 대한 해결 방안 없이 오직 즉각적 통일만을 지향했다. 반면 3단계통일론은 통일 이전에 평화를 위한 단계적 접근을 제시해 평화 문제를 명시적으로 제시했다. 3단계통일론은 통일 구상임과 동시에 평화 구상이라는 점에서 의미가 크다.

셋째, 3단계통일론은 명칭에서부터 단계론적 인식이 반영됐듯 남북한 사이의 이질화를 인정하면서 완전통일을 중장기적 과제로 설정했다. 김대중은 남북한의 이질화를 고려할 때 먼저 민족 동질성을 회복하는 것이 중요하다고 판단했다.

3단계통일론은 그 이후 진화 발전을 거듭하면서도 이 세 특징은 그대로 유지된다. 1972년, 3단계통일론은 세부 내용이 보완되면서 더욱 체계화된다. 김대중은 1972년 2월 24일 일본 방문 중에 제1단계와 제2단계의 병행 실천 가능성에 대해 언급했다.

> 제1단계는 남북 간의 전쟁 억제와 긴장 완화를 위해 총력을 다하는 문제입니다. … 제2단계로는 남북의 교류를 과감하게 실시해나가는 문제입니다. 이는 일부 제1단계와 병행해서 실천해나갈 수 있을 것입니다. … 제3단계는 정치적 통일입니다. … 통일의 구체적인 방안은 아직도 시기가 있는 것이며, 남북 간에 국민의 자유로운 의사가 집약되고 있지 않은 만큼 지금 당장 이를 운위하는 것이 적당하지 못하다고 생각하는 바입니다. [558]

3일 뒤인 2월 27일 일본 나가노현 시라카바코에서 개최된 제8회 재일한국청년동맹전국동계강습회 강연에서 3단계 정치적 통일과 관련해 이렇게 말했다.

지금 이 정치적 통일은 지금 현 단계에서는 아쉽게도 가능성이 거의 없습니다. … 그렇다면 남북통일은 언제 어떻게 이루어질 것인가. 방식은 여러 가지가 있습니다. 대한민국 정부가 주장하는 UN감시하의 총선거가 있겠고, 또 중립국 감시하의 총선거, 혹은 남북연방제나 중립국 안도 있습니다. [559]

이 시기에 나온 내용을 보면 김대중은 1단계와 2단계를 동시에 병행해서 추진할 수 있다고 언급한다. 그러면서 점차적으로 1단계와 2단계를 통일이 이뤄지는 통일의 과정, 사실상의 통일로 인식하면서 이를 평화통일의 원칙으로 설정하고, 3단계를 통일의 제도적 진화 완성의 과정으로 설정한다. 뒤에 나오는 연방제-공화국연방제-공화국연합제-김대중의 3단계통일론 등이 모두 이러한 맥락에서 나온 것이다. 그리고 3단계에 해당하는 정치적 통일 방식에 대해서는 열어두고 판단하겠다는 입장을 밝혔다. 김대중이 평화공존과 평화교류의 1, 2단계에 초점을 맞추면서 과정으로서의 통일, 사실상의 통일을 중요시했음을 보여주는 대목이다.

그리고 1972년 6월 6일과 1972년 7월 13일 강연에서 전보다 더 발전된 통일론을 제시한다. [560] 이전까지는 3단계를 1단계 전쟁 억제 및 긴장 완화, 2단계 남북 교류, 3단계 정치적 통일로 표현했다. 여기에 대해서 6월 6일에 3단계를 평화공존, 평화교류, 정치적 통일이라고 했고 7월 13일에 평화공존, 평화교류, 평화통일로 규정했다. 그리고 6월 6일 강연에서 3가지 원칙에 대해서 '평화적 통일, 하나는 자유 있는 통일, 하나는 민주주의적 절차에 의한 통일이라고 밝혔고 7월 13일에 좀 더 명료하게 자유, 민주, 평화로 제시했다. 그리고 6월 6일과 7월 13일에 남북한 유엔 동시 가입을 주장했다. 당시 여기에 대해서 남북한이 모두 반대했다. 남한은 남한이 유엔으로부터 인정받은 유일한 국가라는 입장에서 북한을 인정하지 않았기 때문에 북한의 유엔 가입을 반대했으며 북한은 유엔 동시 가입이 분단을 고착화한다는 이유로 반대했다. 김대중은 이러한 주장이 현실성이 없다는 점에서 비판하고 상호 존재에 대한 사실상의 인정과 공존이 필요하다는 입장을 밝혔다.

3단계통일론에서 연방제를 제시하다

여기에서 더 나아가 김대중은 연방제를 평화공존과 평화교류를 촉진하기 위한 정치제도적 방안으로 고려하기 시작했다. 1972년《다리》지 9월호에 게재된 김동길 교수와의 대담에서 김대중은 이렇게 말했다.

> 나는 통일 문제에 있어서 공산주의를 절멸시키고 우리만이 남는 통일은 있을 수 없다고 생각해왔습니다. 동시에 우리가 공산주의자들에게 숙청을 반대로 당하는 것은 더욱 그렇다고 봅니다. 통일은 양쪽이 비로소 안심하고 평화공존이 가능한 경우에만 된다고 봅니다. 또한 그 과정에 있어서는 연방제 같은 과도적인 형태도 검토되어야 할 것입니다.[561]

이때 처음으로 연방제를 거론한 김대중은 1차 망명 시기(1972. 10. 18~1973. 8. 8)에 자신의 3단계통일론의 내용을 발전시키는 과정에서 연방제를 중요하게 고려했다. 그런데 당시 김대중이 연방제를 거론할 때 '느슨한 연방제', '낮은 단계의 연방적 통일' 등 연방제 앞에 '느슨한'과 '낮은 단계'와 같은 수식어를 함께 사용했다. 당시 김대중이 구상한 연방제는 현재의 '국가연합'과 같은 개념이었다. 김대중은 1973년 2월 7일에 이렇게 말했다.

저는 우리나라의 통일에 대해서는 소위 '3단계통일론'이라는 것을 정책으로 제시했는데, 그 첫 번째 단계는 '평화적 공존', 두 번째 단계는 '평화적 교류', 세 번째 단계는 '통일'입니다. 물론 이 3단계는 표현상 구별한 것뿐이며 그 가운데에는 물론 병행해서 할 수 있는 것들이 많이 있습니다. … 그리고 세 번째 단계인 '평화통일'. 저는 물론 완전한 통일까지는 상당한 시일을 요하는 것이 현실이라고 생각합니다. 또한 세계의 커다란 흐름에는 현재 상태의 고정화라는 흐름도 있습니다. 하지만 남북이 낮은 단계의 연방적 통일을 통일의 범주에 넣습니다. 남북이 서로 간에 외교·국방·내정의 독립권을 각자 가지면서 그러한 낮은 단계의 연방적 통일의 범주에 포함시켜 그렇게 한다면 시간이 그다지 걸리지 않습니다. 일단 그렇게 해두고서 쌍방이 서로 연방 회의에서 합의한 것들만을 하나하나 실천에 옮기면 되는 것입니다. 그리해 100%였던 거리가 90%, 80%로 좁혀져 마지막에는 완전히 통일이 되는, 바로 이런 식으로 통일을 추진해나가는 것입니다. 한 번에 모든 것을 다 한다는 것은 불가능한 일일뿐더러 그렇게 하면 오히려 통일을 위해서 효과적이지 않다고 생각합니다.[562]

여기서 보면 김대중은 연방제를 세 번째 단계인 '평화통일' 단계에서 고려했다. 그리고 연방제하에서 각종 문제점을 해결해 일치된 상태로 나아가자고 제안한다. '낮은 단계의 연방적 통일'을 '통일'의 범주에 넣으면서 이를 완전 통일과는 구분해 설명한다. 통일 자체를 과정으로 인식함을 보여주는 중요한 지점이다. 그러면서 평화공존과 평화교류를 연방제 틀에서 하자는 인식이 점점 더 명확하게 드러난다. 여기에는 남북한 유엔 동시 가입 문제 등 국제적 공존 문제에 대한 대응의 의미도 있다. 국제적 공존은 한반도 평화와 통일에 있어 필수 요소이기는 하지만, 자칫 잘못하면 강대국에 의한 분단 고착화로 귀결될 우려가 있었다. 그래서 김대중은 형식적 차원에서 평화통일 단계 진입을 위해 우선 남북한이 느슨한 연방제에 들어가고 그 안에서 국내적 공존과 교류 문제 등을 진행할 수 있다고 인식한 것이다. 김대중은 1973년 3월 21일 이렇게 말했다.

나는 남북이 동시에 국련에 가입하자는 것입니다. 지금 소련도 가입하고 있고 "우크라이나"도 국련에 가입하고 있습니다. 그렇다고 해서 소련이 분열 국가 아닙니다. 동시에 현실을 우리가 이겨야 하겠습니다. 이북도 미국 워싱턴에 대사관 두라 우리도 소련 모스크바에 대사관 두겠다, 이런 것 공약하자! 그러나 이렇게 하면 우리가 마치 완전 분열 국가처럼 인상을 받으니까 또 국민에게 그런 심리를 주어서는 안 되니까 우리가 지금 단계로는 여유 있는 방식을 취하자는 것입니다. 말하자면 남북 쌍방이 다 외교, 군사, 내치권을 가지고 서로가 모여서 회의를 열어 합의된 것만 시행하는 연방제를 만들어서 남쪽 북쪽이 1민족 2국가가 아니라 1민족 2정부의 원칙하에서 통일이라는 큰 테두리 속에 지금부터 들어가자는 것입니다. 이러면 우리가 현실은 현실대로 인정하고 공존하면서 한쪽에서는 통일의 길로 완전히 가서 이제 다시 빠질 수 없는 테두리 속에 들어가지 않겠는가 이렇게 하자는 것입니다. 동시에 우리는 남북 간의 정치·경제·사회·문화 등 모든 교류를 적극적으로 실천해 서로가 가지고 있는 오해, 불신 이런 것을 접촉하는 데서 깨끗이 씻고 동포애를 회복하고 신뢰를 회복해서 그래가지고 우리가 완전 통일의 기초를 만들자 이것이 잘되면 이제부터 더 이상 남북이 갈라질 수 없으니 하나로 통일하자. 지금 남북은 여러 가지 체제적으로 차이가 있고 해서 형식적인 문제는 있습니다. 이런 것 전부 사전에 조절해가지고 하면 우리가 내일부터라도 통일의 길에 들어갈 수 있는 동시에 우리가 노력하면 노력할수록 민족적 양심 가지고 애를 쓰면 쓸수록 통일은 가까워지는 것입니다. 이러한 방향으로 우리가 우리 민족 문제를 해결하는 것이 나의 주장입니다.[563]

김대중은 남북한이 우선적으로 느슨한 연방제를 구성하고 그 안에서 평화공존과 평화교류 문제를 해결하자고 했다. 이와 같은 김대중의 주장은 앞에서 3단계인 평화통일 단계에서 제시한 '느슨한 연방제' '낮은 단계 연방'을 1단계와 2단계를 추진하기 위한 기본 제도로 고려하기 시작했음을 보여준다. 그리고 이것은 '과정으로서의 통일'을 통일의 범주로서 인식하고 있음을 보여주는 것이기도 하다. 이와 같은 과정을 거쳐서 1973년 6월 1일 3단계통일론에 대해 연방제 공존, 교류, 완전 통일로 표현했다.

나는 통일의 3단계 논리라는 것을 발표한 바 있습니다. 요즈음은 그 표현을 더욱 구체화해서 연방제공존, 전면 교류, 완전 통일이라고 부르고 있습니다마는 그 구체적인 내용은 다음 기회로 미루겠습니다.[564]

이때부터 김대중은 국가연합제의 성격이 있는 '느슨한 연방제'와 '낮은 단계 연방제'를 평화공존과 평화교류 단계를 실현시키기 위한 정치제도로서 제시한다. 앞에서 살펴본 것처럼 1973년 2월 7일에 김대중은 평화공존, 평화교류, 평화통일을 병행해 이룰 수 있다고 언급한 적이 있다. 이 세 가지를 평화통일의 기본 원칙으로 하고, 제도적 통일방안의 과정을 단계로 설정하는 방향으로 3단계통일론이 진화 발전하고 있음을 알 수 있다.

3단계통일론의 진화 발전: 1980~1990년대

김대중은 1973년 8월 8일 납치돼 죽을 고비를 넘기고 한국으로 강제 귀국당한 뒤 1983년 12월 23일 미국으로 다시 건너가 2차 망명 생활을 시작하기 전까지 3단계통일론의 내용을 더 이상 보완하지 않았다. 그 이유는 두 가지이다. 첫째, 통일론의 핵심 내용을 다 완성했다고 볼 수 있고, 둘째, 김대중의 1차 망명 투쟁에 대한 유신 정권의 무차별적 색깔론 공세의 대상이 연방제 등 김대중의 통일론이었기 때문이다.[565] 그러다가 김대중은 2차 미국 망명 기간 중 《행동하는 양심》 1984년 4월호(제2호)의 서문에 '공화국연방제'를 제시한다.

나는 북한이 주장하는 '연방 공화국' 체제는 단일 정부 수립을 뜻하기 때문에 아직은 시기상조라고 생각한다. 통일을 지향하는 1단계로서는 먼저 '공화국 연방' 형태로서 하나의 연방아래 두 개의 독립된 공화국의 형태를 취하는 것이 우선 가능하고 바람직해 보인다. 여기서 남한은 북한의 존재를 사실상 그리고 법률상으로 인정하고 북한도 마찬가지로 남한 민주정부를 인정하면서 두 공화국의 공존을 받아들여야 한다. 두 공화국은 상호 이해와 신뢰를 증진시키고, 합의된 만큼의 권력을 점진적으로 중앙연방에 이전하도록 노력할 것이다. 이러한 단계를 거치면서 점진적인 방식으로 진행해 궁극적으로 완전한 통일로 나아가자는 것이며 이는 안전하고 합리적인 방식이라고 생각한다.[566]

공화국연방제는 1972년부터 1973년에 제시한 낮은 단계의 연방제, 느슨한 연방제, 연방제적 공존의 인식과 기본적으로 동일하다. 그럼에도 불구하고 '공화국연방제'라는 개념을 제시한 이유를 두 관점에서 생각해볼 수 있다. 첫째, 공존적 통일을 지향한다는 3단계통일론의 기본 정신을 반영하는 차원에서 '공화국연방'이라고 개념화한 것이다. 둘째, 북한의 연방제와 동일한 표현을 사용했다는 이유만으로 '빨갱이'로 몰렸던 당시 상황을 감안해 북한의 연방제와 명백하게 다른 3단계통일론의 특성을 강조하기 위함이다. 이와 같은 김대중의 문제인식은 1985년 《월간조선》 4월호에 게재된 인터뷰를 통해 알 수 있다. 여기서 "공화국연방제'를 주장하신 적이 있는데 북한이 주장하는 '고려연방제'와는 어떤 차이가 있습니까?"라는 질문에 대해서 김대중은 이렇게 답했다.

간단히 말하면, 북한은 연방 공화국이고 내가 말하는 것은 공화국 연방입니다. 북한의 주장은 오히려 미국이나 캐나다, 오스트레일리아, 서독 등의 국가 형태와 같습니다. 그러니까 실질적으로 중앙연방이 국가 역할을 하는 단일 국가이고 지방연방은 자치제의 형태입니다. 그러나 내가 얘기하는 공화국 연방제는 하나의 국가지만 두 개의 독립 정부예요. 북쪽엔 공산 독립 정부, 남한엔 민주 독립 정부, 그러니까 국내외적으로 완전히 독립된 두 개의 정부가 존재하고 다만 아주 루즈한 연방을 구성해서 처음엔 제한된 권리만 주었다가 차츰차츰 합의된 만큼만 양쪽이 이양해가는 겁니다. 설령 우리 시대엔 그런 문만 열고 자손 대에 가서 이뤄지면 어떻습니까. 그때 가면 국방·외교권도 연방으로 넘어갈 수 있어요. 중앙연방이 정부가 되고 두 개의 지방자치 정부는 계속 존속되겠지요, 지금의 미국이나 캐나다같이. 프린스턴 대학의 리처드 포크 교수는 이런 나의 안을 보더니 '지금까지 나온 한국 통일안 중 가장 합리적'이라고 평을 하더군요. 북한의 고려연방제와는 완전히 대조적입니다. [567]

이와 같이 설명한 김대중은 1987년 10월 9일 《경향신문》에 게재된 인터뷰에서 공화국연방제를 두고 연방제라는 용어 때문에 계속해서 방어적 해명을 해야 하는 상황에 몰리자 안 쓰기로 했다는 말까지 하고 있다. [568] 색깔론이 그만큼 집요했음을 알 수 있다.

이런 상황에서 1991년 4월에 공화국연합제를 제시한다. 공화국연합제는 공화국연방제와 비교해 크게 두 가지 변화가 있었다. 기존의 3단계로 설정된 평화공존, 평화교류, 평화통일을 3원칙으로 제시했고, 그다음으로 3단계를 통일의 제도적 통합 과정으로 단계별로 세분화해 설정했다. 제1단계는 1연합 2독립정부-공화국연합제, 제2단계는 1연방 2지역자치정부이고 3단계는 1국가 1정부로 완전통일을 의미한다.[569] 기존의 느슨한 연방, 공화국 연방 등이 결국 국가연합을 의미하기 때문에 지속적으로 색깔론의 대상이 되는 연방제라는 표현에서의 탈피도 고려한 변화이다.

김대중의 3단계통일론은 1995년에 다시 한 번 진화 발전한다. 김대중은 아태평화재단 연구진들과 공동으로《김대중의 3단계통일론―남북연합을 중심으로》(아태평화출판사, 1995)를 썼다. 3단계 통일론의 마지막 버전이며 이 책 31쪽부터 53쪽까지 이와 관련된 내용이 상세하게 서술되어 있다. 1단계는 남북연합단계(1연합, 1민족, 2국가, 2체제, 2독립정부), 2단계는 연방단계(1민족, 1국가, 1체제, 2지역자치정부), 3단계는 완전통일단계(1민족, 1국가, 1체제, 1중앙정부)이다. 그리고 통일의 원칙으로서 자주, 민주, 평화를 제시했다. 그리고 공화국연합제에서 3원칙으로 제시된 평화공존, 평화교류, 평화통일은 1단계 남북연합에서 실현해야 할 3대 행동강령으로 제시되었다. 이때 제시된 3단계통일론의 가장 핵심적인 특징은 통일 국가의 체제를 명확하게 규정했다는 데에 있다. 김대중이 3단계통일론을 처음 제시한 1971년경부터 1991년까지 3단계는 남북한이 하나의 국가로 완전통일이 된 상태를 염두에 둔 것이다. 다만, 그 체제 성격을 규정하지는 않았다. 1, 2단계를 통해 남북한이 유기적 통합을 이루게 되면 먼 훗날 자연스럽게 완전통일이 될 수 있다는 정도의 인식만이 반영되었고 완전통일 국가의 체제 성격에 대한 설명은 없었다. 이것이 1995년 3단계통일론에서 명확하게 규정 된다. 김대중은 정치적으로 민주주의, 경제적으로 시장경제 체제 를 제시하면서 정의로운 복지사회 구현을 통일국가의 비전과 목표 로 설정했다. 김대중은 2단계 연방제에 진입하기 위해서는 북한이 민주주의와 시장경제를 받아들여야 한다고 강조했다. 그래서 2단 계에서부터 북한의 체제 변화를 전제했다. 이는 1단계 남북연합의 실천강령인 평화공존, 평화교류, 평화통일을 통해서 북한의 변화 가 이뤄진다고 판단한 것이다. 이는 사회주의의 붕괴에 따른 자유 민주주의와 자본주의 시장경제 체제의 역사적 승리라는 시대적 배 경을 반영한 것으로 볼 수 있다

2. 4대국안전보장론

1950년에 발발한 한국전쟁 그리고 현재까지 이어지고 있는 분단
은 남북한 사이의 문제임과 동시에 동북아 지역의 국제적 갈등과
도 관련돼 있다. 이 때문에 남북 관계만을 절대시하는 근본주의적
민족주의 접근과 국제적 역학 관계의 영향력을 절대시하는 근본주
의적 국제주의 접근은 모두 문제가 있다. 김대중이 1950년대에 작
성한 글과 1960년대 6대, 7대 국회에서 한 발언을 보면, 김대중은
젊었을 때부터 한반도 문제의 특성을 제대로 파악했음을 알 수 있
다. 그는 1960년대 중반 미소 냉전 체제와 동북아 질서의 변화를
예리하게 분석하면서 한반도 평화를 위한 구체적인 정책 대안을
구상하기 시작했다. 그 결과가 1971년 대선에서 제시한 4대국안전
보장론과 3단계통일론이다. 이제 4대국안전보장론을 살펴보자.

가. 동북아평화체제 건설이 어려운 이유

유럽 냉전과의 비교를 통해 본 동북아 냉전의 특성

김대중의 4대국안전보장론은 동북아 지역에서 평화 체제를 수립하기 위한 정책 구상이다. 그래서 4대국안전보장론을 제대로 이해하기 위해서는 먼저 동북아 지역의 냉전 구조의 특성을 파악해야 한다. 여기에 유럽 냉전과 동북아 지역 냉전의 특징과 차이도 파악해야 한다.

국제적인 냉전은 유럽과 동아시아 지역 냉전이 양대 축이었다. 1973년 파리협정을 통해 미국이 베트남에서 철수하고 1975년 남베트남이 패망하면서 호치민이 베트남을 통일한 이후에는 미소 냉전이 해체될 때까지 유럽과 동북아 냉전이 양대 축이 됐다. 그러나 두 지역 냉전의 내용과 성격은 상당히 달랐다.[570]

1960년대 유럽에서는 제2차 세계대전의 후유증에서 서서히 벗어나기 시작한 프랑스와 서독이 미국으로부터 자율적인 외교를 추진하고 소련과 동유럽을 향한 기존의 적대적 외교 노선의 전환을 시도하면서 유럽 내의 데탕트가 시작됐다. 1961년 베를린 위기, 1962년 쿠바 미사일 위기 등을 거치면서 서유럽 국가들은 미국의 일방적이고 자국 중심적인 태도에 실망하고 회의懷疑하기 시작했다.[571] 이러한 배경에서 프랑스는 1960년 2월 핵 실험에 성공했고, 드골의 대소 데탕트 외교는 대미 자주성 증진, 독자적인 대소 억제력 확보, 범유럽주의을 통한 유럽에서의 종주국으로의 부상 등을 의도했다. 서독은 기민당과 사민당 대연정을 통해 빌리 브란트가 외무부 장관을 맡으면서 동방 정책을 추진해 대미 자율성 증진 등을 추구했다.[572] 특히 서독은 전통의 앙숙 프랑스와 화해함과 동시에 폴란드, 소련 등과의 화해를 선도하면서 신뢰를 얻어 지역 안정과 평화에 기여하는 모습을 보였다. 서유럽은 기독교(가톨릭과 개신교), 자유주의, 민주주의, 시장경제 등을 공유했으며, 다자간 지역 안보 기구인 나토NATO를 통한 공동안보를 추구했다. 이러한 배경 속에서 서유럽은 지역 통합으로 가고 있었다.

그런데 동북아시아에서는 이러한 모습이 보이지 않았다. 동북아 냉전은 미소 대립을 넘어 미중 대립, 중일 갈등, 남북한 갈등 등 국가 간 다양한 갈등이 복합적으로 구조화됐기 때문이다. 동북아 지역은 미국, 소련, 중국, 일본 등 당시 정치, 경제, 군사적 측면을 종합적으로 고려했을 때 전 세계 4대 국가가 모두 각축을 벌이는 유일한 지역이었다. 게다가 한국전쟁 당시에는 미국과 중국이 직접 전쟁을 했다. 또한 중국의 공산화, 한국전쟁의 발발 등 동북아 지역에서의 공산주의 세력의 팽창과 침략 행위가 노골화되자 미국은 국제 반공 전선 구축을 위해 일본 재건을 우선시했다. 그 결과 일본의 식민 통치와 침략 행위에 대한 국제적 과거 청산이 제대로 이뤄지지 못했다. 일본은 서독처럼 화해와 통합을 주도하지 않았다. 남북한은 1953년 정전협정 체결 이후 첨예한 군사적 대치를 이어 갔으며, 동서독 사이의 화해와 교류가 시작되던 1960년대 후반에는 일촉즉발의 군사적 대결이 격화되기도 했다. 더구나 동북아 지역은 유럽과 달리 종교, 이념 등 여러 면에서 공통의 접점을 찾기도 어려웠다.

지역 안보와 관련해서도 차이가 있었다. 동북아시아에서는 1951년 9월 8일에 체결된 미일안전보장조약과 1953년 10월 1일에 체결된 한미상호방위조약 등 미국이 냉전 초기에 미일동맹, 한미동맹 등 개별 국가와의 동맹을 구축했다. 반면 유럽의 NATO와 같은 지역 통합적 다자 안보 기구는 설립되지 않았다. 과거사 문제로 인해 한일 국교 정상화도 늦게 이뤄졌으며, 정상화 이후에도 깊이 있는 가치 공유, 가치 연대를 할 수 없었다. 남북한의 적대적 관계는 국제 정세를 악화시키는 등 지속적으로 지역 평화에 불안 요인으로 있었다. 이 때문에 한국전쟁 당시 서로 총칼을 겨눈 미국과 중국이 화해하던 1970년대 초에도 동북아 지역의 데탕트는 제한적일 수밖에 없었다. 결국 1990년대 초 미소 냉전이 종식됐음에도 유럽과 달리 동북아평화체제는 수립되지 못했다. 이러한 상황에서 가장 큰 피해를 보는 지역은 한반도였다.

김대중은 동북아 지역의 이러한 역사적·국제적 문제점을 잘 알고 있었다. 김대중의 4대국안전보장론은 이 지역의 이러한 한계를 극복하기 위한 목적에서 나왔다. 1960년대에 들어서면서 1950년대의 완고한 냉전 체제가 이완되고 있음을 인식한 김대중은 동북아 지역의 평화체제 수립을 위해 4대국안전보장론을 제시했다.

나. 동북아평화체제와 4대국안전보장론

4대국안전보장론: 내용, 배경, 의미

김대중의 4대국안전보장론이 나오게 된 결정적인 계기는 1969년 닉슨독트린에서 찾을 수 있다. 1969년 7월 괌에서 발표된 닉슨독트린은 미국의 새로운 아시아 정책에 관한 것으로, 미국의 베트남전에서의 철수, 중국과의 관계 정상화, 일본의 역할 강화 등 동아시아 지역에 대한 정책 전환을 통해 미국의 부담을 줄이는 것이 목적이었다. 이 같은 맥락에서 주한미군 철수 문제가 불거지면서 닉슨독트린은 동북아 지역 정세에 엄청난 영향을 주었다. 김대중은 1970년 3월 27일 닉슨 대통령에게 보낸 서신에서 닉슨독트린의 문제점 둘을 지적했다. 첫째, 아시아 국가들에 대한 탈미국화 정책을 급격하게 추진하는 것은 중국을 비롯한 공산주의 세력을 고무시킬 우려가 있다는 점이었다. 둘째, 일본이 아시아에서 주도적인 역할을 맡을 수 있도록 하는 미국의 정책은 문제가 많다는 사실이다. 아시아 국가들은 일본의 재무장을 우려하고 있기 때문에 미국이 이러한 사실을 알아야 한다고 강조했다. 그래서 김대중은 미국이 서두르지 말고 상황을 잘 살펴가면서 전략적으로 접근할 것을 강조했다.[573]

이처럼 급격한 국제 정세의 변화 속에서 김대중은 1970년 9월 신민당 대선 후보로 선출된다. 10월 16일 가진 첫 번째 기자회견에서 "미·소·일·중공 등 4대 국가에 대해서 한반도에서의 전쟁 억제를 공동으로 보장하도록 요구할 것"이라는 입장을 밝히면서 4대국안전보장론을 본격적으로 제기했다.[574] 박정희 대통령은 1971년 4월 15일 "야당은 또 우리의 안전을 4대국의 보장을 받겠다고 한다. 이것은 해방 직후에 나왔던 굴욕적인 신탁통치론이나 60년대 초에 열강의 보장을 전제로 한 중립화 논의와 다를 바 없다. 야당의 4대국보장론은 한마디로 외세 의존 사상의 소산이며 즉흥적 기회주의자의 갈대 외교이며 망상적 허수아비 안보론이다"[575]라고 비판했다. 김대중은 1971년 4월 21일 "공화당은 또 우리의 4대국 안전보장안을 가지고 '중공에게 우리 안보를 맡기자는 것이다'라고 공박하고 있지만, 그렇다면 독소불가침조약과 미소 관계로 미루어볼 때 미국이나 서독이 소련에게 안보를 맡겼다는 논리나 마찬가지다"[576]라고 대응했다. 4대국안전보장론이 7대 대선의 가장 큰 쟁점 가운데 하나였음을 보여준다.

김대중은 유신 이후 1차 망명 시기인 1973년 2월 6일에 보도된 일본의 주간 《이코노미스트》지와의 인터뷰[577]에서 남한은 소련과 중국, 북한은 미국과 일본과 국교를 정상화해야 한다고 주장하면서 교차 승인을 주장했다. 이처럼 김대중은 1970년부터 4대 강국을 향해 남북한 동시 승인과 국교 정상화 그리고 평화 체제 수립 등을 주장해왔다.

4대국안전보장론은 한반도의 분단이 갖는 중층적 성격을 고려한 평화 체제 건설 구상이다. 한반도의 분단은 남북한 사이의 분단이자, 미국·일본 등 해양 세력과 중국·소련 등 대륙 세력 사이의 분단이며, 이념적으로 자유민주주의 시장경제 체제와 전체주의 공산주의 체제와의 분단을 뜻하기도 했다.[578] 4대국안전보장론은 한반

성공한 대통령 김대중과 현대사

도의 분단이 갖는 위와 같은 갈등과 대립을 공존공영을 통한 협력적 평화 관계로 전환하는 것을 목표로 한다. 그래서 김대중의 4대 국안전보장론은 동북아 지역의 냉전 해체와 평화 정착 그리고 동북아 안보 공동체 더 나아가 동아시아공동체 구상으로까지 이어진다는 점에서 의미가 크다. 더불어 한국의 국가 안보를 위한 새롭고 담대한 구상이기도 하다. 탈냉전 시기인 1990년대에나 나올 법한 인식과 정책 대안을 제시하는 선구자적인 모습을 김대중은 1970년대에 이미 보여주었다.

동북아평화체제와 주한미군

동북아평화체제 형성에 있어서 주한미군은 매우 중요한 의미가 있다. 한국전쟁에 참전한 미군이 한국에 계속 주둔하게 된 것은 1953년 한미상호방위조약 때문이다. 중국군이 1958년 북한에서 철수하자 북한은 주한미군 철수를 지속적으로 요구했다. 이에 대해 김대중은 한미상호방위조약의 유지와 주한미군 주둔의 필요성을 지속적으로 강조했다. 특히 김대중은 1972년 7월 13일 남북한 평화협정 체결을 주장할 때도 이를 강조했다.

남북 어느 쪽과의 군사협정을 맺거나 이에 준하는 관계에 있는 미·소·중·일 4대국에 의한 평화 보장의 합의를 획득하는 것이 절대로 필요합니다. … 여기서 내가 한 가지 강조할 것은 나는 결코 환상적 평화주의자가 아니라는 사실입니다. 나는 한반도에서의 완전한 평화가 보장되기 위해서는 민주 이념에 투철한 정예의 국군과 한·미방위조약의 계

속적인 강력한 유지가 절대로 필요하며, 침략에 대한 응징 능력을 갖

추지 않는 평화 공존은 하나의 망상에 불과하다고 굳게 믿고 있습니

다.[579]

평화협정과 4대국안전보장론은 동북아 지역 냉전 체제의 재구성

과 관련돼 있기 때문에 주한미군의 존재는 큰 쟁점이었다. 주한미

군의 주둔 명분은 북한의 위협에 대한 방어와 억제이기 때문에 남

북한 사이의 군사적 긴장이 완화되고 평화 체제가 형성되면 주한

미군의 지속적 주둔에 대한 정당성이 무너질 수 있었다. 사실 미군

이 한국에 주둔한 목적에는 북한에 대한 한국의 방어만이 있는 것

은 아니었고 미국의 동북아 지역 대외 전략과 깊은 관련이 있었다.

김대중은 이것을 잘 알고 있었기 때문에 닉슨독트린, 미중 화해 등

으로 1970년대 초부터 주한미군 철수 문제가 중대 현안으로 부각

되자 1972년 11월에 이렇게 언급했다.

북한과 중화인민공화국은 여전히 주한미군의 철수를 선호하고 있다.

그러나 아시아에서, 특히 한국에서 미군이 철수하면 일본이 재무장에

나설 뿐만 아니라 군국주의로 회귀할 것이라는 전망은 이들 공산 국가

들에게도 크나큰 우려의 원천이다. 이는 곧 이들 공산국들이 미군 철

수에 대해 다시금 생각하게 만들 것이다. 주한미군은 북한의 또 다른

남침을 예방하기 위해 존재했다. 하지만 이러한 단순한 이유를 넘어

오늘날 아시아의 새로운 정치적 환경의 변화는 미국 국민들로 하여금

전체 아시아 정책에 대한 완전한 재평가를 요구하고 있다[580].

김대중은 주한미군이 동북아 지역의 안정과 균형, 평화에 있어 핵심적 위상을 차지한다는 사실을 강조한다. 미국을 향해 미군 철수는 일본의 재무장으로 이어질 가능성이 크고, 일본의 부상을 두려워하는 중국과 북한의 반발을 초래해 이 지역의 군사적 불안정이 발생하게 될 것이라고 지적했다. 당시 주한미군 철수를 주장하던 중국과 북한이 일본 재무장 가능성을 우려해 주한미군 철수를 재고할 것이라는 진단은 매우 의미심장하다. 그래서 일본의 재무장과 관련해 김대중은 미국의 정책 재검토가 필요하다는 점을 지적한다. 김대중은 1973년 2월 6일 다음과 같이 언급했다.

이번에 미국에 가서 에드워드 케네디 상원의원을 만났을 때에도 정치는 원칙도 중요하지만 수단도 매우 중요하다고 말했습니다. 미국이 한국에서 군대를 너무 빨리 철수해버리면 지금 북한과의 대화의 배후에 동요가 생깁니다. 대화에 나온 것도 미군이 남쪽에 있다는 것이 역설적으로 매우 효과를 내고 있습니다. 그러므로 절차에 따라 동요가 생기지 않도록 철수해야 합니다. 또 하나는, 지금 너무 빨리 한국에서 전면 철수하면 일본에 바로 악영향이 일어납니다. 한반도에 군사적 진공 상태가 생겨 일본이 위험하다는 위기감이 높아져 일본의 재군비, 핵무장으로 이어질 길을 열어주게 되는 것입니다. 때문에 숫자는 문제가 아닙니다. 상징적으로 미군이 1만 명이라도 더 있음으로 해서 일본에 그런 위기감을 주지는 않습니다. 일본의 재군비, 핵무장은 미국으로서도 불행입니다[581].

미군 철수 논의는 닉슨독트린 이후 본격적으로 제기되고 카터 행정부 시절에 절정에 이르는 등 1970년대 한미 관계 및 동북아 지역 전체에 큰 파장을 일으킨 국제적인 현안이었다. 결국 이 시기 주한미군에 대한 김대중의 입장을 보면, 하나는 북한의 위협에 대한 대응 차원에서 주한미군이 반드시 필요하다는 것, 그다음은 한 반도에서 미군이 철수하게 될 경우 안보위협을 느끼는 일본의 재무장과 이에 대한 중국의 맞대응이 이뤄져서 한반도를 사이에 두고 군사적 긴장이 발생하게 될 가능성을 막아야 한다는 것이었다. 이와 같은 인식은 탈냉전 시기에도 이어진다. 동북아 지역의 조정자로서 미국을 염두에 두면서 미국이 중심이 된 다자 안보 기구 설치 주장까지 하게 된다. 김대중은 1995년 5월 9일 미국에서 다음과 같이 말했다.

동아시아의 패권을 놓고 역내 강대국들 간에 경쟁이 심해지면 자칫 힘의 균형이 무너져 위험한 상황이 발생할 수 있습니다. 하나의 국가가 경제적으로 압도적인 우위를 갖게 된다든가, 극단적인 보호무역주의가 힘을 얻게 된다면 이 또한 역내 갈등으로 이어질 수 있습니다. … 따라서 향후 지속가능한 평화를 위해서는 한미상호방위조약을 준수하는 것으로 충분하지 않습니다. 헬싱키협약에 버금가는 다자 안보 기구를 창설해 남한, 북한은 물론 미국, 일본, 중국, 그리고 러시아까지 이에 참여하도록 해야 합니다. 그리고 역내 안정을 위해 지속적으로 협력해나가야 합니다. 하지만 이러한 다자 안보 기구가 효력을 발휘하려면 미군이 한반도를 비롯한 동아시아에 계속 주둔해야만 합니다. 미군이 동아시아에서 철수하면 그 권력 공백을 채우기 위해 역내 국가들 간의 패권 싸움이 시작될 것입니다. 따라서 미군의 아시아 주둔은 역내 안정의 핵심적인 요소라 할 수 있습니다.[582]

동북아시아 지역의 불안은 미소 대결에 의해서만 형성된 것이 아니었다. 김대중은 중일 헤게모니 경쟁에 의한 갈등을 중시했으며, 특히 개혁개방 이후 경제적으로 성장하는 중국이 훗날 팽창에 나설 경우 동북아 지역의 불안정을 초래할 수 있다고 예견했다. 이 점은 대단한 선견지명이다. 김대중은 2008년 4월 4일 독일의 세계적인 사회학자 울리히 벡과의 대담에서 다음과 같이 말했다.

중국과 인도 등이 큰 존재가 될 것인데, 특히 중국이 평화적으로 민주 국가로 이행해간다면 이는 세계에 축복이 될 것이며, 그들이 중화주의, 제국주의, 자기도취적 민족주의에 빠진다면 이는 큰 재앙이 될 것입니다. 아직 현재로서는 희망도 비관도 하기 어려운데 역사를 돌이켜보면 다소 희망을 가질 수 있습니다. 중국이 이렇게 민주화의 길을 갈 수 있도록, 즉 내정 문제에만 집중할 수 있도록 미국과 유럽 모두 노력해야 하며, 이러한 내용을 지난 9월 미국 지도자들에게도 많이 얘기했습니다.[583]

중국의 성장과 팽창 그리고 그에 따른 미국과 중국의 갈등은 미국 트럼프 행정부 때부터 본격화되어 현재(2021년 5월 기준) 국제 정세에 매우 큰 영향을 주고 있다. 그리고 이것은 앞으로도 상당한 기간 동안 지속될 중대한 국제적 변수이다. 김대중은 미국과 중국 사이의 패권 경쟁 가능성을 우려했고 중국이 경직된 방향으로 나아가지 않도록 하는 것이 중요하다고 판단했다. 그래서 기회가 닿을 때마다 미국 지도자들에게 중국을 상대로 일종의 햇볕정책 추진이 필요하다고 강조했다. 이처럼 김대중은 강대국 사이의 패권 경쟁이 격화되기 전에 한반도의 평화통일과 동북아평화체제를 이룩하려고 노력했다.

3. 햇볕정책

가. 햇볕정책의 배경과 기원

김대중은 3단계통일론이라는 독자적인 평화통일 구상을 창안하고 실천했다. 이 3단계통일론에 기반한 김대중의 대북정책과 통일정책, 한반도 외교정책을 포괄해 햇볕정책 Sunshine Policy이라고 표현할 수 있다.

햇볕정책은 남북화해협력과 동북아평화체제를 통해 한반도 평화통일을 지향하는 정치철학을 반영한 역사적 개념이자 상징어이다. 햇볕정책의 한 축인 대북정책은 대북포용정책, 평화적 대북관여정책, 대북화해협력정책으로 규정할 수 있다. 김대중의 국제적 위상과 외교력이 더해져 햇볕정책은 대북포용정책을 상징하는 국제적인 용어가 됐다. 국제사회에서 보수 세력의 대북 강경 노선에 대비되는 한국 내 접근법을 지칭할 때 'Sunshine Policy'라는 표현을 사용한다. 한국에서도 강경 보수 세력들은 '햇볕정책'을 진보적 대북 접근의 상징으로 설정하면서 공격한다.

햇볕정책이라는 말을 언제부터 사용하기 시작했을까? 김대중은 《월간조선》 1991년 7월호에 게재된 인터뷰에 "공산당에 싸워서 이기려면 이솝 우화에 나오는 것처럼 태양빛으로 망토를 벗겨야지 북풍 갖고는 벗길 수가 없다는 거예요. 서독이 바로 태양빛 갖고 이겼던 겁니다. 강세로 나갈 때는 오히려 공산당이 선수예요. 북풍에 의존해선 결코 망토를 벗기지 못한다는 얘깁니다"[584]라고 말했다. 이솝우화를 인용하면서 '태양빛(햇볕)'이라는 표현을 처음 썼다. 이 당시는 유럽에서 냉전 체제가 급격히 해체되던 때였다. 그리고 김대중은 1993년 10월 1일 미국 컬럼비아 대학교에서의 강연 및 질의응답에서 '햇볕정책'이라는 표현을 처음 쓴다.[585]

국제적으로 사회주의권이 붕괴되는 상황에서 김대중은 북한의 개혁개방을 유도하고 한반도와 동북아평화체제를 구축하려 했다. 햇볕정책은 김대중이 자신의 비전과 정책을 미국과 유럽에 쉽게 알릴 수 있도록 서구 사회에 유명한 이솝우화를 인용해 비유적으로 개념화한 것이다. 햇볕정책이 제시됐을 때 마침 북한 핵 문제가 불거지자(1차 북핵 위기), 햇볕정책은 외교적 협상을 통해 북핵 문제 해결을 지향하는 노선으로 부각되면서 국제적으로 크게 알려진다. 기본적으로 햇볕정책은 민주주의, 자유주의 국가가 사회주의 국가들을 견인해서 변화시킨다는 구상을 담고 있다.

성공한 대통령 김대중과 현대사

여기서 한 가지 놀라운 사실이 하나 있다. 사회주의 국가들을 변화시킨다는 김대중의 인식은 냉전이 한참이던 1976년부터 나왔다는 사실이다. 특히 한국에서는 공산주의 세력에 대한 공포심이 매우 강하게 뿌리 박혀 있어서 공산주의 세력의 침략에 대한 방어와 안전에만 관심을 두고 있었다. 그런 상황에서 민주주의와 자유주의가 공산주의 세력을 변화시킬 수 있다고 판단한 것은 대단한 통찰력이자 자신감의 표현이었다. 1976년 12월 20일 김대중의 법정 진술 내용을 살펴보도록 하자.

남한 사회가 민주화함으로써 그것이 북한에 반영돼야 하는 거예요. 지금, 세계의 공산주의는 변화하고 있습니다. 서구에서도 공산당의 프롤레타리아 독재를 버렸어요. 동구의 공산당도 이윤 정책을 도입했어요. 프랑스 공산당은 소련군의 체코 침입을 지지하다 선거에서 큰 타격을 받은 경험을 가지고 있으며, 그 때문에 방향 전환할 수밖에 없었어요. 민주주의 국가의 국민은 그러한 압력을 만들어낼 수 있습니다. 남한에 국민의 지지를 받는 정치가 존재한다면, 우리들은 북한에 대해서 언제라도 선거를 제안할 수가 있어요. 인구만 하더라도 남한은 3500만, 북한은 1500만이오. 또 북한은 그리스도교의 본거지로서, 지금도 적잖은 세력을 가지고 있다지 않습니까. 이렇게 되면 북한도 공산주의를 수정할 수밖에 없는 것입니다. 따라서 남한에 있어서 민주 역량의 강화, 민주주의를 중심으로 한 국민의 자발적 단결이 평화적·민주적 통일의 길이 됩니다.[586]

이때의 발언은 햇볕정책을 이해하는 데에 매우 중요하다. 한국의 냉전 보수 세력은 북한의 위협에 대비하기 위해 독재가 필요하다는 주장을 펼쳤다. 이에 대해 김대중은 민주주의가 국가 안보에 필요하다는 논리로 대응했다. 그리고 더 나아가서 민주주의가 한국의 안보를 지키는 것을 넘어 북한을 변화시킬 수 있다는 판단까지 한 것이다. 이미 당시에 민주주의 시장경제 체제에 대한 자신감을 갖고 공산주의 체제를 변화시킬 수 있다는 담대한 비전이 있었던 것이다.

김대중은 1997년 12월 제15대 대통령선거에서 승리해 햇볕정책을 국가정책으로 추진할 수 있게 됐다. 1998년 2월 25일 제15대 대통령 취임사에서 햇볕정책의 기조가 담긴 대북정책 3원칙에 대해 "첫째, 어떠한 무력도발도 결코 용납하지 않겠습니다. 둘째, 우리는 북한을 해치거나 흡수할 생각이 없습니다. 셋째, 남북 간의 화해와 협력을 가능한 분야부터 적극적으로 추진해나갈 것입니다"[587]라고 천명했다. 김대중은 재임 5년 동안 이러한 기조로 대북정책과 외교정책을 추진했다.

그리고 햇볕정책을 통해 미국의 대중국, 대북한 정책 결정에 영향을 주려고 했다. 김대중은 미국의 주요 인사들에게 햇볕정책이 미국의 대공산권 대외 전략에서 성공했던 방식인 '대화와 접근을 통한 변화 시도'에서 배운 것이라고 설명했다. 1998년 6월 김대중-클린턴 첫 번째 정상회담에서 클린턴은 김대중에게 햇볕정책의 내용과 성격에 대해 질문했다. 김대중은 클린턴에게 "햇볕정책은 따지고 보면 미국의 성공에서 배운 것입니다"라고 언급한 뒤 소련, 중국, 베트남의 개혁개방을 가능하게 한 미국의 정책과 쿠바에서의 실패를 비교하면서 햇볕정책의 의미를 설명해 클린턴의 이해와 동의를 얻었다.

이날 클린턴은 김대중에게 중국의 인권 탄압 문제 탓에 자신의 방중을 놓고 고민하고 있다고 말하면서 의견을 구했다. 김대중은 "중국은 체면을 중시하며, 체면을 잃으면 어떠한 희생도 감수하려 합니다. 중국에 가시기 바랍니다. 가서도 할 말은 다 하길 바랍니다. 이는 미중 간 전략적 협조 관계 추구에도 도움이 될 것입니다. 전략적 관계를 추구하면서 협조할 문제는 협조하되 인권 문제는 분명한 입장을 밝힐 필요가 있습니다. 체면을 세워주면서 요구할 것은 요구하면 실질적으로 인권 분야에서 성과를 얻을 수 있을 것입니다. 아시아 나라들은 '미국이 역시 할 말을 하는구나, 자기 국익도 추구하지만 원칙도 지키는구나' 하는 인상을 가질 것입니다"[588]라고 조언했다. 이처럼 김대중은 미국의 대중국 정책 기조에 있어서 햇볕정책의 원리가 반영될 수 있도록 외교력을 발휘했다.

나. 햇볕정책 특성과 관련 논쟁

김대중과 함께 햇볕정책을 추진했던 임동원은 1999년 외교안보수석으로 중국을 방문했을 때 햇볕정책의 기본 성격을 이렇게 정리했다. 쉬운 것부터 먼저 시작한다는 '선이후난先易後難', 정부 사이의 대화가 되지 않더라도 민간 접촉부터 시작한다는 '선민후관先民後

臣', 정치적 접근보다는 경제적 접근을 먼저 추진한다는 '선경후정
先經後政', 먼저 주고 후에 받는다는 뜻의 '선공후득先供後得'[589] 등이다.
필자가 따로 설명을 붙일 필요가 없을 정도로 명료하면서도 대중
적으로도 이해하기 쉽게 핵심 내용을 압축적으로 표현했다. 햇볕
정책은 이러한 기본 특성 외에도 다음 세 측면을 중요하게 살펴볼
필요가 있다.

햇볕정책은 대북정책과 한반도 평화 정착을 위한
외교정책을 포괄하는 개념이다

일반적으로 햇볕정책을 대북정책으로 이해하는 경향이 강하다. 물
론 햇볕정책에 있어 대북정책이 핵심이다. 앞서 설명한 대로 햇볕
정책은 공산주의 국가인 중국과 북한을 상대로 한 미국의 대외정
책에 영향을 주려는 목적도 있기 때문에 더욱 그러하다.

그런데 김대중은 햇볕정책을 북한뿐만 아니라 일본을 향해서도
추진했다. 햇볕정책의 목표가 동북아평화체제와 한반도의 평화통
일에 있었기 때문이다. 이를 위해선 한일 관계 개선과 북일 관계
정상화는 필수적이었다. 그래서 1998년 한일공동선언(김대중-오부
치공동선언), 2000년 6·15남북공동선언, 2002년 북일공동선언 등
은 이 지역의 안정과 평화에 매우 중요한 의미가 있다.[590] 김대중은
이 세 선언에 모두 직간접적으로 관여했다. 햇볕정책이 대북정책
이자 한반도 평화 정착을 위한 외교정책, 특히 대일본 외교를 포함
하는 포괄적인 평화정책이라고 규정할 수 있는 까닭이다.

햇볕정책을 대북정책으로만 이해하는 것은 올바른 접근이 아니

다. 이러한 맥락에서 햇볕정책은 과도한 민족주의적 열정과 충돌할 수 있는 부분이 있다. 햇볕정책이 급진민족주의적 정서로 북한을 인식하는 것을 비판하고 반일민족주의 정서로 일본을 인식하는 것도 비판하는 데에는 이러한 배경이 있다.

햇볕정책은 남북한의 사이의 이질화뿐만 아니라 양극화도 고려한 것이다

북한은 전체주의적 독재국가이자 저욕망 사회이기 때문에, 자국민의 의식 및 감성까지 통제 가능한 체제를 갖추고 있다. 반면 한국은 자유주의 민주국가이자 고욕망 사회이기 때문에 국가가 국민의 의식 및 감성에 개입할 수 있는 부분이 매우 적거나 불가능하다. 남북한 사이에는 비대칭적인 부분이 매우 많은데, 이는 군사적 긴장 상태에 대한 내구력에 있어 매우 중요한 차이를 초래한다.

북한은 군사적 긴장 상태를 내부 통치 수단으로 활용한다. 북한 지도부는 미국의 기습적인 군사 조치를 초래할 대형 사고만 치지 않으면 군사적 긴장 고조를 두려워하지 않을 것이다. 자신들의 목적을 달성하기 위해 긴장을 높이다가 미국의 공습 징후가 뚜렷해지면 정책을 순식간에 전환시키면 된다고 생각할 것이다. 최고조의 군사적 긴장 상태는 북한 지도부에게도 부담스럽겠지만, 저강도나 중강도 심지어 고강도 직전의 군사적 긴장 상태는 이들이 대처할 수 있다고 판단할 가능성이 높다.

한국은 그렇지 못하다. 저강도 군사적 긴장만 고조돼도 국민들이 불안해한다. 이를 권력이 통제할 수도 없다. 긴장이 중강도로 넘어가면 더 심해지고, 고강도까지 가게 되면 아마 난리가 날 것이다. 2017년 북한이 핵과 미사일 실험을 연이어 할 때가 군사적 긴장이 중강도에서 고강도로 넘어가는 단계였다고 볼 수 있다. 1994년 봄과 초여름 사이에는 중강도에서 순식간에 고강도로 상황이 악화됐다고 볼 수 있다. 당시 한국에서는 전쟁 위기감이 조성돼 상당히 살벌한 기운이 감돌았다.

이러한 군사적 긴장 상태에 대한 내구력의 차이는 남북한 체제의 차이에 의해 발생한다. 이 점에서 자유주의 민주국가이자 고욕망 사회인 한국은 불리하다. 햇볕정책은 북한의 변화를 유도하고 북한이 연착륙할 수 있도록 해, 군사적인 긴장이 고조되지 않도록 하려는 정책이다. 남북한 사이의 이질화와 양극화에 의해 발생한 문제점을 고려한 것으로서 한국 국민을 위한 현실적인 정책이다.

햇볕정책은 유화정책이 아니다

보수 세력은 햇볕정책이 낭만적인 성격이 강해서 북한의 실체와 의도를 간과해 한국의 안보를 위태롭게 한다고 주장한다. 햇볕정책을 두고 '유화정책'이라고 비판하면서 1938년 뮌헨회담에서 영국의 체임벌린이 히틀러를 상대로 한 외교적 실책을 햇볕정책에 대한 비판의 근거로 활용한다.

그런데 김대중이 취임할 당시 밝혔던 대북 3원칙에서 제일 먼저 강조한 부분이 "어떠한 무력 도발도 결코 용납하지 않겠습니다"이다. 이는 과거 북한이 자신들의 이익을 위해 군사적 도발을 지속했던 것을 염두에 둔 것이다. 김대중은 북한이 폭력을 자신들의 목적

달성을 위한 수단으로 활용하는 것을 경계했고, 이것을 막기 위해 힘이 필요하다는 것을 젊었을 때부터 강조했다. 김대중은 1953년 9월 5일 《민주여론》에 다음과 같은 글을 기고했다.

그들이 믿는 것은 오즉 '힘' 그것이요 그들이 두려워하는 것도 오즉 '힘' 뿐인 것입니다. 사실은 소소히 이를 증명하고 있으니 세계 각지에서 그들은 자기의 힘이 미치기만 하면 수단과 방법을 가리지 않고 침략을 감행해 수다數多한 위성국을 만들어 이를 노예화하고 또 자유 제국 내에서 틈만 있으면 집요한 반항과 혼란을 자행하고 있습니다. 그러나 만일에 자유 진영이 강력히 결속해 그에 대항할 때는 그들은 일조一朝 표변해 평화와 공존을 부르짖고 있습니다. 한국전쟁에서 그들의 침략이 강력한 UN군의 반격에 조우하자 또 북대서양군이 나날이 그 재무장의 속도를 강화하자 그들은 비로소 한국 휴전을 부르짖고 또 세계적으로 소위 평화 공세를 감행하는데 발악하고 있는 것입니다. 그들이 가면적이라 할지라도 여사한 평화에 관심을 표시한 것은 그 동기가 결코 네루 씨의 순진한 평화에의 호소에 감동되여서가 아니라 자유 진영의 무시할 수 없는 '힘'에 의한 것입니다. 친애하는 아잣르 군! 문제의 요점 평화에의 유일한 관건은 오즉 여기에 있는 것입니다. 침략자는 히트러나 도조 히데키나 마덴코프의 일족一族들이나 모다 천만의 눈물의 호소보다도 오즉 강력한 '힘'의 호소에만 그들의 관심을 기우린다는 이 점입니다.[591]

김대중은 공산주의를 상대로 한 힘의 중요성을 강조한다. 공산주의 세력은 자유 진영이 약하게 보이면 언제든지 힘을 앞세운 무력 공세를 할 수 있기 때문에 낭만적 성격의 유화적 조치가 아니라 힘을 통한 억제력을 확보하는 것이 평화를 지키는 지름길이라고 판단했다. 김대중은 결코 낭만적 유화론을 제시한 바 없다. 그리고 체임벌린의 유화적 태도를 직접 비판하기도 했다. 김대중은 푸에블로호 나포 사건 이후인 1968년 2월 7일 북한에 대한 미국의 대응을 이렇게 비판했다.

> 김일성에 대해서 대한민국에 대한 침략을 미국이 자초한다고까지는 할 수 없다 하더라도, 그러한 침략, 금년에 적어도 만 명 내외의 간첩을 남파할 수 있는 준비를 갖추어놓고 있는 그 김일성에 대해서 결정적인 용기와 힘을 준 것이라고 규정하지 않을 수 없습니다. … 결국 역사는 체임벌린의 그러한 평화를 염원하는 유화가 더 큰 전쟁과 세계 인민에 대한 참화를 가져왔다는 것을 입증하고 있습니다. 나는 이번에 미국의 이러한 태도가 그러한 더 큰 불행을 초래하는 근원이 되지 않기를 진심으로 바라는 사람이지만, 의원 여러분이나 나나 다 같이 그러한 두려움과 불길한 예감을 금할 수 없을 것으로 생각이 됩니다.[592]

김대중은 민주주의를 여러 관점에서 강조했는데 여기에는 안보도 포함된다. 김대중은 민주주의가 공산주의 세력을 상대로 한 힘의 우위를 확보하기 위한 목적에서 반드시 필요하다고 보았다. 민주적 시장경제론인 대중경제론도 그와 같은 맥락에서 강조했다. 그는 북한을 대화와 협상을 통해 변화시키려는 구상을 갖고 있다는 점에서 기존 보수 진영과 다르지만, 만일의 사태를 대비한 군사적 대비 태세 완비에 대한 인식에서는 그들과 차이가 없다. 그러나 김대중은 반북 이데올로기를 국내 정치에 활용하지 않았다. 이것은 그만큼 자신감이 있다는 뜻이다.

이렇듯 햇볕정책은 하드파워와 소프트파워를 동시에 사용한 강자의 전략이었다. 임동원은 "포용정책은 결코 유화정책이 아니다. 포용정책은 힘이 있는 강자만이 사용할 수 있는 공세적인 정책이다"라고 말했다.[593] 이 말은 김대중의 인식을 정확하게 표현한 것이다.

3장
한반도와 동북아시아의 평화,
동아시아공동체 구현을 위한 실천

김대중은 한반도를 포함한 동북아시아에서 평화 체제를 구축하고 동남
아시아 지역까지 포함한 동아시아 지역에서 EU와 같은 공동체를 건설하
고자 했다. 김대중은 한국을 둘러싼 주변 모든 국가와 우호적인 관계를
형성하고 긴밀한 협력 관계를 창조해낸 한국 최초의 대통령이었다. 그리
고 동아시아 지역 공동체에 대한 비전을 제시하고 실천을 한 선구자였다
는 점에서도 역사적 의미가 크다. 여기에서는 이와 관련된 내용을 살펴
보려고 한다.

1. 1994년 전쟁 위기에서 나라를 구하다

한반도 평화에 있어 김대중의 매우 중요한 공헌 하나는 1994년 1차 북핵 위기 과정에서 카터 방북과 일괄타결안을 제시해 한반도에서 전쟁을 막은 것이다. 당시 아태평화재단 이사장이었던 김대중은 카터와 오랜 인연이 있었고 미국이 클린턴 민주당 정권이었기 때문에 그의 제안이 현실화될 수 있었다.

가. 제1차 북핵 위기 전개 과정

1994년 위기의 정도

1953년 정전협정 체결 이후 한반도에는 휴전선을 두고 크고 작은 군사적 대치가 이어졌다. 그중 전면전 발생 가능성까지 갔던 심각한 위기는 총 네 차례 있었다. 1968년 전쟁 위기, 1976년 판문점 도끼만행 사건, 1994년 1차 북핵 위기 과정에서 북한이 핵연료봉을 교체할 때, 2017년 2차 북핵 위기 과정에서 북한이 ICBM 시험 발사할 때 등이다. 여기서는 비교적 최근에 있었던 2017년 상황을 제외한 앞의 세 경우를 통해 1994년 위기 정도를 살펴보겠다.

1968년 전쟁 위기는 베트남전쟁의 여파로 남북한 사이에 군사 대치가 격화되던 와중에 북한이 1·21사태, 푸에블로호 나포, 울진 삼척 지역 대규모 무장공비 침투 등 호전적인 대규모 군사 도발을 연이어 일으킨 것이 원인이었다. 특히 푸에블로호 나포는 미국을 상대로 한 직접적인 군사적 행위였기 때문에 심각한 군사적 충돌 가능성이 있었다. 다만 미국은 베트남전이 진행되는 상황에서 또 다른 전쟁을 원하지 않았기 때문에, 북한과 협상을 진행해서 상황이 악화되는 것을 막고 관리하는 것으로 끝났다.

1976년 판문점 도끼만행 사건 때는 이러했다. 북한군이 미루나무 가지 제거 작업을 하던 미군을 잔혹하게 살해하여 미국은 엄청난 충격을 받았다. 미국의 항공모함이 출동하는 등 순식간에 전쟁 위기감이 극도로 고조됐다. 미국은 북한을 군사적으로 보복할 의사는 없었지만 강대국으로서 국가 자존심을 지키기 위해 원래 하려고 했던 나뭇가지 절단 작업을 완수하기로 했다(폴 번얀 작전). 대신 북한이 이 작업에 군사적 조치를 취한다면 미리 준비한 무장력을 동원해 응징하기로 했다. 만약 북한이 오판해서 폴 번얀 작전을 군사적으로 방해했다면, 미국이 이에 맞대응해 전쟁이 발발할 수도 있는 매우 위험한 순간이었다. 결국 북한이 사과했고 폴 번얀 작전을 방해하지 않으면서 사태가 수습될 수 있었다.[594] 이 당시 위기는 짧았지만 순간 위기 정도만 놓고 보면 가장 위험했다.

1994년 위기는 어떻게 볼 수 있을까? 1968년 위기와 1976년 위기의 특징을 고루 갖춘 형태다. 이때도 미국은 군사적 조치가 초래할 파국적 결과를 고려해 최대한 자제하려고 했다. 그러나 당시 미국은 북한에 대한 이해가 부족했고 북한은 특유의 벼랑끝 전술로 긴장을 조성했다. 상황은 군사적 충돌이 발생할 수도 있는 위험한 지경으로 악화되고 있었다. 당시 상황을 오버도퍼는 다음과 같이 서술했다.

> 로버트 갈루치 미美 국무부 차관보에게 94년 봄은 섬뜩하리만큼 역사학자 바버라 터크먼이 말한 '8월의 총성'을 닮아 보였다. 1914년 여름 동문서답과 오해 등이 발단이 돼 터진 제1차 세계대전을 가리키는 것이었다. 갈루치는 '이번 사태가 전쟁으로 그것도 대전으로 비화될 소지가 있다는 것'을 잘 알고 있었다. 애스핀의 후임인 윌리엄 페리 미美 국방장관은 자신의 정책대로 밀고 나갈 경우 전쟁이 터질 가능성이 있다는 결론을 내렸다. 야전 사령관들의 생각은 훨씬 더 확고했다. 주한 미美 공군의 하월 에스티스 중장은 훗날 관련 지휘관들이 사석에서조차 대놓고 얘기하지 않았지만 "속으로는 모두들 전쟁에 돌입하고 있다는 생각을 갖고 있었다"고 증언했다.[595]

1994년 1차 북핵 위기는 미국과 북한 모두 전쟁을 원하지 않았지만 일촉즉발의 상황으로 악화되고 있었다.

북한 핵 문제의 시작과 발단 그리고 전개

당시 국제적인 현안으로 불거졌고 현재(2021년 5월 기준)까지도 미
해결 상태에 있는 북한 핵 문제는 언제부터 시작됐을까?

북한이 핵무기에 관심을 갖게 된 계기는 1950년 한국전쟁과 관
련 있다. 한국전쟁 당시 중국의 참전으로 수세에 몰린 미국은 핵
위협을 통해 중국의 공세를 억제하려고 했다. 소련이 1949년 핵
실험에 성공해 핵무기를 손에 넣었지만 중국은 아직 핵을 갖지 못
한 상황이었고, 1945년 8월 일본에 투하된 핵무기의 가공할 만한
파괴력을 가까이서 지켜본 중국과 북한은 미국의 핵 사용 가능성
을 매우 불안한 시선으로 바라보았다. 이런 배경에서 북한은 핵 개
발에 관심을 갖게 되었고 1956년에 소련과 '조소원자력협정'을 체
결하면서 기술 및 설비 도입에 나서게 된다. 북한은 자체 기술로
1980년부터 5MW 원자로를 건설해서 1986년부터 가동하기 시작
했다. 그리고 1982년부터 영변 지역에 대한 사진 활영을 통해 북
한을 예의주시하고 있던 미국은 소련에 북한이 핵확산금지조약NPT
에 가입하도록 설득할 것을 요구하고 있었다. 북한은 추가적인 원
자력발전소 건설을 위해서 소련에 지원을 요청했고 소련은 지원
에 대한 전제 조건으로 북한의 핵확산금지조약 가입을 요구했다.
이와 같은 과정을 거쳐서 1985년 12월 12일 북한이 핵확산금지조
약에 가입했고 2주 뒤인 1985년 12월 26일 소련과 북한은 '원자
력발전소 건설을 위한 경제기술 협조협약'을 맺었고 50MW급과

200MW급 원자로를 건설하기로 했다.[596]

북한이 NPT에 가입하자 조약의 규정에 따라서 IAEA와 핵안전 협정을 맺어 핵 시설에 대한 사찰을 받아야 했다. 그런데 초기에 행정적인 착오가 발생하여 핵안전협정 체결이 늦어지고 소련이 개혁 개방 노선을 취하면서 북한과의 관계가 경색되는 등 국제적인 환경이 변했다. 그리고 북한은 한국에 미국의 핵무기가 배치된 상황에서 핵사찰에 동의할 수 없다는 논리를 내세웠다. 북한은 IAEA 사찰 문제를 처음부터 미국과의 관계 속에서 접근했다. 이러한 상황에서 1991년에 역사적인 계기가 마련되었다. 1991년 9월 미국은 한국에 배치된 지상발사 단거리 핵무기를 포함한 모든 단거리 핵무기 폐기를 선언했고 1991년 12월 남북한은 '한반도 비핵화 공동선언'에 합의했다. 이와 같은 배경에서 1992년 1월 북한은 핵안전협정에 서명했다.[597]

그리고 1992년 5월 한스 블릭스 IAEA사무총장 등이 방북했다. 북한은 1990년에 5MW급 재래식 원자로에서 소수의 핵연료봉을 회수해 실험용으로 90g의 플루토늄을 생산했다고 밝혔다. 그런데 IAEA가 공식 사찰단을 영변에 파견해 가능한 범위 내에서 전문적인 조사를 한 결과 북한의 발표와는 달리 1989년, 1990년, 1991년 세 차례에 걸쳐서 별도의 플루토늄 추출이 이뤄졌음이 확인됐다. 다만 당시 여건에서는 그 양까지 알 수 없었다. IAEA는 미국의 정찰위성 사진을 근거로 핵폐기물 시설로 지목된 두 개의 미신고 시설물에 대한 용도 규명을 위해 1993년 2월 특별사찰을 요청했다. 그리고 한미 양국은 3월 9일 팀스피리트 훈련을 시작했다. 이에 대해 북한은 1993년 3월 12일 팀스피리트 훈련을 핵전쟁 연습이라고 비난했고 IAEA의 특별사찰 요구는 자신들을 무장해제시키려는 것이라고 강도높게 비난하며 NPT 탈퇴 선언으로 맞섰다.[598]

북한과 미국의 협상

북한의 강석주와 미국의 갈루치는 1993년 6월 2일부터 회담을 시작해서 북한의 NPT 탈퇴 선언이 발효되는 6월 12일 직전인 6월 11일에 6개 항에 대해서 합의했다. 주요 합의 내용을 보면 미국의 안보 보장, 대화 지속, 북한의 NPT 탈퇴 잠정 보류 등의 내용이 포함되어 있다.[599] 그러나 당면 현안인 특별사찰 문제에 대한 합의는 없었다. 그 뒤 북한과 IAEA 그리고 미국은 서로 밀고 당기는 지지부진한 협상을 이어갔다. 특별사찰을 미국과의 관계 정상화의 카드로 삼으려는 북한과 핵 활동 검증에 모든 것을 걸고 있는 IAEA, 그리고 상황 관리 차원에서 북한과의 회담을 이어가지만 북한의 근본 요구를 수용할 생각이 없었던 미국, 이렇게 3자 사이의 입장 차이 때문에 사태는 악화됐다. 결국 1994년 IAEA는 3월 15일 사찰단 철수를 선언하면서 사용 후 핵연료 재처리를 통한 플루토늄 생산이 없었다는 점을 검증할 수 없었다고 말했다. 이것은 북한이 비밀리에 핵무기 개발을 시도했다는 의혹이 있다는 것을 선언한 것으로 볼 수 있기 때문에 상황은 급속도로 악화됐다.[600]

이에 대해 미국은 팀스피리트 훈련 재개를 결정했고, 유엔 안전보장이사회를 통해 대북 제재 추진과 3차 북미협상을 취소했다. 3월 19일에는 북한의 '서울 불바다' 발언이 나왔다. 1994년 3월

21일 IAEA는 북한의 비협조를 이유로 이 문제를 유엔 안보리에 회부하고, 유엔 안보리는 3월 31일 IAEA 사찰과 남북 대화 그리고 제재를 뜻하는 '필요할 경우 추가 조치 고려'라는 내용의 의장성명을 발표했다. 북한은 4월 14일 핵 활동 재개를 선언하고 5월 13일부터 핵연료봉 교체를 시작하면서 상황은 파국으로 치달았다. 미국은 핵연료봉 교체를 매우 민감하게 받아들였다. 연료봉을 인출하게 되면 추가적으로 무기급 플로토늄 3~4개 분량을 추출할 수 있었고, 과거에 추출했을지도 모를 플루토늄의 양을 정확히 파악하는 것이 불가능해지기 때문이다.[601]

북한이 IAEA 입회 없이 핵연료봉 교체를 시작하자 5월 18일과 19일 미국의 페리 국방장관 등 군 수뇌부는 럭 주한미군 사령관이 세운 한반도 전쟁계획에 대해 논의했다. 페리 장관 등 군 수뇌부는 5월 19일 클린턴 대통령에게 전쟁 계획안을 보고했다. 그 내용은 3개월 안에 발생하는 사상자 수가 미군 5만 2,000명, 한국군 49만여 명, 남북한 다수 국민이며, 610억 달러 재정 지출이 발생한다는 것이었다. 이에 놀란 클린턴은 5월 20일 외교안보보좌관회의를 소집해 외교적 해결 방향을 언급하면서 상황 악화를 막았다. 그러나 6월 2일 IAEA는 유엔에 보고한 북한의 연료봉 교체 작업에 대한 평가에서 과거 핵 규명이 어려워졌다고 밝히면서 사태가 심각해졌다. 유엔 제재 논의가 본격화됐고 이에 맞서 북한은 6월 13일 IAEA 탈퇴를 선언하면서 '제재는 선전포고다'라고 주장했다. 이에 대해서 미국은 북한이 연료봉 감시를 위한 감시카메라를 제거하거나 IAEA사찰요원을 추방하게 된다면 위험한 일이 될 것이라고 경고했다.[602] 상황은 더욱 악화돼 일촉즉발의 상황에 이르렀다.

1995년 NPT 무기한 연장회의를 앞두고 있던 미국은 회원국인 북한이 NPT를 탈퇴하여 핵무장을 하게 되는 것을 좌시할 수 없었다. 이런 식으로 북한의 핵무장을 막지 못하면 NPT 체제가 붕괴될 수도 있다는 점을 미국은 우려했다. 이러한 배경에서 미국은 결국 6월 중순 영변 핵 시설에 대한 정밀 타격을 고려했다. 당시 상황에 대해 페리는 자신의 회고록에서 "난 합동참모본부 의장인 샬리카시빌리 장군과 럭 장군에게 북한의 전력에 대한 최신 정보를 반영해 만일의 사태에 대한 비상 대책을 새로 짜라고 지시했다. 또한 서울이 사정거리에 들게 배치한 엄청난 규모의 장거리포에 대비할 구체적인 작전도 세우라고 했다. 그런 다음 영변의 재처리 시설에 대해 크루즈 미사일로 '도려내기' 타격을 할 작전도 준비하라는 명령을 내렸다"[603]라고 밝혔다. 그만큼 심각한 상황이었다.

나. 일괄타결론과 카터의 방북을 제안하다

일괄타결론이 나오게 된 배경

1차 북핵 위기가 본격화되던 시기 김대중은 영국 유학 중이었다. 김대중은 1993년 6월 6일 영국 런던대학교 SOAS에서 '북한에 대한 새로운 접근'이라는 주제로 강연을 했다. 여기에 제1차 북핵 위기 당시 김대중의 인식과 전략이 잘 나타나 있다.[604]

먼저 김대중은 북한의 핵 개발 배경과 원인을 북한의 두가지 위기감으로 설명했다. 먼저 국제적 고립에 따른 위기감으로, 소련의 해체 등 동유럽 사회주의 국가들이 몰락한 상황에서 한국은 러시아(소련), 중국과 국교 정상화를 했는데 자신들은 미국, 일본과의 관계 정상화가 이뤄지지 않다 보니 위기감을 갖게 됐다는 것이다. 그다음으로 남한의 국력이 계속 강해지면서 경제력과 군사력 등에서 북한이 따라잡기 불가능해지는 상황에 대한 위기감이었다. 김대중은 이 같은 위기감을 느낀 북한이 생존 전략 차원에서 핵을 개발한다고 보았다. 북한의 핵 개발 배경이 과거 북한의 공세적 도발과는 차이가 있다고 본 것이다.

김대중은 일괄타결이 북핵 문제 해결의 유일한 해법이 될 것이라고 강조했다.[605] 북핵 문제 발생의 구조적 배경에 주목해 미국, 일본 등이 북한과의 관계를 정상화하고 북한은 핵 관련 사안에 대해 국제사회의 우려를 해소하도록 하는 등, 상호 필요로 하는 내용을 교환해서 문제를 해결하자는 제안이었다. 그리고 미국과 북한 사이의 신뢰가 부족하기 때문에 일괄타결이 필요하다고 했다. 만일 일괄타결 제안을 북한이 거부할 경우 제재에 대한 중국의 협조를 이끌어낼 수 있다는 점도 고려했다.

이 시기 김대중은 다른 강연과 기고문에서 김일성 체제하에서 북한의 변화를 기대하기 힘들다는 주장에 반론을 제기한다. 오히려 김일성이 생존해 있을 때 해결해야 한다고 주장했다. 김일성만이 핵 문제와 같은 중대 사안에 대한 결정을 내릴 수 있다는 점, 김일성이 자신의 입장을 바꾼 전례가 있다는 점, 김정일에게 안정적으로 권력을 물려주기 위해 자신의 생전에 미국 등 서방 세계와 남한과의 문제를 해결할 필요성이 있다는 점, 중국의 경험을 통해서 개혁개방에 대한 두려움이 없게 됐다는 점 등을 근거로 제시했다.[606] 김대중은 이러한 논리에 바탕한 일괄타결을 북핵 문제의 해법으로 제시하면서, 문제 해결을 위해 본격적으로 민간외교 활동에 나선다.

카터 방북을 통한 일괄타결안을 제시하다

김대중은 미국과 북한이 모두 협상을 통해 문제 해결을 원한다고 판단했다. 이를 위해서는 초강대국인 미국이 북한과의 협상을 리드하는 것이 현실적으로 필요한데, 문제는 미국이 북한과의 협상 경험도 드물고 북한에 대한 관심과 이해가 매우 낮다는 데 있었다. 이 같은 문제점을 간파한 김대중은 미국에 북한을 이해하면서 그에 맞는 대안을 제시할 필요가 있다고 설득했다. 같은 관점에서 김일성과의 직접 협상이 필요하다고 주장했다. 김대중은 1993년 10월 10일(미국 시간) 스칼라피노 교수와의 대담에서 다음과 같이 말했다.

미국은 동양 사람들의 사고방식으로 이해하려 해야 하며, 특히 북한 사람들의 사고방식을 이해해야 한다. 북한은 김일성의 체면을 살리기 위해서 일괄타결 방안으로 문제 해결을 원한다. 그리고 협상 과정에서 양보를 하더라도 김일성은 북한 주민들로부터 비난받지 않는다. 예를 들어서, 유엔 동시 가입에 대한 북한의 입장은 미제국주의자들이 한반도를 영원히 분단하려는 음모라고 북한 주민들에게 인지시켜 왔음에도

불구하고 유엔에 가입했다. 그러고 나서 김일성은 국민들에게 북한을
세계로부터 고립시키려는 미제국주의자들의 음모가 있어왔다, 그래서
이 음모를 분쇄하기 위해서 이번 결정을 내렸다고 설명했다. 그러자
북한 주민들은 위대한 지도자가 아주 잘했다고 박수를 보낸다. 오직
김일성만이 이와 같은 영향력과 위엄을 가졌다. [607]

김대중은 미국의 고위층 인사가 김일성을 만나서 일괄타결 의사
를 전달할 필요가 있다고 강조했다. 스칼라피노 교수가 적당한 인
물이 누구인지 묻자 김대중은 카터 전 미국 대통령을 거론했다.
카터 방북 구상은 이날 스칼라피노 교수와의 대담에서 처음 거
론됐다. 1994년 봄에 상황이 계속 악화돼 전쟁 위기감이 고조되자
김대중은 미국을 방문해 1994년 5월 12일(미국 시간) 내셔널프레스
클럽에서 '미국의 대아시아 정책을 위한 몇 가지 제언'이라는 제목
의 연설을 했다. 김대중은 이 연설에서 일괄타결의 필요성을 강조
하면서 사실상의 특사로서 카터 전 미국 대통령의 방북을 문제 해
결의 방법으로 제시한다. 먼저 일괄타결론을 강조한 부분을 살펴
보자.

일괄타결을 제안해서 북한이 이를 수락하면 최선이고, 만약 김일성이
이것을 거부한다면 중국은 국제사회의 비판과 체면 손상을 감수할 결
심이 없는 한 경제제재를 지지하지 않으면 안 되게 될 것입니다. 이러
한 방법의 해결은 우리에게 손해될 것이 없습니다. 우리는 더 이상 시
간 낭비를 해선 안 됩니다. 제가 말씀드리는 것은 북한을 믿자는 것이

아닙니다. 북한의 진의를 시험해보자는 것뿐입니다.[608]

일괄타결론을 강조한 김대중은 체면을 중시하는 동양 그리고 북한 체제의 특성에 대해 설명한다.

클린턴 대통령이 말한바 '미국은 아시아 국가'라고 자부한다면 미국은 이러한 아시아 사람들의 마음을 바로 이해하고 대해야 하는 것이 필요합니다. 아시아 사람들에게는 자신의 생명보다는 체면이 더욱 중요합니다. 서방 세계와 같이 '주고받는' 방법을 존중하기보다는 동아시아 사람들은 자신들의 위신을 존중해준다면 하나를 얻고 둘을 기꺼이 줄 수 있다는 것입니다. 그 반면에 만약 그들이 불쾌하게 생각한다면 자신에게 매우 유익할 수 있는 것까지 거부해버릴 것입니다. 이러한 아시아인들의 극도로 예민한 근본 성격을 파악한 후에야 정확한 판단의 정책을 수립할 수 있을 것이며, 그래야만 미국 외교정책의 성공을 보장할 수 있고 아시아태평양 지역에 미국의 진실한 친구도 얻게 될 것입니다. … 체면을 세워준다는 것은 북한에 대해서는 더욱 중요한 문제입니다. 북한은 반세기 동안 1인의 절대적 권위 하에 통치된 나라입니다. 김일성의 체면은 무엇과도 바꿀 수 없습니다. 따라서 북한의 핵 문제 해결에 있어서 최고의 요체는 김일성의 체면을 세워주는 데 있습니다.[609]

북한에 대한 협상의 기술을 설명하고 있다. 김대중은 클린턴 행정부가 북한과의 협상을 통한 외교적 문제 해결을 원하고 있지만 상대인 북한에 대한 이해가 낮다 보니 문제 해결의 돌파구를 마련하지 못하고 있다고 파악했다. 정확한 진단이었다.

이 시기 클린턴 대통령을 비롯한 미국의 핵심 인사들은 북핵 문제를 방치하거나 이용하려고 한 것이 아니라 대화를 통한 적극적 개입을 통해 문제를 해결하겠다는 의지가 확고했다. 갈루치-강석주 회담을 지속한 것도 그러한 이유 때문이다. 그런데 미국은 북한에 대한 이해가 낮아 제대로 된 협상 전략을 세우지 못했다. 해결이 지체되면서 피로감만 가중되는 상황이었다. 김대중은 이 점을 간파해, 김일성과의 직접 담판의 필요성을 강조했다. 이어진 질의응답을 살펴보자.

> 저는 가장 적합한 지도자 한 사람, 원로 정치인은 카터 대통령임에 틀림없다고 생각합니다. 카터 대통령은 중국과의 외교 관계를 수립한 대통령입니다. 따라서 그가 아주 적당합니다. 그리고 또한 그는 국제사회에서 널리 존경과 신뢰를 받고 있는 분입니다. 사실 어제 저는 카터 대통령과 북한의 핵 문제를 포함한 동아시아 문제에 관해 전화로 토의를 가졌습니다. 또한, 제가 아는 한 북한은 카터 대통령을 오랫동안 칭송해왔기에 그들은 카터 대통령의 북한 방문을 기대할 것입니다. 따라서 만약 미국이 이러한 원로 지도자를 북한에 보낸다면 이것은 김일성으로 하여금 미국에 대한 어떤 결정적인 양보를 끌어내게 될 것입니다. 회장님께서 아시다시피 북한에서는 김일성만이 그러한 양보를 할 수 있습니다. [610]

김대중은 카터와 사전에 통화를 해서 의견 교환을 한 뒤 이렇게 제안을 했다.[611] 카터는 1979년에 남북미 3자회담을 추진한 적도 있었고 클린턴과 함께 민주당 소속이었기 때문에 클린턴 행정부가 카터 방북을 결정하면 북한은 수락할 가능성이 높았다. 이 경우 문제 해결이 가능하다고 김대중은 판단했다. 여기서 김대중의 뛰어난 점을 엿볼 수 있는데, 미국에 대한 설득력을 높이기 위해 중국과 결부시켜서 설명한다는 점이다. 이날 연설의 제목도 '미국의 대아시아 정책을 위한 몇 가지 제언'으로 시기적으로 북한과 북핵 문제에 초점을 맞추고 있지만 이 문제만 거론한 것이 아니라 중국 문제와 결부시켜서 강연을 했다. 미국은 기본적으로 중국에 관심이 많기 때문에 중국 문제와 연결시켜서 설명하면 북한 문제에 대한 이해를 높일 수 있다는 점을 고려한 것이다.

다. 카터 방북과 제네바합의

당시 북핵 문제는 미국에서도 매우 중대한 현안이었다. 김대중의 제안은 미국 내에서 큰 반향을 불러일으켰다. 카터는 6월 1일 클린턴에게 전화해 방북 의사를 밝혔다. 클린턴은 카터 방북 카드를 시도하기로 결정했다. 다만 클린턴은 카터가 특사가 아니라 개인 자격으로 방문한다는 점을 명확히 해서 조심스러운 태도를 취했다.[612]

한편 이에 대해 김영삼 정권의 반응은 부정적이었다. 5월 14일

민자당은 카터 특사안에 대해 비판했다.[613] 5월 17일에는 통일원이 유감 성명을 발표했다.[614] 6월 11일 카터의 방북에 앞서 미국의 피터 타노프 국무부 차관의 예방을 받은 김영삼 대통령은 "김일성 주석이 미소 전술로 서방 세계에 대화와 미소를 실어 보내고 북한 내부적으로는 카터 전 대통령이 자기를 존경해서 북한을 방문했다고 주민들을 선동할 여지가 많다"[615]라고 말했다.

1994년 6월 13일 한국에 도착한 카터는 6월 15일 북한으로 갔다. 카터는 6월 16일 김일성과 면담하면서 김일성에게 북미 핵협상이 진행되는 동안 북한이 핵프로그램을 일시적으로 동결할 것, 북한의 추방 명령으로 북한을 떠나기로 돼 있던 영변의 IAEA 사찰단원 두 명을 현장에 남게 할 것 등을 요구했다. 김일성은 카터에게 자신들은 전력 개발을 하려는 것이기 때문에 미국이 경수로를 제공하면 북한은 흑연감속로를 해체하고 NPT 체제로 복귀할 것이라고 말했고, 이와 함께 미국이 핵 위협을 하지 않는다는 보장을 해달라고 요구했다.[616] 그리고 카터의 요구를 수용할 수 있다는 입장을 밝혔다.

카터는 동행한 《시엔엔CNN》 마이크 치노이의 인터뷰를 통해 이를 밝히기로 결정했다. 미국 국민들에게 직접 알려서 클린턴 정부의 행동을 억제하기 위한 다분히 충격적인 방식이었다.[617] 카터는 방송이 나가기 전에 백악관으로 전화해서 갈루치에게 이 사실을 알렸다. 백악관에서는 북핵 문제에 대한 대응 전략을 논의하는 매우 중요한 회의가 열리고 있었다. 당시 상황을 페리 당시 국방부 장관은 다음과 같이 회고했다.

1994년 6월 16일, 나는 각료 회의실에서 클린턴 대통령이 검토할 행동 계획을 제안하기 위해 살리카시빌리 장군과 럭 장군, 크리스토퍼 국무장관과 함께 있었다. 북한에 제재를 가하고 미국 민간인을 남한에서 대피시키고 병력을 증강할 계획에 대해 대통령에게 보고하는 중이었다. … 대통령이 어떤 증강 방안을 승인할지 막 결정하는 순간, 보좌관이 헐레벌떡 들어와 평양의 지미 카터가 대통령과의 통화를 원한다고 전했다. 안보 보좌관인 앤서니 레이크를 보내 통화를 하라 했고, 그는 미국 쪽에서 제재와 병력 증강이라는 조치를 중단하면 북한의 핵연료 재처리 계획을 협상할 의사가 있다는 카터의 전언을 곧 알려왔다. 간단한 논의 후, 북한이 영변에서의 재처리 과정을 전면 중단한다면 미국도 협상 기간 동안 모든 조치를 중단하고 협상을 시작할 용의가 있다는 대통령의 답변을 갖고 레이크가 다시 통화하러 갔다. 협상을 끝없이 질질 끌면서 플루토늄 제조를 계속하려는 북한의 속셈을 미리 차단하기 위한 조건이었다. 곧 레이크가 돌아와 과연 북한이 협상 기간 동안 재처리 과정을 중단하는 데 합의할지 의심스럽다는 카터의 답변을 전해주었다. NSC의 위원들 모두 같은 의견이었으므로 클린턴 대통령은 강경하게 나가기로 결정했다. 카터가 김일성 주석에게 그 뜻을 전달하자, 그가 조건을 받아들였다. 금방이라도 터질 것 같던 위기는 끝났고 증강 계획은 보류됐으며, 아주 뛰어난 능력을 지닌 해외 근무 장교인 밥 갈루치가 이끄는 미국 협상팀과 함께 협상이 시작됐다.[618]

카터의 방북은 대단히 성공적이었다. 카터 방북 이후 북한과 미국은 협의를 진행하여 미국은 제재와 군사력 증강안을 보류시켰고 북한은 핵 개발 동결을 수락했다. 그리고 미국은 북미 3차 협상 추진의사를 밝히면서 일촉즉발의 위기를 넘길 수 있었다. 제네바에서 열린 3차 북미고위급회담은 핵 문제의 일괄타결을 목표로 진행되어 10월 21일 합의문에 서명하게 되었다. 제네바합의 주요 내용은 다음과 같다. 먼저 북한과 미국은 문제가 된 북한의 흑연감속 원자로를 경수로 원자로로 대체하기로 했다. 그래서 2003년까지 목표로 미국은 1,000MW급 용량의 경수로 2기를 건설하고 경수로 발전소가 가동되기 전까지 대체 에너지로 매년 중유 50만 톤을 제공하기로 했다. 그리고 기존의 흑연감속로 및 관련 시설을 동결하고 IAEA의 감시를 허용, 5MW 원자로의 연료봉 재장전 금지 및 가동 금지, 50MW 및 200MW 원자로 건설 중지, 5MW 원자로에서 인출된 연료봉의 재처리 금지 등을 하기로 했으며 1호 경수로의 주요 핵심 부품 인도가 시작되면 5MW 원자로에서 인출된 연료봉를 해외로 반출하기로 했다. 또한 북한은 NPT에 잔류하기로 했다. 미국은 북미관계 정상화를 위한 조치로서 3개월 이내 통신 및 금융거래에 대한 제한을 포함, 무역 및 투자 제한을 완화, 양국 수도에 연락사무소 개설, 관계 진전 시 양국 관계를 대사급으로 격상[619] 등을 하기로 했다. 이로써 1993년 3월 북한의 NPT 탈퇴 선언으로 시작된 1차 북핵 위기는 평화적인 외교 협상을 통해 해결됐다.

이때 상황을 분석해보면 북한과 미국은 모두 이 문제를 협상을 통해 해결할 의지를 갖고 있었다. 그런데도 양국은 상호 간의 불신과 낮은 이해 등으로 협상을 이어가면서도 좀처럼 문제 해결의 돌파구를 마련하지 못했다. 여기에 북한과 IAEA 사이의 대립과 갈등이 중첩되어 상황이 악화되면서 결국 전쟁 발발의 위기까지 발생했다. 이때 김대중이 카터 방북을 통한 일괄타결안을 대안으로 제시했고 이것이 성사돼 전쟁 위기를 해소할 수 있었다.《워싱턴포스트》는 1994년 6월 26일에 카터가 아닌 다른 인사였다면 그와 같은 변화를 이뤄내기 힘들었을 것이라고 보도했다.[620] 이처럼 전쟁의 위기에서 나라를 구한 김대중은 1995년 3월 8일 강연에서 북미 제네바합의에 대해서 이렇게 평가했다.

> 제네바 북미회담을 통해서 북한 핵 문제가 해결됐다. 이것은 우리에게 있어서는 단순히 북한 핵 문제의 해결에 그치는 것이 아니라, 50년에 걸친 냉전이 비로소 종지부를 찍게 된 것을 의미하는 것이다. 아직도 여러 가지 우여곡절이 있지만 이제 큰 물줄기의 방향은 잡혔다. 이제부터 한반도에서는 대립에서 평화로, 분단에서 통일로 가는 길이 열린 것이다.[621]

김대중은 1997년 12월 대선에서 승리한 이후 클린턴 대통령과 재임 시기가 겹치는 3년 동안 한반도평화 프로세스를 함께 추진했다. 북한과 미국의 수교와 한반도평화체제 구축이라는 역사적 성과를 낼 수 있는 직전에까지 갈 수 있었다.

2. 동북아평화체제, 완성 직전까지 가다

김대중이 목표로 한 한반도평화 프로세스의 성공을 위해서는 남북
관계 개선과 국제적인 지지와 협력이 필수적이다. 그런데 김영삼
정부는 남북 관계의 파탄과 4대국 외교의 위기를 김대중 정부에 물
려주었다. 경제 분야에서의 국가부도 위기를 초래한 것과 비슷하
게 남북 관계와 외교 등 대외 관계에 있어서 국가부도 위기와 비슷
한 유형의 파산 상황을 물려준 것이다. 김대중은 이 문제부터 해결
해야 했다.

가. 남북 관계와 주변 4대국 외교의 정상화

남북 관계와 외교에 있어 김영삼 정부의 부정적 유산

먼저 남북 관계는 파탄 상황이었다. 남북 관계는 1994년 조문파동
으로 단절됐다. 특히 북한에서 최악의 식량난이 발생했을 때 한국
에서 북한 붕괴론이 유포되면서 북한을 자극해 김영삼 정권 말기
의 남북 관계는 최악이었다.

미국과의 관계도 좋지 못했다. 클린턴 정부는 북한 핵 문제 해결
을 중요시했다. 그런데 김영삼 정부는 냉온탕을 오가는 일관되지
못한 대북정책으로 미국을 혼란스럽고 난처하게 만들었다.

일본과의 관계 역시 악화됐다. 김영삼 대통령은 1995년 11월
14일 중국 장쩌민 주석과의 정상회담 뒤 가진 기자회견에서 일본
의 망언에 대해 '그런 버르장머리를 기어이 고치겠다'고 발언했
다.[622] 1996년에는 하시모토 총리의 독도 영유권 주장이 나오면서
한일 관계는 최악으로 치달았다.

러시아와의 관계도 나빴다. 1996년 4월 제주에서 열린 한미정상
회담에서 한반도평화체제 구축을 위해 제시된 '한반도 4자회담'에
서 러시아가 배제된 것이 원인이었다. 한반도에 대한 러시아의 전
략적 이해관계를 고려하지 않고 사전 논의도 없자 러시아가 반발
했다.[623]

한반도 주변 4대국 중 중국과의 관계는 원만했다. 다만 대중 관
계에 있어서 중요한 변수는 남북 관계인데, 김영삼 정부 시절 남북
관계는 파탄 상황이었기 때문에 중국은 제네바합의로 북미 관계

악화는 막았지만 남북 관계 악화가 초래할 수도 있는 불확실성에 대해 경계하고 있었다.

남북 관계와 외교의 복원

김영삼 정부의 이러한 부정적 유산을 물려받은 김대중 정부가 해야 할 일은 두 가지였다. 하나는 악화되고 무너진 신뢰를 회복하는 작업이고, 그다음은 햇볕정책에 대한 지지와 협력을 이끌어내는 일이었다.

먼저 북한과의 관계에 대해서 살펴보도록 하자. 김영삼 정부 시절 남북 관계가 파탄 났기 때문에 김대중 정부는 북한과의 관계 복원부터 시작해야만 했다. 그런데 북한 체제 특성상 한 번 파탄난 남북 관계를 복원하는 것은 상당히 어려웠다. 특히 당시 북한은 햇볕정책의 의도를 의심하고 있었다.[624] 그렇다 보니 김대중 정부 초기에는 인내심을 갖고 관계 정상화를 위해 노력해야 했다.

이를 위해 김대중 대통령은 두 가지을 했다. 먼저 정경분리 원칙에 따라 현대그룹의 대북경협을 지원해 북한과의 관계의 폭을 넓혔다. 1998년 6월 16일 현대그룹 정주영 명예회장은 500마리의 소 떼를 몰고 군사분계선을 넘었다. 《시엔엔》이 이를 생중계했다. 프랑스의 세계적인 문화비평가인 기 소르망은 이 장면을 보고 "20세기 최후의 전위예술"이라고 표현했다.[625] 그만큼 상징적 효과가 매우 컸다. 그리고 1998년 11월 18일 금강산 관광이 시작됐다. 그다음은 주변국 외교를 강화해서 대북정책의 국제적 지지를 확보해 북한의 경계심을 완화시키는 것이었다.[626] 김대중 대통령은 1998년

6월에 미국, 10월에 일본, 11월에 중국, 1999년 5월에 러시아를 방문해 햇볕정책에 대한 4대 강국의 지지를 모두 획득하는 성과를 거둔다. 미국과 일본과의 외교는 이어서 상세하게 다루기 때문에 여기서는 중국, 러시아와의 외교에 대해 살펴보겠다.

1998년 11월 김대중은 중국을 국빈 방문해 장쩌민 중국 국가 주석과 정상회담을 해 '한중협력동반자관계'를 구축하기로 발표했다. 이는 한중수교 이래 최초의 공동성명이었다. 단순한 협력 관계에서 동반자 관계로 격상시키기로 했다는 점에서 중요한 의미가 있다.[627] 2000년 10월 주룽지 총리가 방한할 때 한중 관계를 전면적 협력의 새로운 단계로 발전시키기로 합의했다. 한중 관계가 발전할 수 있었던 것은 중국이 김대중 정부의 햇볕정책이 자국의 이익에도 도움이 된다고 판단했기 때문이다. 중국은 한반도 정세 불안이 중국의 안보와 경제 발전에 부정적인 영향을 준다고 판단했기 때문에 김대중 정부의 햇볕정책을 지지했다.[628] 중국은 한반도 정세가 불안정해져서 미국의 군사적 개입 여지가 발생하는 것을 원하지 않았다. 통일 문제에 있어서도 하나의 중국 원칙을 강하게 내세우고 있었기 때문에 1민족 2국가인 남북한의 평화통일 노력을 반대할 이유와 명분이 없었다.

중국은 1999년 2월 임동원 외교안보수석이 '한반도 냉전 구조 해체를 위한 포괄적 접근 전략'을 설명하기 위해 중국을 방문했을 때 "한반도 문제 해결을 거시적 시각과 전략적 관점에서 보아야 한다는 김 대통령의 전략 구상은 상상력이 넘치며 지금까지 나온 것들 중에서 가장 완벽한 구상"[629]이라고 높이 평가했다. 또한 김대중은 중국이 한국과 적대적인 관계에 있던 1970년대에도 중국에 알려져 있었다.[630] 중국의 시진핑도 2009년 5월 김대중이 방중했을 때 만난 자리에서 1970년대부터 김대중을 알고 존경했다는 말을 했을 정도다.[631] 이러한 요인들이 결합돼 중국은 김대중 정부의 햇볕정책을 지지했다.

다음으로 러시아와의 관계를 보자. 김대중은 러시아의 중요성을 인식하고 있었다. 그는 1992년에 러시아 외무성 외교대학원에서 박사학위를 받았을 정도로 미소 냉전 해체 이후 러시아와의 관계를 강화하기 위해 노력했다. 러시아가 비록 과거 소련에 비해 국제사회에서의 영향력이 약화됐지만 햇볕정책 성공을 위해서는 한러 관계 개선이 반드시 필요하다고 보았다. 왜냐하면 러시아는 안보리 상임이사국이자 여전히 미국 다음의 세계적인 군사강국이고 러시아 극동 지역의 경제 개발이 북한의 개혁개방을 이끌어내는 데에 중요한 의미가 있기 때문이었다. 4대국 외교를 완성한다는 차원에서 1999년 5월 러시아를 방문한 김대중은 옐친 대통령과 정상회담을 했다. 양국은 "건설적이고 상호보완적인 동반자 관계가 21세기를 앞두고 양국 간의 다각적인 상호 교류에서 지도적인 개념이 된다는 데 합의"[632]했고 옐친 대통령은 김대중 대통령의 햇볕정책을 지지한다고 밝혔다. 이렇게 해서 러시아와의 관계도 정상화했다.

나. 김대중의 국익 중심 외교의 진수 대일본 외교:
김대중-오부치 선언의 역사적 의미

김대중-오부치 선언:
김대중 실용 외교의 큰 업적이자 일본판 햇볕정책

김대중은 1965년 국교 정상화 이후 한일 관계에 있어 최고의 시기를 만들어낸 대통령이었다. 또한 김대중 정권 시기 한일 관계는 완전히 새로운 패러다임이 형성됐다. 그는 일본의 전략적 가치를 중시하여 일본이 아시아에서 민주주의 발전, 한반도 및 동북아 평화에 긍정적인 역할을 할 수 있도록 여러 노력을 기울였다.

대통령이 된 김대중은 실제 외교정책을 추진할 수 있게 되자 한일 관계를 획기적으로 개선하기 위해 1998년 10월 일본을 방문했다. 김대중은 이미 일본에서 굉장히 유명한 인물이었기 때문에 큰 관심을 받았다. 일본 국회에서 연설도 했다. 이때 김대중의 일본 방문은 한일 관계 개선과 동북아시아 지역 정세에 큰 영향을 주었다. 하버드 대학교의 중국·일본 전문가로 저명한 에즈라 보겔 교수는 1960년 로버트 케네디 미국 법무부 장관의 방일, 1978년 덩샤오핑 중국 국가부주석의 방일, 그리고 1998년 김대중 대통령의 방일을 일본 국민의 인식을 크게 바꾼 외국 지도자의 3대 방일이라고 평가했을 정도다.[633]

김대중 대통령 방일의 최고의 성과는 김대중-오부치 선언이다. 1998년 10월 8일 김대중 대통령과 오부치 게이조 총리가 합의한 '21세기의 새로운 한·일 파트너십 공동선언'은 5개 분야 43개항 행동 계획을 채택한 방대한 내용을 담고 있다.

분야별로 보면 ①양국 간 대화 채널의 확충 ②국제사회의 평화와 안전을 위한 협력 ③경제 분야에서 협력 관계 강화 ④범세계적 문제에 관한 협력 강화 ⑤국민 교류 및 문화 교류의 증진 등을 담고 있다.[634]

이 선언의 역사적 의미는 매우 크다. 먼저 이 선언에서 일본 정부가 '식민 통치에 대한 통절한 반성과 사죄'를 정부 공식 문서로 명문화해 1965년 국교 정상화 이후 최초로 일본이 한반도 식민 지배에 대해 진정으로 사죄했다는 점을 들 수 있다. 1995년 무라야마 총리 담화에서 일본은 전쟁 당시 아시아 여러 국가에 끼친 고통에 대해 사죄했는데, 그 담화에서는 한국을 따로 지칭하지는 않았다. 그런데 여기에서는 한국을 상대로 정부 공식 문서로 사죄한 것이다. 이때 오부치 총리의 사과는 피해국이 식민지 종주국을 상대로 사과를 받아낸 유일한 경우라고 할 수 있을 만큼 역사적 의미가 컸다. 역사 화해에 있어서 유럽이 선도적으로 하고 있다는 통념이 자리 잡혀 있는데 사실 그것은 유럽 '내부'의 일이고 자신들이 식민 지배한 '외부'와의 역사 화해는 제대로 진행되지 않았다.[635]기본적으로 열강들은 제국주의 시대의 식민 통치에 대한 과오를 무시하려고 했다. 2018년 9월에 마크롱 프랑스 대통령이 알제리 독립전쟁 당시 발생한 알제리인들에 대한 피해에 대해 60여 년 만에 처음으로 사과[636]했을 정도다. 그래서 이날 일본의 사과는 한일 관계뿐만 아니라 세계사적으로도 의미가 컸다.

김대중 대통령은 미래지향적 한일 관계 개선으로 화답했다. 김대중은 일본의 사죄를 받아내면서 "양국이 과거의 불행한 역사를 극복하고 화해와 선린 우호 협력에 기초한 미래지향적인 관계를 발전시키겠다"고 해 전후 화해의 형식에 기반해 한일 관계를 미래지향적 관계로 전환시키기로 했다.[637] 당시 김대중 대통령과 오부치 총리는 상대 국가의 발전과 역사적 기여에 대해 높이 평가했다. 오부치 총리는 한국의 비약적인 경제성장과 성숙한 민주주의 국가로의 발전에 경의를 표했고, 김대중 대통령은 전후 일본이 평화헌법 속에서 비핵3원칙과 전수방위를 통해 평화를 지키고 개발도상국을 지원하는 등 국제 평화와 공동 발전에 기여한 점을 높이 평가했다.[638]

이러한 배경에서 한국과 일본은 양국 관계를 다양한 층위에서 심화시키고 확장시키기로 했다. 한국 내 여러 우려에도 불구하고 김대중은 일본 대중문화를 개방해 한일 간 사회문화 교류 확대의 새로운 역사를 개척했다. 이뿐만 아니라 한일 관계에 있어 기존의 무역 중심의 경제적 교류를 넘어서 양국 시민사회 사이의 교류 협력이 확대될 수 있도록 했다. 이를 통해 한일 관계의 질적인 성숙을 도모하고자 했다. 더불어 한일 관계 발전을 동아시아 지역의 평화와 번영의 동력으로 삼기 위해 창조적이면서도 담대한 비전과 의지를 제시했다는 점도 중요하다. 그리고 이 선언은 한일 관계의 의미를 아시아태평양(또는 동아시아)이라는 지역의 맥락에서 명시한 최초의 공식 문서라는 점에서도 역사적 의의가 크다.[639]

김대중의 방일 외교가 크게 성공할 수 있었던 원인은 일본 국민들의 마음을 얻을 수 있었기 때문이다. 일본 국회에서 한 김대중의 연설은 매우 높은 평가를 받았다. 일본 관방장관을 역임한 고노 요헤이는《아사히신문》과의 인터뷰에서 "일본의 국민, 정치가가 김 대통령을 만나서 서로 존경할 수 있는 나라라는 점을 알게 된 것이 이번 연설의 최대의 성과"라고 격찬했다.[640] 또한 김대중은 천황이라는 호칭을 사용해 일본 국민들로부터 좋은 평가를 받았다. 김대중은《월간중앙》2006년 1월호에 게재된 인터뷰에 이렇게 언급했다.

나는 대통령이 되고 나서 한·일 관계를 제자리에 세우려는 생각으로, 재임 5년간 일관되게 노력했어요. 그래서 상당한 성과도 올렸다고 봅니다. … 당시 우리 언론이 일본 천황을 일왕이라고 썼습니다. 그러면서 내가 천황이라고 하니까 왜 천황이라 하느냐고도 했어요. 그래서 내가 "영국은 여왕이라고 하니까 여왕으로, 스페인은 황제라고 하니황제라 불러주고, 우리나라는 대통령이니까 대통령으로 불리는 것"이라고 했습니다. 그렇게 불러준 것에 대해 일본 사람들이 굉장한 감동을 받았어요. 그런 열린 정신들이 한류로도 연결되는 것 아닐까도 생각합니다.[641]

김대중은 일본에 대한 감정적 대응을 철저하게 억누르면서 상대의 장점을 높이고 상대의 마음속으로부터 감동과 이해를 불러일으켰다. 이를 바탕으로 상호 이해를 증진시켜 평화와 안정의 토대를 굳건히 해 우리의 국익을 극대화하는 전략을 취했다.

김대중-오부치선언과 동북아 평화

이러한 내용을 담고 있는 김대중-오부치선언은 한일 관계와 동북아 지역에 매우 큰 영향을 주었다. 우선 한일 관계의 질적 성숙과 발전이다. 1965년 국교 정상화 이후 한일 관계는 주로 정치와 경제 분야에 국한돼 있었다. 미국의 압력으로 양국 국교는 정상화됐지만 여전히 여러 한계가 있었다. 그럼에도 1998년 김대중-오부치선언 이후 한일 관계는 사회문화적 측면에서 확장되고 상호 이해가 심화됐다. 특히 양국 국민 사이에 상대국을 긍정적으로 평가하고 우호적으로 대하는 흐름이 형성되면서 한일 관계가 미래지향적 관계로 전환됐다. 일본이 한반도와 동북아 지역의 잠재적 위협 요인으로 인식되던 것을 변화시켜 평화의 조력자이자 협력자가 될 수 있도록 유도했다는 점에서 의미가 크다.

김대중은 햇볕정책에 대한 일본의 확고한 지지를 얻어내 한반도 평화 프로세스 추진에 큰 우군을 확보했다. 여기에 더 나아가 일본과 협력해 부시 행정부의 방해를 극복하는 모습까지 보여주었다. 결정적인 성과가 2002년 9월 고이즈미 총리의 전격 방북이었다. 이 당시 고이즈미의 방북은 김대중의 적극적인 대일 외교의 산물이었다.[642]

김대중 대일 외교 전략은 한반도 냉전 구도 해체라는 그의 원대한 구상 속에서 나왔다. 소련이 붕괴해 냉전 체제가 해체된 유럽과 달리 동북아 지역은 냉전의 잔재가 잔존한 채 불안전한 평화가 이어졌다. 이는 남북한 그리고 중국과 일본 등 동북아 지역 주요 국가들이 서로 화해하지 못한 채 적대적 대립을 지속한 탓이었다. 김대중은 이를 해소하기 위해 남북한 사이뿐만 아니라, 한국과 일본과의 화해 협력 및 북한과 일본과의 관계 정상화 또한 필요하다고 보았다. 일본의 전략적 가치를 중시해 일본이 냉전 대립 노선에서 탈피해 평화와 안정의 조력자이자 주요 플레이어가 될 수 있도록 유도하려 한 것은 이 때문이다. 이를 위해 김대중은 일본을 상대로 한 햇볕정책도 필요하다고 보았다. 김대중의 대일본 외교는 동아시아 지역 공동체 및 지역 공동 발전 구상으로 이어진다는 점에서 의미가 크다.

많은 사람이 놓치고 있지만 김대중의 노벨평화상 수상의 세 번째 근거가 바로 일본을 비롯한 주변 국가와의 화해와 관계 개선을 통한 지역의 안정과 평화에 대한 기여였다. 이처럼 그는 일본과의 화해 협력의 기틀을 세우고 일본을 우리 외교의 우군이 될 수 있도록 유도했다. 반일민족주의를 국내 정치적 목적으로 활용하고 일본과의 관계 개선을 미리 포기한 채 막연히 '가깝고도 먼 나라'로만 대하는 기존 정치인과는 차원을 달리한 것이었다.

김대중의 대일본 외교가 위대한 이유:

김대중은 반일민족주의를 이용하지 않았다

반일민족주의에 함몰되면 거시적인 국가 전략 속에서 일본을 객관적으로 인식할 수 없다. 우리 사회에는 반일민족주의의 영향력이 매우 강력한 탓에 정치인이라면 반일민족주의를 정치적 목적으로 활용하고 싶은 유혹에 쉽게 빠진다. 보수, 진보 가릴 것 없이 한국 대부분의 정치 지도자들이 이를 이용한 것도 이 때문이다. 여기에서 예외적인 인물이 바로 김대중이다.

그는 반일민족주의를 정치적 목적으로 활용하지 않았다. 민주화 투쟁을 할 때나 야당에서 활동할 때, 반일민족주의를 정치적으로 동원한 적이 없었으며 대통령 재임 중에도 반일 정서를 고려해야 한다는 참모들의 조언을 국익을 이유로 거부했다.[643] 김대중에게는 국익 위주의 외교 전략이 가장 중요한 원칙이었기 때문이다. 보수 성향의 공로명 전 외무부 장관은 이렇게 평가한 바 있다.

> 김대중–오부치 공동성명은 한·일 관계의 하나의 귀감이고 지침입니
> 다. 통일정책에 대해서는 생각이 다르지만, 한·일 관계에 대한 그분의
> 생각에는 참 공명하는 부분이 많아요. 대통령선거 할 적에 한 표가 아
> 쉬운데, 일본 문화 개방을 얘기했어요. 소신이 있는 양반이에요.[644]

김대중의 대일 외교의 성과뿐만 아니라 그 기조 및 태도 등을 종합적으로 평가하면 한마디로 대단하다. 더 놀라운 것은 일본과 여러 악연으로 얽혀 있어 개인적 감정이 매우 나쁠 수밖에 없었음에도 사감을 전혀 드러내지 않았다는 점이다. 김대중과 일본의 악연은 한민족 모두가 겪어야 했던 경험과 개인적 경험이 있다.

그는 1924년생으로 21세 때까지 일제의 식민 통치를 경험했다. 1973년 8월 일본 도쿄에서 발생한 납치사건과 그 조사 과정에서 일본 정부는 죽을 고비를 넘긴 김대중의 인권을 철저히 외면하고 군사독재 정권에 협력했다. 한일 양국 정부는 이 사건에 대한 공식 조사와 법적 조치 없이 두 차례의 정치결착(1973년 11월, 1975년

7월)으로 사건의 진상을 은폐했다. 첫 번째 배신이었다.

이뿐만이 아니었다. 일본 정부는 1980년 김대중이 사형선고를 받았을 때 이를 강력하게 항의해 김대중 구명에 적극 나설 수 있었지만 그렇게 하지 않았다. 이는 1차 정치결착과 관련이 있다. 1차 한일정치결착의 내용을 보면, 해외에서 있었던 김대중의 언행에 대해서 문제 삼지 않는다는 내용이 있다. 그런데 전두환 정권이 김대중에게 내린 사형선고는 납치사건 이전 일본에서의 활동과 관련돼 있다. 물론 재심에서 무죄가 확정된 것처럼 사건 자체가 조작된 것이었다. 근데 그 이전에 전두환 정권이 김대중에 대한 사형선고를 내리기 위해서 일본에서의 활동을 문제 삼은 것은 한일정치결착을 위반한 것이기 때문에 이에 대해서 일본 정부는 항의할 수 있었다. 일본이 적극적으로 항의했다면 전두환 정권이 사형선고를 내리기는 어려웠을 것이다. 그런데 일본은 사실상 수수방관했다. 김대중은 일본 정부의 태도에 크게 분노했다. 이것이 일본 정부의 두 번째 배신이었다.

이 정도라면 일본에 대한 구원舊怨을 품고 있을 법도 하다. 그러나 김대중은 대통령이 된 이후에도 전혀 그러지 않았다. 대통령 김대중은 일본과 화해하고 미래지향적 관계를 새롭게 구축했다. 그는 1998년 10월 8일 일본 국회에서 "기적은 기적처럼 오지 않는다"라는 유명한 말을 남긴 적이 있다. 한국 민주화의 성과가 피와 땀으로 이뤄낸 힘들고 값진 성과였음을 강조한 것이다. 이 말에는 그가 강조한 과거사 해결 원칙인 화해, 관용, 통합의 정신이 담겨 있다.

이처럼 김대중은 반일민족주의를 넘어서 철저하게 국익 중심의 대일 외교를 전개했다. 반일민족주의에 함몰되지 않고 과거의 아픈 역사를 더 높은 도덕적 리더십의 근간으로 삼아 대일 외교를 리드하는 대정치인의 모습을 보인 덕분에, 1965년 한일 국교 정상화 이후 한일 관계 역사상 가장 최고의 시기를 만들어냈다.

김대중의 원칙 있는 실용 외교는 지금도 시사하는 바가 매우 크다. 감정과 이념을 강조하지 않고 강대국에 둘러싸인 지정학적 약점을 오히려 지정학적 강점으로 유도하기 위해 일본을 활용한 거대한 비전과 치밀한 전략은 지금은 물론 앞으로도 유효할 것이다.

다. 2000년 남북정상회담과 6·15공동선언

성사 및 준비 과정

정경분리에 근거해 현대그룹과 북한 사이의 경협이 지속됐고, 햇볕정책에 대한 국제적 지지 확보 등 국내외 여러 여건이 갖춰졌다고 판단한 김대중은, 2000년 들어 남북 관계 발전을 위해 적극 나섰다. 그는 북한을 개혁개방으로 이끌어내기 위해 2000년 3월 9일 베를린선언을 통해 과감한 비전을 제시하면서 정부 간 대화를 제안했다. 이에 북한이 호응해 3월 17일 중국 상하이에서 박지원 문화관광부 장관이 북한의 송호경 조선아시아태평양평화위원회(아태) 부위원장과 비공개 회담을 했다. 3월 23일과 4월 8일에는 베이징에서 추가 회담이 열렸고 4월 8일 남북정상회담 개최에 최종적으로 합의했다.[645]

정상회담의 성공을 위해서는 대화 상대인 김정일 위원장에 대한 정확한 정보가 필요했다. 그동안 북한과 대화가 단절된 터라 김정일에 대한 신뢰할 만한 정보가 없었다. 김대중은 임동원을 특사로 파견해 '김정일이 어떤 인물인지 파악할 것, 정상회담에서 협의할 사안들에 대해 북측과 충분히 협의할 것, 정상회담 때 발표할 공동선언 초안을 사전에 합의할 것' 등 세 가지 사항[646]을 당부했다. 임동원은 5월 27일과 6월 3일 두 차례에 걸쳐 평양을 방문했다. 두 번째 방북에서는 김정일을 만나 장시간 대화를 나눴다. 임동원은 그동안 알려진 김정일에 관한 부정적인 정보가 잘못된 것이라고 판단했다. 서울로 돌아온 임동원은 김대중에게 김정일에 대한 첫인상을 이렇게 보고했다.

상대방의 말을 경청하며 말하기를 즐기는 타입입니다. 식견이 있고 두뇌가 명석하며 판단력이 빨랐습니다. 명랑하고 유머 감각이 풍부한 스타일입니다. 수긍이 되면 즉각 받아들이고 결단하는 성격입니다. 개방적이고 실용적인 사고방식을 갖고 있으며, 말이 논리적이지는 않지만 주제의 핵심을 잃지 않는, 좋은 대화 상대자라는 인상을 받았습니다. 특히 연장자를 깍듯이 예우한다는 느낌을 받았습니다.[647]

김대중은 임동원의 보고에 만족해하면서 정상회담 성공을 기대했다. 다만 북한 최고지도자와의 회담은 최초인 데다가 정상회담 준비 과정에서 북한은 다른 국가의 통상적 외교 관례와는 다른 모습을 보이기도 했다.

단적으로 정상회담을 6월 12일부터 14일까지 하기로 했으나, 정상회담 직전인 6월 10일 기술적인 이유로 하루 늦춰달라고 북측이 요청해 날짜가 13일부터 15일로 변경됐다. 임동원이 특사로 김정일을 만났을 때, 북한은 최고지도자의 안전보장을 이유로 들며 회담을 기습적으로 변경할 수 있다는 점을 암시한 바 있었다.[648]

그런데 핵심적인 것은 따로 있었다. 정상회담에서 발표할 내용이 정해지지 않은 상태였다는 점이다. 통상 정상회담의 경우 사전에 정상들의 입장이 반영된 합의 내용을 회담 전에 마무리하고 정상회담 때 이를 발표한다. 이에 대해 임동원은 "정작 북측은 김정일 위원장부터가 '정상회담을 마치고 보자'는 식으로 대수롭지 않게 여기는 분위기였다. 과연 합의할 수 있는 건지, 합의하더라도 어떠한 내용과 형식으로 할 수 있는 건지, 내 입장에서는 여간 걱정이 아닐 수 없었다. 결국 이 문제는 정상회담에서 논의해 해결하는 수밖에 없었다"라고 밝혔다.[649]

분단 이후 최초의 정상회담과 6·15남북공동선언

김대중은 2000년 6월 13일 방북했다. 사전에 합의한 내용이 없었기 때문에 양 정상이 정상회담을 하면서 합의문의 성격과 내용을 직접 조율하는 과정을 거치게 됐다. 김대중과 김정일은 두 차례에 걸친 마라톤협상 끝에 공동선언에 합의한다. 이때 김정일은 '선언적인 내용만 넣고 구체적인 내용은 장관급회담에 위임하는 형식'을 제의했다. 이에 대해 김대중은 구체적인 내용도 넣어야 한다고 주장하면서 관련 내용이 포함될 수 있었다. 정상회담 합의문에 구체적인 내용까지 반영해야 향후 사업 추진에 강한 동력이 생긴다고 보았기 때문이다.[650] 이러한 과정을 거쳐서 역사적인 6·15남북공동선언이 발표됐다.

6·15남북공동선언

1. 남과 북은 나라의 통일문제를 그 주인인 우리 민족끼리 서로 힘을 합쳐 자주적으로 해결해나가기로 했다.
2. 남과 북은 나라의 통일을 위한 남측의 '연합제'와 북측의 '낮은 단계의 연방제' 안이 서로 공통성이 있다고 인정하고 앞으로 이 방향에서 통일을 지향시켜나가기로 했다.
3. 남과 북은 올해 8·15일에 즈음해 가족, 친지 방문단을 교환하며 비전향 장기수 문제를 해결하는 등 인도적 문제를 조속히 풀어나가기로 했다.
4. 남과 북은 경제협력을 통해 민족경제를 균형적으로 발전시키고 사회, 문화, 체육, 보건, 환경 등 제반 분야의 협력과 교류를 활성화해 서로의 신뢰를 다져나가기로 했다.
5. 남과 북은 이상과 같은 합의 사항을 조속히 실천에 옮기기 위해 빠른 시일 안에 당국 사이의 대화를 개최하기로 했다.
6. 김대중 대통령은 김정일 국방위원장을 서울로 정중히 초청했으며 김정일 위원장은 앞으로 적절한 시기에 서울을 방문하기로 했다.

김대중의 방북은 용기 있는 결단이었다. 사전에 합의된 내용도 없이 불확실한 상황에서 방북했기 때문에 뚜렷한 결과를 만들어내지 못한다면 국내 보수 세력의 엄청난 비판에 시달렸을 것이다. 이러한 부담을 안고 방북을 해서 결국 역사에 큰 업적을 남겼다.

2000년 6월 김대중-김정일의 최초 남북정상회담은 여러 면에서 역사적인 의미가 있다. 남북한은 1948년 38선을 사이에 두고 각각 정부를 수립한 이후 한 번도 정상회담을 한 적이 없었다. 이는 남북 분단의 적대적 성격을 가장 잘 보여준다. 1970년대 초반, 1980년대 중반, 1990년 전후에 여러 층위에서 정부 간 대화와 초보적 형태의 교류를 진행했지만, 장기간 지속되지 못한 데다가 관계 개선으로까지 이어지지 못했다. 남북한 지도자들의 의지가 부족하기도 했거니와 한반도를 둘러싼 국제 여건 또한 뒷받침되지 않았기 때문이다. 이러한 한계를 극복하는 것은 남북한 스스로의 몫이라는 점에서 매우 안타까운 일이었다. 이러한 구조적 상황 속에서 한국전쟁 발발 50년 만에 남북한 최고지도자가 서로 만나 한반도와 전 세계를 향해 화해와 공존, 평화의 메시지를 발신한 것이다.

남북정상회담의 결과인 6·15남북공동선언은 남북 정상 간 최초의 합의문이다. 남북 정상이 직접 서명해 구속력이 매우 강하다는 특징이 있다. 특히 2항은 남북한이 평화공존 통일방안에 대해 합의했다는 점에서 의미가 크다. 이는 '사실상의 통일', '과정으로서의 통일'이라는 김대중의 3단계통일론의 정신이 반영된 것이자, 평화와 통일의 병행 발전의 정신이 담긴 것이다. 게다가 김정일 위원장의 답방을 명시했다는 점이 중요했다. 비록 실현되지 못했지만 이후 북한 최고지도자의 남한 방문을 요구할 수 있는 근거가 됐다는 점에서 역사적 의미는 유효하다.

김대중은 서해 항로를 통해 방북했다. 항공기를 통해 남북 간 왕래가 이뤄진 것은 분단 이후 최초였다.[651] 게다가 남한 대통령이 북한 군대의 사열을 받은 것은 의미가 컸다. 북한과 정전협정은 맺었지만 평화협정을 체결하지 못했고 현재(2021년 5월 기준)까지 종전선언조차 하지 못했다. 이런 상황에서 이뤄진 것이기에 군사적 적대 관계를 해소하고 평화공존의 길로 나아가기 위한 남북한의 의지를 한민족과 전 세계에 보여준 역사적 장면이었다.

남북정상회담은 그만큼 남북 관계에 있어 매우 획기적이며 역사적인 사건이었다. 김대중은 방북 기간 중 평양에 54시간 동안 체류하면서 김정일과 11시간을 직접 만나 대화를 나눴다.[652] 이러한 밀도 있는 만남과 대화를 통해 남북한 정상은 상호 신뢰를 형성할 수 있었다.

2000년 남북정상회담과 6·15남북공동선언의 영향

2000년 남북정상회담과 6·15남북공동선언은 한국 내부, 남북 관계, 한반도 국제 정세에 매우 큰 영향을 주었다.

먼저 국내 정치사회 측면에서 보면 탈냉전과 탈분단을 지향하는 세력의 영향력 강화와 자유주의 확산의 계기가 되었다. 보수 세력이 강조하는 반공국가주의는 자유주의와 다원주의를 억압하는 논리였다. 6·15남북공동선언이 반공국가주의를 약화시킬 수 있는 기반을 마련했기에, 다원주의와 자유주의를 확산시키는 결정적 계기가 됐다.

이산가족 상봉을 비롯한 인도적 차원의 교류가 획기적으로 이뤄졌다. 금강산 관광과 개성공단 등 남북한 사이의 인적 교류 또한 대폭 늘었다. 남북 왕래를 보면 1998년 3,317명, 2000년 7,986명, 2002년 1만 3,877명이었다. 이후 개성공단 사업이 본격화되면서 2008년에는 18만 6,775명까지 확대됐다.[653]

남북경제협력이 본격화되면서 남북 교역액 역시 증가했다. 1998년 2억 2,200만 달러에서 2002년에는 6억 4,200만 달러로 늘어났다. 특히 개성공단이 본격적으로 가동되자 수치가 크게 늘어 2015년에는 27억 1,400만 달러까지 증가했다.[654] 경제적으로 보면 6·15남북공동선언 이후 북한발 지정학적 리스크로 인해 금융시장이 크게 요동치는 모습을 찾기 어려워졌다. 한국은 G20 국가 가운데 무역의존도가 네덜란드와 독일에 이어 세 번째일 정도로 대외적인 여건에 크게 영향을 받는다. 그래서 6·15남북공동선언 덕분에 한국 경제에 긍정적인 효과가 발생한 것이다.[655]

한국 외교의 자율성과 역동성도 크게 확장됐다. 남북 관계가 전면적으로 개선되자, 주변 강대국들은 지정학적 요충지인 한반도를 중심으로 동북아 지역에서 자국의 이익을 높이기 위해 외교력을 강화했다. 이 과정에서 한국은 능동적이면서도 자율적으로 활동할 수 있는 외교 공간을 확보할 수 있었다.

안보 패러다임 역시 전환됐다. 기존의 군사 안보 패러다임에서 평화 안보 패러다임으로 바뀐 것이다.[656] 이를 통해 안보-평화-통일의 세 가지 가치가 공존할 수 있다는 사실을 확인할 수 있었다. 동북아에서 냉전 대결이 이어지고 남북한이 체제 경쟁을 할 때는, 국제 공산주의 세력의 확장과 북한의 군사적 도발을 저지하는 것이 안보와 평화를 위한 선택이었다. 그런데 6·15남북공동선언 이후에는 북한과의 화해와 교류에 바탕을 둔 관계 전환을 통해 안보와 평화 구축이 가능해졌다. 상호 불신에서 비롯한 군사적 억지력에만 의존한 안보 패러다임에 화해와 교류를 통한 신뢰라는 수단까지 추가된 것이다.

김정일로부터 미군 주둔의 필요성에 대한 언급을 끌어냈다는 점도 중요하다. 김대중은 당시 상황에 대해서 이렇게 말했다.

> 김정일 위원장에게도 말했습니다. 통일 이후에도 미군은 한반도에 있어야 하고, 그래서 세력균형 이뤄야 한다고 했습니다. 반발할 줄 알았는데, 그 말을 했더니 "그렇습니다. 만일 미군이 북을 침공 않는다는 보장만 있으면, 통일되더라도 있어야 합니다"라고 했습니다. 손을 들어 가리키면서 "우리 주위엔 중국도 있고 러시아도 있다. 그런 데서 세력균형 잡기 위해선 미국 있어야 한다"고 했습니다. 그래서 그 말을 내가 클린턴 대통령에게 전해줬습니다. 김 위원장도 그런 시야 갖고 있는 것 보고 놀랐습니다. [657]

이는 동북아평화체제 구축에 있어 미국을 중요시하는 김대중의 구상에 김정일이 동의했음을 의미한다. 남북 관계 전환은 동북아 질서 재편과 맞물린 사안이다. 이 과정에서 김대중은 미국의 적극적 개입과 관여를 통해 주변 강대국을 포함한 여러 복잡한 변수를 제어할 필요가 있다고 보았다. 여기에 북한이 동의해야 미국의 정치적 부담이 완화될 수 있는데, 김대중이 김정일의 동의를 얻어낸 것이다. 클린턴 대통령이 김정일 위원장과 정상회담을 하기로 결정한 이유 중의 하나가 주한 미군 유지에 대한 북한의 동의에 있었다. 이는 클린턴 대통령에 앞서 북한을 방문한 올브라이트 국무장관이 김정일 위원장에게 직접 확인한 사안이었다.[658]

한편 북한 입장에서는 남북정상회담을 통해 김정일 위원장이 국제 외교 무대에 데뷔했다고 볼 수 있다. 김정일이 '김대중 대통령께서 오셔서 은둔에서 해방됐다'라고 말했듯, 김정일은 김일성 생전에도 외부에 모습을 잘 드러내지 않았다. 김일성 사후 권력을 승계한 뒤에도 좀처럼 공개 행보를 하지 않아 '은둔의 지도자'로 불렸다. 그런데 김정일이 정상회담에서 자신의 육성을 그대로 노출하는 등 기존과 다른 모습을 보인 것이다. 이는 '정상' 국가 지도자라는 이미지를 각인시켜 개혁개방을 통해 국제사회에 정상적으로 편입하고자 하는 북한의 의지를 보여준 것으로 볼 수 있다. 실제로 북한은 4월 8일 남북정상회담 개최에 합의한 뒤 주변국 외교를 활발하게 전개하면서 관계 정상화에 나섰다. 그 결과 5월에는 중국, 6월에는 한국, 7월에는 러시아와 정상회담을 열어 관계 개선에 합의했다. 10월에 조명록 특사를 미국에 파견해 클린턴 대통령에게 정상회담을 제의했다. 이처럼 2000년 6월 남북정상회담과 6·15남북공동선언은 남한과 북한은 물론이고, 동북아 지역 전체에 패러다임 전환을 초래한 역사적 사건이었다.

라. 한반도평화 프로세스, 완성 직전까지 이르다

앞에서 살펴본 남북 관계의 획기적 진전은 국제적인 지지와 협력 속에서 더욱 힘을 받았다. 특히 한반도 문제에 가장 강력한 영향을 미치는 미국이 김대중 정부의 햇볕정책을 전폭적으로 지지한 것이 결정적이었다. 여기서 중요한 점은 한반도평화 프로세스는 미국이 기획하고 리드한 것이 아니라는 사실이다. 이는 김대중 정부가 기획하고 미국의 지지를 이끌어내 추진했다는 사실이 중요하다.

클린턴 대통령의 햇볕정책 지지와 페리프로세스

1998년 6월 한미정상회담은 햇볕정책 추진에 매우 중요한 의미가 있었다. 미국의 막강한 영향력을 고려할 때, 김대중의 한반도평화 프로세스 구상에 대한 미국의 동의 여부와 그 정도는 향후 햇볕정책 추진에 매우 중요하기 때문이다. 김대중은 냉전 시기 미국의 대공산권 외교의 성공과 실패 사례를 인용하면서, 봉쇄보다 대화와 교류를 통한 개입이 공산국가의 변화를 이끌어내는 데에 효과적이라는 논리로 햇볕정책의 필요성을 강조했다. 클린턴 대통령은 김대중 대통령의 구상을 전폭적으로 지지했다.

> 클린턴 대통령이 내게 말했다. "김 대통령의 비중과 경륜을 볼 때 이제 한반도 문제는 김 대통령께서 주도해주기 바랍니다. 김 대통령이 핸들을 잡아 운전하고 나는 옆자리로 옮겨 보조적 역할을 하겠습니다"라고 했다. 그 말을 듣는 순간 매우 기뻤다. 그것은 우리가 분단 이후 처음

으로 대북정책을 주도하게 되었음을 가리키는 상징적인 발언이었다. 비로소 자주 외교의 새 장이 열리고, 한미 간에 대등하고도 한 차원 높은 관계가 펼쳐질 새 시대를 맞은 것이다.[659]

햇볕정책에 대한 미국의 동의를 얻자 김대중 정부의 한반도평화 프로세스 구상은 탄력을 받았다. 그런데 1998년 8월에 한반도의 긴장을 조성할 만한 사건이 연이어 발생했다.

먼저 8월 17일 《뉴욕타임스》는 금창리 지하 핵 시설 의혹을 제기했다. 만약 이것이 사실일 경우 북한이 1994년 제네바합의를 배신하면서 몰래 핵 개발을 시도했음을 의미하므로 이는 매우 큰 파장을 초래할 수 있었다. 그리고 얼마 뒤 8월 31일에는 북한이 3단계 추진 방식의 로켓을 발사했다. 위성궤도 진입에는 실패했지만 이 역시 큰 파장을 일으켰다. 북한의 로켓이 일본 열도 상공을 넘어가는, 중거리 탄도미사일의 성능을 보였기 때문에 국제 문제로 부각된 것이다.

연이은 사건으로 미국 의회를 중심으로 대북정책에 대한 재검토 요구가 나왔다. 클린턴 대통령은 1998년 11월 윌리엄 페리 전 국방부 장관을 대북정책조정관으로 임명해 대북정책 방향에 대한 검토를 맡겼다. 페리의 등장에 대해 임동원은 1994년 6월 1차 북핵 위기 당시 국방장관이던 페리가 북한 군사 공격 카드를 제시했던 전력을 떠올리면서 큰 충격을 받았다고 한다.[660]

페리는 1998년 12월에 한국을 방문해서 김대중 대통령, 임동원 외교안보수석 등을 만나 논의를 본격화했다. 당시 김대중과 임동원은 '한반도 냉전 구조 해체를 위한 포괄적 접근 전략'을 페리에게 제시했다.[661] 북한의 핵과 미사일 문제 해결을 위해 개별 사건과 행위에 초점을 맞춰 보상·압박·억제 하는 대증요법식 처방이 아니라, 한반도 냉전 구조 해체를 통해 북한의 개혁개방을 유도하는 구조적이고 근본적인 해결이 필요하다는 점을 설득한 것이다. 페리는 1999년 중반 임동원을 만나 1998년 12월 방한했을 때를 회고하면서 "처음 서울을 방문해 김 대통령과 당신의 주장을 처음으로 듣고 나의 생각과는 너무도 달라 무슨 소리를 하는지 어안이 벙벙했다"라고 말했다. 그가 한국 정부의 주장을 받아들인 때는 1999년 1월부터였다고 한다. 평소 김대중을 잘 알고 존경하던 올브라이트 국무장관은 페리와 주한 미군 사령관인 존 틸러리 장군 등으로부터 설명을 듣고는 한국 정부의 구상에 동의했다고 한다.[662] 페리의 회고와 올브라이트의 입장 등을 보면 북한 체제의 여러 한계와 문제점 등으로 인해 햇볕정책에 대한 미국 주요 인사들의 이해와 동의를 얻어내는 일이 결코 쉽지 않았음을 확인할 수 있다.

이런 과정을 거쳐 햇볕정책을 이해하고 지지하게 된 페리는 그동안 연구해서 만든 대북정책 기본 구상을 1999년 3월 9일 김대중에게 보고했다. 김대중은 이에 동의했다. 소위 '페리프로세스'로 불리우는 이 안을 가지고 페리는 1999년 5월 25일 평양을 방문했다. 그리고 한 달 뒤인 6월 23일 북한 외교관들이 베이징에서 미국 외교관들에게 페리 구상에 대해 상세한 설명을 요청했다. 8월에 제네바에서 협의가 이뤄지고, 9월 베를린에서 북한은 미사일 실험을 중단하기로 합의했다. 그 대가로 미국은 북한 수출입 제재 조치를 전면 중단한다고 발표했다.[663] 그리고 금창리 지하 핵 시설 의혹과 관련해서 북한과 미국은 협상을 진행하여 1999년 3월에 합의했다. 북한은 방문 조사를 허용하기로 하고 이에 대한 대가로 미국은 북한에 식량 60만 톤을 지급하기로 결정했다. 이에 따라 미국 정부는 1999년 5월 하순 조사를 진행했으며 조사결과 금창리 지하 시설은 핵 시설과 무관하다고 6월 25일 발표했다.[664]

이처럼 한반도에서 서서히 불어오는 탈냉전의 훈풍은 조금씩 다른 나라에도 영향을 주었다. 이탈리아는 1999년 10월 말 북한과 수교 논의를 진행하고 있다는 사실을 한국 정부에 알렸다. 그리고 그 이후 이탈리아 정부는 김대중 대통령에게 이 문제에 대한 한국 정부의 의향을 타진했고 김대중은 찬성한다는 입장을 밝혔다.[665] 이러한 과정을 거치고 2000년 1월 이탈리아와 북한은 수교했다. 이처럼 1999년에는 한반도 냉전 해체를 위한 김대중의 노력이 국제적인 차원에서 구체적인 성과를 내기 시작했다.

김대중은 햇볕정책 추진에 있어 미국의 이해와 설득을 가장 중요하게 생각했다. 햇볕정책에 대한 클린턴 대통령의 지지를 얻은 뒤 페리 대북정책조정관에 대한 설득과 구체적인 전략에 대해 합의하는 과정을 거쳤다. 그런 뒤에야 비로소 미국이 본격적으로 한국과 함께 한반도평화 프로세스를 위한 실질적인 외교에 나선 것이다. 미국 대통령의 이해와 지지뿐만 아니라 정책 담당 주요 인사들에 대한 이해와 설득도 매우 중요하다는 사실을 알 수 있다. 전 세계 주요 이슈에 모두 관여하는 미국의 대통령과 국무장관 등이 한반도 문제에만 집중하는 것은 현실적으로 불가능하기 때문이다.

이런 점에서 페리을 설득하고 페리와 함께 공동 전략을 마련한 것은 한반도평화 프로세스 추진에 있어 매우 중요했다.

페리는 2016년에 당시 상황을 이렇게 회고했다. "17년 전 북한과의 협상 테이블에서 나는 북한을 있는 그대로의 모습으로 대하려고 노력했다. 북한의 목표는 무엇이고, 북한이 성취하고자 하는 바가 무엇인지를 직시하고자 했다는 뜻이다. 외교관의 가장 큰 자산은 입이 아니라 귀다. 상대방이 원하는 바를 들어야 한다는 의미다. 나는 많은 시간을 그들이 하는 말을 듣는 데 할애했다."[666] 이것은 페리가 김대중의 입장을 이해하고 동의했다는 사실을 의미한다. 김대중은 북한과 관련된 문제를 해결하기 위해 북한의 입장과 상황을 있는 그대로 이해하면서 그에 맞는 진단과 대안을 모색해야만 협상에 성공할 수 있음을 강조했다.

한반도 냉전 구조 해체 직전까지의 상황

앞에서 설명한 것처럼 김영삼 정부로부터 남북 관계 파탄이라는 '유산'을 물려받은 김대중 정부는 1998년과 1999년 2년 동안 남북 관계를 복원하기 위해 인내심을 갖고 노력했다. 남북 관계가 정상화되기 전에는 북한과 미국 사이의 관계 개선도 본궤도에 이르지 못해, 1999년 9월부터 2000년 2월까지 북미 외교관 회의는 총 5회에 그쳤다.[667] 이때 남북정상회담은 북미 관계 진전에 결정적 계기로 작용했다.

김대중은 미국과의 관계를 매우 중시했다. 미국의 신뢰를 얻기 위해 미국에 '숨소리까지 다 가르쳐줘야 한다'고 할 정도로 철저했다.[668] 남북정상회담을 앞두고는 보즈워스 주한 미국대사에게 "북한이 실질적으로 시장경제 원칙을 수용하고, 더 개방되기를 바란다" "우리의 목표는 또 다른 중국이나 베트남으로 북한을 이끄는 것"[669]이라고 밝혔다. 남북정상회담 직후인 6월 16일 김대중은 클린턴과 통화해 김정일 위원장에게 미국의 관심사인 핵과 미사일 문제에 대해 언급해 핵에 대해서는 남북비핵화공동선언과 제네바합의 준수, 미사일 문제에 있어선 북미미사일협상의 성공 필요성을 강조했다고 말했다.

북한은 9월 27일 전격적으로 서열 2위인 조명록 국방위원회 부위원장을 미국 특사로 보낼 것이라고 밝혔다. 조명록은 10월 9일부터 12일까지 미국을 방문했는데, 9일 워싱턴에 도착한 조명록은 클린턴과 면담할 때 군복을 입고 나타났다. 조명록은 클린턴의 방북을 제안하고 동행한 관리들은 미국과 미사일 협상 문제에 대해 협의했다. 10월 12일에 발표된 북미공동코뮤니케에는 '상호 간에 적대적인 의도가 없다'는 점과 '북미 관계는 양국의 주권을 상호 존중한다는 원칙과 서로의 국내 문제에 간섭하지 않는다는 데 바탕을 둘 것을 재확인했다' 등의 내용이 담겼다.[670]

당시 조명록이 미국을 방문한 최대 목적은 북미정상회담 성사를 위해 클린턴 대통령을 평양에 초청하는 것이었다. 클린턴 대통령은 긍정적인 입장을 밝혔으나 충분한 준비를 위해 올브라이트 국무장관을 먼저 평양에 보내겠다고 답했다. 북한과 미국은 국교도 없고 정치·군사적으로 대결 상태에 있기 때문에 미국 대통령이 철저한 사전 준비 없이 방북을 바로 수락한다는 것은 불가능했다.

올브라이트는 10월 23일부터 25일까지 방북한다. 김정일과 회담해 북미 사이의 현안인 미사일 문제에 관해 깊이 논의했다. 양국의 최고위급 인사들이 이 사안에 대한 입장을 교환하면서 협상 타결을 위한 공감대가 형성됐다. 구체적인 내용에 대해서도 상당한 의견 접근이 있었다. 곧이어 미사일 실무 회담을 개최하기로 해 11월 초에 실무 회담이 열렸다. 북한은 실무 회담에서 논의한 내용을 바탕으로 클린턴 대통령과의 정상회담에서 이 문제를 해결하려고 했다. 미국 정부는 내부 논의 끝에 북한이 미사일협상에 합의할 것이라고 확신했다.[671]

그런데 역사적인 북미정상회담이 성사될 수 있는 조건이 갖춰진 가운데 두 가지 문제가 발생했다. 먼저 미국 대선 결과 확정이 늦어지면서 미국 내 정치가 혼란에 빠졌다. 클린턴의 방북을 반대한 공화당의 부시 후보가 대선에서 승리하자, 방북 추진에도 부담이 생겨버린 것이다. 또 다른 변수는 중동 문제였다. 아라파트가 중동 평화협상을 위해서 클린턴의 방북을 만류했다. 클린턴은 결국 방북대신 김정일 위원장의 워싱턴 방문을 요청했지만, 북한이 이를 거절해 북미정상회담은 성사되지 못했다.[672] 클린턴은 당시 상황에 대해 이렇게 회고했다.

북한을 방문했던 매들린 올브라이트는 내가 북한을 방문하면 미사일 협상을 완료할 수 있을 것이라고 확신하고 있었다. 나는 북한과 협상을 진척시키고 싶었지만, 중동 평화협상의 성사가 임박한 상황에서 지구 정반대편에 가 있고 싶지는 않았다. 더욱이 아라파트가 협상 성사를 간절히 바라고 있다면서 북한 방문을 단념할 것을 간청한 상태였기 때문에, 나는 북한 방문을 강행할 수 없었다.[673]

결국 북미정상회담은 개최되지 못했다. 클린턴은 2005년 2월 방한해 김대중과 만났을 때 "당시 나에게 1년이라는 시간만 더 있었다면 한반도의 운명이 달라질 수 있었을 것"이라고 대단히 아쉬워했다.[674] 페리는 2017년에 "2000년에 북미 관계 정상화의 대문이 점점 열어지고 있었다. 그때는 미국의 정권 교체가 문제가 될지 몰랐고 대화와 협상이 긴급한 일인 줄 몰랐다. 우리는 당시 합의에 매우 가까이 갔었고 몇 개월만 지나면 합의에 도달했을 것"[675]이라고 당시 상황을 안타깝게 회고한 바 있다.

당시 북미정상회담이 이뤄졌다면 북한과 미국 사이의 국교가 수립돼 한반도의 냉전은 완전히 끝났을 것이다. 그 결과 남북 관계는 획기적으로 진전돼 6·15공동선언 2항에서 통일방안으로 합의한 국가연합 형태의 느슨한 통일 단계로까지 진전했을 것이다. 동북아 지역의 평화 체제 역시 구축됐을 것이다. 이와 관련해 한반도 문제 전문가인 미국의 브루스 커밍스 교수는 2020년에 "김대중 전 대통령이 1998년 2월 취임사에서 밝힌 햇볕정책이 통일을 위한 최선의 전략이라고 본다. 그러나 거기에는 미국의 지지가 필요한데 그 지지는 1998~2000년 사이에 있었다가 (조지 W. 부시 대통령 취임과 함께) 증발해버렸다"[676]라고 평가했다. 한국, 한반도, 동북아시아 전체를 놓고 볼 때 매우 안타깝고 아쉬운 순간이었다.

마. 부시의 방해와 한일 협력을 통한 반전의 시도

네오콘과 한반도 평화의 암운

클린턴의 뒤를 이어 대통령에 취임한 부시G. W. Bush는 네오콘(미국의 신보수주의자) 세력을 대변했다. 이들의 대북 인식은 햇볕정책을 전폭적으로 지지했던 클린턴 행정부와는 완전 달랐다. 네오콘은 세 가지―①미국의 패권 강화를 위해 군사력 등 힘을 통한 공세적 우위 전략을 신봉 ②선악 이분법에 따른 도덕적이고 근본주의적 세계관을 정치에 적용 ③미사일방어체제MD 관련 군산복합체의 경제적 이익을 창출―를 중시했다.[677] 북한은 여기에 모두 대상이었다. 네오콘은 1994년 제네바합의에 대해서도 '악행에 대한 보상' '북한의 속임수에 넘어간 것' 등으로 규정하면서 클린턴 행정부의 대북정책을 강도 높게 비판했다. 이들은 MD 구축을 위해 럼스펠드위원회라고 불린 '미국에 대한 탄도미사일 위협평가위원회'를 구성해, 1998년 7월에 럼스펠드보고서가 나왔다. 이 보고서는 '북한이 5년 이내에 미국 본토에까지 이르는 ICBM 개발에 성공할 것'이라고 주장했다.[678] 북한 위협론을 부추기는 것이었다. 이렇듯 이들은 김대중-클린턴 시기의 대북 햇볕정책 및 평화적 대북 관여 정책을 부정했다.

김대중은 2001년 2월 임동원 국정원장을 미국으로 보내 부시 행정부의 분위기를 파악하려고 했다. 임동원은 방미 중 부시 행정부 주요 인사들을 두루 만났다. 파월 국무부 장관과 직업 외교관들은 클린턴 행정부의 협상에 대해 긍정적으로 평가했으나, 부시 행정부 내의 네오콘들은 북한에 대해 극도의 부정적 인식을 드러냈다. 임동원은 큰 충격을 받았다.[679] 임동원은 이들의 오해를 불식시키고 설득하기 위해 많은 노력을 기울였다. 그러나 이들의 대북 적대감은 뿌리가 깊었다.

임동원은 방미 후 김대중의 방미는 시기상조라는 의견을 올렸다. 그러나 김대중은 동요하지 않았다.[680] 당시 부시 행정부 대북정책의 구체적인 내용은 확정되지 않았지만, 한 가지 확실한 것은 기존 클린턴 행정부 때의 대북정책을 그대로 승계할 생각이 전혀 없다는 사실이었다.[681] 파월 국무부 장관은 대화와 협상을 통한 외교적 해법을 선호했으나 체니 부통령과 럼스펠드 국방부 장관 등 네오콘 핵심 인물들은 대북 협상에 적대적이었다. 가장 중요한 인물인 부시 대통령의 경우, 당시 국가안보보좌관이던 라이스의 평가에 따르면, "대통령은 절대적으로 강경파였다"라고 할 만큼 네오콘의 입장을 지지했다.[682] 2001년 2월 부시 대통령은 김대중 대통령과 통화할 때 김대중이 햇볕정책의 필요성을 설명하자 손으로 전화기의 송화구를 막으면서 "이자가 누구야? 이렇게 순진하다니 믿을 수 없군"이라고 말할 정도였다.[683] 《시엔엔》 치노이 기자의 분석에 따르면 부시는 오래전부터 김정일과 햇볕정책에 대해서 부정적이었다.[684]

이러한 상황에서 2001년 3월 7일(미국 시간)에 한미정상회담이 열렸다. 결과는 매우 나빴다. 김대중 대통령은 햇볕정책을 설명하고 북한의 핵과 미사일 문제를 대화로 해결할 수 있다는 입장을 밝혔다. 이에 대해 부시 대통령은 부정적인 입장을 밝히면서 북한에 대한 적대적인 입장을 강조했다. 또한 기자회견에서 김대중 대통령을 디스맨this man이라고 지칭했다. 이는 외교적 결례로 평가받으면서 큰 논란을 일으켰다. 김대중은 몇 년 후《시엔엔》치노이 기자와의 인터뷰에서 '부시 대통령이 나를 디스맨this man이라고 부르면서 모욕했다'라고 말했을 정도였다.[685]

부시는 당시 김대중과의 정상회담 분위기와 결과에 대해 신경을 썼던 것 같다. 이 회담 이후, 현재(2021년 5월) 미국 대통령이자 당시 상원의원이던 바이든과 자신의 유럽 방문을 주제로 대화하다가 갑자기 예정에 없던 질문을 했다고 한다. 부시는 당시 한미정상회담과 관련해 바이든에게 "당신 친구 김대중은 왜 그렇게 화가 나 있나요?"라면서 "제가 그에게 한 말은 거기 있는 그 작은 공산주의자(북한 지도자 김정일)을 믿을 수 없다는 것뿐이었어요."[686]라고 말했다. 바이든이 먼저 물어본 것도 아니고 원래 예정된 대화 주제도 아니었다. 바이든이 김대중과 친분이 있다는 사실을 알게 된 부시는 마치 상담하듯이 바이든에게 이 문제에 대해 설명한 것이다.

이날 회담은 한국 입장에서는 최악의 결과였다. 북한은 이 회담 결과에 반발해 3월 13일 5차 남북장관급회담을 취소했다. 이후 1년 여간 남북 관계는 소강상태에 빠진다. 그런데 북한 핵 프로그램은 제네바합의 틀 안에서 관리됐고 미사일의 경우 1998년 8월 발사 이후 별다른 움직임을 보이지 않아, 네오콘은 북한에 대한 강경책을 동원할 명분이 없었다. 이런 식으로 남북 관계와 북미 관계는 어정쩡하게 이어졌다.

그러다 2001년 9·11사태가 발생한다. 미국이 급격히 대결주의적 기조를 취했고 그 불똥이 북한과 한반도로 튀었다. 북한도 이 같은 분위기를 의식해 테러에 대한 반대 의사를 밝혔다. 그런데도 네오콘은 이 사건을 평소 자신들이 부정적으로 인식하던 국가들에 총공세를 펼치는 계기로 삼았다. 2002년 1월 부시는 북한을 '악의 축'의 하나로 일방적으로 지목했다. 한반도의 긴장이 고조됐다. 2002년 2월에 있었던 한미정상회담에서 김대중은 "나는 젖 먹던 힘을 다해 대처했다"[687]라고 할 정도로 부시 대통령을 설득했다. 결국 부시 대통령이 북한을 침공하지 않겠다는 약속을 받아냈고, 부시가 도라산역 침목에 서명하도록 외교력을 발휘했다. 김대중은 군사적인 긴장이 조성되는 것을 막았지만 클린턴 정부 때처럼 상황을 진전시키기에는 미국 네오콘의 입장이 너무 완강했다.

부시의 방해에 대한 우회로:

영국과 일본을 통한 대응 전략 모색, 그리고 부시 행정부의 맞대응

김대중은 부시 행정부를 지속적으로 설득했지만 네오콘의 강경한 입장을 바꾸는 것은 현실적으로 어려웠다. 그렇다고 좌절하거나 포기할 김대중이 아니었다. 그는 우군을 확보해 부시 행정부을 설득하려고 했다. 일종의 우회적 방법으로 김대중의 집념과 인내 그리고 뛰어난 지략을 알 수 있는 대목이다. 김대중은 미국의 세계 전략에 있어 제일 중요한 위치에 있는 영국과 일본을 통해 부시 행정부의 압박에 대응하려고 했다.

먼저 2001년 12월 유럽 방문 때 유럽에서 미국과 가장 가까운 우방국인 영국의 토니 블레어 총리의 협조를 이끌어내려고 했다. 김대중은 블레어와의 정상회담에 임동원 통일부장관을 배석시켜 블레어를 설득하는 노력을 기울였다.[688] 다만 북핵 문제와 직접적인 이해관계가 없는 영국의 블레어 총리가 여기에 관심을 보이지 않아 결국 김대중의 시도는 유의미한 성과를 거두지 못했다.

그다음은 일본을 통한 협력을 시도했고 이는 성공했다. 2002년 3월에 열린 김대중-고이즈미 정상회담에서 김대중 대통령은 고이즈미 총리에게 북한과의 정상회담을 제의했고 고이즈미 총리는 납치 문제 해결에 진전이 있으면 북한과의 관계 정상화 협의에 나설 수 있다는 입장을 밝혔다. 그러자 4월에 특사로 북한을 방문한 임동원이 일본 측의 입장을 전달하고 북일 관계 개선의 필요성을 강조하는 김대중의 의사를 북한에 전했다.[689] 이 과정을 거치면서 북한과 일본 사이의 정상회담 논의는 서서히 무르익기 시작했다. 고이즈미는 납치 문제 해결과 함께 일본 외교의 미완의 과제 중 하나인 북한과의 국교 정상화에 관심이 있었다. 그런데 미국 정부가 일본 정부의 대북 접촉에 대해 비판적인 입장을 전했다.[690] 고이즈미는 북한과의 접촉에 부정적인 미국에 의존하지 않고 한국 정부와 협력해 문제를 해결하려고 했다.[691] 기존 일본 정부의 대미 접근과는 매우 다른 태도였다. 일본판 자주 외교라고 할 수 있는데, 여기에는 한일 협력이 자리 잡고 있었다.

이러한 배경에서 북한의 김정일 위원장과 일본의 고이즈미 총리는 2002년 9월 평양에서 정상회담을 열어 평양공동선언을 발표했다. 이러한 진전은 미국으로서는 당혹스러운 일이었다. 일본 정부는 계속해서 미국 정부에 북한 협상팀 파견을 요청하는 등 관계 개선에 적극적으로 나섰다.[692] 이러한 상황에서 부시 행정부는 켈리 차관보를 북한에 보내기로 했다. 원래 켈리 차관보 방북은 2002년 봄에 논의된 적이 있었다. 북한이 미국 사절단 환영 의사를 전하자 부시 행정부 내 협상파인 콜린 파월 국무부 장관이 켈리 차관보 방북을 제안해서 논의가 진행되었다. 미국은 2002년 6월 하순 북한이 고농축우라늄을 이용한 핵 개발을 시도한다는 정보를 입수했고 그 이후 켈리 방북 추진은 취소되었다.[693] 그리고 9월 초에 부시 행정부는 우라늄 농축 시설이 생산 단계에 올랐다는 정보에 기초해 제네바합의로 동결된 플루토늄 생산 방식과는 다른 방식으로 북한이 핵무기를 생산할 수 있는 수단을 확보했음이 확실하다고 판단했다.[694] 북한에 대한 부정적이고 적대적 의식이 강했던 네오콘들은 이것을 근거로 해서 북한에 대한 압박을 강화하려고 했다. 그런데 북일정상회담이 이뤄지는 등 국제적인 변화가 발생하고 한국과 일본 등 미국의 동맹국가들의 요구을 미국이 무시하기도 어려운 상황이었다. 그래서 켈리 차관보를 보내기로 한 것이다. 그런데 위와 같은 배경에서 논의할 주제가 완전히 바뀌었다. 네오콘은 고농축우라늄HEU 프로그램에 대해 문제를 제기하도록 했다.[695] 이를 통해서 네오콘은 궁극적으로 제네바합의가 잘못되었다는 점을 강조해서 제네바합의에 대한 폐기를 염두에 두고 있었다.

2002년 10월 켈리의 방북이 부시 행정부의 대북정책의 변화라는 기대 섞인 시각도 있었지만 실제는 정반대였다. 켈리는 우라늄농축 프로그램에 대한 문제 제기와 이 문제 해결 없이는 대화가 진전될 수 없다는 입장만 거론했다. 북한 측의 여러 협상 시도에 응하지 않자 강석주는 '우리는 더한 것도 할 수 있다'는 식으로 맞대응했다. 미국 대표단은 강석주의 반응을 우라늄농축 프로그램에 대한 사실상의 인정이라고 규정했다.[696] 임동원은 "확실하고 새로운 증거도 제시하지 못한 채 '최악의 시나리오'인 '첩보'를 '정보'로 주장하는 것은 위험천만한 일"이라며, 북한의 화법과 의도에 대한 면밀한 분석[697]을 전제로 신중한 대응을 강조했다. 그러나 제네바합의 파기를 위한 구실을 찾던 네오콘은 강석주의 발언을 근거로 강경한 조치를 일방적으로 밀고 나갔다. 그 뒤부터는 네오콘의 구상대로 진행돼 2002년 11월 제네바합의에 의거해 북한에 보내는 중유 50만 톤 공급을 중단했다. 그러자 북한은 12월 12일 영변 핵시설을 재가동한다고 밝혔다. 12월 말에는 IAEA의 감시단을 추방하고 IAEA 사찰 장비를 제거했으며 2003년 1월 10일 핵확산금지조약에서도 탈퇴했다. 이로써 제네바합의가 완전히 파기되면서 제2차 북핵 위기가 불거졌다.[698]

당시 네오콘이 주장한 북한의 고농축우라늄 프로그램 개발 의혹은 어떻게 볼 수 있을까? 임동원은 국내 정보기관 등의 분석에 근거해 미국 측의 확증 정보가 빈약하고, 북한의 기술 수준이 과장되었다고 평가하면서, 그해 여름부터 활성화되고 있던 남북 관계와 북일 관계 개선을 막고 제네바합의를 파기하려는 네오콘의 정치적 의도 탓에 상황이 악화됐다고 보았다.[699] 이 문제에 관한 각종 자료를 종합해 상세하게 분석한 이삼성은 2002년 당시 북한의 우라늄 프로그램은 규모가 미미한 수준이어서, 핵무기를 제조하기 위해 고농축우라늄 시설을 의도한 것인지 여부가 당시로서는 분명하지 않았다고 분석했다. 당시 북한이 불확실한 미래를 대비한다는 차원에서 전력 생산 및 군사 목적에서 우라늄 프로그램 개발을 염두에 두었을 수는 있지만, 설령 그러한 의도가 있었다고 해도 당시 기술 수준과 개발 정도는 미미했다는 것이다. 만약 미국이 제네바 합의를 유지하고 북한과 관계 정상화를 하면 그 이상 문제가 악화되지 않았을 것이라고 평가했다.[700]

그러나 네오콘은 그럴 생각이 전혀 없었다. 북한의 약속 파기에 따른 정당한 맞대응이라는 논리로 강경 정책을 밀고 나갔다. 부시 행정부를 지배한 네오콘 세력의 완강한 반대를 극복하고 한반도평화체제를 구축하고자 했던 김대중의 구상은 결국 김대중 임기 내에 실현될 수 없었다.

3. 동아시아공동체 비전을 제시하고 실현하다

가. 동아시아공동체에 대한 인식 형성과 발전

김대중 지역외교 구상의 시작

여기서는 김대중의 동아시아공동체 건설과 관련된 지역외교 비전과 전략에 대해 살펴보려고 한다. 김대중의 외교 구상과 실천이 매우 탁월한 것은 국제적 차원의 지역외교에 대한 인식이 있었다는 점에 기인한다. 이러한 인식은 1960년대 중반부터 있었다. 6대 국회의원으로 활동하던 1960년대 중반부터 그는 전통적인 한미외교, 한일외교 등 양자 외교의 틀을 넘어 동아시아 지역에 복수의 국가가 참여하는 지역외교를 구상했다. 김대중은 1966년 11월 28일 자유아시아연합 창설을 제안한다.

성공한 대통령 김대중과 현대사

아시아에 있어서 중공과의 대결에 무력만 가지고 모든 것이 해결되리라고 볼 수도 없습니다. … 이런 점에 있어서 지난번에 아시아·태평양 회의가 있었지만 여기에서 진일보해서 우리는 아시아에 있어서 공산국가 이외의 중립적인, 우경적인 중립국가까지 포함해서, 하여튼 이 폭을 훨씬 넓혀가지고 중부 이북의 공산권에 대응해서, 중부 이남의 전체 아시아 국가를 포함해서, 자유아시아연합을 구성해가지고 이래서 정치적인, 경제적인 또는 사회적인, 문화적인 이런 유대를 강화해갈 필요가 있으리라고 생각합니다. … 버마라든가 인도네시아라든가 이런 나라까지 포함해서, 라오스까지 포함해서 이 비공산주의 국가 반공까지 안 하더라도 이런 나라 전체를 포함한 자유아시아연합이라고 할까요, 이러한 협력체의 구성에 정부가 앞장설 용의는 없는지, 이 점에 대해서 질문하겠습니다.[701]

1967년 아세안이 창설되기도 전에 동남아시아와 동북아시아에서 중국과 북한 등 공산주의 국가들을 제외한 국가들의 연합체를 제안한 것이다. 여기서 보면 가치와 이념적 지향은 자유이고 지역적 정체성은 아시아로 돼 있다. 이념적 정체성으로 제시된 자유의 경우 반공을 전제한 것인데, 이는 권위주의 세력이 내세운 경직된 반공이 아니다. 비동맹 성향의 국가를 지칭하는 것으로 볼 수 있는 '중립적인' '우경적인 중립국가'라는 표현을 보면 자유와 반공 정체성의 범주를 최대한 넓혀 접근했음을 알 수 있다. 그리고 지역적 범주인 아시아의 경우, 동남아시아 국가들과 한국과 일본이 포함된 동북아 지역을 함께 묶어 동아시아 지역이라고 할 수 있다.

김대중은 1970년 10월 30일 서울외신기자클럽 초청 만찬 연설에서 자유아시아위원회 설립을 제안한다.

저는 모든 자유 아시아 국가들을 평화와 번영과 협력의 이름 아래 한데 결집시킬 수 있는 '자유아시아위원회'의 설립을 제안하고자 합니다. 자유아시아위원회는 군사적·이데올로기적 요소를 배격해 모든 비동맹 중립국가들 또한 포용할 수 있어야 할 것입니다.[702]

자유아시아위원회와 자유아시아연합은 비슷한 성격의 조직이다. 이와 같은 김대중의 구상은 비동맹 국가를 포괄해 국제적 차원의 비공산권 국가 연대를 아시아(동아시아) 지역 차원에서 구현하려는 시도로 볼 수 있다. 그런데 이와 같은 지역협력을 위해 가장 시급하게 해결해야 하는 과제는 동북아 지역에서의 첨예한 군사적 대치 상황이었다. 이 문제를 해결하지 않으면 지역협력 및 지역 통합은 실현될 수 없었다.

김대중이 1970년부터 4대국안전보장론을 제시한 것은 이 때문이다. 4대국안전보장론은 동북아 지역의 평화 체제를 구축하자는 제안으로 동북아와 동아시아 지역외교 구상에 있어 매우 중요한 의미를 지닌다. 이 지역에 존재하는 남북 갈등, 중일 갈등, 일본의 식민 통치에 관한 과거사 문제 해결 등을 종합적으로 해결하는 것을 목표로 하기 때문이다. 특히 당시 이 지역에서는 서유럽과 달리 이념, 민족, 과거사 문제 등으로 지역 내 갈등이 심했기 때문에 동북아 지역 전체 차원의 지역협력 및 통합 구상이 없었다. 이런 점에서 1970년에 제시된 4대국안전보장론은 이러한 한계를 돌파할 수 있는 창조적 사고의 결과였다.

동아시아공동체 구상을 밝히다

미소 냉전이 해체되면서 한국은 1990년에 소련, 1992년에 중국과 수교해 한반도 주변 4대 강국과 모두 외교 관계를 맺는다. 한국의 외교 지평이 확장된 것이다. 김대중은 이 같은 국제 변화에 능동적으로 대처하기 위해 동아시아공동체 구상을 제시한다.

김대중은 1993년 9월 8일 서울대학교 강연에서 동아시아공동체에 관한 자신의 견해를 밝혔다. 이 강연에서 미소 냉전의 종식 이후 변화된 세계 질서의 성격을 조망하면서 향후 세계는 '아시아태평양, 미국, 유럽'의 3극 시대로 들어설 것이라고 진단했다. 아시아태평양 지역에서의 중심은 동아시아 지역이라고 판단하면서 동아시아 외교, 동아시아공동체에 대한 구상을 밝혔다.

이제 세계는 태평양 시대로 들어가고 있음은 분명합니다. 그중에서도 중심은 동북, 동남을 합친 동아시아입니다. … 저는 한, 중, 일을 포함한 동북아시아가 먼저 이 지역 내의 안보 협력 체제의 마련에 성공하고 나아가 동남아시아까지 포함한 경제적 공동 협력 체제의 구성에 성공한다면 틀림없이 21세기의 세계 경제를 주도하는 세력으로서 당당하게 등장할 수 있을 것이라고 믿습니다.[703]

거대한 가능성을 안고 있는 동북아시아의 장래를 튼튼히 다지기 위해서는 이미 지적한 대로 동남아시아를 포함한 지역적 경제 협력 기구의 강화를 실현해야 합니다. 더불어 한반도 안보를 포함한 동북아시아의 안보 체제가 확립돼야 합니다.[704]

현재의 동북아시아의 불안정 속에서 우리의 안보정책은 어느 방향을 지향할 것인가? 그것은 현존의 한미 안보 체제의 튼튼한 유지 강화 위에 남북한과 미, 일, 중, 러의 6자에 의한 동북아 지역의 다자간 안보 체제를 실현하는 데 있습니다. 이러한 안보 체제는 한발 나아가서 동남아시아를 포함한 동아시아 안보 체제로 확대될 수 있을 것입니다.[705]

기존 1966년의 자유아시아연합과 1970년의 자유아시아위원회는 공산권 국가를 제외한 구상이었다. 냉전 시기에는 이념에 의해 동아시아 지역이 양분됐기에 동아시아 지역 차원의 공동 목표, 이상, 이해관계 등이 나올 수 없었다.[706] 그러나 미소 냉전이 해체되고 한국이 중국, 소련(러시아)과 국교를 맺으면서 김대중은 동아시아공동체 구상을 제시하게 된 것이다.

이처럼 김대중은 전통적인 4강외교에 머무르지 않고 동아시아를 시야에 넣은 지역주의 외교에 대한 비전을 제시했다.[707] 이는 한국뿐만 아니라 동아시아 전체를 놓고 보아도 선진적인 구상이었다. 동아시아공동체 건설을 위한 이 지역에서의 논의와 협의는 김대중이 대통령이 된 뒤부터 이뤄졌다. 김대중은 동아시아공동체의 비전과 실천에 있어 선구자였다.

동아시아공동체 구상은 북한의 개혁개방을 점진적으로 유도해 지역의 안정과 평화를 만들어나가겠다는 목적과도 관련이 있다. 남북한 사이의 군사적 대치가 지속되고, 북한이 미국·일본과 국교 정상화를 하지 못한 채 고립돼 있으면 동북아시아의 지역협력은 불가능하고 동아시아공동체는 현실화될 수 없기 때문이다.

여기서 유심히 살펴봐야 할 지점은 김대중은 한반도의 평화통일, 동북아평화체제 형성을 위해 동아시아공동체 비전 제시와 지역외교가 필요하다고 판단한 부분이다. 역사적 경험에서 실증됐듯 한반도평화통일과 동북아평화체제 구축은 난제 중의 난제다. 이 문제를 해결하기 위해 새로운 분위기를 조성하고, 협력의 틀을 두텁게 한다는 목적에서 동아시아공동체 비전을 제시한 것이다. 몇 수 앞을 내다보는 김대중의 전략적 판단을 확인할 수 있다.

나. 동아시아공동체 실현을 위한 외교 전략과 실천

베트남과의 관계 개선 및 활성화

김대중은 대통령이 된 이후 동아시아공동체 건설을 위한 외교를 추진했다. 먼저 필요한 것이 베트남과의 관계 발전이었다. 베트남은 인구, 국토 면적, 천연자원 등 경제적 측면과 지정학적 측면에서 동남아시아 주요 국가 중 하나였다. 특히 1986년 도이모이(개혁개방)를 내세운 이후 시장경제 발전을 하고 있었기 때문에 베트남의 경제적 가치는 더욱 부각됐다.

그런데 한국은 1992년 베트남과 국교를 맺었지만 1960년대 중반부터 1970년대 초반까지 베트남전에 파병한 탓에 그 이상 심화된 관계 진전에 어려움이 있었다. 김대중은 베트남과의 껄끄러운 관계를 청산하고 미래지향적 관계를 맺고자 획기적인 역할을 했다. 김대중 대통령은 1998년 12월에 베트남을 방문했다. 12월 15일 트란 둑 루옹 국가주석과의 정상회담에서 김대중은 '과거 한때 불행한 시기가 있었던 것을 유감으로 생각한다'라는 입장을 표명했다. 이에 대해 루옹 주석이 '불행했던 과거는 뒤로 미루고 미래지향적인 우호 협력을 통해 과거를 매듭짓자'고 화답했다. 김대중은 1998년 12월 16일 호치민 묘소를 한국 대통령으로서 최초로 참배했다.[708] 이는 김대중이 자발적으로 했다는 점에서 베트남과의 관계 개선을 희망하는 그의 강력한 의지를 행동으로 보인 것이다. 이렇게 베트남 지도자들과 국민들의 마음을 얻어, 베트남과의 관계는 형식적 정상화 단계에서 실질적 정상화 단계로 진전될 수 있었다.

김대중은 여기에서 더 나아가 베트남과의 긴밀한 관계를 구축하고자 했다. 2001년 8월, 베트남 정상으로서는 1992년 수교한 이후 처음으로 방한한 쩐 뜩 르엉 주석과의 정상회담에서 "우리는 불행한 전쟁(베트남전쟁)에 참여해 본의 아니게 베트남 국민들에게 고통을 준 데 대해 미안하게 생각하고 위로의 말씀을 드린다"라고 해 베트남전 참전에 대해 사과했다. 그리고 국빈 만찬 연설에서 "오늘 한국과 베트남은 '21세기 포괄적 동반자 관계'를 출범시켰습니다. 이로써 과거 한때 불행했던 관계를 완전히 청산하고, 지금까지 쌓아온 우호 협력 관계를 더 한층 발전시켜나가게 된 것입니다. 참으로 뜻깊고 기쁜 일이 아닐 수 없습니다"[709]라고 말했다. 이를 통해서 김대중은 베트남과의 관계를 획기적으로 발전시켰다. 베트남 지도자들과 국민들의 마음을 얻을 수 있도록 진심을 다해 노력하여 베트남과의 어두운 과거를 완전히 씻고 호혜적이고 미래지향적인 관계로 전환시킨 것이다.

김대중은 베트남 국민들의 마음을 얻기 위해 정상외교뿐만 아니라 다양한 영역에서 노력했다. 이러한 노력에 베트남 국민들도 마음을 열어 한국과 베트남 사이의 경제협력을 포함한 다양한 협력이 본격화될 수 있었다. 이와 관련된 기사다.

김대중 대통령이 나중에 이한동 총리를 보내 2400만 달러를 지원해 이것으로 베트남 전국 학교의 책걸상과 칠판을 바꾸었다. 이것이 베트남과의 경협 물꼬를 트는 계기가 됐다. 베트남 사람들은 미국과 싸워 이긴 승전국이라는 자부심과 자존심이 강해 아무한테나 돈을 받지 않는다. 김 대통령이 예를 갖춰 사과했기에 베트남이 한국의 지원금을 받은 것이다.[710]

베트남과의 관계 개선을 통해서 김대중은 동아시아공동체 구상을 자신 있게 제시하고 추진해나갈 수 있는 기반을 마련했다. 여기에는 진정성을 갖고 상대방의 신뢰를 얻고자 하는 김대중의 외교 전략이 큰 역할을 했다.

동아시아비전그룹과 동아시아연구그룹을 제안하다

1998년 12월 베트남 하노이에서 개최된 아세안+3(한국, 중국, 일본) 정상회의에서 김대중은 학자나 기업인 등 민간이 참여하는 동아시아비전그룹EAVG. East Asia Vision Group 창설을 제안했다. 김대중의 이 제안으로 동아시아공동체 건설에 대한 구상이 국제적인 논의로 발전하게 되었다. 동아시아비전그룹은 1999년 하반기부터 2001년까지 다섯 차례의 회의를 개최해서 최종 보고서를 완성했다. 이 보고서는 2001년 11월 브루나이에서 열린 아세안+3 정상회의에 제출되어 채택됐다.[711] 이 보고서는 동아시아 지역협력에 대한 장기적인 전략을 수립하여 동아시아 지역 질서의 재편을 제안하고 있다. 그래서 평화Peace, 번영Prosperity, 진보Progress의 3가지 비전 속에 최초로 동아시아공동체를 제안했다. 구체적인 사업으로 경제협력 측면에서 '동아시아 자유무역지대 추진', '역내 금융기구 설립' 등을 제안했고 정치/안보 차원에서 '역내 국가관계 조정을 위한 규범, 절차 및 메커니즘 수립', '역내 평화위협에 대처하기 위한 메커니즘의 수립 및 강화' 등이 있으며 제도적 차원에서 '동아시아 정상회의', '동아시아포럼' 등을 제안했다.[712] 이처럼 여기서 제시된 동아시아공동체에 대한 비전은 그 이후 동아시아 지역협력과 통합에 있어 가장 중요한 지침이 됐다는 점에서 중요하다.[713]

동아시아공동체 논의를 주도한 김대중은 2001년 11월 5일 브루나이에서 개최된 '아세안과 한·중·일 정상회의' 기조연설에서[714] "이번 회의의 의제인 '보다 긴밀한 동아시아 파트너십의 구축'이 시사하듯이, 이제 동아시아 협력이 구체적인 틀을 갖추어 체계적으로 발전해야 할 시점이 된 것으로 생각합니다. ⋯ 이제 우리들이 해야 할 일은 이 보고서가 제시한 협력 방안들을 실제로 실행에 옮기는 일이라고 생각합니다"라고 말했다. 그리고 이 연설에서 느슨한 형태의 아세안+3 정상회의를 동아시아정상회의로 전환해 긴밀한 협력 체계 구축, 동아시아비전그룹의 후속 기관으로 민관 합동의 동아시아포럼 및 동아시아 자유무역지대 창설 등을 제안하는 등 동아시아공동체 국제 외교를 리드했다.

또한 김대중은 2000년 11월 싱가포르에서 열린 아세안+3 정상회의에서 민간 차원의 동아시아비전그룹의 활동을 정부 차원으로 발전시키기 위해 동아시아연구그룹EASG. East Asia Study Group을 제안했다. 동아시아연구그룹은 크게 두가지 목적이 있었다. 하나는 동아시아비전그룹의 제안을 검토하고 뒷받침하는 것, 다른 하나는 동아시아정상회의 출범을 위한 방안을 강구하는 것이었다. 동아시아연구그룹은 2001년 3월에 1차 회의를 갖고 공식 발족했다. 동아시아비전그룹의 제안을 검토해 정부 정책으로 개발하기 위한 동아시아연구그룹의 최종 보고서는 26개 사업 항목을 포함한다. 이 보고서는 2002년 11월 프놈펜에서 열린 아세안+3 정상회의에 제출됐다.[715] 이러한 과정을 거쳐서 동아시아포럼EAF은 2003년에 결성됐고 동아시아정상회의EAS는 2005년에 시작됐다.

이 두 보고서는 동아시아 지역협력의 방향을 제시한 초석이라고 볼 수 있다. 최종 보고서에 "김대중 대통령의 제안에 따라" 비전그룹과 연구그룹이 설치됐다는 점을 명시하고 있으며, 동아시아 지역협력과 통합에 관한 논문의 경우 김대중이 예외 없이 다뤄질 정

도로 이 분야에서 김대중의 공헌과 역할은 절대적이었다.[716]

김대중, 동아시아 지역협력과 동아시아공동체에 있어 선구자

김대중은 동북아와 동남아 사이의 분리를 뛰어넘어 두 지역이 동아시아라는 틀 속에서 공동의 발전을 이뤄나갈 필요가 있음을 강조했다. 그러면서 그동안 이러한 인식이 없었다는 문제점도 지적한다. 김대중은 2005년 2월 2일 동아시아 지역에 정치경제적 차원의 다자간 기구가 존재하지 않는 이유에 대해 질문을 받고 "동아시아는 오랫동안 미국과 유럽을 바라보며, 스스로를 바라보는 노력이 적었고, 성과도 없었습니다. 아세안+3도 있고, APEC도 있지만 공동체는 없었습니다. 이를 각성해야 합니다. EU와 NAFTA가 있는데 우리는 왜 없는가, 최근 한류를 봐도 알겠듯이 우리는 문화교류도 활발합니다. 늦었지만 EU를 벤치마킹해 공동체를 고민해야 합니다"[717]라고 말한 바 있다.

김대중은 한국의 민주화에서도 그랬고 남북한 평화통일 문제에서도 그랬듯, 남이 무엇을 해주는 것이 아니라 자신의 힘으로 개척해야 한다는 점을 강조했다. 이러한 인식이 동아시아공동체 구상에 있어서도 그대로 확인된다. 그리고 동아시아 지역협력에 있어 경제 분야 협력을 넘어 정치, 사회, 문화 영역 등 포괄적 차원의 협력 강화를 지향하여 지역 차원의 공동체를 지향했다.[718] 또한 보편적이고 개방적인 태도를 강조하면서 서구 사회와의 공존과 협력을 명확히 했다. 이는 서구 사회에 대한 대항적·배타적 의식을 배경으로 하면서 동아시아 지역협력을 경제협력에 방점을 둔 마하티르

와 근본적으로 다른 점이다.[719]

　김대중은 유럽과 달리 동아시아 지역의 공동체 건설은 어려운 과제라고 인식했다. 유럽의 경우 기독교·시장경제·민주주의 등 공통으로 공유하는 가치관이 많아 지역 통합의 방향으로 나아가는 데에 있어 유리한 지점이 있지만, 동아시아의 경우 정치 체제·경제원리·종교 등 상호 이질적 요소가 많은 데다가 역사·문화적 갈등까지 중첩됐기 때문이다.[720] 이 같은 상황에서 김대중은 동남아와 동북아 사이의 연계를 강조하면서 동아시아공동체 건설을 위한 지역외교에 중요한 역할을 했다.[721] 더불어 민주주의와 시장경제의 병행 발전, 화해와 관용의 정신, 한류 등으로 한국의 소프트파워를 크게 증진시켰고, 이를 동아시아공동체 형성에 있어 중요한 요인으로 강조했다.

　이와 같은 김대중의 활동과 업적에 대해 2004년 12월에 개최된 제2차 동아시아포럼에서 하타 스토무 전 일본 총리는 "동아시아정상회의 구상은 이 자리에 참석하신 김대중 전 대통령이 제창한 것입니다. 또한 동아시아자유무역지대 구상 역시 김 전 대통령의 이니셔티브로 시작됐습니다. 김 전 대통령은 동아시아비전그룹과 동아시아연구그룹을 제안했고, 작년 서울에서 동아시아포럼 창립총회를 주재국으로서 성공적으로 이끌었습니다. 동아시아공동체를 만들어가는 데 큰 공헌을 한 김 전 대통령의 구상과 선견지명에 거듭 경의를 표합니다"[722]라고 할 정도였다. 김대중은 한국 외교의 지평을 넓혔을 뿐만 아니라 국가별로 소지역별로 분산돼 무역과 관광 교류에 한정돼 있던 기존의 동아시아 지역 내에서의 협력 관계를 더욱 폭넓고 유기적인 관계로 발전시켜 공동의 비전 실현을 위한 지역공동체 건설을 지향했다.

이처럼 김대중은 대통령 재임 시절 동아시아공동체 건설을 위한 비전 제시와 지역외교를 주도하여 동아시아공동체에 있어 선구자와 같은 존재다. 김대중은 국제적 차원에서 한국의 전략적 가치, 한국의 소프트파워에 주목했다. 한국은 동아시아 지역에서 미국의 주요 동맹국 중 하나이며 주변 국가들을 침략한 전력이 없으며 지역 패권을 추구할 의사도 능력도 없고, 경제 발전과 민주화를 동시에 이뤄낸 국가다. 김대중은 이러한 한국의 위상과 가치를 고려하면서 동아시아공동체 건설 구상을 과감하게 제시했고 국제적으로 큰 성과를 거두었다.

글을 마치며

김대중은 이분법적인 극단주의를 거부했고, 위계화된 질서를 정당화하는 사회진화론적 가치관을 배격했다. 김대중은 인류보편적인 가치인 민주주의와 평화를 정치의 목표이자 원칙으로 강조했고 화해와 관용의 정치로 한국, 한반도, 동아시아 지역에 미래지향적인 새로운 질서를 개척했다. 김대중은 각 국가와 민족의 특수성을 존중하면서도 인류 보편적인 가치를 통해서 상호 소통과 연대를 지향했다. 김대중은 한국적 가치, 아시아적 가치, 서구적 가치를 단절적이면서 대립적으로 인식하지 않았으며 공통의 가치를 찾아내고자 했다. 그리고 이것을 상호 연결시키는 과정 속에서 유기적 협력 관계로 발전시켜 공동 번영의 길에 함께할 수 있도록 했다. 이처럼 동아시아 지역에서 담대하면서도 진취적이고 창조적인 비전을 제시하면서 구체적인 실천에 나섰던 최초의 인물이 김대중이다. 그는 가장 한국적이면서도 가장 세계적인 인물이었으며 문화적인 영역에서의 한류뿐만 아니라 민주주의와 평화라는 정치사회적 가치 측면에서도 한류와 같은 영향을 주었다.

이와 같은 김대중의 비전 제시 능력은 그의 인생관에서 비롯되었다고 생각된다. 김대중은 2009년 1월 7일 일기에 "인생은 생각할수록 아름답고 역사는 앞으로 발전한다"라고 썼다. 이는 그가 남긴 유명한 수많은 어록 중에서 그의 인생관, 정치관, 역사관이 가장 잘 담겨 있다고 생각된다. 김대중은 인간으로서 감당하기 힘들 정도의 극한의 고난을 겪었음에도 좌절하거나 굴복하지 않았으며 초인적인 인내와 용기를 통해서 이것을 이겨냈다. '인생은 아름답고 역사는 발전한다', 이 표현의 내용은 그냥 주어진 조건에 의해서 형성된 것을 의미하지 않으며 자주적·능동적·창조적인 의지와 노력을 통해서 쟁취해낸 결과를 뜻한다. 이 표현의 기본 바탕에 깔려 있는 긍정과 낙관의 정신도 마찬가지이다.

김대중은 인생 대부분의 시간을 위기 속에서 보냈으며 그중에서도 상당한 시간은 극단적인 위기 상황이었다. 이는 김대중이 끊임없는 고난과 역경 속에서도 중도에 포기하지 않고 계속해서 도전에 도전을 거듭했기 때문에 나타난 일이었다. 김대중은 이것을 이겨내기 위해서 비상한 정신력, 체력, 지력을 갖추었고 그 과정에서 형성된 카리스마적 지도력과 제갈공명에 견줄 만한 전략으로 마침내 역사의 물줄기를 바꿔낼 수 있었다. 필자는 김대중의 이와 같은 삶의 태도 및 정치철학과 실천이 앞으로도 우리 삶에 많은 영향을 줄 수 있다고 생각한다. 그런 점에서 김대중에 대한 정확한 이해는 역사적으로, 학문적으로, 정치적으로, 국제적으로 그리고 인간적인 측면에서도 매우 중요한 의미가 있다. 필자의 이 책이 여기에 기여할 수 있게 되기를 바라며 이 글을 마친다.

1 《매일경제》인터넷판, 기사입력: 2003년 2월 21일.https://www.mk.co.kr/news/home/view/2003/02/60303.

2 《한겨레신문》인터넷판, 기사등록 및 수정: 2009년 9월 23일. http://www.hani.co.kr/arti/international/america/378421.html.

3 《매일경제》인터넷판, 기사입력: 2003년 2월 21일. https://www.mk.co.kr/news/home/view/2003/02/60303.

4 빌 클린턴이 〈인권과 평등의 수호자〉라는 제목으로 쓴 김대중자서전 추천사. 이 글은 김대중, 《김대중자서전1》, 삼인, 2010, 14~15쪽에 수록.

5 매들린 올브라이트, 《마담 세크러터리 매들린 올브라이트 2》, 백영미·김승욱·이원경 옮김, 황금가지, 2003, 357~358쪽.

6 《노컷뉴스》, 기사입력: 2009년 8월 11일. https://www.nocutnews.co.kr/news/618699; 《연합뉴스》, 기사입력: 2009년 8월 19일. https://www.yna.co.kr/view/AKR20090819005700072.

7 《한겨레신문》인터넷판, 기사등록 및 수정: 2020년 12월 15일. http://www.hani.co.kr/arti/politics/diplomacy/974249.html#csidx0752243d47b60a482b4b84c869fbf78.

8 《연합뉴스》, 기사 입력 및 수정: 2004년 7월 7일. https://news.v.daum.net/v/20040707075209713?f=o.

9 김하중, 《증언》, 비전과리더십, 2015, 640쪽.

10 하르트무트 코쉭 편저, 《김대중대통령과의 만남》, 김소연 옮김, 한림출판사, 2003, 16쪽.

11 마이니치신문사 편, 《김대중납치사건의 전모》, 녹두편집부 옮김, 녹두, 1985, 89쪽.

12 《JPNEWS》, 2009년 8월 18일. http://m.jpnews.kr/a.html?uid=1326&sc=sc1.

13 http://www.kdjpeace.com/home/bbs/board.php?bo_table=d02_06&wr_id=167. 2007년 5월 21일 '제1회 후광 김대중학술상' 수상 연설문 중에서.

14 《한겨레21》775호, 인터넷판 기사등록 및 수정: 2009년 8월 27일. http://h21.hani.co.kr/arti/cover/cover_general/25632.html.

15 존 던, 《민주주의의 수수께끼》, 강철웅·문지영 옮김, 후마니타스, 2015, 11쪽.

16 《한국경제》인터넷판, 기사 입력 및 수정: 2009년 8월 18일. https://www.hankyung.com/politics/article/2009081879441.

17 《위클리경향》840호, 인터넷판 2009년 9월 1일. http://weekly.khan.co.kr/khnm.html?mode=view&code=113&artid=200908271144471&pt=nv.

18 《위클리경향》, 위의 글.

19 《중앙일보》인터넷판, 기사입력: 2009년 8월 23일, 기사수정: 2009년 8월 24일. https://news.joins.com/article/3740239.

20 《연합뉴스》, 기사입력: 2009년 8월 18일. https://www.yna.co.kr/view/
AKR20090818158100073.

21 《시사인》 610호, 인터넷판 승인:2019년 5월 29일. https://www.sisain.co.kr/news/
articleView.html?idxno=34694.

22 《동아일보》 1998년 12월 19일.

23 노무현재단 엮음·유시민 정리, 《운명이다—노무현자서전》, 돌베개, 2019, 187~190쪽.

24 김하중, 앞의 책, 639~640쪽.

25 김하중, 위의 책, 12~13쪽.

26 현기영, 〈영구 불망의 상징으로 우뚝 서 계시라〉, 김준태 외, 《님이여, 우리들 모두가 하나
되게 하소서》, 화남, 2009, 340~341쪽.

27 김언호, 《그해봄날》, 한길사, 2020, 518쪽. 김민웅은 이 책에 대한 리뷰를 〈이 시대를 어떻
게 살아갈 것인가〉라는 제목으로 작성했으며 김민웅의 글은 《그해봄날》 513~537쪽에 수
록돼 있다.

28 http://www.kdjpeace.com/home/bbs/board.php?bo_table=d02_06&wr_id=167,
2007년 5월 21일 '제1회 후광 김대중학술상' 수상 연설문 중에서.

29 연세대학교 김대중도서관 편, 《김대중전집 II 제19권》, 연세대학교 대학출판문화원, 2019,
469쪽.

30 《노컷뉴스》, 기사 입력: 2008년 11월 7일. https://www.nocutnews.co.kr/
news/516120.

31 《경향신문》 1997년 12월 31일.

32 《유튜브》에서 검색. https://www.youtube.com/watch?v=LwSqnxi9kyI.

33 1장의 내용은 필자가 2013년에 발표한 〈김대중의 민주화 이행전략〉의 내용을 수정 보완
해서 작성했음을 밝힌다. 이 글의 서지사항은 다음과 같다. 장신기, 〈김대중의 민주화 이
행전략〉, 류상영·김삼웅·심지연 편, 《김대중과 한국 야당사》, 연세대학교 대학출판문화
원, 2013, 171~203쪽.

34 1970년 3월 10일 강연 내용은 연세대학교 김대중도서관 편, 《김대중전집 II 제6권》, 연세
대학교 대학출판문화원, 2019, 257쪽을 참조했으며 1970년 5월 12일 내용은 이 책의 272
쪽을 참조.

35 연세대학교 김대중도서관 편, 《김대중전집 II 제7권》, 연세대학교 대학출판문화원, 2019,
255쪽.

36 이 책은 1985년에 한국어로 번역돼 《행동하는 양심으로》(금문당, 1985)으로 출간됐다.

37 김대중, 《행동하는 양심으로》, 금문당, 1985, 195쪽.

38 연세대학교 김대중도서관 편, 《김대중전집 II 제8권》, 연세대학교 대학출판문화원, 2019,
256쪽.

39 연세대학교 김대중도서관 편, 《김대중전집 II 제7권》, 연세대학교 대학출판문화원, 2019,
12쪽.

40 연세대학교 김대중도서관 편, 《김대중전집 II 제6권》, 연세대학교 대학출판문화원, 2019,
560쪽.

41 연세대학교 김대중도서관 편, 《김대중전집Ⅱ 제7권》, 연세대학교 대학출판문화원, 2019, 13쪽.

42 김대중, 《한국: 민주주의의 드라마와 소망》, 청도, 1992, 24쪽.

43 《국민일보》 인터넷판, 기사입력: 2017년 3월 14일. http://m.kmib.co.kr/view. asp?arcid=0923711458.

44 《동아일보》, 1975년 1월 1일.

45 김대중, 《내가 걷는 70년대》, 범우사, 1970, 23~49쪽.

46 연세대학교 김대중도서관 편, 《김대중전집Ⅱ 제8권》, 연세대학교 대학출판문화원, 2019, 263쪽.

47 연세대학교 김대중도서관 편, 《김대중전집Ⅱ 제6권》, 연세대학교 대학출판문화원, 2019, 450쪽.

48 연세대학교 김대중도서관 편, 《김대중전집Ⅱ 제8권》, 연세대학교 대학출판문화원, 2019, 254~255쪽.

49 연세대학교 김대중도서관 편, 《김대중전집Ⅱ 제11권》, 연세대학교 대학출판문화원, 2019, 339쪽.

50 연세대학교 김대중도서관 편, 《김대중전집Ⅱ 제9권》, 연세대학교 대학출판문화원, 2019, 17쪽.

51 김대중, 《행동하는 양심으로》, 금문당, 1985, 56~57쪽.

52 김대중, 위의 책, 77~78쪽.

53 연세대학교 김대중도서관 편, 《김대중전집Ⅱ 제10권》, 연세대학교 대학출판문화원, 2019, 126쪽.

54 《오마이뉴스》, 기사 입력: 2004년 10월 14일. http://www.ohmynews.com/NWS_Web/ View/at_pg.aspx?CNTN_CD=A0000214840&CMPT_CD=SEARCH.

55 연세대학교 김대중도서관 편, 《김대중전집Ⅱ 제6권》, 연세대학교 대학출판문화원, 2019, 626쪽.

56 연세대학교 김대중도서관 편, 위의 책, 700~702쪽.

57 《동아일보》, 1975년 3월 8일.

58 《동아일보》, 1975년 4월 3일.

59 연세대학교 김대중도서관 편, 《김대중전집Ⅱ 제8권》, 연세대학교 대학출판문화원, 2019, 26쪽.

60 관련 내용은 '신당운동은 왜 좌절했나'(1955년 6월 15일)라는 글에 있으며 이 자료는 연세대학교 김대중도서관 편, 《김대중전집Ⅱ 제1권》, 연세대학교 대학출판문화원, 2019, 69~72쪽에 있음.

61 이와 관련해서 김대중은 1969년 《사상계》 11월호에 〈체질 개혁론〉이라는 제목의 글을 기고. 이 글은 연세대학교 김대중도서관 편, 《김대중전집Ⅱ 제6권》, 연세대학교 대학출판문화원, 2019, 202~211쪽에 있음.

62 김대중은 1979년 5월 29일 아서원에서 김영삼 지지를 위한 연설을 했다. 관련 자료는 연세대학교 김대중도서관 편, 《김대중전집Ⅱ 제8권》, 연세대학교 대학출판문화원, 2019,

484~498쪽 참조.

63 이와 관련된 내용은 김정남, 《진실, 광장에 서다》, 창작과비평사, 2005, 532쪽 참조.

64 김대중, 《민족의 새벽을 바라보며》, 일월서각, 1987, 16쪽.

65 김대중, 《행동하는 양심으로》, 금문당, 1985, 196쪽.

66 이와 관련된 내용은 김대중의 1차 망명 시기(1972. 10. 18~1973. 8. 8)에 많이 나온다. 관련 내용은 연세대학교 김대중도서관 편, 《김대중전집Ⅱ 제7권》, 연세대학교 대학출판문화원, 2019의 177~179쪽, 182~183쪽, 189쪽 등 참조.

67 연세대학교 김대중도서관 편, 위의 책, 268쪽.

68 연세대학교 김대중도서관 편, 《김대중전집Ⅱ 제6권》, 연세대학교 대학출판문화원, 2019, 700쪽.

69 연세대학교 김대중도서관 편, 위의 책, 233쪽.

70 연세대학교 김대중도서관 편, 《김대중전집Ⅱ 제8권》, 연세대학교 대학출판문화원, 2019, 262쪽.

71 김대중, 《옥중서신 1—김대중이 이희호에게》, 시대의창, 2019, 386~387쪽.

72 연세대학교 김대중도서관 편, 《김대중전집Ⅱ 제10권》, 연세대학교 대학출판문화원, 2019, 64쪽.

73 연세대학교 김대중도서관 편, 《김대중전집Ⅱ 제11권》, 연세대학교 대학출판문화원, 2019, 395~396쪽.

74 김대중, 《한국: 민주주의의 드라마와 소망》, 청도, 1992, 214~215쪽.

75 《중앙일보》 인터넷판, 기사 입력 및 수정: 2009년 8월 19일. https://news.joins.com/article/3733063.

76 권노갑, 《권노갑회고록 순명》, 동아E&D, 2014, 259~262쪽.

77 연세대학교 김대중도서관 편, 《김대중전집Ⅱ 제5권》, 연세대학교 대학출판문화원, 2019, 134쪽.

78 연세대학교 김대중도서관 편, 《김대중전집Ⅱ 제9권》, 연세대학교 대학출판문화원, 2019, 192~193쪽.

79 김대중, 《김대중자서전1》, 삼인, 2010, 363~367쪽.

80 연세대학교 김대중도서관 편, 《김대중전집Ⅱ 제8권》, 연세대학교 대학출판문화원, 2019, 440~445쪽.

81 《한겨레신문》 인터넷판, 기사 등록: 2016년 5월 1일; 기사 수정: 2017년 1월 9일. http://www.hani.co.kr/arti/politics/politics_general/742057.html.

82 《한겨레신문》 인터넷판, 위의 글.

83 연세대학교 김대중도서관 편, 《김대중전집Ⅱ 제6권》, 연세대학교 대학출판문화원, 2019, 679쪽.

84 류상영 외 5인, 《김대중연보Ⅰ》, 시대의창, 2011, 317쪽.

85 연금해제된 날 기자들이 찍은 유명한 사진에 1979년 동교동 자택에 걸려 있던 달력이 있다. 달력에는 연금을 당하던 날을 X표시로 해놨는데, 달력을 보면 며칠을 빼고 연금상태에 있었음을 알 수 있다.

86   연세대학교 김대중도서관 편,《김대중전집 II 제12권》, 연세대학교 대학출판문화원, 2019, 509쪽.

87   김옥두,《다시, 김대중을 위하여》, 살림터, 1995, 329쪽.

88   연세대학교 김대중도서관 편,《김대중전집 II 제8권》, 연세대학교 대학출판문화원, 2019, 203쪽.

89   《한겨레신문》인터넷판, 기사 등록: 2016년 5월 1일; 기사 수정: 2017년 1월 9일. http://www.hani.co.kr/arti/politics/politics_general/742057.html.

90   《중앙일보》인터넷판, 기사 입력 및 수정: 2018년 8월 13일. https://news.joins.com/article/22880287.

91   연세대학교 김대중도서관 편,《김대중전집 II 제6권》, 연세대학교 대학출판문화원, 2019, 112쪽.

92   홍석률,〈1971년 대통령선거의 양상: 근대화 정치의 가능성과 위험성〉,《역사비평》통권 87호, 역사비평사, 2009, 465쪽.

93   홍석률, 위의 글, 465쪽.

94   홍석률, 위의 글, 470쪽.

95   홍석률, 위의 글, 471쪽.

96   김충식,《KCIA 남산의 부장들》, 폴리티쿠스, 2012, 300~301쪽.

97   《조선일보》, 1971년 6월 1일.

98   《경향신문》, 1967년 6월 14일.

99   《조선일보》, 1963년 12월 4일.

100 재미 한인운동에 관해서는 Park, Chis H.〈1970년대 미주 한인의 사회운동과 통일론〉, 연세대학교 대학원 사학과 석사학위논문, 2011를 참조.

101 재일 한인운동에 관해서는 김지형,〈분단의 전이〉,《역사와 현실》제83호, 2012와 지충남,〈재일한인 사회의 통일운동 고찰: 한통련을 중심으로〉,《한국민족문화》제61호, 2016를 참조.

102 이희호,《옥중서신 2—이희호가 김대중에게》, 시대의창, 2019, 78쪽.

103 국정원과거사건진실규명을통한발전위원회,《과거와 대화 미래의 성찰 -주요 의혹사건편 上권(II)-》, 국가정보원, 2007, 468쪽.

104 박순천으로 추정되는 인물에게(편지에는 박 할머니라고 표기돼 있는데, 여러 상황을 감안해볼 때 박순천으로 추정) 김상돈, 김대중에게 편지를 써서 귀국을 종용했다는 내용이 나온다. 이희호, 앞의 책, 92~93쪽.

105 이희호, 위의 책, 85쪽.

106 국정원과거사건진실규명을통한발전위원회, 앞의 책, 484~485쪽.

107 이희호, 앞의 책, 95쪽.

108 이희호, 위의 책, 99쪽.

109 연세대학교 김대중도서관 편,《김대중전집 II 제7권》, 연세대학교 대학출판문화원, 2019, 246쪽.

110 국정원과거사건진실규명을통한발전위원회, 앞의 책, 469쪽.

111 한홍구, 《유신》, 한겨레출판, 2014, 81쪽.

112 국정원과거사건진실규명을통한발전위원회, 앞의 책, 470쪽.

113 김충식, 앞의 책, 463~464쪽.

114 서중석·김덕련, 《서중석의 현대사이야기 12》, 오월의봄, 2018, 55쪽.

115 도널드 그레그, 《역사의 파편들—도널드 그레그 회고록》, 차미례 옮김, 창비, 2015,
     216~218쪽.

116 한홍구, 앞의 책, 88~89쪽.

117 김충식, 앞의 책, 475쪽.

118 연세대학교 김대중도서관 편, 《김대중전집 II 제8권》, 연세대학교 대학출판문화원, 2019,
     608쪽.

119 연세대학교 김대중도서관 편, 위의 책, 98쪽.

120 김대중, 《김대중자서전1》, 삼인, 2010, 348~349쪽.

121 김대중, 위의 책, 349쪽.

122 정일형, 《오직 한 길로》, 을지서적, 1998, 521~522쪽.

123 연세대학교 김대중도서관 편, 《김대중전집 II 제8권》, 연세대학교 대학출판문화원, 2019,
     484~498쪽.

124 연세대학교 김대중도서관 편, 위의 책, 147쪽.

125 예춘호, 《서울의 봄, 그 많은 사연》, 언어문화, 1996, 51~52쪽.

126 연세대학교 김대중도서관 편, 《김대중전집 II 제8권》, 연세대학교 대학출판문화원, 2019,
     541쪽.

127 연세대학교 김대중도서관 편, 《김대중전집 II 제9권》, 연세대학교 대학출판문화원, 2019,
     45쪽.

128 예춘호, 앞의 책, 43~46쪽.

129 연세대학교 김대중도서관 편, 《김대중전집 II 제9권》, 연세대학교 대학출판문화원, 2019,
     88쪽.

130 《동아일보》, 1980년 7월 4일.

131 《경향신문》, 1977년 5월 28일.

132 《동아일보》, 1977년 8월 16일.

133 《경향신문》, 1977년 10월 29일.

134 《경향신문》, 1978년 6월 19일.

135 김홍일, 《나는 천천히 그러나 쉬지 않는다》, 나남출판, 2001, 220쪽.

136 연세대학교 김대중도서관 편, 《김대중전집 II 제11권》, 연세대학교 대학출판문화원, 2019,
     263~264쪽.

137 《한겨레신문》, 기사등록 및 수정: 2016년 4월 17일. http://www.hani.co.kr/arti/
     politics/polibar/740038.html; 《연합뉴스》, 기사등록: 2016년 4월 17일. https://www.
     yna.co.kr/view/AKR20160416055000014?input=1179m.

138 김대중, 《김대중자서전1》, 삼인, 2010, 494~495쪽.

139 이와 관련된 내용은 김대중, 위의 책, 497~499쪽.

140 연세대학교 김대중도서관 편, 《김대중전집Ⅱ 제12권》, 연세대학교 대학출판문화원, 2019, 302쪽.

141 손호철, 《3김을 넘어서》, 푸른숲, 1997, 179쪽.

142 손호철, 위의 책, 191쪽.

143 손호철, 위의 책, 194~195쪽.

144 《월간말》, 1996년 5월호, 37~39쪽.

145 임혁백, 〈한국 민주화 과정에서 김대중의 역할과 리더십〉, 김대중내란음모조작사건 40주년 학술회의 자료집 《김대중내란음모조작사건의 진실과 한국 민주주의》, 연세대학교 김대중도서관·김대중평화센터·김대중광주전남추모사업회·5.18민주화운동서울기념사업회, 2020, 182쪽.

146 Samuel Huntington, *The Third Wave: Democratization in Late Twentieth Century*, Norman: University of Oklahoma Press, 1991, pp. 266~267.

147 정근식, 〈5월운동의 성과와 한계〉, 《경제와사회》, 2020년 여름호, 15쪽.

148 관련 내용은 김득중, 《'빨갱이'의 탄생: 여순사건과 반공 국가의 형성》, 선인, 2009 참조.

149 박상훈, 《만들어진 현실》, 후마니타스, 2009, 45~47쪽.

150 《국민일보》 인터넷판, 기사 입력: 2009년 8월 26일. http://news.kmib.co.kr/article/view.asp?arcid=0921399777.

151 장신기, 《진보오리엔탈리즘을 넘어서》, 시대의창, 2017, 109쪽.

152 한겨레 정치부, 《김대중집권비사》, 한겨레신문사, 1998, 6쪽.

153 연세대학교 김대중도서관 편, 《김대중전집Ⅱ 제12권》, 연세대학교 대학출판문화원, 2019, 21~22쪽.

154 한겨레 정치부, 앞의 책, 42쪽.

155 연세대학교 김대중도서관 편, 《김대중전집Ⅱ 제19권》, 연세대학교 대학출판문화원, 2019, 451쪽.

156 최장집, 〈한국 민주주의 공고화, 위기, 그리고 새정치질서를 위한 대안〉, 김대중 대통령 노벨평화상 수상 19주년 기념 기념식 및 학술회의 발표문, 연세대학교 김대중도서관·김대중평화센터·김대중기념사업회·김대중노벨평화상기념관, 2019, 13~15쪽.

157 한국논단 사상검증 대토론에 관한 내용은 《한겨레신문》, 1997년 10월 9일 참조.

158 연세대학교 김대중도서관 편, 《김대중전집Ⅱ 제19권》, 연세대학교 대학출판문화원, 2019, 466~467쪽.

159 《중앙일보》 인터넷판, 기사 입력 및 수정: 2018년 8월 13일. https://news.joins.com/article/22880287.

160 이내영·박은홍, 《동아시아의 민주화와 과거청산》, 아연출판부, 2004, 21쪽.

161 정현백, 〈글로벌 시각에서 본 과거청산의 의미〉, 《역사비평》 통권 93호, 2010년 겨울호, 64쪽.

162 안병욱, 〈한국 과거청산의 현황과 과제〉, 위의 책, 34쪽.

163 이영재, 〈이행기 정의의 본질과 형태에 관한 연구〉, 《민주주의와 인권》 제12권 1호, 2012, 137쪽.

164 장원석, 〈남아프리카공화국 진실화해위원회와 회복적 정의론〉, 《정치와 평론》 제21권,
     2017, 116~117쪽.

165 연세대학교 김대중도서관 편, 《김대중전집 Ⅱ 제6권》, 연세대학교 대학출판문화원, 2019,
     19쪽.

166 연세대학교 김대중도서관 편, 《김대중전집 Ⅱ 제9권》, 연세대학교 대학출판문화원, 2019,
     48쪽.

167 연세대학교 김대중도서관 편, 위의 책, 218쪽.

168 연세대학교 김대중도서관 편, 《김대중전집 Ⅱ 제19권》, 연세대학교 대학출판문화원, 2019,
     316쪽.

169 최후진술 내용은 연세대학교 김대중도서관 편, 《김대중전집 Ⅱ 제9권》, 연세대학교 대학출
     판문화원, 2019, 212~218쪽 참조.

170 연세대학교 김대중도서관 편, 《김대중전집 Ⅱ 제10권》, 연세대학교 대학출판문화원, 2019,
     299~300쪽.

171 연세대학교 김대중도서관 편, 위의 책, 102쪽.

172 연세대학교 김대중도서관 편, 《김대중전집 Ⅱ 제6권》, 연세대학교 대학출판문화원, 2019,
     19쪽.

173 연세대학교 김대중도서관 편, 《김대중전집 Ⅱ 제11권》, 연세대학교 대학출판문화원, 2019,
     96쪽.

174 연세대학교 김대중도서관 편, 《김대중전집 Ⅱ 제9권》, 연세대학교 대학출판문화원, 2019,
     2~3쪽.

175 《한겨레21》 775호, 인터넷판 기사등록 및 수정: 2009년 8월 27일. http://h21.hani.co.kr/
     arti/cover/cover_general/25632.html.

176 연세대학교 김대중도서관 편, 《김대중전집 Ⅱ 제12권》, 연세대학교 대학출판문화원, 2019,
     805쪽.

177 제주4·3희생자 유족회 홈페이지 자료실, 4·3진실찾기 그 길을 다시 밟다—양조훈 육
     필기록 〈55〉 정치권의 4·3 진실찾기. http://www.jeju43.com/bbs/board.php?bo_
     table=pds&wr_id=235&sca=&sfl=wr_subject%7C%7Cwr_content&stx=%B1%E
     8%B4%EB%C1%DF&sop=and.

178 《제주의소리》, 기사등록: 2014년 3월 10일. http://www.jejusori.net/news/articleView.
     html?idxno=141854.

179 《제주의소리》, 위의 글.

180 관련 내용은 제주4·3평화재단 홈페이지(https://jeju43peace.or.kr/kor/sub01_02_01.
     do)에 있는 내용 참조.

181 《제주일보》 인터넷판, 기사등록: 2009년 8월 21일. http://www.jejunews.com/news/
     articleView.html?idxno=380803.

182 《제주의소리》, 기사등록: 2018년 12월 6일. http://www.jejusori.net/?mod=news&a
     ct=articleView&idxno=212504; 《통일뉴스》, 기사입력 및 수정: 2016.09.27. http://
     www.tongilnews.com/news/articleView.html?idxno=118278

183 《한겨레신문》 인터넷판, 기사등록 및 수정: 2015년 4월 1일. http://www.hani.co.kr/arti/culture/culture_general/685055.html.

184 관련 내용은 제주4·3평화재단 홈페이지(https://jeju43peace.or.kr)에서 참조.

185 《제주도민일보》 인터넷판, 기사 입력: 2014년 4월 11일. http://www.jejudomin.co.kr/news/articleView.html?idxno=49649.

186 《한겨레신문》 인터넷판, 기사 등록 및 수정: 2018년 7월 26일. http://www.hani.co.kr/arti/society/society_general/855007.html.

187 양심수 석방과 관련된 내용은 다음 자료를 참조. 《한겨레신문》, 1998년 3월 14일; 《동아일보》, 1998년 7월 12일; 《한겨레신문》, 1998년 8월 15일; 《한겨레신문》, 1999년 2월 23일 ; 《한겨레신문》, 1999년 8월 13일 참조.

188 의문사진상규명위원회보고서 발간위원회, 《의문사진상규명위원회 보고서 2차 I》, 대통령 소속 의문사진상규명위원회, 2004, 101쪽, 102쪽, 123~124쪽 참조.

189 민주화운동백서편찬위원회, 《민주화운동백서》, 민주화운동관련자명예회복및보상심의원회, 2005, 16~29쪽, 39~64쪽, 123쪽.

190 오진영, 〈한국 보훈정책의 성찰적 회고와 전망〉, 《한국사회정책》 제15권 제1호, 2008, 45쪽; 김재한, 〈제1장 국가보훈의 국민통합적 기능〉, 《통일전략》 제15권 제4호, 2015, 15쪽.

191 민병로, 〈5·18민주유공자 보훈제도의 개선방안〉, 《민주주의와 인권》 제9권 2호, 2009, 74쪽.

192 한국법령정보센터, 국가유공자 등 예우 및 지원에 관한 법률: 2001년 1월 1일 시행(2000년 12월 30일 개정), https://www.law.go.kr/LSW/lsInfoP.do?lsiSeq=62510&ancYd=20001230&ancNo=06339&efYd=20010101&nwJoYnInfo=N&efGubun=Y&chrClsCd=010202&ancYnChk=0#0000; 독립유공자 예우에 관한 법률: 2001년 1월 1일(2000년 12월 30일 개정), https://www.law.go.kr/LSW/lsInfoP.do?lsiSeq=4379&ancYd=20001230&ancNo=06338&efYd=20010101&nwJoYnInfo=N&efGubun=Y&chrClsCd=010202&ancYnChk=0#0000.

193 국가보훈처, 《보훈연감 2003》 제24호, 국가보훈처, 2004, 198쪽.

194 1950년대 작성한 기고문은 확실하나 구체적인 연월일까지는 확인 불가. 연세대학교 김대중도서관 편, 《김대중전집 II 제1권》, 연세대학교 대학출판문화원, 2019, 202쪽.

195 연세대학교 김대중도서관 편, 위의 책, 227쪽.

196 연세대학교 김대중도서관 편, 《김대중전집 I 제2권》, 연세대학교 대학출판문화원, 2015, 104쪽.

197 《오마이뉴스》, 기사 등록: 2012년 6월 6일. http://www.ohmynews.com/NWS_Web/View/at_pg.aspx?CNTN_CD=A0001740813.

198 《동아일보》 인터넷판, 기사 입력: 1997년 6월 9일, 수정 2009년 9월 26일. http://www.donga.com/news/article/all/19970609/7260500/1.

199 《오마이뉴스》, 기사 입력: 2002년 5월 7일, 최종 업데이트 2002년 5월 9일. http://www.ohmynews.com/NWS_Web/View/at_pg.aspx?CNTN_CD=A0000074584.

200 연세대학교 김대중도서관 편, 《김대중전집 I 제5권》, 연세대학교 대학출판문화원, 2015,

45~47쪽.

201 《오마이뉴스》, 기사 입력: 2002년 5월 7일, 최종 업데이트 2002년 5월 9일. http://www.
ohmynews.com/NWS_Web/View/at_pg.aspx?CNTN_CD=A0000074584.

202 《월간조선》 인터넷판, 2017년 6월호. https://monthly.chosun.com/client/news/viw.as
p?ctcd=A&nNewsNumb=201706100013&page=1.

203 연세대학교 김대중도서관 편, 《김대중전집 I 제3권》, 연세대학교 대학출판문화원, 2015,
31~32쪽.

204 국가법령정보센터, 민주화운동 관련자 명예회복 및 보상 등에 관한 법률; 2000년 5월 13
일 시행(2000년 1월 12일 제정), https://www.law.go.kr/LSW/lsInfoP.do?lsiSeq=4143
&ancYd=20000112&ancNo=06123&efYd=20000513&nwJoYnInfo=N&efGubun
=Y&chrClsCd=010202&ancYnChk=0#0000.

205 국가법령정보센터 홈페이지, 민주화운동기념사업회법; 2001년 10월 25일 시행(2001년 7
월 24일 제정), https://www.law.go.kr/LSW/lsInfoP.do?nwJoYnInfo=N&ancYnChk
=0&ancNo=06495&chrClsCd=010202&efYd=20011025&lsiSeq=50294&efGubu
n=Y&ancYd=20010724#0000.

206 《프레시안》, 기사 입력: 2011년 4월 1일. https://www.pressian.com/pages/
articles/3817#0DKU.

207 류상영 외 5인, 《김대중연보 I》, 시대의창, 2011, 532쪽.

208 연세대학교 김대중도서관 편, 《김대중전집 II 제12권》, 연세대학교 대학출판문화원, 2019,
757쪽.

209 《한겨레신문》 인터넷판, 기사 등록 및 수정: 2007년 12월 24일. http://www.hani.co.kr/
arti/society/society_general/258884.html; 《한겨레신문》 인터넷판, 기사 등록 2007년
12월 30일 http://www.hani.co.kr/arti/society/rights/260123.html 참조.

210 《세계일보》 인터넷판, 기사 입력 및 수정: 2018년 10월 11일. http://www.segye.com/ne
wsView/20181011000014?OutUrl=naver.

211 《헤럴드경제》 인터넷판, 기사 등록 및 수정: 2018년 8월 24일. http://news.heraldcorp.
com/view.php?ud=20180824000333.

212 연세대학교 김대중도서관 편, 《김대중전집 II 제9권》, 연세대학교 대학출판문화원, 2019,
258쪽.

213 연세대학교 김대중도서관 편, 《김대중전집 I 제9권》, 연세대학교 대학출판문화원, 2015,
426~427쪽.

214 연세대학교 김대중도서관 편, 《김대중전집 I 제10권》, 연세대학교 대학출판문화원, 2015,
413~415쪽.

215 제15대 대통령직인수위원회, 《제15대 대통령직인수위원회백서》, 정부간행물제작소,
1998, 117쪽.

216 연세대학교 김대중도서관 편, 《김대중전집 I 제6권》, 연세대학교 대학출판문화원, 2015,
300쪽.

217 김영종, 〈사회적 합의'에 의한 노동정책의 결정과정 분석―노사정위원회의 활동을 중심

으로〉, 《한국행정논집》 제13권 제3호, 2001, 592쪽.

218 연세대학교 김대중도서관 편, 《김대중전집 Ⅱ 제1권》, 연세대학교 대학출판문화원, 2019, 6쪽.

219 연세대학교 김대중도서관 편, 《김대중전집 Ⅱ 제6권》, 연세대학교 대학출판문화원, 2019, 450쪽.

220 연세대학교 김대중도서관 편, 위의 책, 452쪽과 456~457쪽.

221 김용철, 〈한국의 사회협약정치: 짧은 반응과 긴 교착〉, 《21세기정치학회보》 제16집 제2호, 2006, 75~76쪽.

222 김용철, 위의 글, 77~78쪽.

223 국정홍보처, 《국민의정부 5년 국정자료집 제3권》, 국립영상간행물제작소, 2003, 350쪽.

224 노중기, 〈한국 사회의 노동개혁에 관한 정치사회학적 연구〉, 《경제와사회》 통권 제48호, 2000, 184쪽.

225 《한겨레신문》, 1998년 2월 7일.

226 국정홍보처, 《국민의정부 5년 국정자료집 제3권》, 국립영상간행물제작소, 2003, 352~354 쪽; 노동부, 《노동백서 2001년판》, 2001, 노동부, 276쪽; 그리고 본문에 인용한 법의 제정 및 개정 그리고 시행일은 한국법령정보센터(https://www.law.go.kr/)에서 검색.

227 연세대학교 김대중도서관 편, 《김대중전집 Ⅱ 제4권》, 연세대학교 대학출판문화원, 2019, 477~478쪽.

228 연세대학교 김대중도서관 편, 위의 책, 576~578쪽.

229 연세대학교 김대중도서관 편, 《김대중전집 Ⅱ 제8권》, 연세대학교 대학출판문화원, 2019, 73쪽.

230 연세대학교 김대중도서관 편, 《김대중전집 Ⅱ 제14권》, 연세대학교 대학출판문화원, 2019, 771쪽.

231 《동아일보》 인터넷판, 기사 입력: 2002년 1월 7일, 수정: 2009년 9월 18일. http://www. donga.com/news/article/all/20020107/7776468/1.

232 김재균, 《한국의 민주주의와 지방자치》, 한마당, 1990, 21쪽.

233 《뉴시스》, 기사 등록: 2018년 10월 30일. https://newsis.com/view/?id=NISX20181030 _0000457743&cID=10301&pID=10300.

234 홍정선·방동희, 〈지방자치 70년, 회고와 과제〉, 《지방자치법연구》 제19권 제3호, 2019, 10쪽.

235 연세대학교 김대중도서관 편, 《김대중전집 Ⅱ 제2권》, 연세대학교 대학출판문화원, 2019, 38쪽.

236 연세대학교 김대중도서관 편, 《김대중전집 Ⅱ 제6권》, 연세대학교 대학출판문화원, 2019, 451쪽.

237 연세대학교 김대중도서관 편, 《김대중전집 Ⅱ 제9권》, 연세대학교 대학출판문화원, 2019, 148쪽.

238 이희호, 《동행》, 웅진지식하우스, 2008, 118쪽.

239 연세대학교 김대중도서관 편, 《김대중전집 Ⅱ 제6권》, 연세대학교 대학출판문화원, 2019,

374쪽.

240 연세대학교 김대중도서관 편, 《김대중전집 Ⅱ 제8권》, 연세대학교 대학출판문화원, 2019, 602쪽.

241 《프레시안》, 기사 입력: 2011년 6월 23일. http://www.pressian.com/news/article/?no=3935.

242 김대중, 《옥중서신 1—김대중이 이희호에게》, 시대의창, 2019, 397~398쪽.

243 연세대학교 김대중도서관 편, 《김대중전집 Ⅱ 제12권》, 연세대학교 대학출판문화원, 2019, 552~553쪽.

244 연세대학교 김대중도서관 편, 위의 책, 537쪽.

245 연세대학교 김대중도서관 편, 《김대중전집 Ⅱ 제13권》, 연세대학교 대학출판문화원, 2019, 264쪽.

246 연세대학교 김대중도서관 편, 《김대중전집 Ⅱ 제15권》, 연세대학교 대학출판문화원, 2019, 660쪽.

247 이도성, 《남산의부장들3》, 동아일보사, 1993, 289쪽.

248 《동아일보》, 1998년 12월 19일.

249 《동아일보》, 위와 같은 날 기사.

250 《한겨레신문》 인터넷판, 기사 등록: 2015년 6월 21일, 수정: 2017년 1월 9일. http://www.hani.co.kr/arti/politics/politics_general/696922.html.

251 《동아일보》, 1958년 2월 23일; 한국민족문화대백과사전 홈페이지(http://encykorea.aks.ac.kr/Contents/Index?contents_id=E0000353) 검색어: 가족법개정운동.

252 안경희, 〈가족법 개정사와 여성운동〉, 《이화젠더법학》 제6권 제2호, 2014, 74쪽.

253 연세대학교 김대중도서관 편, 《김대중전집 Ⅱ 제16권》, 연세대학교 대학출판문화원, 2019, 377~378쪽.

254 이태영, 《가족법개정운동37년사》, 한국가정법률상담소 출판부, 1992, 379쪽.

255 이태영, 위의 책, 381~387쪽.

256 이태영, 위의 책, 389~390쪽.

257 오재림, 〈한국 여성의 정치 참여와 여성정책에 관한 연구〉, 《아시아여성연구》 제43집 제1호, 2004, 117쪽.

258 오재림, 위의 글, 113쪽과 117쪽; 《조선일보》 1983년 11월 26일; 《조선일보》 1983년 12월 15일.

259 강기원, 〈발간사〉, 대통령직속 여성특별위원회, 《여성백서》, 대통령직속 여성특별위원회, 1999.

260 권수현, 〈여성운동과 정부, 그리고 여성정책의 동학〉, 《아시아여성연구》 제50권 1호, 2011, 27쪽.

261 오재림, 앞의 글, 119쪽.

262 대통령직속 여성특별위원회, 앞의 책, 4~5쪽.

263 국정홍보처, 《국민의정부 5년 국정자료집 제3권》, 국립영상간행물제작소, 2003, 579~580쪽.

264 대통령직속 여성특별위원회, 앞의 책, 5쪽: 국정홍보처, 위의 책, 580쪽.

265 전윤정, 〈한국의 모성보호정책 변화에 관한 연구〉, 《여성건강》 제6권 제2호, 2005, 91쪽: 국정홍보처, 위의 책, 582쪽: 여성부, 《여성백서 2001》, 여성부 정책총괄과, 2002, 42~43쪽.

266 여성부, 《여성백서 2003》, 여성부 정책총괄과, 2004, 286~287쪽 참조.

267 김민정, 《한국 여성의 정치 참여》, 인간사랑, 2017, 47쪽.

268 여성부, 《여성백서 2002》, 여성부 정책총괄과, 2003, 273쪽.

269 김민정, 앞의 책, 54쪽.

270 로버트 루빈·제이콥 와이스버그, 《글로벌 경제의 위기와 미국》, 신영섭·김선구 옮김, 지식의 날개, 2008, 333쪽.

271 《매일경제》 인터넷판, 기사입력: 2003년 1월 11일. https://www.mk.co.kr/news/home/view/2003/01/11266.

272 Chopra et al, "From Crisis to Recovery in Korea: Strategy, Achievements, and Lessons", in David T. Coe and Se-jik Kim ed, *Korean Crisis and Recovery*, International Monetary Fund and Korea institute for International Economic Policy, pp. 93-94.

273 《매일경제》, 1997년 11월 22일.

274 《경향신문》, 1997년 12월 4일.

275 국정홍보처, 《국민의정부 5년 국정자료집 제2권》, 국립영상간행물제작소, 2003, 38~39쪽.

276 국정홍보처, 위의 책, 105~106쪽: 《매일경제》, 1997년 10월 25일.

277 국정홍보처, 위의 책, 27쪽.

278 《매일경제》, 1997년 12월 24일.

279 《동아일보》, 1997년 12월 23일.

280 이헌재, 《위기를 쏘다》, 중앙Books, 2012, 57~58쪽.

281 립튼과 관련된 내용은 《매일경제》, 1997년 12월 23일: 로버트 루빈·제이콥 와이스버그, 앞의 책, 330쪽을 참조했으며 IMF추가 협상 관련 내용은 정덕구, 《외환 위기 징비록》, 삼성경제연구소, 2008, 315~323쪽을 참조.

282 정덕구, 위의 책, 315쪽.

283 《매일경제》, 1997년 12월 22일.

284 《조선일보》, 1997년 12월 27일.

285 《매일경제》, 1998년 1월 8일: 《조선일보》, 1998년 1월 15일.

286 《조선일보》, 1998년 2월 4일: 《경향신문》, 1998년 2월 4일: 《한겨레신문》, 1998년 2월 6일: 《조선일보》, 1998년 2월 7일.

287 《경향신문》, 1998년 1월 31일: 정덕구, 앞의 책, 389~426쪽.

288 정덕구, 위의 책, 435~460쪽.

289 《경향신문》, 1998년 4월 9일: 《동아일보》, 1998년 4월 18일: 국정홍보처, 《국민의정부 5년 국정자료집 제2권》, 국립영상간행물제작소, 2003, 150쪽.

290 국정홍보처, 위의 책, 199쪽.

291 《동아일보》, 1998년 1월 14일: 국정홍보처, 위의 책, 160~161쪽.

292 국정홍보처, 위의 책, 208쪽.

293 국정홍보처, 위의 책, 161쪽.

294 《매일경제》, 1998년 3월 24일; 《한겨레신문》, 1998년 3월 24일.

295 《매일경제》, 1998년 6월 19일.

296 국민호, 〈국가주도에서 기업주도로〉, 《현상과 인식》 통권114호, 2011, 149쪽.

297 《매일경제》, 1998년 6월 25일.

298 워크아웃의 기본적인 내용에 대한 것은 국정홍보처, 《국민의정부 5년 국정자료집 제2권》, 국립영상간행물제작소, 2003, 203쪽, 205쪽; 이연호·정석규·임유진, 〈전두환정부의 산업합리화와 김대중정부의 기업구조조정 비교연구〉, 《21세기정치학회보》 제14집 제1호, 2004, 36쪽을 참조.

299 워크아웃 진행할 당시 객관성과 공정성 담보와 관련된 두 가지 내용은 이연호·장석규·임유진, 위의 글, 49쪽과 국정홍보처, 위의 책, 206쪽을 참조.

300 국정홍보처, 위의 책, 210쪽.

301 국정홍보처, 위의 책, 210~211쪽.

302 국정홍보처, 위의 책, 219쪽.

303 이헌재, 앞의 책, 96~97쪽; 《조선일보》, 1998년 6월 30일.

304 금융권 구조조정 관련 내용은 국정홍보처, 앞의 책, 219~220쪽을 참조했으며 공적자금 관련 내용은 국정홍보처, 앞의 책, 228쪽을 참조.

305 본문 바로 앞에서 설명한 내용은 국정홍보처, 위의 책, 227~228쪽 참조.

306 《연합뉴스》, 기사입력 및 수정: 2009년 8월 20일. https://news.naver.com/main/read.nhn?mode=LSD&mid=sec&sid1=101&oid=001&aid=0002822182.

307 1998년부터 2000년까지의 수치는 국정홍보처, 《국민의정부 5년 국정자료집 제2권》, 국립영상간행물제작소, 2003, 180쪽을 참조했으며 2001년과 2002년의 수치는 재정경제부, 《경제백서 2003》, 재정경제부, 2004, 41쪽 참조.

308 1997년 수치는 재정경제부, 《1998년판 경제백서 1997》, 재정경제부, 1998, 32쪽을 참조했고 1998년부터 2002년 수치는 재정경제부, 《경제백서 2003》, 재정경제부, 2004, 48쪽을 참조.

309 집권 5년 동안 외국인 투자 금액은 재정경제부, 《경제백서 2002》, 재정경제부, 2003, 301쪽을 참조했고 1962년부터 1997년까지의 금액은 국정홍보처·재정경제부, 《국민과 함께 세계 일류국가를 열다—국민의 정부 4년반》, 국립영상간행물제작소, 2002, 28쪽을 참조.

310 1997년 12월 18일 수치는 재정경제부, 《경제백서 1997》, 재정경제부, 1998, 127쪽을 참조했고 2002년 말 수치는 재정경제부, 《경제백서 2003》, 재정경제부, 2004, 57쪽을 참조.

311 금융기관의 개선 상황에 대한 내용은 재정경제부, 《경제백서 2002》, 재정경제부, 2003, 86쪽.

312 국정홍보처·재정경제부, 앞의 책, 23쪽.

313 국정홍보처, 《국민의정부 5년 국정자료집 제2권》, 국립영상간행물제작소, 2003, 180쪽.

314 1998년부터 2000년까지 수치는 국정홍보처, 위의 책, 180쪽을 참조했고 2001년과 2002년 수치는 재정경제부, 《경제백서 2003》, 재정경제부, 2004, 42쪽을 참조.

315 1998년부터 2001년까지 수치는 국정홍보처, 위의 책, 180쪽을 참조했고 2002년 수치는

재정경제부, 《경제백서 2002》, 재정경제부, 2003, 52쪽을 참조.

316 재정경제부, 《1998년판 경제백서 1997》, 재정경제부, 1998, 208쪽; 재정경제부, 《경제백
     서 2002》, 재정경제부, 2003, 55쪽; 국정홍보처, 위의 책 175~176쪽을 참조.

317 김대중, 《분노의 메아리》, 한국정경사, 1967.

318 청년시절 사업가로서의 활동과 관련된 내용은 류상영 외 5인, 《김대중연보 I》, 시대의창,
     2011, 24~28쪽의 내용을 참조.

319 김대중, 《나의 삶 나의 길》, 산하, 1997, 76~77쪽.

320 김대중, 《김대중의 21세기 시민경제 이야기》, 산하, 1997, 4쪽.

321 연세대학교 김대중도서관 편, 《김대중전집 II 제7권》, 연세대학교 대학출판문화원, 2019,
     23쪽.

322 연세대학교 김대중도서관 편, 《김대중전집 II 제9권》, 연세대학교 대학출판문화원, 2019,
     263~264쪽.

323 ○에 있는 단어는 판독불가.

324 김동노, 〈국가와 사회의 권력관계의 양면성—국가 자율성과 국가 역량의 재검토〉, 《사회
     와 역사》 제96권, 2012, 265~266쪽.

325 《중앙일보》 인터넷판, 기사입력 및 수정: 2009년 8월 19일. https://news.joins.com/
     article/3733070.

326 《중앙일보》 인터넷판, 기사입력 및 수정: 2019년 1월 2일. https://news.joins.com/
     article/23254401.

327 이헌재, 《위기를 쏘다》, 중앙Books, 2012, 69쪽.

328 위르겐 뷜러, 〈김대중 대통령과 한국의 경제 변혁〉, 하르트무트 코쉭 편저, 《김대중 대통
     령과의 만남》, 김소연 옮김, 한림출판사, 2003, 229쪽.

329 유길연, 〈국가의 자율성과 역량, 그리고 한국 금융화의 제도적 기초의 형성〉, 《경제와 사
     회》 통권 제117호, 2018년 봄호, 288쪽.

330 이헌재, 앞의 책, 73쪽.

331 《연합뉴스》, 기사입력: 2009년 8월 20일. https://www.yna.co.kr/view/
     MYH20090820002400038.

332 김용환, 《임자, 자네가 사령관 아닌가》, 매일경제신문사, 2002, 347~348쪽.

333 류상영 외 5인, 《김대중연보 II》, 시대의창, 2011, 1171쪽.

334 《월간중앙》 인터넷판, 2015년 10월 1일 입력. https://jmagazine.joins.com/monthly/
     view/308607.

335 《매일경제》 인터넷판, 기사등록: 2000년 6월 20일. https://www.mk.co.kr/news/
     politics/view/2000/06/73850.

336 하인리히 폰 피어러, 〈한국의 경제기적〉, 하르트무트 코쉭 편저, 《김대중 대통령과의 만
     남》, 김소연 옮김, 한림출판사, 2003, 223~224쪽.

337 김용환, 앞의 책, 322쪽.

338 정호재, 《아시아시대는 케이팝처럼 온다》, 눌민, 2020, 256~257쪽.

339 《프레시안》, 기사입력: 2007년 1월 23일. https://www.pressian.com/pages/
     articles/11295#0DKU.

340 《프레시안》, 기사입력 2005.07.12. 09:00:00 최종수정 2016.05.04. 15:21:21. https://
www.pressian.com/pages/articles/2?no=2#0DKU.

341 이병천, 〈민족경제론과 대중경제론: 민족경제론의 현실적 변용으로서 대중경제론에 대해
(1960년대말—70년대초)〉,《사회경제평론》제29(2)호, 2007, 1~20쪽.

342 김일영, 〈조국근대화론 대 대중경제론: 1971년 대선에서 박정희와 김대중의 대결〉, 정성
화 편,《박정희 시대와 한국현대사》, 선인, 2006, 167~231쪽.

343 대중경제연구소,《김대중씨의 대중경제 100문 100답》, 범우사, 1971.

344 연세대학교 김대중도서관 편,《김대중전집 Ⅱ 제4권》, 연세대학교 대학출판문화원, 2019,
20~22쪽.

345 연세대학교 김대중도서관 편,《김대중전집 Ⅱ 제10권》, 연세대학교 대학출판문화원, 2019,
384쪽.

346 정호재, 앞의 책, 257쪽과 262쪽.

347 《미디어오늘》인터넷판, 기사등록: 2009년 8월 19일. http://www.mediatoday.co.kr/
news/articleView.html?idxno=82280.

348 연세대학교 김대중도서관 편,《김대중전집 Ⅱ 제6권》, 연세대학교 대학출판문화원, 2019,
401쪽.

349 1981년 옥중에서 앨빈 토플러 관해서 언급한 부분은 김대중,《옥중서신 1—김대중이 이
희호에게》, 시대의창, 2019, 226쪽과 290쪽을 참조했고 1987년《월간경향》9월호 내용은
연세대학교 김대중도서관 편,《김대중전집 Ⅱ 제12권》, 연세대학교 대학출판문화원, 2019,
501쪽을 참조.

350 연세대학교 김대중도서관 편,《김대중전집 Ⅰ 제1권》, 연세대학교 대학출판문화원, 2015,
72~73쪽.

351 《매일경제》, 1998년 5월 26일.

352 《한겨레신문》, 1998년 12월 22일.

353 국정홍보처,《국민의정부 5년 국정자료집 제2권》, 국립영상간행물제작소, 2003,
363~364쪽.

354 정보통신부,《한국의 정보화 전략》, 정보통신부, 2003, 18~19쪽.

355 국정홍보처, 앞의 책, 365쪽 참조.

356 정보 격차 해소와 관련된 구체적인 성과와 관련된 내용은 국정홍보처, 위의 책, 368쪽
참조.

357 행정자치부,《행정자치백서 2002》, 행정자치부, 2002, 28~29쪽.

358 전자정부특별위원회 백서편집위원회,《전자정부백서》, 전자정부특별위원회, 2003, 37쪽;
송희준, 〈정보화정책의 역사적 성찰과 향후 과제〉,《한국지역정보화학회지》제11권 제1
호, 2008, 5쪽과 8쪽.

359 전자정부특별위원회 백서편집위원회, 위의 책, 57쪽.

360 전자정부특별위원회 백서편집위원회, 위의 책, 20~26쪽.

361 행정자치부,《행정자치백서 2003》, 행정자치부, 2003, 9쪽.

362 전자정부특별위원회 백서편집위원회, 앞의 책, 52쪽.

363 전자정부특별위원회 백서편집위원회, 위의 책, 57~59쪽.

364 《뉴스1》, 기사 입력: 2020년 6월 23일. https://www.news1.kr/articles/?3974174.

365 한국민족문화대백과(https://terms.naver.com/entry.nhn?docId=576131&cid=46631 &categoryId=46631), 검색어: 벤처기업.

366 이와 관련된 내용은 장지호, 〈김대중 정부의 벤처기업 지원정책에 관한 고찰〉, 《한국행정 학보》 제39권 제3호, 2005, 29~30쪽을 참조.

367 벤처기업육성에 관한 특별조치법, 중소기업창업 지원법의 경우 김대중 정부 시절 여러 차 례 개정되었다. 개정 내용은 국가법령정보센터 홈페이지(https://www.law.go.kr/LSW/ main.html)에서 해당 법률을 검색.

368 장지호, 앞의 글, 31~32쪽.

369 금융지원과 관련된 내용은 국정홍보처, 《국민의정부 5년 국정자료집 제2권》, 국립영상간 행물제작소, 2003, 531~532쪽 참조.

370 장지호, 앞의 글, 33쪽.

371 장지호, 위의 글, 35~36쪽.

372 국정홍보처, 앞의 책, 545쪽.

373 국정홍보처, 위의 책, 547쪽.

374 국정홍보처·재정경제부, 《국민과 함께 세계 일류국가를 열다—국민의정부 4년반》, 국립 영상물간행물제작소, 2002, 31쪽.

375 국정홍보처, 앞의 책, 371쪽.

376 홍성걸, 〈IT산업 발전과정의 정치경제학〉, 홍성걸·윤석만 외, 《정보화시대의 신성장국가 론》, 나남출판, 2006, 84~85쪽.

377 정보통신기술발달에 의한 전자민주주의에 관한 내용은 정연정, 〈전자민주주의로의 변 화과정 진단과 발전방안에 관한 연구〉, 《한국지역정보화학회지》 제10권 제4호, 2007, 32~39쪽 및 양승목·김수아, 〈전자민주주의와 정보민주주의: 개념, 이론 및 정책의 비 교〉, 《言論情報研究》 제39집, 2002, 137~183쪽 참조.

378 아래에 이어지는 여러 평가와 관련된 내용은 정보통신부, 《한국의 정보화 전략》, 정보통신 부, 2003, 307~309쪽

379 연세대학교 김대중도서관 편, 《김대중전집 I 제8권》, 연세대학교 대학출판문화원, 2015, 317~319쪽.

380 《노컷뉴스》, 기사 입력: 2009년 8월 18일: https://www.nocutnews.co.kr/ news/621077.

381 《동아일보》 인터넷판, 기사 입력: 2009년 8월 19일, 수정: 2009년 9월 21일. http://news. donga.com/3/all/20090819/8768902/1.

382 박지원, 《넥타이를 잘 매는 남자》, 청맥, 1996, 141~142쪽.

383 연세대학교 김대중도서관 편, 《김대중전집 II 제4권》, 연세대학교 대학출판문화원, 2019, 90~91쪽.

384 연세대학교 김대중도서관 편, 《김대중전집 II 제9권》, 연세대학교 대학출판문화원, 2019, 155쪽.

385 연세대학교 김대중도서관 편, 《김대중전집 II 제15권》, 연세대학교 대학출판문화원, 2019, 645쪽.

386   연세대학교 김대중도서관 편, 《김대중전집 Ⅱ 제18권》, 연세대학교 대학출판문화원, 2019,
       15~16쪽.

387   연세대학교 김대중도서관 편, 위의 책, 402쪽.

388   《한겨레신문》, 1998년 10월 20일.

389   《한겨레신문》, 1998년 12월 22일.

390   이병량, 〈한국 문화 정책의 변화추이와 내용에 관한 분석: 문화예산을 중심으로〉, 《한국정
       책과학학회보》, 제8권 제3호, 2004, 115~116쪽.

391   이 법은 1999년 1월 7일 국회를 통과했는데 《동아일보》는 1999년 1월 13일에 관련 보도
       를 하면서 이 법에 대해서 '문화헌법'이라고 표현했다.

392   국가법령정보센터, 문화산업진흥기본법: 시행 1999년 5월 9일(1999년 2월 8일 제정).
       https://www.law.go.kr/LSW/lsInfoP.do?lsiSeq=8647&ancYd=19990208&ancNo=
       05927&efYd=19990509&nwJoYnInfo=N&efGubun=Y&chrClsCd=010202&ancY
       nChk=0#0000.

393   최병규·한정미, 〈문화콘텐츠관련 기금의 현황과 법적과제〉, 한국법제연구원, 2007, 16쪽;
       문화관광부, 〈2006년도 문화산업진흥기금 결산보고서〉, 문화관광부, 23쪽.

394   최병규·한정미, 위의 글, 18~19쪽.

395   문화관광부, 《문화산업백서 2002》, 문화관광부, 2002, 627~658쪽을 참조했으며 특히
       650쪽.

396   문화관광부, 《문화산업백서 2000》, 문화관광부, 2000, 24~25쪽; 문화관광부, 《문화산업
       비전21》, 문화관광부, 2000, 29쪽.

397   문화관광부, 《문화산업비전 21: 문화산업진흥 5개년계획》, 문화관광부, 2000.

398   국가법령정보센터, 음반·비디오물 및 게임물에 관한 법률: 시행 1999년 5
       월 8일(1999년 2월 8일 제정) https://www.law.go.kr/lsSc.do?menuId
       =1&subMenuId=17&tabMenuId=93&query=%EC%9D%8C%EB
       %B0%98%20%EB%B9%84%EB%94%94%EC%98%A4%EB%AC%BC%20
       %EB%B0%8F%20%EA%B2%8C%EC%9E%84%EB%AC%BC%EC%97%90%20
       %EA%B4%80%ED%95%9C%20%EB%B2%95%EB%A5%A0#undefined; 출판 및
       인쇄진흥법: 시행 2003년 2월 27일(2002년 8월 26.일 제정) https://www.law.go.kr/
       lsSc.do?menuId=1&subMenuId=17&tabMenuId=93&query=%EC%9D%8C
       %EB%B0%98%20%EB%B9%84%EB%94%94%EC%98%A4%EB%AC%BC%20
       %EB%B0%8F%20%EA%B2%8C%EC%9E%84%EB%AC%BC%EC%97%90%20
       %EA%B4%80%ED%95%9C%20%EB%B2%95%EB%A5%A0#undefined.

399   국정홍보처·재정경제부, 《국민과 함께 세계 일류국가를 열다—국민의정부 4년반》, 국립
       영상간행물제작소, 2002, 135쪽.

400   국정홍보처, 《국민의정부 5년 국정자료집 제3권》, 국립영상간행물제작소, 2003,
       401~402쪽.

401   김규찬, 〈한국 문화콘텐츠사업 진흥정책의 내용과 성과—1974~2011 문화부 예산 분석을
       통한 통시적 고찰〉, 《언론정보연구》 50권 1호, 2013, 291~293쪽.

402   1999년과 2003년 문화산업의 매출액 및 부가가치 관련 내용은 문화관광부, 《문화산업

통계 2000》, 문화관광부, 2000, 13쪽과 문화관광부, 《문화산업통계 2004》, 문화관광부, 2004, 134~135쪽 참조. 문화산업 성장률 관련 내용은 문화관광부, 《문화산업백서 2002》, 문화관광부, 2002, 28쪽 참조. 그리고 1999년부터 2003년까지 한국경제 평균 성장률의 경우 1999년부터 2000년까지의 수치는 국정홍보처, 《국민의정부 5년 국정자료집 제2권》, 국립영상간행물제작소, 2003, 180쪽을 참조했으며 2001년과 2002년의 수치는 재정경제부, 《경제백서 2003》, 재정경제부, 2004, 41쪽 참조했으며 2003년 수치는 재정경제부, 《경제백서 2004》, 재정경제부, 2005, 36쪽을 참조해서 계산.

403 《오마이뉴스》, 기사 입력: 2004년 2월 10일, 최종 업데이트: 2004년 2월 11일. http://www.ohmynews.com/NWS_Web/view/at_pg.aspx?CNTN_CD=A0000168230.

404 《경향신문》 인터넷판, 기사 입력: 2003년 12월 11일. http://m.khan.co.kr/view.html?art_id=200312112302211#c2b.

405 《YTN》 인터넷판, 기사 입력: 2020년 2월 11일. https://www.ytn.co.kr/_ln/0103_202002111857372231.

406 연세대학교 김대중도서관 편, 《김대중전집 II 제3권》, 연세대학교 대학출판문화원, 2019, 159~160쪽.

407 연세대학교 김대중도서관 편, 《김대중전집 II 제4권》, 연세대학교 대학출판문화원, 2019, 92쪽.

408 연세대학교 김대중도서관 편, 위의 책, 95쪽.

409 함충범, 〈2000년대 초 한국 영화 정책의 특징적 경향〉, 《현대영화연구》 통권 19호, 2014, 14쪽; 《한겨레신문》 1999년 1월 8일.

410 《한겨레신문》 1999년 1월 8일, 《경향신문》 1999년 1월 15일.

411 김지현, 〈한국 영화 진흥 정책의 흐름과 발전 방향에 관한 연구〉, 《영화연구》 제73호, 2017, 139쪽; 이혁상, 〈한국영화 진흥기구의 역사〉, 김동호 외 《한국영화 정책사》, 나남출판, 2005, 425쪽.

412 김지현, 위의 글, 148~149쪽.

413 안지혜, 〈제5차 영화법 개정 이후의 영화정책 1985-2002〉, 김동호 외, 《한국영화 정책사》, 나남출판, 2005, 335~336쪽.

414 이혁상, 앞의 책, 427쪽.

415 김동호, 〈서론〉, 김동호 외, 《한국영화 정책사》, 나남출판, 2005, 36쪽.

416 안지혜, 앞의 책, 336~337쪽.

417 안지혜, 위의 책, 338쪽.

418 안지혜, 위의 책, 330~331쪽.

419 《조선일보》, 1999년 3월 27일.

420 배수경, 〈한국영화 검열제도의 변화〉, 김동호 외 《한국영화 정책사》, 나남출판, 2005, 490쪽과 493쪽.

421 배수경, 위의 책, 495쪽과 498쪽.

422 배수경, 위의 책, 504~512쪽.

423 한국법령정보센터, 공연법: 시행 1999년 5월 9일(1999년 2월 8일 개정) https://www.law.go.kr/LSW/lsInfoP.do?lsiSeq=56148&ancYd=19990208&ancNo=05924&

efYd =19990509&nwJoYnInfo =N&efGubun =Y&chrClsCd =010202&ancYnC
hk =0#0000 ; 정태수 외, 《21세기 한국영화》, 국학자료원, 2016, 37쪽.

424 정태수 외, 위의 책, 37쪽; 함충범, 앞의 글, 14쪽;《한겨레신문》1999년 1월 8일;《경향신
문》1999년 1월 15일.

425 《한겨레신문》, 1999년 1월 8일;《경향신문》, 1999년 1월 15일.

426 정태수 외, 앞의 책, 26~29쪽.

427 김동호, 〈서론〉, 김동호 외, 《한국영화 정책사》, 나남출판, 2005, 33~35쪽.

428 한국문화산업교류재단, 《한류, 아시아를 넘어 세계로》, 한국문화산업교류재단, 2009, 27쪽.

429 《BBC》 인터넷판, 2020년 3월 9일. https://www.bbc.com/culture/article/20200309-
the-soft-power-roots-of-k-pop.

430 연세대학교 김대중도서관 편, 《김대중전집 I 제9권》, 연세대학교 대학출판문화원, 2015,
353쪽.

431 연세대학교 김대중도서관 편, 《김대중전집 II 제7권》, 연세대학교 대학출판문화원, 2019,
75쪽.

432 연세대학교 김대중도서관 편, 《김대중전집 I 제9권》, 연세대학교 대학출판문화원, 2015,
149쪽.

433 연세대학교 김대중도서관 편, 위의 책, 751쪽.

434 이승일, 《기록의 역사》, 혜안, 2011, 174~176쪽.

435 이영학, 〈한국 현대 기록관리의 사적 추이〉, 《한국학연구》 제54집, 2019, 458쪽.

436 이영학, 〈한국근현대사와 국가기록물 관리〉, 《기록학연구》 6, 2002, 274~275쪽.

437 제15대 대통령직인수위원회, 《제15대 대통령직인수위원회백서》, 정부간행물제작소,
1998, 129쪽.

438 국가법령정보센터, 공공기관의 기록물관리에 관한 법률: 시행 2000년 1월 1일(제
정 1999년 1월 29일). https://law.go.kr/lsSc.do?menuId =1&subMenuId =17
&tabMenuId =93&query =%EA%B3%B5%EA%B3%B5%EA%B8%B0%EA
%B4%80%EC%9D%98%20%EA%B8%B0%EB%A1%9D%EB%AC%BC%20
%EA%B4%80%EB%A6%AC%EC%97%90%20%EA%B4%80%ED%95%9C%20
%EB%B2%95%EB%A5%A0#undefined.

439 대통령기록관 홈페이지 https://www.pa.go.kr/portal/info/report/recordReport.do.

440 연세대학교 김대중도서관 편, 《김대중전집 II 제7권》, 연세대학교 대학출판문화원, 2019,
81쪽.

441 연세대학교 김대중도서관 편, 《김대중전집 II 제16권》, 연세대학교 대학출판문화원, 2019,
241~246쪽.

442 연세대학교 김대중도서관 편, 《김대중전집 II 제17권》, 연세대학교 대학출판문화원, 2019,
546~551쪽.

443 연세대학교 김대중도서관 편, 위의 책, 512쪽.

444 연세대학교 김대중도서관 편, 《김대중전집 II 제19권》, 연세대학교 대학출판문화원, 2019,
448쪽.

445 연세대학교 김대중도서관 편, 《김대중전집 I 제9권》, 연세대학교 대학출판문화원, 2015,

221쪽.

446 연세대학교 김대중도서관 편, 《김대중전집 I 제4권》, 연세대학교 대학출판문화원, 2015, 297~298쪽.

447 개성공단 진행 관련 내용은 통일부, 《통일백서 2001》, 통일부 통일정책실, 2001, 160쪽, 536쪽 그리고 김병로, 〈개성공단 스케치〉, 김병로·김병연·박명규 외, 《개성공단》, 진인진, 2015, 22~23쪽 참조.

448 김병로, 위의 책, 34~35쪽.

449 통일부, 《통일백서 2003》, 통일부 통일정책실, 2003, 169~170쪽.

450 2000년 10월 20일 유라시아 초고속 정보통신망 구축과 관련된 내용은 연세대학교 김대중 도서관 편, 《김대중전집 I 제5권》, 연세대학교 대학출판문화원, 2015, 260쪽을 참조했으 며 2002년 9월 25일 연설 내용은 연세대학교 김대중도서관 편, 《김대중전집 I 제8권》, 연 세대학교 대학출판문화원, 2015, 243쪽을 참조.

451 개성공단 관련 수치는 통일부, 《통일백서 2019》, 통일부, 2019, 347~348쪽을 참조했으 며 경의선과 동해선 관련 수치는 《통일백서 2019》의 343~345쪽을 참조.

452 《시사인》 제621호(2019년 8월 13일 발행). https://www.sisain.co.kr/news/articleView. html?idxno=35249.

453 양재진, 〈구조조정과 사회복지: 발전국가 사회복지 패러다임의 붕괴와 김대중 정부의 과 제〉, 《한국정치학회보》 35집 1호, 2001, 217~219쪽.

454 대통령비서실 삶의질향상기획단, 《새천년을 향한 생산적 복지의 길》, 퇴설당, 2000, 9쪽.

455 양재진, 〈대중경제론과 생산적 복지〉, 류상영·김동노 편저, 《김대중과 대중경제론》, 연세 대학교 김대중도서관, 2013, 217쪽.

456 양재진, 〈구조조정과 사회복지: 발전국가 사회복지 패러다임의 붕괴와 김대중 정부의 과 제〉, 《한국정치학회보》 35집 1호, 2001, 221쪽.

457 김연명, 〈김대중 정부의 사회복지정책〉, 김연명 편, 《한국복지국가 성격논쟁 I》, 인간과복 지, 2002, 135~138쪽.

458 양재진, 앞의 글, 221~222쪽.

459 이성로, 〈사회복지개혁과 대통령〉, 《경제와사회》 통권 제121호, 2019, 300~311쪽.

460 1998년과 1999년 수치는 보건복지부, 《보건복지백서 1999》, 보건복지부, 1999, 513쪽 을 참조했으며 2000년과 2001년 수치는 보건복지부, 《보건복지백서 2001》, 보건복지부, 2001, 561쪽을 참조했으며 2002년과 2003년 수치는 보건복지부, 《보건복지백서 2003》, 보건복지부, 2004, 748쪽을 참조.

461 김연명, 앞의 책, 110쪽.

462 성경륭, 〈민주주의의 공고화와 복지국가의 발전〉, 김연명 편, 위의 책, 510쪽.

463 《시사인》 제621호(2019년 8월 13일 발행). https://www.sisain.co.kr/news/articleView. html?idxno=35259&utm_source=dable.

464 연세대학교 김대중도서관 편, 《김대중전집 II 제1권》, 연세대학교 대학출판문화원, 2019, 31쪽.

465 양재진, 《복지의 원리》, 한겨레출판, 2020, 23~29쪽.

466 연세대학교 김대중도서관 편, 《김대중전집 II 제1권》, 연세대학교 대학출판문화원, 2019,

39~40쪽.

467 연세대학교 김대중도서관 편,《김대중전집Ⅱ 제4권》, 연세대학교 대학출판문화원, 2019,
575쪽.

468 연세대학교 김대중도서관 편,《김대중전집Ⅱ 제6권》, 연세대학교 대학출판문화원, 2019,
457쪽.

469 연세대학교 김대중도서관 편, 위의 책, 196~197쪽.

470 대통령비서실 삶의질향상기획단,《새천년을 향한 생산적 복지의 길》, 퇴설당, 2000, 23쪽.

471 연세대학교 김대중도서관 편,《김대중전집Ⅱ 제10권》, 연세대학교 대학출판문화원, 2019,
235쪽.

472 정일준,〈미국의 대한 정책 변화와 한국 발전국가의 형성, 1953-1968〉, 서울대학교 대학
원 사회학과 박사학위논문, 1999, 89~131쪽.

473 정일준,〈미국의 제3세계 정책과 1960년대 한국사회의 근대화〉, 정용욱 외,《1960년대 한
국의 근대화와 지식인》, 선인, 2004, 36~37쪽.

474 대통령기록관 홈페이지: http://www.pa.go.kr/research/contents/speech/index.jsp.

475 연세대학교 김대중도서관 편,《김대중전집Ⅱ 제8권》, 연세대학교 대학출판문화원, 2019,
46쪽.

476 이 책의 국문 번역본을 참조. 김대중,《대중경제론》, 청사, 1986, 12~13쪽.

477 Fareed Zakaria and Lee Kuan Yew, "Culture Is Destiny: A Conversation with Lee
Kuan Yew", *Foreign Affairs*, Vol.73, No.2 (Mar.-Apr.,1994), pp. 109-126.

478 연세대학교 김대중도서관 편,《김대중전집Ⅱ 제17권》, 연세대학교 대학출판문화원, 2019,
653~660쪽.

479 김대중,《행동하는 양심으로》, 금문당, 1985, 202~203쪽.

480 보건복지부,《보건복지백서 2001》, 보건복지부, 2001, 56쪽.

481 한겨레경제사회연구원 홈페이지: http://heri.kr/968034.

482 《경향신문》, 1999년 6월 22일.

483 《한겨레신문》인터넷판, 기사등록: 2009년 8월 23일. http://www.hani.co.kr/arti/
PRINT/372655.html.

484 국정홍보처,《국민의정부 5년 국정자료집 제3권》, 국립영상간행물제작소, 2003,
175~176쪽.

485 보건복지부,《보건복지백서 2000》, 보건복지부, 2000, 26~27쪽과 국정홍보처, 위의 책,
176쪽.

486 국정홍보처, 위의 책, 177쪽.

487 국정홍보처, 위의 책, 178쪽.

488 1997년과 1998년도 수치는 국정홍보처, 위의 책, 179쪽을 참조했고 1999년부터 2003년
까지 수치는 보건복지부,《보건복지백서 2003》, 보건복지부, 2004, 749쪽을 참조.

489 양재진,〈한국 복지정책 60년: 발전주의 복지체제의 형성과 전환의 필요성〉,《한국행정학
보》42권 2호, 2008, 341쪽.

490 《머니투데이》, 기사등록: 2019년 7월 2일. https://news.mt.co.kr/mtview.php?no=201
9070214447674538&outlink=1&ref=%3A%2F%2F.

491 한국의료보험 전개과정에 대한 내용은 양재진, 《복지의 원리》, 한겨레출판, 2020, 112~114쪽과 문상식, 《국민건강보험론》, 보문각, 2009, 60~71쪽의 내용을 참조.

492 양재진, 위의 책, 114~115쪽.

493 관련 내용은 국정홍보처, 《국민의정부 5년 국정자료집 제3권》, 국립영상간행물제작소, 2003, 190쪽과 문상식, 《국민건강보험론》, 보문각, 2009, 69쪽을 참조.

494 보건복지부, 《보건복지백서 2003》, 보건복지부, 2004, 750쪽.

495 김연명, 〈의료보험 통합의 성과 쟁점 그리고 미래〉, 한국사회과학연구소 사회복지연구실, 《한국 사회복지의 현황과 쟁점》, 인간과복지, 2000, 135쪽.

496 양재진, 〈한국 복지정책 60년: 발전주의 복지체제의 형성과 전환의 필요성〉, 《한국행정학보》 42권 2호, 2008, 341쪽.

497 문상식, 앞의 책, 74쪽.

498 김연명, 앞의 책, 132쪽.

499 석재은, 〈국민연금의 정책적 선택의 특성과 발전과제〉, 한국사회과학연구소 사회복지연구실, 《한국 사회복지의 현황과 쟁점》, 인간과복지, 2000, 83~86쪽.

500 보건복지부, 《보건복지백서 2000》, 보건복지부, 2000, 484쪽.

501 노동부, 《산재보험 40년사 1964-2004》, 노동부, 2004, 3쪽; 우명숙, 〈산재보험제도〉, 양재진 외 《한국의 복지정책 결정과정》, 나남, 2008, 18쪽.

502 김진구, 〈한국 산재보험의 현황과 쟁점〉, 한국사회과학연구소 사회복지연구실, 《한국 사회복지의 현황과 쟁점》, 인간과복지, 2000, 149~154쪽; 노동부, 《노동백서 2001년판》, 2001, 380~381쪽.

503 1998년과 1999년 수납액은 노동부, 《노동백서 2000년판》, 노동부, 2000, 425쪽; 2000년 수납액은 노동부, 《노동백서 2001년판》, 노동부, 2001, 369쪽; 2001년과 2002년 수납액은 노동부, 《노동백서 2003년판》, 노동부, 2003, 397쪽.

504 노동부, 《노동백서 2003년판》, 노동부, 2003, 403쪽.

505 유길상, 〈제2장 고용보험의 목적 및 의의〉, 노동부 고용보험정책팀, 《우리나라 고용보험 발전경과 고용보험10년사》, 노동부 고용보험정책팀, 2005, 6쪽.

506 박성재·박혁·윤미례, 〈제4장 고용보험법의 개정 과정 및 주요내용〉, 위의 책, 31~36쪽.

507 노동부, 《노동백서 2002년판》, 노동부, 2002, 170쪽.

508 노동부, 《노동백서 2003년판》, 노동부, 2003, 165쪽.

509 노동부, 위의 책, 180쪽.

510 연세대학교 김대중도서관 편, 《김대중전집 II 제6권》, 연세대학교 대학출판문화원, 2019, 722쪽.

511 연세대학교 김대중도서관 편, 《김대중전집 II 제12권》, 연세대학교 대학출판문화원, 2019, 495~496쪽.

512 연세대학교 김대중도서관 편, 《김대중전집 II 제16권》, 연세대학교 대학출판문화원, 2019, 216~217쪽.

513 정일형, 《오직 한 길로》, 을지서적, 1998, 425~426쪽과 류상영 외 5인, 《김대중연보 I》, 2011, 시대의창, 255~257쪽 참조.

514 연세대학교 김대중도서관 편, 《김대중전집 II 제3권》, 연세대학교 대학출판문화원, 2019,

594쪽.

515 연세대학교 김대중도서관 편, 《김대중전집 II 제6권》, 연세대학교 대학출판문화원, 2019, 523쪽.

516 연세대학교 김대중도서관 편, 《김대중전집 II 제17권》, 연세대학교 대학출판문화원, 2019, 632~633쪽.

517 연세대학교 김대중도서관 편, 《김대중전집 II 제7권》, 연세대학교 대학출판문화원, 2019, 147쪽.

518 연세대학교 김대중도서관 편, 《김대중전집 II 제6권》, 연세대학교 대학출판문화원, 2019, 565쪽.

519 이와 관련된 글은 마상윤, 〈데탕트의 위험과 기회—1970년대 초 박정희와 김대중의 안보 인식과 논리〉, 《세계정치》 Vol.14, 서울대학교 국제문제연구소, 2011 참조.

520 연세대학교 김대중도서관 편, 《김대중전집 II 제16권》, 연세대학교 대학출판문화원, 2019, 222쪽.

521 연세대학교 김대중도서관 편, 《김대중전집 II 제17권》, 연세대학교 대학출판문화원, 2019, 629쪽.

522 연세대학교 김대중도서관 편, 《김대중전집 I 제10권》, 연세대학교 대학출판문화원, 2015, 593쪽.

523 연세대학교 김대중도서관 편, 《김대중전집 II 제18권》, 연세대학교 대학출판문화원, 2019, 109~110쪽.

524 푸에블로호 관련 사실은 홍석률, 《분단의 히스테리》, 창비, 2012, 53~74쪽 참조.

525 홍석률, 위의 책, 76~77쪽.

526 연세대학교 김대중도서관 편, 《김대중전집 II 제5권》, 연세대학교 대학출판문화원, 2019, 158쪽.

527 연세대학교 김대중도서관 편, 《김대중전집 II 제6권》, 연세대학교 대학출판문화원, 2019, 311쪽.

528 연세대학교 김대중도서관 편, 위의 책, 340~341쪽.

529 연세대학교 김대중도서관 편, 위의 책, 365쪽.

530 연세대학교 김대중도서관 편, 《김대중전집 II 제12권》, 연세대학교 대학출판문화원, 2019, 495~496쪽.

531 연세대학교 김대중도서관 편, 《김대중전집 II 제1권》, 연세대학교 대학출판문화원, 2019, 17~18쪽.

532 김대중, 《옥중서신 1—김대중이 이희호에게》, 시대의창, 2019, 313~314쪽.

533 연세대학교 김대중도서관 편, 《김대중전집 II 제10권》, 연세대학교 대학출판문화원, 2019, 592~593쪽.

534 연세대학교 김대중도서관 편, 《김대중전집 II 제8권》, 연세대학교 대학출판문화원, 2019, 174~175쪽.

535 연세대학교 김대중도서관 편, 《김대중전집 II 제18권》, 연세대학교 대학출판문화원, 2019, 123쪽.

536 류상영, 〈김대중의 일본에 대한 인식과 전략〉, 《한국정치외교사논총》 제33집 1호, 2011,

157쪽.

537 연세대학교 김대중도서관 편, 《김대중전집Ⅱ 제3권》, 연세대학교 대학출판문화원, 2019,
79~80쪽.

538 연세대학교 김대중도서관 편, 《김대중전집Ⅱ 제4권》, 연세대학교 대학출판문화원, 2019,
49쪽.

539 연세대학교 김대중도서관 편, 《김대중전집Ⅱ 제6권》, 연세대학교 대학출판문화원, 2019,
453쪽.

540 연세대학교 김대중도서관 편, 위의 책, 370~371쪽.

541 연세대학교 김대중도서관 편, 《김대중전집Ⅱ 제3권》, 연세대학교 대학출판문화원, 2019,
78~79쪽.

542 연세대학교 김대중도서관 편, 《김대중전집Ⅱ 제6권》, 연세대학교 대학출판문화원, 2019,
720~721쪽.

543 연세대학교 김대중도서관 편, 《김대중전집Ⅱ 제8권》, 연세대학교 대학출판문화원, 2019,
174쪽.

544 연세대학교 김대중도서관 편, 위의 책, 550쪽.

545 《동아일보》, 1954년 11월 12일.

546 《동아일보》, 1964년 1월 10일.

547 《경향신문》, 1966년 6월 8일.

548 《경향신문》, 1970년 8월 15일.

549 1973년 6·23선언 관련 내용은 《동아일보》, 1973년 6월 23일을 참조. 1974년 8월 15일 평
화통일 3대 원칙은 《경향신문》, 1974년 8월 15일을 참조.

550 연세대학교 김대중도서관 편, 《김대중전집Ⅱ 제3권》, 연세대학교 대학출판문화원, 2019,
242쪽.

551 연세대학교 김대중도서관 편, 《김대중전집Ⅱ 제2권》, 연세대학교 대학출판문화원, 2019,
32~33쪽.

552 연세대학교 김대중도서관 편, 《김대중전집Ⅱ 제3권》, 연세대학교 대학출판문화원, 2019,
756쪽.

553 연세대학교 김대중도서관 편, 위의 책, 809쪽.

554 연세대학교 김대중도서관 편, 《김대중전집Ⅱ 제4권》, 연세대학교 대학출판문화원, 2019,
41쪽.

555 연세대학교 김대중도서관 편, 위의 책, 46쪽.

556 연세대학교 김대중도서관 편, 《김대중전집Ⅱ 제6권》, 연세대학교 대학출판문화원, 2019,
367~368쪽.

557 《동아일보》, 1971년 2월 4일.

558 연세대학교 김대중도서관 편, 《김대중전집Ⅱ 제6권》, 연세대학교 대학출판문화원, 2019,
566~567쪽.

559 연세대학교 김대중도서관 편, 위의 책, 579~581쪽.

560 1972년 6월 6일 연설은 연세대학교 김대중도서관 편, 《김대중전집Ⅱ 제6권》, 연세대학교
대학출판문화원, 2019에서 643, 651, 653, 654쪽을 참조했으며 1972년 7월 13일 연설은

이 책의 674~675쪽 참조.

561 연세대학교 김대중도서관 편, 위의 책, 690쪽.

562 연세대학교 김대중도서관 편, 《김대중전집 II 제7권》, 연세대학교 대학출판문화원, 2019, 97~98쪽.

563 연세대학교 김대중도서관 편, 위의 책, 144~145쪽.

564 연세대학교 김대중도서관 편, 위의 책, 203쪽.

565 연세대학교 김대중도서관 편, 《김대중전집 II 제8권》, 연세대학교 대학출판문화원, 2019, 210~211쪽.

566 연세대학교 김대중도서관 편, 《김대중전집 II 제11권》, 연세대학교 대학출판문화원, 2019, 71쪽.

567 연세대학교 김대중도서관 편, 《김대중전집 II 제12권》, 연세대학교 대학출판문화원, 2019, 28쪽.

568 연세대학교 김대중도서관 편, 위의 책, 671쪽.

569 연세대학교 김대중도서관 편, 《김대중전집 II 제14권》, 연세대학교 대학출판문화원, 2019, 794~800쪽.

570 최장집, 〈동아시아 공동체의 이념적 기초〉, 《아세아연구》 제47권 4호, 2004, 95~96쪽.

571 전재성, 〈1960년대와 1970년대 세계적 데땅뜨의 내부 구조〉, 《국제정치논총》 제45집 3호, 2005, 38쪽.

572 전재성, 위의 글, 41~44쪽.

573 연세대학교 김대중도서관 편, 《김대중전집 II 제6권》, 연세대학교 대학출판문화원, 2019, 260~261쪽.

574 연세대학교 김대중도서관 편, 위의 책, 361쪽.

575 《경향신문》, 1971년 4월 15일.

576 《조선일보》, 1971년 4월 22일.

577 연세대학교 김대중도서관 편, 《김대중전집 II 제7권》, 연세대학교 대학출판문화원, 2019, 81쪽.

578 분단의 복합적 성격에 관한 해석은 박명림, 〈한국분단의 특수성과 두 한국—지역냉전, 적대적 의존, 그리고 토크빌 효과〉, 《역사문제연구》 제13호, 2004, 239~247쪽.

579 연세대학교 김대중도서관 편, 《김대중전집 II 제6권》, 연세대학교 대학출판문화원, 2019, 674쪽.

580 연세대학교 김대중도서관 편, 《김대중전집 II 제7권》, 연세대학교 대학출판문화원, 2019, 31쪽.

581 연세대학교 김대중도서관 편, 위의 책, 79쪽.

582 연세대학교 김대중도서관 편, 《김대중전집 II 제18권》, 연세대학교 대학출판문화원, 2019, 196쪽.

583 연세대학교 김대중도서관 편, 《김대중전집 I 제10권》, 연세대학교 대학출판문화원, 2015, 324쪽.

584 연세대학교 김대중도서관 편, 《김대중전집 II 제14권》, 연세대학교 대학출판문화원, 2019, 822쪽.

585   연세대학교 김대중도서관 편, 《김대중전집Ⅱ 제16권》, 연세대학교 대학출판문화원, 2019,
      250쪽.

586   연세대학교 김대중도서관 편, 《김대중전집Ⅱ 제8권》, 연세대학교 대학출판문화원, 2019,
      254쪽.

587   연세대학교 김대중도서관 편, 《김대중전집Ⅰ 제1권》, 연세대학교 대학출판문화원, 2015,
      74쪽.

588   김대중과 클린턴 대화 관련 내용은 김대중, 《김대중자서전2》, 삼인, 2010, 83~85쪽 참조.

589   임동원, 《피스메이커》, 중앙Books, 2008, 423쪽.

590   남기정, 〈동아시아 평화와 6·15선언: 동아시아공동체 구축을 위한 긴 여정의 시작〉, 문정
      인 편저, 《분단 70년, 다시 6·15의 길을 묻다》, 연세대학교 대학출판문화원, 2015, 56쪽.

591   연세대학교 김대중도서관 편, 《김대중전집Ⅱ 제1권》, 연세대학교 대학출판문화원, 2019,
      13~14쪽.

592   연세대학교 김대중도서관 편, 《김대중전집Ⅱ 제5권》, 연세대학교 대학출판문화원, 2019,
      163~164쪽.

593   임동원, 앞의 책, 336쪽.

594   돈 오버도퍼, 《두 개의 코리아》, 뉴스위크 한국판 뉴스팀 옮김, 중앙일보, 1998, 78~86쪽.

595   돈 오버도퍼, 위의 책, 284쪽.

596   서보혁, 《탈냉전기 북미관계사》, 선인, 2004, 148~151쪽; 이춘근, 《과학기술로 읽는
      북한 핵》, 생각의 나무, 2005, 72~75쪽; 돈 오버도퍼, 위의 책, 237~238, 241쪽.

597   《조선일보》, 1991년 9월 29일; 서보혁, 위의 책, 158~162쪽; 돈 오버도퍼, 위의 책,
      242~251쪽.

598   1차 북핵 위기 발생 과정은 돈 오버도퍼, 위의 책, 252~262쪽.

599   돈 오버도퍼, 위의 책, 266~268쪽.

600   돈 오버도퍼, 위의 책, 281쪽; 이삼성, 《한반도의 전쟁과 평화》, 한길사, 2018, 213쪽.

601   1994년 3~5월 상황은 돈 오버도퍼, 위의 책, 283~288쪽.

602   1994년 5~6월 상황은 돈 오버도퍼, 위의 책, 288~300쪽과 《조선일보》, 1994년 6월 14
      일, 《경향신문》, 1994년 6월 15일.

603   정욱식, 《핵과 인간》, 서해문집, 2018, 333쪽; 윌리엄 페리, 《핵 벼랑을 걷다》, 정소영 옮
      김, 창비, 2016, 191쪽.

604   연세대학교 김대중도서관 편, 《김대중전집Ⅱ 제16권》, 연세대학교 대학출판문화원, 2019,
      62~65쪽.

605   연세대학교 김대중도서관 편, 위의 책, 68쪽.

606   연세대학교 김대중도서관 편, 위의 책, 250~251쪽, 405~406쪽, 434쪽 등을 참조.

607   연세대학교 김대중도서관 편, 위의 책, 283쪽.

608   연세대학교 김대중도서관 편, 《김대중전집Ⅱ 제17권》, 연세대학교 대학출판문화원, 2019,
      273쪽.

609   연세대학교 김대중도서관 편, 위의 책, 273~274쪽.

610   연세대학교 김대중도서관 편, 위의 책, 278쪽.

611　《한겨레신문》, 1994년 5월 15일.

612　셀리그 해리슨, 《셀리그 해리슨의 코리안 엔드게임》, 이홍동 옮김, 삼인, 2003, 338~340쪽.

613　《경향신문》, 1994년 5월 15일.

614　《한겨레신문》, 1994년 5월 18일.

615　《한겨레신문》, 1994년 6월 12일.

616　돈 오버도퍼·로버트 칼린, 《두 개의 한국》, 길산, 2014, 485~487쪽.

617　돈 오버도퍼·로버트 칼린, 위의 책, 486~492쪽; 이삼성, 《한반도의 전쟁과 평화》, 한길사, 2018, 233~234쪽.

618　윌리엄 페리, 앞의 책, 194~195쪽.

619　장달중·이정철·임수호, 《북미대립—탈냉전 속의 냉전대립》, 서울대학교 출판문화원, 2011, 78~81쪽; 이삼성, 앞의 책, 252~259쪽.

620　《한겨레신문》, 1994년 6월 28일.

621　연세대학교 김대중도서관 편, 《김대중전집 Ⅱ 제18권》, 연세대학교 대학출판문화원, 2019, 80쪽.

622　《조선일보》, 1995년 11월 15일.

623　고재남, 〈상호보완적 동반자관계의 확립과 한·러관계〉, 양성철·이상근 엮음, 《김대중외교:비전과 유산》, 연세대학교 대학출판문화원, 2015, 392쪽.

624　김연철, 《70년의 대화》, 창비, 2018, 206쪽.

625　《연합뉴스》, 기사등록: 2015년 6월 16일. https://www.yna.co.kr/view/AKR201506081 07500704?input=1195m.

626　배종윤, 〈6·15공동선언과 한국 외교의 변화〉, 박명림 편, 《6·15남북공동선언과 한국사회의 변화》, 연세대학교 대학출판문화원, 2020, 244쪽.

627　이남주, 〈협력동반자관계 구축과 한·중 관계〉, 양성철·이상근 엮음, 《김대중외교:비전과 유산》, 연세대학교 대학출판문화원, 2015, 314쪽.

628　이남주, 위의 책, 322쪽.

629　임동원, 앞의 책, 421쪽.

630　《프레시안》, 기사입력: 2009년 8월 21일. http://www.pressian.com/news/article/?no=59250.

631　《한겨레21》 775호, 기사등록 및 수정: 2009년 8월 27일. http://h21.hani.co.kr/arti/cover/cover_general/25632.html.

632　고재남, 〈상호보완적 동반자관계의 확립과 한·러관계〉, 양성철·이상근 엮음, 《김대중외교:비전과 유산》, 연세대학교 대학출판문화원, 2015, 401~402쪽.

633　《조선일보》 인터넷판, 기사 입력: 2019년 5월 10일, 수정: 2019년 5월 13일. https://www.chosun.com/site/data/html_dir/2019/05/10/2019051003429.html?utm_source=daum&utm_medium=original&utm_campaign=news.

634　이원덕, 〈동북아정세 변화와 한일협력을 위한 상상력〉, 김대중-오부치 공동선언 20주년 기념행사위원회, 《김대중-오부치 게이조 공동선언 20주년과 동아시아 미래비전》, 트리펍, 2018, 154~155쪽과 이 책의 336~347쪽을 참조.

635 오구라 기조, 〈화해와 번영과 평화를 위한 '한일모델'을 향하여〉, 위의 책, 140쪽.

636 《동아일보》 인터넷판, 기사입력 및 수정: 2018년 9월 15일. https://www.donga.com/news/article/all/20180915/92010833/1.

637 오코노기 마사오, 〈한일 파트너십 공동선언의 의의와 과제〉, 김대중-오부치 공동선언 20주년 기념행사위원회, 《김대중-오부치 게이조 공동선언 20주년과 동아시아 미래비전》, 트리펍, 2018, 83~84쪽.

638 오코노기 마사오, 위의 책, 84쪽.

639 이종원, 〈한일파트너십 선언과 동아시아 공동체〉, 위의 책, 98~99쪽.

640 《아사히신문》, 1998년 10월 9일(문화관광부 해외문화홍보원이 1998년 10월 제작한 《김대중 대통령 일본 국빈방문 외신기자집》의 117쪽에 수록).

641 연세대학교 김대중도서관 편, 《김대중전집 I 제9권》, 연세대학교 대학출판문화원, 2015, 391~392쪽.

642 이와 관련된 내용은 김아름, 〈김대중 정권의 '대북 포용 정책'과 '북일 관계 개선'의 상관관계〉, 《통일연구》 제21권 제2호, 2017, 161~206쪽을 참조.

643 《중앙일보》 인터넷판, 기사 입력 및 수정: 2019년 7월 26일. https://news.joins.com/article/23536308.

644 《중앙선데이》 인터넷판, 기사 입력 및 수정: 2019년 8월 3일. https://news.joins.com/article/23542880.

645 통일부, 《통일백서 2001》, 통일부 통일정책실, 2001, 27~28쪽.

646 임동원, 《피스메이커》, 중앙Books, 2008, 48쪽.

647 임동원, 위의 책, 73쪽.

648 임동원, 위의 책, 61~62쪽.

649 임동원, 위의 책, 84~85쪽.

650 임동원, 위의 책, 99~100쪽.

651 국정홍보처, 《국민의정부 5년 국정자료집 제1권》, 국립영상간행물제작소, 2003, 327쪽.

652 임동원, 앞의 책, 134쪽.

653 통일부, 《통일백서 2019》, 통일부, 2019, 342쪽.

654 통일부, 위의 책, 345쪽.

655 최지영, 〈6·15공동선언 이후 남북한경제변화〉, 박명림 편, 《6·15남북공동선언과 한국사회의 변화》, 연세대학교 대학출판문화원, 2020, 43쪽.

656 부승찬, 〈6·15공동선언, 안보패러다임과 국방 변화〉, 박명림 편, 위의 책, 196~197쪽.

657 2004년 1월 1일 《한겨레신문》에 보도된 인터뷰, 연세대학교 김대중도서관 편, 《김대중전집 I 제9권》, 연세대학교 대학출판문화원, 2015, 64쪽.

658 매들린 올브라이트, 《마담 세크러터리 매들린 올브라이트 2》, 백영미·김승옥·이원경 옮김, 황금가지, 2003, 371쪽과 376쪽.

659 김대중, 《김대중자서전2》, 삼인, 2010, 84쪽.

660 금창리 지하핵시설 의혹 및 장거리 3단계 추진 방식 로켓발사 내용은 돈 오버도퍼·로버트 칼린, 《두 개의 한국》, 길산, 2014, 597~605쪽을 참조했고 페리 관련 내용은 임동원, 앞

의 책, 398~399쪽을 참조.

661 이 구상과 페리와의 서울에서의 회담 및 설득 과정 등은 임동원, 위의 책, 400~410쪽.

662 돈 오버도퍼·로버트 칼린, 《두 개의 한국》, 길산, 2014, 612~613쪽.

663 임동원, 앞의 책, 426~430쪽과 돈 오버도퍼·로버트 칼린, 위의 책, 613~617쪽 참조.

664 돈 오버도퍼·로버트 칼린, 위의 책, 604~605쪽.

665 이탈리아와 북한과의 수교 관련 내용은 《한겨레신문》, 1999년 11월 16일과 돈 오버도퍼·로버트 칼린, 위의 책, 622쪽 참조.

666 《중앙일보》 인터넷판, 기사 입력 및 수정: 2016년 11월 14일. https://news.joins.com/article/20871342.

667 돈 오버도퍼·로버트 칼린, 앞의 책, 635쪽.

668 《폴리뉴스》, 기사등록: 2019년 4월 26일. http://www.polinews.co.kr/news/article.html?no=390490.

669 《서울신문》 인터넷판, 기사 입력 및 수정: 2017년 12월 10일. http://www.seoul.co.kr/news/newsView.php?id=20171211024019&wlog_tag3=naver.

670 돈 오버도퍼·로버트 칼린, 앞의 책 636~642쪽; 서보혁, 《탈냉전기 북미관계사》, 선인, 2004, 286~287쪽.

671 매들린 올브라이트, 《마담 세크러터리 매들린 올브라이트 2》, 백영미·김승욱·이원경 옮김, 황금가지, 2003, 376~377쪽.

672 매들린 올브라이트, 위의 책, 378쪽.

673 빌 클린턴, 《빌 클린턴의 마이 라이프2》, 정영목·이순희 옮김, 물푸레, 2004, 1332쪽.

674 임동원, 《피스메이커》, 중앙Books, 2008, 505쪽.

675 《연합뉴스》, 기사입력: 2017년 9월 6일. http://www.yonhapnews.co.kr/bulletin/2017/09/06/0200000000AKR20170906147300083.HTML.

676 《한계레신문》 인터넷판, 기사 등록 및 수정: 2020년 6월 26일. http://www.hani.co.kr/arti/international/international_general/951017.html.

677 네오콘에 대한 설명은 다음의 글에서 참조했다. 김동춘, 〈미국 '네오콘'의 제국 기획〉, 《황해문화》 통권 제42호, 2004, 211~239쪽; 오경택, 〈미국 신보수주의 정치적 이념의 구성과 주장〉, 《한국동북아논총》 제34호, 2005, 263-283쪽; 안병진, 〈신보수주의의 이념적 뿌리와 정치적 함의〉, 《한국정치학회보》 제38집 제1호, 2004, 127~142쪽.

678 정욱식, 《핵과 인간》, 서해문집, 2018, 349~354쪽.

679 임동원, 앞의 책, 520~530쪽.

680 돈 오버도퍼·로버트 칼린, 앞의 책, 652쪽.

681 콘돌리자 라이스, 《최고의 영예》, 정윤미 옮김, 진성북스, 2012, 68쪽.

682 콘돌리자 라이스, 위의 책, 69쪽, 70쪽, 226쪽.

683 찰스 프리처드, 《실패한 외교》, 김연철·서보혁 옮김, 사계절출판사, 2008, 94쪽.

684 마이크 치노이, 《북핵롤러코스터》, 박성준·홍성걸 옮김, 시사IN북, 2010, 114~116쪽.

685 마이크 치노이, 위의 책, 115쪽.

686 조 바이든, 《조 바이든, 지켜야 할 약속》, 양진성·박진서 옮김, 김영사, 2020, 465~466쪽.

687   김대중, 《김대중자서전2》, 삼인, 2010, 467쪽.

688   라종일, 〈한·EU외교〉, 양성철·이상근 엮음, 《김대중 외교:비전과 유산》, 연세대학교 대학
      출판문화원, 2015, 189~190쪽.

689   임동원, 앞의 책, 600~601쪽.

690   찰스 프리처드, 앞의 책, 137~138쪽.

691   김아름, 〈김대중 정권의 '대북 포용 정책'과 '북일 관계 개선'의 상관관계〉, 《통일연구》 제
      21권 제2호, 2017, 186~188쪽.

692   콘돌리자 라이스, 앞의 책, 228~229쪽.

693   찰스 프리처드, 앞의 책, 62~63쪽: 콘돌리자 라이스, 위의 책, 227~228쪽.

694   콘돌리자 라이스, 위의 책, 228쪽.

695   콘돌리자 라이스, 위의 책, 229~230쪽: 찰스 프리처드, 앞의 책, 69쪽.

696   찰스 프리처드, 위의 책, 76~78쪽.

697   임동원, 앞의 책, 665쪽과 667쪽.

698   임동원, 위의 책, 679~687쪽.

699   임동원, 위의 책, 668~671쪽.

700   이와 관련된 내용은 이삼성, 《한반도의 전쟁과 평화》, 한길사, 2018, 285~343쪽을 참조.
      이 중에서 320쪽과 321쪽을 참조함.

701   연세대학교 김대중도서관 편, 《김대중전집 II 제4권》, 연세대학교 대학출판문화원, 2019,
      400쪽.

702   연세대학교 김대중도서관 편, 《김대중전집 II 제6권》, 연세대학교 대학출판문화원, 2019,
      370쪽.

703   연세대학교 김대중도서관 편, 《김대중전집 II 제16권》, 연세대학교 대학출판문화원, 2019,
      173~174쪽.

704   연세대학교 김대중도서관 편, 위의 책, 174쪽.

705   연세대학교 김대중도서관 편, 위의 책, 175쪽.

706   최장집, 〈동아시아 공동체의 이념적 기초〉, 《아세아연구》 제47권 4호, 2004, 98쪽.

707   이종원, 〈한일 파트너십 공동선언과 동아시아 공동체〉, 김대중-오부치 공동선언 20주년
      기념행사위원회, 《김대중-오부치 게이조 공동선언 20주년과 동아시아 미래비전》, 트리펍,
      2018, 102쪽.

708   베트남 방문 및 호치민 묘소 참배 등에 관한 내용은 《한겨레신문》, 1998년 12월 16일
      참조.

709   정상회담 내용은 류상영 외 5인, 《김대중연보 II》, 시대의창, 2011, 1554쪽을 참조. 만찬
      연설은 대통령기록관 홈페이지, http://15cwd.pa.go.kr/korean/data/db/press/view.
      php?f_nseq_tot=23559&f_row=1 참조.

710   《오마이뉴스》, 기사등록: 2015년 5월 22일, http://www.ohmynews.com/NWS_Web/
      View/at_pg.aspx?CNTN_CD=A0002110954.

711   동아시아비전그룹 활동과 관련된 내용은 대통령기록관 홈페이지(http://15cwd.pa.go.
      kr/korean/diplomacy/asean2001/reference/re3.php)에 정리된 내용 참조.

712 정인교·권경덕,〈동아시아비전그룹(EAVG) 보고서의 주요 내용과 평가〉, 대외경제정책연구원,《월간 KIEF》, 2001년 12월호, 81~90쪽.

713 이재현,〈마하티르와 김대중의 동아시아지역협력 구상 비교연구〉,《동남아시아연구》 17권 2호, 2007, 39~40쪽.

714 연세대학교 김대중도서관 편,《김대중전집 I 제7권》, 연세대학교 대학출판문화원, 2015, 186~187쪽.

715 동아시아연구그룹 활동과 관련된 내용은 대통령기록관 홈페이지(http://15cwd.pa.go.kr/korean/diplomacy/asean2001/reference/re3.php); 2001년 3월 17일 동아시아 연구그룹(East Asia Study Group: EASG) 발족과 관련된 외교부(당시 외교통상부) 보도자료(https://www.mofa.go.kr/www/brd/m_4080/view.do?seq=293211&srchFr=&srchTo=&srchWord=&srchTp=&multi_itm_seq=0&itm_seq_1=0&itm_seq_2=0&company_cd=&company_nm=&page=1463); 외교통상부,《2002년도 외교백서》, 외교통상부, 2003, 155쪽.

716 이선진,〈동아시아공동체 비전과 한·아세안 관계〉, 양성철·이상근 엮음,《김대중외교:비전과 유산》, 연세대학교 대학출판문화원, 2015, 410~411쪽.

717 연세대학교 김대중도서관 편,《김대중전집 I 제9권》, 연세대학교 대학출판문화원, 2015, 231쪽.

718 이선진, 앞의 책, 414~415쪽.

719 이재현, 앞의 글, 48~56쪽.

720 연세대학교 김대중도서관 편,《김대중전집 II 제17권》, 연세대학교 대학출판문화원, 2019, 287~288쪽.

721 이재현,〈신남방정책이 아세안에서 성공하려면?〉,《이슈브리프》 2018-04, 아산정책연구원, 2018, 6쪽.

722 김대중,《김대중자서전2》, 삼인, 2010, 156쪽.